Sigrid Berg
Arbeitsbuch Weihnachten

Calwer Verlag/Kösel-Verlag

Sigrid Berg

Arbeitsbuch Weihnachten für Schule und Gemeinde

Calwer Verlag/Kösel-Verlag

CIP-Titelaufnahme der Deutschen Bibliothek

Berg, Sigrid:
Arbeitsbuch Weihnachten für Schule und Gemeinde / Sigrid Berg. – Stuttgart : Calwer ; München : Kösel, 1988
ISBN 3-7668-3001-5 (Calwer) brosch.
ISBN 3-466-36300-4 (Kösel) brosch.

ISBN 3-7668-3001-5 (Calwer Verlag)
ISBN 3-466-36300-4 (Kösel-Verlag)

Umschlag: Hans-Eduard Franke, Stuttgart
Gesamtherstellung: Kösel, Kempten

Inhalt

Information

Horst Klaus Berg, Hinweise zur Auslegung der Kindheitsevangelien...... 10

Horst Klaus Berg, Der Prozeß des Schalom geht weiter. Zur Theologie der Menschwerdung Gottes 31

Weihnachten lernen. Didaktische Erwägungen 39

Die biblische Geschichte verstehen

Einleitung 46

Warten auf den Retter. Unterrichtsvorschlag zu den Heilserwartungen in neutestamentlicher Zeit (ab Klasse 5)................ 47

Namen Jesu. Unterrichtseinheit für Klasse 5/6 53

Gespräch mit Lukas. Bericht über ein langfristiges Unterrichtsvorhaben in einer 3. Klasse: Jesuskurs 62

Die Weihnachtsgeschichte des Lukas erzählen, singen und gestalten. Bericht über ein Unterrichtsvorhaben in Klasse 2 in Zusammenarbeit mit Isolde Wirsching 80

Lobgesang der Maria (Lk 1,46–53). Arbeitsblätter zur Texterschließung (ab Klasse 7) 83

Jesus – der neue Mose. Vorschlag zur Arbeit mit Texten aus Mt 2 (ab Klasse 5) 86

Die Stallmusikanten von Bethlehem. Spielszene............. 88

Hinweis auf Vorlesetexte................. 91

Die biblische Geschichte vergegenwärtigen

Einleitung................. 94

»Geboren ist Christus...« Familien- oder Schulgottesdienst 95

Paul Reding, Fürchtet euch nicht. Gedicht und Interpretation (ab Klasse 7)... 103

»Unser Lied soll nun erklingen...« Wir gestalten ein Lied. Bericht über ein Unterrichtsvorhaben in Klasse 2 104

Flucht nach Ägypten. Materialien und Vorschläge (ab Klasse 6).......... 108

Dorothee Sölle, 19 C + M + B 62. Gedicht und Interpretation (ab Klasse 9) . . . 114
Luis Murschetz, Keine Hirten kommen. Karikatur und Interpretation (ab Klasse 8) . . . 118
Peter Schütt, Bethlehem. Gedicht und Interpretation (ab Klasse 9) . . . 120
Josef Reding, Lebte Christus nur ein paar Stunden? Text und Interpretation (ab Klasse 7) . . . 121
»...dort ist Christus geboren.« Vorschlag für einen Familien- oder Schulgottesdienst . . . 126
Hinweis auf Vorlesetexte . . . 131

Weihnachten – Anstoß zur Menschlichkeit

Einleitung . . . 134
Licht der Welt
Jochen Klepper, Weihnachtslied. Gedicht und Interpretation (ab Klasse 7) . . . 135
»Ihr seid das Licht der Welt.« Vorschlag für einen Familiengottesdienst . . . 139
Bausteine für eine Unterrichtseinheit zum Thema »Licht« für Klasse 2/3 . . . 143
Gestaltungsvorschlag . . . 148
Weihnachtslichter. Erzählung (ab Klasse 2) . . . 150
Den Nächsten sehen
Paul Reding, Weihnachten. Gedicht und Interpretation (ab Klasse 5) . . . 153
Ein Opa für den Heiligen Abend. Szene für eine Stimme (ab Klasse 4) . . . 157
Kinder in der 3. Welt – Kinder bei uns (ab Klasse 2) . . . 159
Luis Murschetz, Weiße Weihnacht. Karikatur und Interpretation (ab Klasse 5) . . . 162
Frieden mit Mensch und Natur
Ilse Kibgis, Umkehr. Gedicht und Interpretation (ab Klasse 7) . . . 164
Zeichen der Zeit. Ein Vorschlag zur kreativen Auseinandersetzung (ab Klasse 7) . . . 167
Marie Marcks, ...und den Menschen ein Wohlgefallen. Karikatur und Interpretation (ab Klasse 6) . . . 170
Ein bißchen Weihnachten das ganze Jahr. Szenenfolge (ab Klasse 4) . . . 173
Hinweis auf Vorlesetexte . . . 177

Engel – Christkind – Nikolaus: Weihnachtliche Gestalten

Engel
Einleitung . . . 180
Fünf Arbeitsblätter zur Auseinandersetzung mit der Thematik (Klasse 3–5) 182

»Hände wie deine...« Lied und Interpretation (ab Klasse 4) ... 188
»Wenn Engel in Bethlehem singen.« Lied und Interpretation (ab Klasse 5) . 190
Vorschlag zu einer Wortmeditation ... 191
Dorothee Sölle, Fürchte dich nicht. Gedicht und Interpretation (ab Klasse 8) ... 192
Ehre sei Gott auf der Erde! Anspiel für einen Gottesdienst ... 194
Christkind
Einleitung ... 196
Auseinandersetzung mit Christkind-Vorstellungen. Unterrichtsvorschlag für die 5./6. Klasse ... 198
Christkind. Hinweise zu einer Unterrichtseinheit in Klasse 1 ... 201
Nikolaus
Einleitung ... 203
Kurtmartin Magiera, Den Nikolaus von Staniol und Flitter befreien (ab Klasse 6) ... 204
Uwe Wandrey, Ein feiner Zug. Gedicht und Interpretation (ab Klasse 7) ... 206
Hinweis auf einen Vorlesetext ... 209
Luis Murschetz, Weihnacht der Menschen. Karikatur und Interpretation (ab Klasse 8) ... 210

Horst Klaus Berg in Zusammenarbeit mit Ulrike Weber, In Bildern die Botschaft der Menschwerdung entdecken

Unterrichtsplanung für Klasse 7–9 ... 212
Zum Ansatz: Sehen lernen ... 212
Kurs zum Verständnis von Symbolen: Die Sprache der Bilder ... 215
Zur Anlage des Unterrichts ... 218
Erste Einheit: Bilder aus Solentiname ... 219
Zweite Einheit: Mittelalterliche Kunst ... 219
Dritte Einheit: Kunst der Gotik ... 224
Vierte Einheit: Kunst des Barock ... 230
Fünfte Einheit: Kunst des 19. Jahrhunderts ... 236
Sechste Einheit: Kunst des 20. Jahrhunderts ... 240
Vorschläge zur Analyse von Bildern ... 248

Voneinander lernen: Texte, Lieder und Bilder zu Weihnachten aus aller Welt

Einleitung ... 252

Texte 254
Lieder 257
Bilder 261
»Weihnachten in aller Welt.« Bericht über die Herstellung eines Heftes für die Hand der Schüler (Klasse 4) 264
Wie die Bauern von Solentiname die Geburt Jesu erleben. Unterrichtsvorhaben für Klasse 7–9 265

Weihnachten ist mehr

Einleitung 278
Ursula Adam, Hosianna. Gedicht und Interpretation (ab Klasse 6) 280
Der Weihnachtsabend. Anspiel für Elternabend oder Gottesdienst 282
Neue Lieder lernen und singen 284
Schenken – das Fest gestalten. Unterrichtsentwurf für Klasse 5/6 285
Richtig schenken. Unterrichtseinheit für Klasse 3/4 290
»Was schenken wir dem Jesuskind?« Unterrichtseinheit für Klasse 1/2 293
Die Spazierfahrt. Anspiel für einen Kinder- oder Familiengottesdienst 298
Das Fest feiern. Unterrichtsvorschlag für Klasse 7–9 300
Vier Ideen zur alternativen Festpraxis:
»Zettelbaum« 302
10 (An-)Gebote für Weihnachten 302
Advent 304
Wünsche, die nicht mit Geld zu erfüllen sind 305
Christa Peikert-Flaspöhler, Wunschzettel. Gedicht und Interpretation (ab Klasse 9) 307
Peter Frey, Österliche Weihnacht. Gedicht und Interpretation (ab Klasse 9) 308
Hinweis auf Vorlesetexte 310

Liste der Medien 312

Information

Hinweise zur Auslegung der Kindheitsevangelien

Von Horst Klaus Berg

1. Textbestand und Überlieferung

Wer das Neue Testament aufschlägt und mit der Lektüre des Matthäus-Evangeliums beginnt, kann leicht den Eindruck gewinnen, daß die Überlieferung der Evangelien zuverlässige Kunde über das Leben Jesu von der Geburt bis zur Himmelfahrt aufbewahrt hat. Es zeigt sich aber bald, daß das Bild so einheitlich nicht ist. Dies lehrt schon ein Blick auf den Anfang des um das Jahr 70 entstandenen Markusevangeliums. Markus hat keine Überlieferung von der Geburt und Kindheit Jesu aufgenommen; nur Matthäus und Lukas haben in ihren ersten beiden Kapiteln ihrer etwa 15 Jahre nach dem Markusevangelium entstandenen Schriften ein »Kindheitsevangelium« tradiert. Diese Beobachtungen geben zugleich einen ersten Aufschluß über die Überlieferungsverhältnisse. Da Markus bekanntlich den beiden anderen Synoptikern als Quelle für die erzählenden Teile ihrer Evangelien diente, können wir schließen, daß ihm entweder keine Überlieferung über die Geburt Jesu vorlag oder daß er das Thema nicht für relevant hielt.

Wir können als ein erstes wichtiges Ergebnis festhalten: Die Überlieferung von der Geburt Jesu ist erst in die Evangelien aufgenommen worden, nachdem sein Leben, sein Sterben und seine Auferstehung erzählend bezeugt waren. Zugespitzt könnte man formulieren: Die »Leserichtung« der Evangelien (Geburt–Leben–Sterben/Auferstehung) verläuft genau umgekehrt der »Entstehungsrichtung« (Sterben/Auferstehung–Leben–Geburt). Das hat Konsequenzen für die Auslegung der Kindheitsevangelien: Nur scheinbar handelt es sich um einfache Texte, die unbefangen, fast naiv die wunderbaren Umstände bei der Geburt des Kindes schildern; tatsächlich kommt hier eine genau durchdachte theologische Reflexion in Gestalt der anschaulichen Erzählung zur Sprache.

Sehen wir nun einmal den Textbestand in den beiden ersten Kapiteln bei Matthäus und Lukas an:

Matthäus	Lukas
Stammbaum Jesu (1,1–7)	(Stammbaum Jesu: 3,23–38)
	Verheißung der Geburt des Täufers (1,5–25)
Verheißung der Geburt Jesu an Josef (1,18–25)	Verheißung der Geburt Jesu an Maria (1,26–38)
	Die Begegnung von Maria und Elisabeth (1,39–56)
	Lobgesang der Maria (1,47–55)

Matthäus	Lukas
	Geburt und Beschneidung des Täufers (1,57–80)
Geburt Jesu (1,18 + 25) Anbetung der Weisen (2,1–12) Bedrohung durch Herodes, Flucht nach Ägypten, Heimkehr nach Nazareth (2,13–23)	Geburt und Beschneidung Jesu (2,1–39)
	Der Zwölfjährige im Tempel (2,40–52)

Die von Matthäus und Lukas tradierten Versionen der Geburtsgeschichten haben eigentlich erstaunlich wenig Gemeinsamkeiten – das wird durch die meistens harmonisierenden Darstellungen in Erzählungen oder in künstlerischen Gestaltungen verdeckt. Die in beiden Evangelien vorkommenden Aussagen sind schnell aufgezählt:
- Die Mutter Jesu ist eine Jungfrau mit Namen Maria.
- Jesus wird vom heiligen Geist empfangen.
- Maria ist mit Josef aus dem Haus Davids verlobt.
- Sie ist schwanger, bevor Josef sie in sein Haus führt.
- Der Name des Kindes wird schon vor der Geburt bestimmt.
- Der Geburtsort ist Bethlehem.

Die Kindheitsevangelien der beiden Evangelien unterscheiden sich aber nicht nur inhaltlich; auch die Darstellungsformen sind durchaus unterschiedlich. Matthäus bietet eine verhältnismäßig lose Folge aneinandergereihter Erzählungen. Durchgehendes Gestaltungselement ist die ausdrückliche oder verdeckte Bezugnahme auf das Alte Testament; in Analogie zur zeitgenössischen jüdischen Lehrerzählung mit Bezugnahme auf die Tora kann man die Darstellung in Mt 1 und 2 als »Midrasch-Haggada« bezeichnen (Beck).
Lukas dagegen konstruiert sein Kindheitsevangelium nach einem wohldurchdachten Plan, wie die folgende Übersicht zeigt (vgl. Beck):

Ankündigung der Geburt des Täufers (1,5–25)		Ankündigung der Geburt Jesu (1,26–38)
	Begegnung der Mütter (1,39–56)	
Geburt des Täufers (1,57–58)		Geburt Jesu (2,1–20)
Beschneidung und Namengebung des Täufers (1,59–80)		Beschneidung und Namengebung Jesu (2,21–40)
		Der Zwölfjährige im Tempel (2,42–50)

Auch in der grundlegenden Ausrichtung weisen die beiden Kindheitsevangelien tiefgreifende Unterschiede auf. Zunächst einmal im Blick auf die Zentralfiguren: Matthäus wählt offensichtlich Josef als zentrale Person aus: *Er* ist der Empfänger der Offenbarung und bestimmt das Geschehen; Lukas dagegen schildert aus der Perspektive der Maria. Wichtiger aber ist die Sicht des Kindes: Matthäus zeichnet den Messias als den von Anfang an Verkannten und Verfolgten, Lukas stellt ihn als den dar, der von seiner Geburt an als Gottessohn erkannt und angenommen wird. Auf diese unterschiedlichen Profile werden wir noch eingehender zu sprechen kommen.
Die Beobachtungen zum Textbestand, zur Darstellungsweise und Grundtendenz der Kindheitstexte bei Matthäus und Lukas dürfen nun keineswegs zu dem Schluß führen, daß die Evangelisten ihre Texte neu verfaßt hätten. Die neutestamentliche Forschung konnte durch Sprachanalysen nachweisen, daß Matthäus und Lukas sich auf Erzählungen stützen, die ihnen bereits vorlagen; die Unterschiede weisen darauf hin, daß diese wohl unabhängig voneinander entstanden. Die eigene Handschrift der Evangelisten zeigt sich dann in der Anordnung, Verknüpfung und sprachlichen Ausgestaltung der Traditionen.
Wir werden jetzt die wichtigsten Elemente der Kindheitsevangelien nach Matthäus und Lukas besprechen, zunächst einige, die beiden gemeinsam sind.

2. Jesus – der Versprochene und Erhoffte: Die Stammbäume bei Matthäus und Lukas

Gleich im ersten Satz seines Evangeliums schlägt *Matthäus* zwei große Bögen in die Hebräische Bibel: »Stammbaum Jesu Christi, des Sohnes Davids, des Sohnes Abrahams.« Der Bezug auf David gehört gleichsam zum Grundbestand der messianischen Hoffnung; denn auf David und seinem »Haus« ruht ja die Zusage, daß seine Herrschaft kein Ende nehmen und aus ihm der Heilskönig kommen soll. Und mit Abraham verbindet sich die Verheißung, daß durch ihn und seine Nachkommen alle Generationen Segen erlangen sollen (vgl. Gen 12,1–3). Matthäus füllt diese großen Bögen mit dreimal 14 Generationen von Stammvätern Jesu aus. Dieser Stammbaum entspricht nur teilweise den alttestamentlichen Vorbildern (z. B. 1 Chr 2,1–5) und nennt im letzten Teil der Liste Namen, die historisch ganz unbekannt sind. Das zeigt, daß die Genealogie kein historisches Interesse hat – dies gilt übrigens ganz allgemein für biblische Genealogien – sondern ein theologisches, genauer gesagt: ein heilsgeschichtliches. Schon die Zahl 14 läßt aufhorchen: Denn sie symbolisiert den Namen Davids und will belegen, daß Jesus der verheißene Messias ist. (Wenn man im hebräischen Namen DaViD die Konsonanten durch die entsprechenden Zahlen ersetzt – die Vokale werden ja im Hebräischen nicht geschrieben –, so ergibt sich: D = 4; V = 6; D = 4; zusammen 14.) Außerdem liegt wohl eine Anspielung auf die Zahl 7 vor (verdoppelt: 14), die in der Bibel die Fülle des Heils symbolisiert.
Besonders auffällig ist, daß Matthäus in seinen Stammbaum 4 Frauen einbaut; verwunderlich, daß er nicht die berühmten Stammütter wie Sara, Rebekka oder Rahel nennt, sondern: Thamar, Rahab, Ruth und Bathseba. Was verbindet diese Frauen? Alle wirken höchst unpassend in diesem Stammbaum; denn sie gelten in der jüdischen Überlieferung nicht nur als Ausländerinnen, sondern auch als

Frauen, die mit sexuell bedenklichem Verhalten in Verbindung gebracht werden. Welche Absicht Matthäus hier verfolgt, läßt sich nur ahnen: Will er zeigen, daß man nicht mehr in das Gottesvolk geboren werden muß, sondern daß alle dazugehören? Kommt es ihm darauf an, daß in Christus die ganze Geschichte mit ihren Höhen und Tiefen aufgehoben ist? Oder geht es darum, daß die »anrüchige« Geburt gegen mögliche Angriffe verteidigt werden soll?
Jedenfalls läßt sich die Botschaft dieses Stammbaums recht deutlich erkennen: Jesus ist der Heil- und Segenbringer für das Gottesvolk und für alle; er ist von Anfang an verheißen worden.
Lukas geht in seinem Stammbaum erheblich anders vor. Zunächst einmal fällt auf, daß der Text nicht das Kindheitsevangelium eröffnet, sondern erst nach der Taufe Jesu aufgeführt wird (3,23–37). Sodann springt im Vergleich zu Matthäus gleich ins Auge, daß bei Lukas die Genealogie von der Gegenwart zu den Ursprüngen zurückläuft; überhaupt unterscheiden sich die beiden Reihen grundlegend, nur in den Folgen von Abraham bis David stimmen sie in etwa überein. Dazu kommt, daß Lukas seinen Stammbaum bis auf Adam – und letztlich bis auf Gott – zurückführt. Er will wohl zum Ausdruck bringen, daß alle Menschen Kinder Gottes sind – oder will er den weitgespannten Nachweis der Gottessohnschaft Jesu führen? Es wäre auch möglich, daß die Rückführung auf Adam die Solidarität Jesu mit *allen* Menschen zur Sprache bringen soll. Schließlich wäre noch an die in Christus beginnende Neu-Schöpfung zu denken (vgl. z. B. 1 Kor 5,17).
Zwar konstruiert Lukas seinen Stammbaum nicht so kunstvoll und reflektiert wie Matthäus; dennoch liegt seiner Genealogie ein klares theologisches Prinzip zugrunde. Dies ergibt sich aus der Zahl der siebenundsiebzig Generationen bis auf Christus. Diese Zahl geht wohl auf die Weisung im apokryphen 4. Buch Esra zurück (14,11 f.), wonach der Messias am Ende der 11. Weltwoche kommt. Hieraus ergeben sich 77 Welttage; Lukas setzt für jeden Welttag einen Vorfahr, so daß für den kundigen Leser feststeht: Jetzt beginnt die Heilszeit.

3. »... geboren von der Jungfrau Maria« – der Sohn Gottes

Für viele gehört dieser Satz zu den unveräußerlichen Kernstücken der biblischen Überlieferung von der Menschwerdung Gottes.
Sehen wir uns zunächst den biblischen Befund an!
Bei *Matthäus* wird von der Geburt Jesu seltsam unbetont erzählt. In 1,18 heißt es: »Mit der Geburt Jesu war es so ...«; Vers 25 nimmt den Faden wieder auf: »... bis sie ihren Sohn geboren hatte.« Dazwischen berichtet der Evangelist, daß Maria »durch das Wirken des Heiligen Geistes« schwanger war, bevor Josef sie in sein Haus holte, daß er sie heimlich entlassen wollte und im Traum Gottes Botschaft erfuhr, daß sie den kommenden Erlöser gebären sollte. Matthäus will durch diesen Text das Problem lösen, daß Jesus durch den Stammbaum in das »Haus Davids« findet, denn Josef ist Davidide ... aber er ist nach der Vorstellung des Matthäus nicht der leibliche Vater Jesu. Die Erklärung gibt er in V 25: Durch die Namengebung erkennt Josef Jesus juristisch als seinen Sohn an und bezieht ihn damit in die davidische Linie ein; gleichzeitig ist das göttliche Geheimnis seiner Herkunft gewahrt und die Prophezeihung Jesajas eingelöst.

Was hat es nun mit dem Geheimnis der Empfängnis auf sich? Der Heilige Geist sei im Spiel, heißt es zweimal im Text, außerdem greift Matthäus auf Jes 7,14 zurück: *Seht, die junge Frau wird schwanger werden und einen Sohn gebären, und sie wird ihm den Namen Immanuel geben.*
In diesen Aussagen schwingen für die matthäischen Gemeinden sicher mehrere Assoziationen mit:

- Der Spruch des Propheten Jesaja aus dem 8. Jahrhundert vor Christus ist schwer zu deuten. Fest steht nur, daß der dort verwendete hebräische Begriff (almah) »junge Frau« meint und nicht »Jungfrau« (im biologischen Sinn des unversehrten Hymens). Wen der Prophet mit dieser Prophezeihung in der Notsituation seines Volks anspricht, ist nicht mehr auszumachen. Aber schon die Septuaginta, die in der ersten Hälfte des 3. Jahrhunderts v. Chr. im ägyptischen Diasporajudentum entstandene griechische Übersetzung des Alten Testaments, gibt den Begriff mit »Jungfrau« (gr. parthenos) wieder. Möglicherweise schwingen bereits hier antike ägyptische Vorstellungen von der gottgewirkten Geburt des Königs aus der jungfräulichen Königin mit? Jedenfalls erkennt Matthäus und mit ihm seine Gemeinden in dem überlieferten Spruch die Kontinuität des wunderbaren Rettungshandelns Gottes.
- Ganz ohne Zweifel hören die Adressaten der Kindheitsevangelien auch die berühmte Stelle aus Psalm 2,7 mit, die dem gesalbten König die Sohnschaft zuspricht:
  Du bist mein Sohn, heute habe ich dich gezeugt.
  Selbstverständlich ist hier nicht an einen biologischen Vorgang gedacht; das Bild der Zeugung bekräftigt die »Gottessohnschaft« des Königs als äußerste Zuspitzung der Erwählungszusage und der Bevollmächtigung.
- Die Frage, auf welche Weise denn Gott den Menschen schöpferisch nahekomme, beantwortet schon das Alte Testament durch den Hinweis auf das Wirken des göttlichen Geistes. In der biblischen Tradition lassen sich zwei Linien unterscheiden.
  Da ist *einmal* die Linie der Aussagen zu erkennen, in denen Israel den Geist Gottes mit Schöpfung in Verbindung bringt: Der Geist ist bei der Erschaffung der Welt im Spiel (Ps 33,6); seine Kraft wirkt auch bei der Neu-Schöpfung, die der Prophet schaut (Hes 37,14). Überhaupt erkennt das Alte Testament keine Grenzen von Gottes Schöpfermacht an – zu erinnern ist in diesem Zusammenhang noch einmal an die wunderbaren Erfahrungen der Sara und der Hanna. Diese Linie der schöpferischen Dynamik des Geistes hat das Judentum aufgenommen und weitergeführt (z. B. Judit 15,15; Syr. Bar. 21,14; 23,5; Philo Antt. 9,10).
  Eine *zweite* Linie zeigt sich in der Be-Geisterung von Gottesmännern, die Gott mit seinem Geist versieht, um sie für wichtige Aufgaben zu bevollmächtigen und zu stärken; z. B. Mose (Num 11,25); die »Richter« als charismatische Retter und Führer (Ri 3,10; 11,29; 14,6 u. ö.); David (1 Sam 16,13); Elia (2 Kön 2,9).
  In beiden Sichtweisen ist der Geist Symbol für die schöpferische und rettende Gegenwart Gottes, die auch den tatkräftigen Gottes-Dienst von Menschen einbezieht, die Gott für seine Sache be-geistert.
  Beide Linien laufen in das neutestamentliche Christus-Zeugnis hinein: Der Geist als Symbol der Bevollmächtigung und Befähigung zum Dienst zeigt sich zentral

in der Erzählung von der Taufe Jesu (Mk 1,9–11 par); die Bevollmächtigung zum Geist-Träger schließt die Verleihung des Titels »Sohn Gottes« ein. Diese Vorstellung ist, das ergibt sich aus dem synoptischen Befund, schon recht früh in der Tradition verankert. – Der Geist als schöpferische Kraft ist dann stärker in den (literarisch viel späteren) Kindheitserzählungen angesprochen. Die Vorstellung, daß herausragende Menschen göttlich gezeugt seien, dem göttlichen Geist ihr Dasein verdanken, ist im zeitgenössischen Judentum und Hellenismus durchaus verbreitet (Belege in allen Kommentaren). Wichtig ist aber nicht so sehr die Verwandtschaft der evangelischen Texte zu diesen Vorstellungen, sondern die unterschiedliche Sichtweise: Nirgendwo ist an einen göttlichen Liebhaber gedacht, sondern Gott selbst fängt durch seinen Geist eine neue Schöpfung an (sehr treffend überschreibt Schweizer in seinem Lukas-Kommentar den entsprechenden Abschnitt »Gottes neue Schöpfung«). Übrigens läßt die lukanische Vorgeschichte durchaus eine Differenzierung der beiden genannten Sichtweisen von der Wirkungsweise des Geistes im Verhältnis von Johannes und Jesus erkennen: Johannes wird vom Geist erfüllt (1,15), Jesus verdankt sein Leben dem Geist (1,35).

Bei *Lukas* tauchen keine grundlegend neuen Aspekte auf, er greift auf die gleichen inhaltlichen und sprachlichen Vorlagen zurück wie Matthäus. Allerdings ist er daran interessiert, die Jungfrauengeburt zu besprechen und zu deuten, während Matthäus sie voraussetzt.

Wie gehen wir mit den Aussagen der Kindheitsevangelien über die Jungfrauengeburt um? Welchen Stellenwert hat sie im Zusammenhang der biblisch-theologischen Reflexion über die Menschwerdung Gottes?

Zunächst einmal ist zu bedenken, daß die Jungfrauengeburt im Neuen Testament nur in den beiden ersten Kapiteln des Matthäus- und des Lukasevangeliums vorkommt; aber selbst diese beiden Evangelisten greifen die Ankündigung der wunderbaren Geburt nirgendwo wieder auf, nicht einmal in der klassischen »Weihnachtsgeschichte« in Lukas 2. Alle anderen neutestamentlichen Schriften erwähnen diese Vorstellung nicht. Paulus spricht in der bekannten Stelle Gal 4,4 in großer Nüchternheit davon, daß Jesus »von einer Frau geboren sei«, er verzichtet geradezu demonstrativ auf jede Betonung der Einzigartigkeit von Jesu Geburt. Und das Johannesevangelium betont, daß alle Glaubenden »nicht aus Blut und Willen des Fleisches, nicht aus dem Willen eines Mannes, sondern aus Gott gezeugt« seien (Joh 1,13). Und die erzählenden Teile des Neuen Testaments setzen ganz unbefangen voraus, daß Jesus der Sohn Josefs sei, daß Maria und Josef seine Eltern seien (Lk 2,48f.; 4,22; Joh 6,42).

Man hat den Eindruck, daß dies schmale Zeugnis von der Jungfrauengeburt sich in nachbiblischer Zeit verselbständigt hat, daß die Jungfräulichkeit Marias einen Eigenwert erhielt; dies hält aber dem Selbstverständnis der biblischen Überlieferung über die Menschwerdung Gottes in Jesus von Nazareth nicht stand: »Nicht weil seine Geburt wunderbar ist, ist er der Sohn Gottes, sondern weil er der Sohn Gottes ist, darum ist auch seine Geburt wunderbar.« (J. Schmid, zitiert bei: Beck, S. 130)

Obwohl die Kindheitsevangelien Jesus den Titel »Sohn Gottes« nicht beilegen, ist er offenbar *der Sache nach* in diesen Texten präsent; darum müssen wir einige wichtige Vorstellungen umreißen, die das Neue Testament mit diesem Titel verbindet:

- Auf der alttestamentlichen Linie ist noch einmal an Ps 2,7 zu denken: Der Sohn Gottes ist der erwählte und bevollmächtigte König, von dem Heil ausgeht; »Sohn« umschreibt eine bestimmte Funktion. Diese Vorstellung klingt an, wenn die judenchristliche Gemeinde bekennt, daß Gott Jesus »seit der Auferstehung« in sein königliches Amt eingesetzt und ihn damit zum »Sohn« proklamiert habe (Röm 1,3f.). Markus verlegt diese Proklamation an den Anfang des Auftretens Jesu, indem er sie mit der Taufe verbindet (Mk 1,11 par).
- Anders akzentuiert das Heidenchristentum den Titel. Hier sind folgende Vorstellungen im Spiel: Im Hellenismus ist ein »Sohn Gottes« (oder auch: göttlicher Mensch) ein göttliches Wesen. Er zeichnet sich durch wundersame Taten aus. Göttersöhne sind: Magier, Heiler, und auch die Kaiser des Römischen Reichs.

Man wird davon ausgehen können, daß Matthäus und Lukas die Empfängnis und Geburt Jesu als wunderbares, geistgewirktes Ereignis schildern, weil sie ihm den Titel »Sohn Gottes« schon bei seiner Geburt zusprechen wollen.

Fragen wir abschließend nach dem Bekenntnis, das in diesen vielfältigen Anschauungen zur Sprache kommt, die sich mit der Jungfrauengeburt verbinden. Es läßt sich in vier Sätzen entfalten:

- Die Kindheitsevangelien verkünden die Geburt Jesu, der von Anfang an der von Gott Erwählte und Bevollmächtigte ist.
- Sie sind überzeugt, daß es keinen Augenblick im Leben Jesu gibt, an dem Gott nicht beteiligt ist.
- Sie bekennen, daß mit der Geburt Jesu die Geschichte der radikalen Zuwendung Gottes zum Menschen und zur Welt beginnt; diese Zuwendung ist von Anfang bis zum Ende ein Wunder, weil sie die Grenzen unserer Erfahrung sprengt.
- Die Evangelisten bringen zum Ausdruck, daß der Mensch seine Befreiung und Erlösung nicht aus eigener Kraft vollbringt, sondern daß dies *allein* Gottes Werk sei.

Dies Bekenntnis entfalten Matthäus und Lukas erzählend in einer Sprache, die das Geheimnis der schöpferischen Liebe Gottes zu umschreiben versuchte, und mit Hilfe geprägter Vorstellungen und Bilder, die ihren Lesern einen Zugang zu diesem Geheimnis eröffnen.

4. Wann und wo wurde Jesus geboren?

Diese Fragen sind historisch nur teilweise aufzuklären.
Zunächst einmal geht es um den *Termin.*
Beide Evangelisten gehen davon aus, daß Jesus in der Regierungszeit Herodes d. Gr. (37–4 v. Chr.) geboren wurde, ohne sich aber auf ein genaues Datum festzulegen; möglicherweise ist aufgrund einer errechenbaren besonderen Sternkonjunktion, die als großer Stern erscheinen konnte, eine Eingrenzung auf das Jahr 7 v. Chr. zu machen. Dem widerspricht allerdings die Angabe bei Lukas, ein allgemeiner römischer Zensus zur Zeit des Statthalters Quirinius habe die Reise zum Geburtsort Bethlehem ausgelöst; Quirinius aber führte erst im Jahr 6 n. Chr. eine Steuererhebung durch. Historisch spricht mehr für die Datierung in die Regierungszeit des Herodes, möglicherweise hat Lukas sich geirrt.
Schwer zu beantworten ist auch die Frage nach dem *Ort.*

Zwischen Matthäus und Lukas erkennen wir deutliche Unterschiede. Nach Lukas ziehen die Eltern Jesu vor seiner Geburt – veranlaßt durch die römische Steuerschätzung (Zensus) – von Nazareth nach Bethlehem; nach Matthäus ist offenbar Bethlehem der Wohnort der Eltern Jesu, Nazareth wird als der spätere Fluchtort vorgestellt. Die historische Problematik ergibt sich daraus, daß Bethlehem als Geburtsort nur in den Kindheitsevangelien genannt wird, während das übrige Neue Testament ihn immer wieder »Jesus von Nazareth« nennt, d.h. ihn als Bürger der galiläischen Stadt kennt. Viele Exegeten haben daraus den Schluß gezogen, Nazareth sei der historische, Bethlehem dagegen nur der »theologische« Geburtsort Jesu, der durch die Anschauung ins Spiel gekommen sei, daß in der Davidsstadt der Messias geboren werden sollte. Allerdings finden sich dafür kaum Belege in der schriftlichen Überlieferung, so daß es sich eigentlich nicht zwingend nahelegte, Jesus hier auf die Welt kommen zu lassen, um seine Messianität zu »beweisen«. Matthäus kombiniert in seinem Zitat (2,5f.) zwei alttestamentliche Stellen: Mi 5,1 und 2 Sam 5,2, wobei er den Michatext verändert: Aus der »kleinen Stadt« wird durch die Änderung eines Buchstabens »keineswegs die kleinste« – ein Versuch, den Geburtsort des Messias ein wenig aufzuwerten. – Die Frage nach dem Geburtsort Jesu bleibt offen, allerdings spricht auch nichts gegen Bethlehem – und warum hätten Matthäus und Lukas ihn erfinden sollen?

5. Matthäus: Jesus ist der neue Mose

Im zweiten Kapitel seines Evangeliums berichtet Matthäus vom Schicksal des Kindes nach seiner Geburt; es lassen sich zwei Erzählungen unterscheiden, die aber durch das Auftreten und Verhalten der Magier fest miteinander verknüpft sind:
- Die Anbetung durch die Magier: 1–12
- Verfolgung, Flucht, Heimkehr: 13–23.

Bevor wir einige Grundzüge dieser Erzählung besprechen, sollte der Charakter des Textes geklärt werden. Man wird ihm kaum gerecht, wenn man ihn auf der Ebene des Tatsachenberichts befragt – da würden sich die geschilderten Ereignisse auch kaum historisch sichern lassen. Matthäus geht es nicht um die Feststellung geschichtlicher oder biographischer Daten, sondern auch hier um die Einsicht und das Bekenntnis, daß Jesus der von Israel erhoffte Messias ist. Dies bringt er in Form eines Berichts zur Sprache, den man als »Beweiserzählung« charakterisieren kann (Beck, S. 95). Das läßt sich besonders gut an dem für das ganze Matthäusevangelium typischen Stilmittel des Reflexions- oder Erfüllungszitats ablesen. Jedem Ereignis, das er in Kapitel 1 und 2 darstellt, ordnet er ein Zitat aus der Hebräischen Bibel zu. Die Absicht dieser Zitate tritt deutlich hervor, wenn der Evangelist sie mit der Formel einleitet: »Dies geschah, damit erfüllt würde ...« (1,22; 2,15.17.23). Er möchte seinen Lesern aufweisen, daß die Geschichte Gottes mit seinem Volk in Christus zur Erfüllung kommt. Aber auch da, wo die Überlieferung nicht ausdrücklich zitiert wird, ist dieser Text durchtränkt von Anspielungen und Erinnerungen an die Heilsgeschichte.

Besonders wichtig ist Matthäus die Beziehung zur Mose-Überlieferung. Die wunderbare Geburt und Rettung des Befreiers Mose, wie sie in Ex 1 und 2 berichtet werden, waren im Judentum sehr populär und wurden immer wieder ausschmük-

kend und meditierend erzählt (Beispiele bei Beck, S. 103ff.). Vor allem wird geschildert, wie Pharao erfährt, daß im unterdrückten Israel der künftige Befreier zur Welt kommt. Jahwe sagt über ihn: »Ich werde durch ihn Zeichen tun und mein Volk erlösen, und er selber wird sein Führer sein« – so der jüdische Schriftsteller Pseudo-Philo in seinem ca. 70 n. Chr. entstandenen »Buch der biblischen Altertümer« 9,10. Auf den Rat der Wahrsager läßt der Ägypter alle männlichen Kinder töten, aber Mose wird auf wunderbare Weise beschützt.
Die Parallelen zum Kindheitsevangelium des Matthäus sind mit Händen zu greifen: Auch von Jesus wird gesagt, daß er »sein Volk erlösen wird« (1,21), auch seine Geburt löst beim König Furcht aus, auch er wird mit tödlicher Gewalt verfolgt und wunderbar gerettet.
Andere Stellen des Matthäus-Evangeliums deuten ebenfalls darauf hin, daß es Jesus als neuen Mose sieht (z. B. ist der Berg der »Bergpredigt« der neue Sinai, von dem aus die Tora erneuert wird: 5,17ff.). – Mit all dem will der erste Evangelist offensichtlich sagen: Jesus ist der endgültige Befreier, mit ihm führt Gott sein Volk aus der Gefangenschaft in die Freiheit.
Durch diese Verklammerung seiner Texte mit der Überlieferung zeigt Matthäus seinen Lesern die Wurzeln ihres Glaubens auf und bestätigt das Bekenntnis zum Messias Jesus aus Nazareth.

a) Die Anbetung durch die Magier (Mt 2,1–12)

Die Erzählung ist mit vorhergehenden kaum verbunden. Vers 1 geht fast beiläufig auf die Geburt ein und führt dann sogleich zügig in die Geschichte von den »Magiern aus dem Osten« ein. Matthäus denkt wohl an astronomisch und astrologisch kundige Männer aus Persien oder Babylonien, der traditionellen Heimat von Sterndeutern und Magiern. Ein Stern hat ihnen die Geburt eines Königskindes angezeigt und führt sie an den richtigen Ort. (Der Umweg über Jerusalem ist wegen des vor ihnen herziehenden Sterns eigentlich überflüssig und dient im Erzählzusammenhang wohl der Verknüpfung der Erzählung mit der Schilderung der Verfolgung des Kindes durch Herodes.) Das Motiv des Sterns ruft beim damaligen Leser vielfältige Assoziationen ab: Er erinnert sich an die Geschichte Bileams, der als eine Art Magier aus dem Osten kam und den »Stern aus Jakob« schaute (Num 23,7; 24,3f. 15ff.). Oder er denkt daran, daß in vielen Zeugnissen des Judentums in neutestamentlicher Zeit der Messias im Bild des Sterns gesehen wird (einige Belege bei Beck, S. 97f.). Vielleicht schwingt auch mit, daß in der ersten Hälfte des 1. Jahrhunderts die Sehnsucht nach dem Weltenkönig, mit dem das goldene Zeitalter kommen sollte, besonders lebhaft war.
Die Magier huldigen dem Kind und überreichen ihre Geschenke. Auch diese sind augenscheinlich »Erfüllungsgeschenke«, sie bestätigen wieder Sätze aus dem Alten Testament (Ps 72,10; Jes 60,3–6). Erst die spätere legendarische Ausgestaltung der Erzählung hat dann aus der Zahl der Geschenke die Dreizahl der Huldigenden erschlossen und die wunderbaren Geschenke als die Gaben von Königen gesehen.
Wichtiger als die Beobachtungen und Hinweise zu einzelnen Zügen der Erzählung ist die Frage nach ihrer Zielrichtung: Matthäus will zeigen, daß der Messias nicht zuerst von seinem Volk erkannt und angebetet wird, sondern von den Heiden;

zugleich klingt in der Erzählung von der Anbetung des Kindes durch die Heiden auch das Bekenntnis zum Auferstandenen mit seinem universalen Herrschaftsanspruch an: Ihm ist »alle Macht im Himmel und auf Erden« gegeben (28,18).
Die Intention der Erzählung als Aktualisierung der Mose-Überlieferung gewinnt noch erheblich schärfere Konturen durch die Gestalt des Herodes: Der König Israels nimmt nicht nur keine Notiz von der Geburt des Messias – wie das Volk –, sondern verfolgt das göttliche Kind, um es zu töten.

b) Verfolgung, Flucht und Heimkehr (Mt 2,13–23)

Bereits in die Erzählung von der Huldigung durch die Magier ist das Motiv der Verfolgung verflochten. Der König Herodes war als gebürtiger Edomiter wohl ständig auf der Hut vor Konkurrenten auf seinen Herrschaftsanspruch. Dies ist auch hier vorausgesetzt. Herodes erschrickt vor dem vermeintlichen Rivalen und nimmt den Kampf auf. Er beruft eine Art Krisenstab aus Sachverständigen ein, die ihm die nötige Information verschaffen. Erstaunlicherweise reagiert der König aber kaum darauf, sondern läßt die Situation zunächst offen, indem er die Magier um Berichterstattung bittet. Die Fortsetzung ist bekannt: Herodes wütet in Bethlehem und läßt alle männlichen Kinder unter 2 Jahren ermorden. Dies Verhalten paßt durchaus ins Bild des Königs, dessen Grausamkeit sprichwörtlich war. Allerdings ist historisch der Kindermord in Bethlehem nicht belegt; die Erzählung ist doch wohl in erster Linie aus der Analogie zur Mosegeschichte entstanden.
Josef entzieht sich mit dem Kind und der Mutter der Nachstellung durch die Flucht nach Ägypten. Den Anstoß dazu gibt, wie in 1,20, der »Engel des Herrn«, der ihm im Traum erscheint und Weisung erteilt. Im Alten Testament wird ja immer wieder berichtet, daß Menschen Orientierung von Gott im Traum erfahren (Abraham: Gen 20; Jakob: Gen 28; Josef: Gen 37; Salomo: 1 Kön 3). Über den Aufenthalt wird nichts berichtet; Matthäus aber kommt es auch hier wieder auf die Kontinuität der Heilsgeschichte an, indem er Hos 11,1 zitiert (V 15); dort meint »Sohn« das Volk Israel, das Jahwe aus Ägypten befreite, der Evangelist wendet das Zitat messianisch interpretierend auf Jesus an. – Die Heimkehr wird ebenso wie die Flucht durch die himmlische Weisung in Gang gesetzt. Auch da schwingt wohl noch einmal die Mose-Geschichte mit (Ex 4,19). Erst jetzt entscheidet sich Josef für Nazareth als neuen Wohnort; freilich will Matthäus auch hier durch das Erfüllungszitat zeigen, daß alles schon nach Gottes Plan entschieden ist. Allerdings ist nicht mehr zu klären, auf welche Stelle des Alten Testaments Matthäus sich bezieht. Das hängt mit der schwierigen Deutung des Begriffs »Nazoräer« zusammen, die sich auch schon in der widersprüchlichen Überlieferung in verschiedenen Handschriften spiegelt: Einige denken an die alttestamentlichen Naziräer, Menschen, die sich gottgeweiht verstanden und asketisch lebten (z. B. in bezug auf Simson: Ri 13,7); aber auch das hebräische *nezer* (Sproß) könnte anklingen (vgl. dann Jes 11,1). Jedenfalls ist klar, daß der Evangelist zeigen und bezeugen will: Jesus aus Nazareth ist der, in dem sich die Verheißung des Messias erfüllt.

6. Matthäus: Der arme König – der Retter der Welt

Wer Jesus für Matthäus im Zusammenhang seines Kindheitsevangeliums ist, läßt sich recht gut an den Bezeichnungen erkennen, die er ihm gibt.

Da stoßen wir zunächst einmal auf den Namen, den Gott selbst ihm gibt (1,21–23): *Jesus.* Das ist auf den ersten Blick nicht übermäßig bemerkenswert; denn »Jesus« ist nichts anderes als die griechische Form des hebräischen Namens Josua, der in alt- und neutestamentlicher Zeit durchaus geläufig war. Er bedeutet: Jahwe ist Rettung. Der Nachsatz entfaltet dann, was der Name einschließt: »... denn er wird sein Volk von ihren Sünden retten.« Daß der Messias sein Volk aus Not und Unterdrückung retten werde, gehört zum Kern der Heilserwartungen an den endzeitlichen Gesalbten Gottes; aber daß ausdrücklich die Rettung von den Sünden genannt wird, ist neu (vgl. aber Ps 130,8) und schließt eine spezifische Akzentuierung ein: die Kennzeichnung des entscheidenden Feldes, in dem der Mensch unfrei ist. Hier kommt es zu einer Korrektur der messianischen Hoffnung, aber auch zu einer unerhörten Zuspitzung des Anspruchs, der Widerspruch provoziert. »Er lästert! Wer kann Sünde vergeben außer Gott allein?« wird Jesus vorgehalten, als er dem Gelähmten die Vergebung zuspricht (Mk 2,7). So klingt in der Namengebung wohl schon das Bekenntnis der Urgemeinde an, daß Jesus in der ganzen Vollmacht Gottes handelt. – Eine weitere Entfaltung des Jesus-Namens bietet das Erfüllungszitat aus Jes 7: *Immanuel* soll das Kind heißen, »Gott mit uns«. Wo Jesus sein rettendes und heilendes Werk vollbringt, ist Gott mit seiner Herrschaft bei den Menschen (vgl. z. B. Lk 17,21!). – Sicher schwingt in dieser Namengebung für einen Leser des Matthäusevangeliums, der in der Tradition des Alten Testaments lebt, die Offenbarung des Jahwe-Namens (Ex 3) mit, die ja auch die Zusage einschloß, daß Jahwe immer rettend und befreiend bei seinem Volk sein werde.

Gegenüber dieser gewichtigen Namengebung wirken die traditionellen Messias-Prädikate fast unbetont: Zweimal wird Jesus als der Messias (Christus) bezeichnet: 1,1; 2,4, einmal als Sohn (Gottes): 2,15 – hier sicher im Sinn der Erwählung und Bevollmächtigung des gesalbten Königs verstanden, wie wir es in Ps 2,7 kennenlernten (s. o.).

Fast versteckt verwendet Matthäus in der Anfrage der Magier noch einen Titel für Jesus, den man leicht überliest, weil man ihn für eine konventionelle Bezeichnung hält: *König der Juden* (2,2). Bei näherem Hinschauen wird man jedoch stutzig: Wo kommt dieser Würdename noch im Neuen Testament vor? Pilatus – auch ein Nichtjude (!) – verwendet ihn in der Kreuzesinschrift. Es besteht kaum ein Zweifel, daß der Evangelist schon in seinem Kindheitsevangelium bewußt auf die Passion anspielt. Dafür spricht auch der ganze Zusammenhang: Matthäus stellt die tötende Macht des Königs Herodes und die Ohnmacht des neugeborenen Messias-Königs, dem aber schon jetzt die Vollmacht der Sündenvergebung zugesprochen wird, in scharfen Kontrast.

Neben diesen messianischen Würdenamen lassen sich aber noch zwei implizite Prädikate erkennen. Als wichtigstes natürlich das Verständnis Jesu als dem *neuen Mose,* das der Darstellung der Verfolgung und Flucht zugrunde liegt. – Schließlich ist noch darauf hinzuweisen, daß die Anbetung der Heiden die Messias-Hoffnung auf den Retter Israels ins Universale weitet: Jesus ist der königliche Retter der ganzen Welt.

7. Matthäus: Das Kindheitsevangelium im Geflecht der Heilsgeschichte

Wir hatten gesehen, wie der erste Evangelist seine Schilderung intensiv mit der hebräischen Bibel verflicht – besonders augenfällig in den Erfüllungszitaten; aber die Darstellung im ganzen ist mit Erinnerung gesättigt. Matthäus zeigt seiner Gemeinde den Wurzelboden ihres Glaubens auf und bekennt, daß Jesus der Verheißene und Erwartete ist. Er hat in seinen Text aber auch viele verdeckte Hinweise auf die Praxis und das Schicksal Jesu aufgenommen – wir erinnern uns daran, daß die Kindheitsevangelien ja erst *nach* der Überlieferung der übrigen synoptischen Tradition entstanden. Halten wir noch einmal einige wichtige Hinweise fest:

- Der Zuspruch der Würde des messianischen Königs, der aber sein Amt ganz anders führen wird als erwartet: nicht im Glanz und der Gewalt des Herrschers nach der Weise der Welt, sondern in Liebe, die von Anfang an Gleichgültigkeit, Ablehnung und Verfolgung in Kauf nimmt. Das kommt nicht nur im Herodes-Motiv und der Anspielung auf die Passion zum Ausdruck; es spricht viel dafür, daß gerade die vielen genauen Ortsangaben in den beiden ersten Kapiteln des Matthäusevangeliums die Heimatlosigkeit des Wanderpredigers und seiner Schüler symbolisch vorwegnehmen (Schweizer).
- Der erste Evangelist zeichnet in seine Texte das Bekenntnis der Gemeinde ein, daß Christus in Wort und Tat die Befreiung bewirkte; er ist der neue Mose. Hier wären also vor allem die Wunder- und Vergebungsgeschichten mit »einzulesen«, aber auch die Lehre Jesu, die Matthäus so deutlich herausarbeitet.
- Schließlich klingt auch hier schon an, daß die Sendung Jesu die »Heiden« einschließt, die ihn am Anfang und am Ende seines Lebens klarer als den Retter erkennen und bekennen als die »Kinder Israels«: Der Bogen spannt sich von den Magiern bis hin zum heidnischen Zenturio, dem unter dem Kreuz das Licht über den Hingerichteten aufgeht (Mt 27,54).

So ist das Kindheitsevangelium des Matthäus in die ganze Heilsgeschichte verwoben; es enthält sein Bekenntnis, daß gerade in dem armen König der verheißene Retter bei den Menschen ist. Die beiden Kapitel strahlen wenig weihnachtlichen Glanz aus; aber gerade weil sie die Wirklichkeit nicht verdrängen, sondern ernst nehmen und *in ihr* das Heil erkennen, sind sie glaubwürdig und tragfähig.

8. Lukas: Johannes und Jesus

Wir hatten schon beobachtet, daß Lukas sein Kindheitsevangelium nach einem genau durchdachten Plan aufbaut; als Grundmuster erkannten wir die Verschränkung der Geburtsgeschichten von Johannes und Jesus. Zwischen die erzählenden Teile sind drei hymnische Stücke eingefügt: Lobgesang der Maria: Magnificat (1,46 ff.); Lobgesang des Zacharias: Benedictus (1,68 ff.); Lobgesang des Simeon: Nunc dimittis (2,29 ff.). Möglicherweise sind die Täufergeschichten zunächst als selbständiger Erzählkomplex entstanden und überliefert worden, etwa in Kreisen seiner Jünger. Lukas jedenfalls kombiniert die beiden Geburtsgeschichten, um im Vergleich die Einzigartigkeit Jesu, aber auch die Beziehung der beiden Gestalten herauszuarbeiten. Dazu einige Hinweise:

Johannes	Jesus
Gott bestimmt seinen Namen.	Gott bestimmt seinen Namen.
Der Vater benennt das Kind.	Die Mutter benennt das Kind.
Er wird Prophet des Höchsten genannt.	Er wird Sohn des Höchsten genannt.
Er wird dem Messias vorausgehen, Väter und Kinder versöhnen. Er wird das Volk für den Herrn bereitmachen.	Gott wird ihm den Thron geben. Seine Herrschaft wird kein Ende haben.
Er wird vom Geist erfüllt.	Er verdankt dem Geist sein Leben.

Das erste Merkmal der Johannes-Erzählungen ist also, daß sie vergleichend mit den Jesus-Geschichten verflochten sind: Johannes ist der Vorläufer, Jesus der Messias. Ein zweites Merkmal ist ihre intensive Verklammerung mit der Überlieferung der Hebräischen Bibel. Auch ohne die Erfüllungszitate, wie Matthäus sie verwendet, schreibt Lukas seine Texte als »Erfüllungsgeschichten« (Beck); so ist beispielsweise die Ankündigung der Geburt der Simson-Geschichte nacherzählt (Ri 13); oder der Auftrag, den der Täufer bekommt (1,16f.), greift die Ankündigung des Propheten Maleachi auf, Elia werde in der Endzeit wiederkommen und Israel bekehren (Mal 2,6; 3,18; 3,23f.).
Aus dem lukanischen Kindheitsevangelium sollen zwei Texte eingehender besprochen werden, die für das Verständnis seiner Inkarnationstheologie besonders wichtig sind: Das Magnifikat und die »Weihnachtsgeschichte«.

9. Lukas: »Er stößt die Mächtigen vom Thron ...«

Die Herkunft des Magnifikat (1,46–55) ist nicht sicher zu klären; gelegentlich wird die Meinung vertreten, daß es sich um einen selbständigen Psalm aus makkabäischer Zeit handele; andere denken an einen Judenchristen als Verfasser oder auch an Lukas selbst.
Wichtig ist auch hier die tiefe Verwurzelung des Psalms in der biblisch-jüdischen Tradition; am deutlichsten ist die Verwandtschaft mit dem Lobgesang der Hanna (1 Sam 2,1–8), aber auch darüber hinaus drängen sich viele alttestamentliche Analogien auf.
Das Lied gliedert sich deutlich in zwei Strophen: V 46–50; 51–55. Sie entfalten die Thematik im Blick auf die Erwählung Marias (Strophe 1) und die Rettung Israels (Strophe 2) und schließen jeweils mit Aussagen über Gottes Erbarmen. Schweizer weist darauf hin, daß der Hymnus von der persönlichen Gotteserfahrung (V 46–49a), in der der Beter in der 1. Pers. Sing. spricht, zu einer allgemeineren Erfahrung Gottes voranschreitet (V 49b–53), in der *über* sein heilvolles Wirken gesprochen wird; schließlich ist von der Gotteserfahrung in der Geschichte die Rede (V 54f.); hier wird die 1. Pers. Plur. verwendet.
In der *ersten Strophe* jubelt Maria über die Größe und Güte Gottes. Sie zeigt sich

ihr in ihrer Erwählung, die sie allein der Gnade verdankt. Wenn sie sich als »Magd« bezeichnet, bringt sie damit sicher das demütige Staunen über die Güte Gottes zur Sprache; gleichzeitig knüpft sie wohl an die alttestamentliche Wendung »Gottesknecht« an, die als Ehrentitel ein besonderes Gottesverhältnis und die Erwählung zum Dienst ausdrückt (z. B. Mose; der Gottesknecht bei Deuterojesaja). Maria greift aber auch über ihr persönliches Schicksal hinaus und schaut die kommenden Generationen, die ihr Heil zurufen werden (V 47). Darin zeigt sich sicher ein Anfang der Marienverehrung, die sich schon in biblischer Zeit entwickelt (Schneider). Aber gleichzeitig ergibt sich aus dem ganzen Zusammenhang, daß Maria in ihrer Begnadung ein machtvolles Symbol dafür erkennt, daß Gott *alle* Gedemütigten und Hoffnungslosen erwählt und für sie eintritt. Dafür bürgt sein Name, den er schon Mose als Zeichen seiner befreienden Treue offenbart hat (Ex 3!); immer wenn vom Namen Gottes die Rede ist, werden nicht Formeln und Begriffe abgerufen, sondern die Befreiungsgeschichte erinnert, die mit der Verheißung an die Väter begann (V 55) und die auch in der Gegenwart nicht abgeschlossen ist.
Die *zweite Strophe* entfaltet das Befreiungsthema in politisch-sozialer Perspektive. Auch hier ist wieder vom Exodus, dem Ur-Datum der Befreiung Israels aus der Gewalt der Mächtigen, auszugehen. Befreiung und Rettung verbinden sich im Zusammenhang des Kindheitsevangeliums mit dem Kommen des Messias. Die Aussagen des Magnifikat sind also im Kontext der Praxis und Geschichte Jesu auszulegen. Der revolutionäre Prozeß, den der Hymnus in visionärer Schau erkennt, ereignet sich in Wort und Tat des »armen Königs«: *Er* spricht den Armen das Heil zu und nimmt damit der Macht den Schein gottgewollter Herrschaft; *er* speist die Hungrigen als Zeichen der Gottesherrschaft, die *allen* die Fülle der Lebensgaben zueignet. Diese Gottesherrschaft will sich in der Gemeinde fortsetzen als neue Lebenspraxis. Damit werden die politisch-nationalen Vorstellungen der Zeitgenossen kräftig revidiert. »Die Umwälzung, die Revolution, die mit der Geburt Jesu Christi begann, reicht tiefer. Gott wurde Mensch, damit Menschen lernen, brüderlich, menschlich miteinander zu leben.« (Beck)

10. Lukas: Euch ist heute der Retter geboren

Der Text, mit dem sich für die meisten der Begriff der biblischen »Weihnachtsgeschichte« verbindet, ist die Erzählung Lk 2,1–20. Sie ist wohl unabhängig von den Johannes-Erzählungen und von der Verkündigungsgeschichte (1,26–38) entstanden. Aber auch innerhalb des Textes lassen sich einige kleinere Einheiten erkennen, deren relative Geschlossenheit darauf hinweist, daß hier ursprünglich selbständige Traditionsstücke zusammengefügt wurden. Das zeigt sich besonders deutlich an der Erzählung von der Offenbarung an die Hirten (V 8–20). Auch die Verse 6 und 7 lassen sich sehr gut als Teil eines umfangreicheren Textes verstehen, der seine Fortsetzung in Lk 2,21 ff. findet. Schließlich wird man davon ausgehen können, daß V 1–5 eine von Lukas verfaßte Einleitung sind, in der er die Geburts- und die Hirtenerzählungen mit Kapitel 1 verbindet.

Versuchen wir eine Gliederung des Textes.

V	1–3:	Der Zensus
V	4–5:	Die Reise nach Bethlehem
V	6–7:	Die Geburt
V	8–14:	Die Offenbarung an die Hirten
	8:	Die Situation der Hirten
	9–12:	Erste Offenbarung durch den Engel
	13–14:	Zweite Offenbarung durch den Engel-Chor
V	15–20:	Die Antwort auf die Offenbarung
	15–17.20:	Gehorsam, Verkündigung und Anbetung der Hirten
	18:	Staunen der Zuhörer
	19:	Bewahren und Bedenken bei Maria

a) Die weltgeschichtliche Perspektive (V 1–3)

Bei der Erörterung der historischen Probleme im Zusammenhang der Kindheitserzählungen (Abschnitt 4) hatte sich gezeigt, daß es nicht im Interesse der Evangelisten liegt, über Daten und geographische Gegebenheiten zu informieren, sondern daß sie auch im Blick auf Zeiten und Orte anschaulich-erzählend und deutend zur Sprache bringen wollen, wer Jesus für die Gemeinde ist. Wenn Lukas in diesen Versen das Geschehen der Geburt des Messias durch den Zensus des Imperators und seines Statthalters in Gang kommen läßt, dann ist es wohl zunächst einmal sein Interesse, zu zeigen, daß Gott in geschichtlicher Realität handelt und nicht in einem überirdisch-ungeschichtlichen Mythos. Weiter wird ihm daran gelegen sein, die weltgeschichtliche Perspektive des Geschehens aufzureißen, das sich so unscheinbar abseits der Metropolen ereignet. Damit ist auch schon das Kontrast-Motiv genannt: Die Hauptstadt der Welt – die Kleinstadt Bethlehem; der Imperator – das Kind; und doch muß der Herrscher zum »bürokratischen Wegbereiter« (Zitat bei Kellermann) des Messias werden. Lukas sagt seinen Gemeinden: Auch wenn Ihr Euch als Gemeinde Jesu im großen römischen Reich sehr unbedeutend vorkommt und Euch wohl auch vor der Macht Caesars fürchtet: Gott hat das letzte Wort, auch wenn das nicht an äußerer Macht ablesbar ist. – Schließlich ist noch die Beobachtung wichtig, daß der römische Herrscher nicht mit seinem politischen Namen (Octavian) genannt wird, sondern mit seiner Kultbezeichnung Augustus, mit der er vor allem in den orientalischen Provinzen als Gott verehrt wird. Vielleicht will Lukas damit in Erinnerung rufen, daß sich mit Augustus die glühende Hoffnung auf den Anbruch des Friedensreichs verband; er ist der göttliche Retter, auf den alle sehnlich warten (gutes Material bei Kellermann und den religionsgeschichtlichen Quellensammlungen zur neutestamentlichen Zeit). Auf diesem Hintergrund bekommt die Proklamation Jesu zum Retter durch den Engel (V 11) einen kräftigen polemischen Akzent. Dann würde Lukas schon in den ersten Versen der Weihnachtsgeschichte in einen kritischen Dialog mit den Heilserwartungen seiner Zeit eintreten, der auch in anderen Teilen des Textes erkennbar ist.

b) Der Messias wird in der Stadt Davids geboren (V 4–7)

Der Text schildert nun in knapper Darstellung die Reise des Paares nach Bethlehem und die Geburt des Sohnes. Es fällt auf, daß die Erzählung auf jede Ausgestaltung des Geschehens verzichtet – von der in Krippenspielen so beliebten Herbergssuche, der Abweisung, vom Stall als letztem Ausweg ist keine Rede. (Dennoch stellt diese volkstümliche Ausmalung durchaus keine Verfälschung dar; denn die Kindheitsgeschichten bei Matthäus und Lukas beziehen das Motiv der Ablehnung, des Unverständnisses, ja der Verfolgung deutlich in ihre Darstellung ein.) Der Anfang von V 6 deutet wohl darauf hin, daß an einen längeren Aufenthalt in Bethlehem vor der Geburt gedacht ist.

Der Text schildert nun die Geburt Jesu als einen normalen Vorgang – ein Bezug auf die jungfräuliche Empfängnis (und Geburt) ist nirgends erkennbar. Hier haben wir ein weiteres Indiz dafür, daß die in Kapitel 1 und 2 des Lukasevangeliums zusammengestellten Texte wohl zunächst unabhängig voneinander tradiert wurden.

Maria gebiert ihren »ersten Sohn«. Manche Ausleger interpretieren daraus, daß sie nach Jesus noch weitere Kinder geboren habe; doch vermutlich ist nicht mehr beabsichtigt als der Hinweis, daß seit alters in Israel der Erstgeborene Gott gehört. – Die Mutter legt das Kind in eine Krippe, weil sie sonst keinen Raum »in der Herberge« fand. Wir denken an die übliche Form des Hauses in neutestamentlicher Zeit, das meist nur einen Raum enthielt, in dem Mensch und Tier zusammenlebten. Eine etwa 1 m hohe Terrasse inmitten des Hauses bot den Bewohnern einen Schlafplatz, der vor den Hufen der Tiere schützte. Eine ausgehauene oder gemauerte Mulde für das Futter ist dann die »Krippe«. Ob die Erzählung an die Unterkunft in einem Rast- oder einem Privathaus denkt, ist nicht mehr auszumachen. Vielleicht spielt der Text auch auf die rabbinische Überlieferung an, daß »der zweite Adam bei den Tieren geboren wird«.

c) »Ich verkündige euch große Freude« (V 8–12)

Als Zeugen und Verkünder der Ankunft des Kindes werden nun die Hirten eingeführt. Sie sind Symbolfiguren für die messianische Perspektive des Geschehens. Jeder Israelit weiß, daß David ein Hirt war – müssen da nicht auch bei der Geburt des »Davidssohns« Hirten ins Spiel kommen? Aber der Beziehungsreichtum des Hirtensymbols greift noch viel weiter aus: das ganze Alte Testament erkennt Jahwe immer wieder im Bild des Hirten, der für die Seinen eintritt (z. B. Ps 23); es wundert nicht, daß die Messiashoffnung dies Bild aufgreift (Jer 23,4; Ez 34,23 f. und spätjüdische Belege). Schließlich hat die Gemeinde auch Jesus als den guten Hirten bekannt (z. B. Lk 15,4–7 oder Joh 10). Manche Ausleger denken auch daran, daß der Hirt zu den verachteten Berufen zählt – die rabbinischen Belege dafür stammen allerdings erst aus späterer Zeit. Die Hirten würden dann symbolisieren, daß das Reich Gottes besonders für die Armen und Geringgeachteten da ist. Den Hirten erscheint ein »Engel des Herrn«. Der Bote ist im Alten und Neuen Testament ein Symbol für die intensive Nähe Gottes; er ist die »persongewordene Hilfe Gottes« (v. Rad).

Die Begegnung des Engels mit den Hirten wird mit den typischen Stilmitteln der Schilderung einer Theophanie (Gotteserscheinung) gestaltet, wie wir sie in zahlreichen biblischen Texten finden (genauer gesagt, handelt es sich in Lk 2 um eine Angelophanie: Engelerscheinung). Charakteristische Merkmale einer Theo-/Angelophanie sind (zahlreiche Belege bei Kellermann):

- das Aufstrahlen des göttlichen Glanzes als Licht aus der Höhe
- der Schrecken der Menschen
- der Zuspruch »Fürchtet euch nicht«
- die Botschaft.

Welches ist nun die Botschaft des Engels?
Zuerst spricht er von der »großen Freude, die allem Volk zukommen wird«. »Freude« gehört zu den eindrücklichsten Begriffen, mit denen jüdischer Glaube das Heil beschreibt: Freude kommt auf, wenn Jahwe als König für sein Volk eintritt (z.B. Jes 51,3 u.ö.), wenn er es aus dem Exil heimführt (z.B. Ps 126,2), wenn der endzeitliche Heilskönig kommt (Jes 9,2 u. ö. – vor allem auch viele Belege in der spätjüdischen Literatur). In diese Freude beziehen die Worte des Engels das Geschehen von Bethlehem ein. – Das Stichwort »Freude« verbindet die Engelbotschaft aber nicht nur mit dem alttestamentlich-jüdischen Glauben, sondern auch mit dem antiken Kaiserkult und mit der Frömmigkeit der Mysterienreligionen. Im Kaiserkult wird die Geburt des Kaisers als Anlaß zur Freude für die ganze Welt gefeiert. (Ein besonders eindrückliches Beispiel ist die »Inschrift von Priene«, die mit der Einführung des Julianischen Kalenders in der Provinz Asia zu tun hat: Der Jahresbeginn fällt jetzt auf den Geburtstag des »göttlichen Kaisers«, der »uns und den kommenden Geschlechtern als Heiland gesandt ist«.) In der hellenistischen Mysterienfrömmigkeit, in der der Mensch im Kult Erlösung durch Teilhabe am Geschick der Gottheit empfängt, ist »Freude« eine Grunderfahrung; auch das »Heute«, das der Gottesbote so betont, wird im Mysterienkult häufig gebraucht, um die Gegenwärtigkeit des Heils zur Sprache zu bringen.
Die Freude gilt »allem Volk«; im neutestamentlichen Sprachgebrauch ist damit das Volk Israel gemeint.
Mit drei Titeln umschreibt der Text, wer der Gekommene ist: Heiland – Christus – Herr.
Heiland (gr. soter) weist in zwei Richtungen: in die alttestamentlich-jüdische Tradition und in den hellenistisch-römischen Kaiserkult. Im Alten Testament werden die Retter- und Richtergestalten wie beispielsweise Simson mit dem Titel »Heiland« belegt (z.B. Ri 3,9.15; 12,3; 1 Sam 10,1). Bereits in der Hebräischen Bibel wird auch Gott selbst als Heiland bezeichnet (Hab 3,18; Ps 25,3; 24,5) – ein Sprachgebrauch, der sich in der spätjüdischen Frömmigkeit breit entfaltet; dies greifen die Hymnen in Lukas 1 auf (V 47; 68f.; 74; 77). Allerdings bringen weder das Alte Testament noch die frühere jüdische Literatur den Messias in Zusammenhang mit dem soter-Titel. – Er weist aber auch deutlich in den Kaiserkult; das genannte Beispiel aus Priene ist nur eins unter vielen: Der göttliche Kaiser ist der Heiland, von dem viele erwarten, daß mit ihm das goldene Zeitalter ewigen Friedens und immerwährender Gerechtigkeit anbricht. Vor allem mit Octavian/Augustus hat sich diese Hoffnung verbunden. So ist Lukas hier im Gespräch mit der Frömmigkeit seiner Zeit und formuliert pointiert: Nicht der mächtige Imperator ist der Retter, sondern das kleine Kind.
Christus (hebr. mashiach), der Gesalbte, ist ein Grundwort der zeitgenössischen

Messiaserwartung: Der Heilskönig wird kommen und Israel von seinen Widersachern befreien. Lukas will zeigen: Diese Hoffnung geht jetzt in Erfüllung.
Herr (gr. kyrios) verbindet, wie »Heiland«, die biblisch-jüdische Tradition und die hellenistisch-römische Frömmigkeit. In der griechischen Übersetzung des Alten Testaments gibt kyrios den Herrschaftsnamen (Jahwe) Gottes selbst wieder; in diesem Sinn ist im Text vom »Engel des Herrn« die Rede. Die Gemeinde schreibt den Kyrios-Titel dem Auferstandenen zu und bekennt damit, daß er, der Erhöhte, nun Herr der Welt ist – und nicht der Kaiser.
Lukas verbindet die beiden Titel zur Wendung »Christus, der Herr«. Diese Zusammenstellung kommt im Neuen Testament nur noch in Apg 2,26 vor, wo Lukas schreibt, Gott habe Jesus »auferweckt und zum Herrn und Christus gemacht«.
Das Erkennungszeichen, das der Bote nennt, ist das Kind selbst, das in der Krippe liegt. Dies ist sicher als eine Interpretation der Hoheitstitel zu verstehen: Der rettende Weltenkönig wird am Zeichen der Niedrigkeit erkannt.

d) Gottes Ehre ist der Frieden (V 13–14)

Die Angelophanie wird nun erweitert zur Erscheinung des Engelheers. Die Vorstellung von Engeln als himmlischem Hofstaat, die um Gottes Thron stehen, ist dem Judentum durchaus geläufig (z.B. 1 Kön 22,19; Hi 1 und 2; Dan 7,10).
Der Hymnus ist zweigliedrig. Die meisten Ausleger sind sich darüber einig, daß etwa so zu übersetzen sei:
Ehre in den Höhen für Gott
und auf Erden Frieden unter den Menschen seines Wohlgefallens.
Die beiden Zeilen enthalten keine Verben, sind aber indikativisch zu verstehen: »Ehre (ist) Gott...« Die Wendung »Menschen seines Wohlgefallens« ist lange umstritten gewesen; vor allem die katholische Tradition hat gern übersetzt: »... den Menschen, die guten Willens sind.« Heute sind sich aber alle Ausleger darin einig, daß das göttliche Wohlgefallen gemeint ist; so wird diese Wendung übrigens auch öfter in den Qumran-Schriften gebraucht.
Wie ist nun die Verbindung der beiden Zeilen zu verstehen? Die Ehre Gottes ist ja vor allem in den Psalmen immer wieder Gegenstand des Lobpreises und des Jubels. Der Engelhymnus setzt sie in Beziehung zum Frieden unter den Menschen: Gottes Ehre ist kein Selbstzweck, er will nicht verehrt werden wie irgendein Machthaber. Sondern: Er kommt zu seiner Ehre, indem Frieden unter den Menschen herrscht. Hier schwingt das alttestamentliche Verständnis des Schalom mit; Schalom meint Heil, Glück, Gerechtigkeit, Frieden. Der Mensch der hebräischen Bibel weiß, daß er dies alles Gott verdankt und daß er gleichzeitig dafür verantwortlich ist, daß der Schalom nicht verstellt, sondern gelebt wird. So auch hier: Gott schenkt Schalom, Frieden, Heil und Glück in dem messianischen Kind; und er setzt gleichzeitig einen Prozeß des Schalom unter den Menschen in Gang.
Lukas gibt dem Hymnus noch eine tiefere Deutung, indem er ihn ein zweitesmal in seinem Evangelium verwendet: In der Erzählung vom Einzug in Jerusalem, also am Eingang der Passionsgeschichte, verbinden die Jünger im Jubelruf diese Zeilen aus der Weihnachtsgeschichte mit dem Lobpreis des Messias: Der Schalom-Frieden wird mit dem Tod des Gekreuzigten besiegelt.

e) Der Gang zum Kind (V 15–20)

Die Engelbotschaft bringt die Hirten in Bewegung zum Kind hin. Sie lassen sich auf das Wort ein – das nennt das Neue Testament »glauben«. Sie finden alles, wie es ihnen gesagt wurde: ein neugeborenes Kind in einer Krippe, mehr nicht. Die Entscheidung, ob sie in diesem Kind den Retter erkennen und sich zum Schalom bekennen wollen, wird ihnen nicht abgenommen. – Sie werden nun zu den ersten Verkündern des Friedens, der mit dem Kind kommt. Es bleibt offen, wen Lukas sich als Adressaten vorstellt. Dem Zusammenhang nach können es ja nur die in der »Herberge« Anwesenden sein. Das sind in erster Linie Maria und Josef – vielleicht denkt Lukas auch daran, daß noch andere Personen anwesend sind. Jedenfalls erfahren auch die Eltern offenbar erst jetzt, was diese Geburt bedeutet, und staunen. Schweizer zitiert hierzu zwei Sätze der Reformatoren, die diesen Begriff schön auslegen: »Je fester einer ein Ding glaubt, desto mehr verwundert er sich darob und desto fröhlicher wird er darüber« (Luther). Und: »Der wandelt recht im Wort Gottes, der nicht aufhört zu staunen« (Calvin).
Von Maria heißt es, daß sie »die Worte in ihrem Herzen bewegte«. Sie denkt über das Gehörte nach und bleibt offen für neue Erfahrungen und Erkenntnisse – wir wissen, daß dies für sie ein oft sehr schmerzhafter Lernprozeß gewesen ist.
Am Schluß kommen die Hirten noch einmal zum Zug: Sie kehren in ihren Alltag zurück und nehmen den Lobpreis auf – sie werden nicht nur zu Zeugen und Verkündern, sondern dürfen auch am himmlischen Lobpreis teilnehmen.

11. Lukas: Die Geburtserzählungen als Ouvertüre zum Evangelium

Auch Lukas hat seine Geburtserzählungen intensiv in die Heilsgeschichte verwoben. Das zeigt sich *einmal* in den vielen beziehungsreichen Rückverweisungen in die Hebräische Bibel, *vor allem* aber in den vielen Vorausblicken, die die zentralen Themen des Evangeliums schon anklingen lassen. Das soll noch einmal an einigen Beispielen deutlich werden:

- Schon das *Magnifikat* läßt machtvoll den revolutionären Klang der kommenden Gottesherrschaft erschallen, wie er dann in der Engelbotschaft noch einmal in äußerster Verdichtung aufgenommen wird: Gott kommt und der Mensch wird frei. Christus selbst hat den hier beginnenden Prozeß des Schalom mit seiner Person und seinem Werk verbunden, wenn er erklärt: »Die Gottesherrschaft ist (schon) mitten unter euch!«(Lk 17,21)
- Die Unterwerfung unter den bürokratischen Akt der Steuereinschätzung symbolisiert, daß Christus solidarisch das Los der Unterdrückten auf sich nimmt; wir denken an Gal 4,4:
  Als aber die Zeit erfüllt war, sandte Gott seinen Sohn, geboren von einer Frau und dem Gesetz unterstellt.
- In den *Titeln,* die Lukas Jesus zuspricht, kommt deutlich das Bekenntnis zum auferstandenen Christus zur Sprache. Vor allem in den Titeln »Heiland« und »Herr« greift der Evangelist Würdenamen des Kaiserkults und der hellenistischen Mysterienreligionen auf, um zu zeigen: Der wahre Retter und Herrscher ist der Christus.

- Die *Hirten* führt Lukas wohl nicht nur als messianische Symbolfiguren ein, sondern in diesem Kontext repräsentieren sie wohl auch die »Armen«, denen Jesus das Himmelreich zuspricht. Besonders bemerkenswert ist, daß die Hirten/Armen nicht nur als Adressaten der Guten Nachricht auftreten, sondern auch als Verkünder: Zuerst sagen sie den Eltern die göttliche Kunde an, dann werden sie in ihrer Arbeitswelt zu lobenden Zeugen für den Schalom Gottes (2,20).

12. Die Wahrheit der Kindheitsevangelien

Abschließend wollen wir noch einmal die Botschaft der Kindheitsevangelien reflektieren und dabei einige zu ihrem Verständnis wichtige Fragen aufgreifen.

a) »Nur eine Legende«?

Für manchen wird die exegetische Auseinandersetzung mit den beiden ersten Kapiteln des Matthäus- und des Lukasevangeliums eine gewisse Schockwirkung mit sich führen. So manche liebgewordene Vorstellung wird in Frage gestellt sein. Vor allem werden Ängste ausgelöst, wenn die neutestamentliche Forschung die »Weihnachtsgeschichte« als »Legende« bezeichnet: Fällt damit nicht die Wahrheit des Ganzen in sich zusammen? Kann man der biblischen Botschaft überhaupt noch Glauben schenken? – Diese Zweifel können aber nur aufkommen, weil wir uns daran gewöhnt haben, (biblische) Texte ausschließlich auf ihre geschichtliche Stimmigkeit hin wahrzunehmen. Die biblische Sprache aber ist viel reicher; sie versucht, sich der Wirklichkeit Gottes mit einer großen Zahl unterschiedlicher Sprachformen zu nähern, mit dem Lied und dem Gebet, mit dem Märchen und dem theologisch reflektierenden Text, mit dem Witz – und eben auch mit der Legende. Diese differenzierte Sprache »trägt dem Rechnung, daß der Mensch Gottes Erscheinen und Werk in der Welt mit seinem Verstand nicht dingfest machen kann« (Kellermann). Grunderfahrungen des Menschen mit sich selbst, mit der Welt, mit Gott entziehen sich dem rationalisierenden Zugriff und lassen sich eher im Mythos, in der Dichtung, in der Kunst erahnen. Befragen wir die Legende nach historischen Fakten statt nach ihrer Botschaft, dann bleibt sie stumm; versuchen wir, ihre Wahrheit zu erspüren, erschließt sich ein reicher Kosmos an Bedeutungen.
Sehen wir uns also noch einmal einige Wahrheiten an, die sich in diesen Texten zu Wort melden – auch und gerade in den Legenden.

b) Die ganze Geschichte Jesu ist Gottes Kommen

Wir haben erfahren, daß die Kindheitsevangelien, entstanden am Ende des synoptischen Traditionsprozesses, vom ganzen Christuszeugnis der Evangelien her auszulegen sind; immer sind die Christusgeschichten mit einzulesen – nur dann wird die Isolierung der Geburt des Messias vermieden, die zu falschen Sichtweisen führen muß. Dies ist nicht ein nachträglich von der modernen Exegese an die biblische Überlieferung herangetragener Verstehensgrundsatz; wir sahen, wie die Texte selbst immer wieder in Andeutungen vorausweisen in die Geschichte Jesu.

Man könnte die Kindheitsevangelien als eine Ouvertüre verstehen, die die wichtigsten Themen und Motive des folgenden Werks schon einmal anspielt und damit über sich hinausweist. Dies zeigt sich in den vier Kapiteln vor allem in den vielen Hinweisen darauf, daß die befreiende Macht Gottes nicht in Herrlichkeit und Gewalt einhergeht, sondern sich im Verborgenen meldet, in der Niedrigkeit, in der Anfeindung und am Ende im Tod. Wer dies erkannt hat, ist gegen alle falsche Erbaulichkeit und peinliche Idylle empfindlich.

c) Gottes Sohn kommt in die Welt

Die neutestamentlichen Gemeinden haben auf sehr unterschiedliche Weise versucht, zur Sprache zu bringen, wer Jesus für sie ist. Dazu gehören auch die vielen Hoheitstitel und Würdenamen, mit denen sie Jesus belegt haben, darunter auch »Sohn Gottes«. Es zeigte sich, daß die alttestamentliche Herkunft dieses Titels auf die Proklamation zum vollmächtigen Beauftragten der rettenden Macht Gottes zielt; dies ist die Sicht der älteren Überlieferungsschichten des Neuen Testaments und kommt u. a. in den Sohnesproklamationen der Tauferzählungen zum Ausdruck. Es scheint so, daß Matthäus hieran anknüpft und die Amtseinsetzung zum Sohn schon im Zusammenhang der Geburt Jesu erkennt. Lukas denkt wohl eher an ein seinshaftes Verständnis der Sohnschaft von Anfang an, wie es den Menschen des hellenistisch geprägten Mittelmeerraums verständlich ist. Überhaupt erkennen wir bei Lukas ein intensives Gespräch mit den religiösen Anschauungen des Hellenismus, wie sie sich im Kaiserkult und den Mysterienreligionen ausprägten. Wichtig ist, daß solche bekennenden Titel nicht isoliert betrachtet oder dogmatisch verfestigt, sondern nach ihrer spezifischen Glaubensaussage im Kontext ihrer Zeit befragt werden.

d) Gottes Kommen setzt den Prozeß des Schalom in Gang

Die Auslegung des Engelhymnus zeigte, daß der Schalom-Frieden immer Geschenk Gottes und Aufgabe für die Menschen ist; sie sind nicht passive Empfänger der Worte und Werke Gottes, sondern werden aktiv in das Geschehen einbezogen. Es würde sich lohnen, einmal die Verben dieser beiden Kapitel daraufhin durchzusehen, welche Tätigkeiten von den beteiligten Personen verlangt oder berichtet werden. Hier nur einige Hinweise: Josef soll aufstehen – sich aufmachen –, die Hirten sollen sehen – sie machen sich auf den Weg. Nicht anders verhält es sich in der Praxis und Geschichte Jesu, die sich ja in den Kindheitsevangelien spiegeln: Jesus aktiviert Menschen, macht sie zu Mitarbeitern an der Gottesherrschaft.

e) Sich auf das Wort einlassen

Die Texte geben keine Wahrheitsgarantie her, sondern fordern zur Glaubensentscheidung heraus – das zeigte sich u. a. bei den Hirten. Aber achten wir darauf, daß wir uns da mit dem Anspruch der Überlieferung konfrontieren lassen, wo sie uns treffen will! Die Wahrheit dieser Texte entscheidet sich nicht daran, ob Jesus in einem Stall zur Welt kam, ob die himmlischen Heerscharen ihre Stimmen erschallen ließen, ob die Magier aus dem Osten hergezogen kamen oder ob die Mutter Jesu

Jungfrau war. Die Texte fragen uns, ob wir es für wahr halten und für uns gelten lassen wollen, daß Gott in Niedrigkeit kommt, daß die Armen Empfänger der guten Nachricht sind, daß Weihnachten unsere geltenden Wertvorstellungen mit revolutionärer Souveränität auf den Kopf stellt.
Wer sich auf diesen Anspruch einläßt, kann in den Kindheitsevangelien für sich etwas entdecken. Eduard Schweizer notiert: »Man kann, sogar als wesentlich Beteiligter, Zeitgenosse sein und gar nichts vernehmen wie Augustus. Man kann das Wort hören und sich aufmachen. Man kann darüber staunen und fragen, was das bedeutet. Solches Erstaunen kann wieder absterben oder es kann den Menschen so bewegen, daß das Wort nicht wieder versinkt, sondern weiterleben und einmal zur endgültigen Wirkung kommen kann.«

Literaturhinweise

François Bovon, Das Evangelium nach Lukas (1) (Evangelisch-Katholischer Kommentar zum Neuen Testament III/1), Neukirchen/Zürich 1988

Eduard Schweizer, Das Evangelium nach Matthäus (Das Neue Testament Deutsch 2), Göttingen [13]1973

Eduard Schweizer, Das Evangelium nach Lukas (Das Neue Testament Deutsch 3), Göttingen [19]1986

Gerhard Schneider, Das Evangelium nach Lukas, Kapitel 1–10 (Ökumenischer Taschenbuchkommentar zum Neuen Testament 3/1), Gütersloh 1977

Ulrich Kellermann, Gottes neuer Mensch. Exegetische Meditation der Weihnachtsgeschichte, Neukirchen 1978

Eleonore Beck, Gottes Sohn kam in die Welt. Sachbuch zu den Weihnachtstexten, Stuttgart 1977

Walter Jens (Hg.), Frieden. Die Weihnachtsgeschichte in unserer Zeit, Stuttgart 1981

Der Prozeß des Schalom geht weiter

Zur Theologie der Menschwerdung Gottes

Von Horst Klaus Berg

Verlegenheiten

Wer sich zu Weihnachten theologisch äußern soll, bekommt Schwierigkeiten: So überladen ist das Fest mit Kommerz und Kitsch, daß es kaum noch möglich erscheint, sich glaubwürdig und authentisch zu äußern.
Den ganzen Schutt müsse man beiseite räumen, heißt es, zu den Ursprüngen zurückgehen, wieder an der biblischen Überlieferung Maß nehmen, den gekommenen Christus wieder hinter dem Flitter sichtbar machen. Aber da taucht die nächste Schwierigkeit auf: Welche Überlieferung ist zu befragen? Die meisten

theologischen Äußerungen aus Anlaß des Weihnachtsfestes gehen von den »Kindheitsevangelien« aus, die in den ersten beiden Kapiteln bei Matthäus und Lukas zusammengestellt sind. Aber welchen Christus bringen sie zu Gesicht? Ist es nicht der Säugling, der im idyllisch-verfallenen Stall von Bethlehem auf die Welt kam? Aber der spricht nicht zu uns. Darauf hat Josef Reding pointiert in seinem Text »Lebte Christus nur ein paar Stunden?« hingewiesen (s. S. 121 ff.). Durch die Konzentration auf die Geburt bekommen absurderweise »die ersten Stunden seines Lebens eine gesteigerte Aufmerksamkeit, die seinem dreiunddreißigjährigen irdischen Dasein insgesamt nicht wieder zuteil wird«.
Vielleicht ist die »Weihnachtsgeschichte« so beliebt, weil der hold schlafende Knabe keine Ansprüche an uns stellt? Mit dieser Sicht sind die Kindheitsevangelien gründlich mißverstanden. Das lehrt schon, wie die exegetischen Überlegungen zeigten, ihre Entstehungsgeschichte: Sie kamen ja erst in der jetzigen Form zur Niederschrift, als die Überlieferung von der Praxis und Geschichte Jesu schon fertig ausgearbeitet war; sie sind nichts anderes als eine *nachträgliche* zusammenfassende Deutung der Person, Botschaft und Geschichte Jesu in Form des anschaulichen Bekenntnisses. Wer sie richtig verstehen will, muß die ganze Christusgeschichte in sie mit »einlesen« – oder, anders gesagt: Eine »Weihnachtstheologie« ist nur von einer Reflexion der Praxis und Geschichte Jesu her zu entwerfen.

Wo Jesus ist, ist der Himmel

Die ersten drei Evangelien fassen das, was von Jesus zu sagen ist, häufig mit dem Begriff der »Gottesherrschaft« oder des »Himmelreichs« zusammen. Sieben Merkmale charakterisieren ihn:

- *Die Gottesherrschaft ist mit Christus verbunden.* Dies kommt deutlich zur Sprache, wenn Jesus erklärt: »Die Gottesherrschaft ist mitten unter euch« (Lk 17,20 f.). Mit seiner Verkündigung und Praxis verwirklicht sich die Herrschaft Gottes.
- *Die Gottesherrschaft ist kein Zustand, sondern ein Prozeß.* Das »Himmelreich« ist kein paradiesischer Zustand, der in der Zukunft einmal eintreten wird, sondern ein aktiver Prozeß, in dem Jesus für die Befreiung der Menschen arbeitet.
- *Der Prozeß der Gottesherrschaft ist ein ganzheitliches Geschehen.* Er äußert sich als Befreiung von Verkümmerung im vitalen Bereich (z. B. in Heilungen), im sozialen Bereich (z. B. in der Zuwendung zu Armen und Deklassierten) und im religiösen Bereich (z. B. in der Sündenvergebung).
- *Die Befreiungsarbeit ist gewaltlos.* Zwar wird immer wieder erzählt, daß Jesus sich mit den Mächten, die die Menschen unterwerfen, kämpferisch auseinandersetzt; aber er wendet keine äußere Macht an, um zu befreien, sondern lädt zur ungezwungenen Nachfolge ein und lebt damit den Gewaltverzicht Gottes.
- Die Gottesherrschaft ruft den *Widerstand* derer hervor, die sich von der Befreiung der Unterdrückten bedroht fühlen. Wer nicht zu den Opfern, sondern zu den Tätern physischer, sozialer und religiöser Unterdrückung gehört, muß die Befreiung als Angriff auf seinen durch Unterdrückung gewonnenen Einfluß fürchten und den Befreier angreifen. Die Evangelien sind voll von

Hinweisen, daß der Messias Jesus diese Angriffe und Verfolgungen nicht erst am Kreuz erleidet, sondern von Anfang an.

- Die Gottesherrschaft stellt eine heil- und friedvolle *Gegenwelt* gegen unsere Welt und entlarvt diese damit als eine Welt der Entfremdung und des Todes. Die Gottesherrschaft zieht aber nicht mit einem Mal herauf, sondern verwirklicht sich zeichenhaft: Nicht alle Kranken werden geheilt, nicht alle Gebundenen auf einmal befreit, sondern einzelne, die Jesus begegnen, erfahren an sich die Kraft der sich verwirklichenden Gottesherrschaft.
- *Der messianische Prozeß der Gottesherrschaft geht weiter.* Die Befreiungsarbeit ist nicht auf Jesus beschränkt und nicht mit ihm abgeschlossen. In vielen Befreiungsgeschichten sind die Betroffenen nicht einfach passive Empfänger des Geschehens, sondern werden aktiv beteiligt: »Stehe auf« ... »gehe hin« sind charakteristische Redewendungen. – Vor allem ist darauf hinzuweisen, daß Jesus seine Jünger in die Befreiungsarbeit einweist und sie bevollmächtigt (insbesondere in den »Aussendungserzählungen« Mk 6, 7ff. par; vgl. Mt 28,19f.).

Zeichen der Gottesherrschaft in den Kindheitsevangelien entdecken

Dies alles haben die Evangelisten in die Kindheitsgeschichten einbezogen und in äußerster symbolischer Verdichtung zur Sprache gebracht. Wer einmal darauf aufmerksam geworden ist, entdeckt in diesen Texten auf Schritt und Tritt solche Winke und messianischen Abbreviaturen. Die wichtigsten wurden schon in den exegetischen Überlegungen gezeigt; einige heben wir noch einmal hervor:

- Wenn Lukas die Engelscharen Gottes Macht und den Lichtglanz seiner Herrlichkeit preisen läßt, dann sieht er einen Augenblick den Himmel über dem Hirtenfeld von Bethlehem offenstehen und läßt damit durchblicken: Schon jetzt bricht die heilvolle Gottesherrschaft an und will Menschen in Bewegung setzen, daß sie das Neue unter die Leute bringen.
- Auch der Inhalt und das Ziel der Gottesherrschaft kommen deutlich im Hymnus zur Sprache:

  In den Himmeln: Gottes Macht!
  Licht! Und Herrlichkeit!
  Auf der Erde: Gottes Frieden!
  Frieden allen, die er liebt!

  Gott kommt zu seiner Herrlichkeit und Ehre, wenn sein Frieden auf der Erde herrscht. Sein Frieden, der biblische Schalom, ist Inbegriff des Heils, das er seinen Menschen zugedacht und in der messianischen Praxis Jesu endgültig ins Werk gesetzt hat. Schalom wird hier offensichtlich analog zu dem von den Synoptikern verwendeten Begriff der Gottesherrschaft verwendet, um das Generalthema der Christusgeschichte zu benennen; diese Linie nimmt beispielsweise der Epheserbrief auf, wenn er bekennt: »Christus ist unser Schalom« (Eph 2,14).
- Diese neue Herrschaft kommt nicht in Macht und Glanz daher, sondern sucht »den unteren Weg« der Liebe, um den Menschen nicht zu unterwerfen, sondern ihm die Freiheit der Entscheidung und des Glaubens offenzulassen. Damit macht Gott sich gegen Nachstellung und Verfolgung schutzlos.

Das hat vor allem Matthäus in sein Kindheitsevangelium eingezeichnet: Verfolgung, Flucht und Heimatlosigkeit bestimmen von Anfang an den Weg des Messias.

So weisen die Kindheitsgeschichten auf das Christuszeugnis der Evangelien voraus und sind aus diesem Zusammenhang und nicht anders zu verstehen; Hartmut von Hentig hat dies spitz auf den Punkt gebracht: »Ohne das streitbare Leben Jesu bleibt die Geschichte von Bethlehem ein erbauliches Ammenmärchen« (in: Jens, 1981, S. 24).

Weihnachtliche Konsequenzen

Die Jünger Jesu und die ersten Gemeinden haben klar erkannt, daß der Prozeß des Schalom, der mit der Geburt Jesu begann, von ihnen im Namen und Geist des Messias weiterzuführen ist. Sie haben die Berufung zu Schalom-Arbeitern wahrgenommen und angenommen. – Als »Werke des Widerspruchs und der Hoffnung« bezeichnet Helmut Gollwitzer einmal die notwendigen Konsequenzen aus Weihnachten (Gollwitzer, [1973] 1978, S. 48): Widerspruch gegen den bestehenden Unfrieden im Namen des messianischen Schalom, Hoffnung auf gewaltlose Veränderung auch angesichts von Anfeindung und Resignation.

Den notwendigen weihnachtlichen Werken steht aber unsere weihnachtliche Praxis im Weg. Wir feiern eine Weih-Nacht, die die Wirklichkeit in weihevoll-idyllischen Glanz taucht, statt sie klar ins Auge zu fassen und ihr zu widerstehen, wo sie dem messianischen Schalom widerspricht. Darum bleibt auch alles ganz punktuell, die Stimmung ist so schnell verflogen, wie sie kam. Wo aber das Fest derart folgenlos bleibt, hat es keine Botschaft mehr.

Ist Weihnachten noch zu retten?

Allen Ernstes hat schon vor Jahren ein Theologe gefordert, Weihnachten abzuschaffen, d. h. als christliches Fest aufzugeben und es den kommerziellen Veranstaltern von Konsum und Kitsch zu überlassen.

Dafür sprechen ernstzunehmende Gründe: vor allem natürlich, daß die christliche Substanz des Festes weithin verlorenging. Aber man muß mit tieferen Schäden rechnen. Wenn die eingangs zitierte Beobachtung von Josef Reding zutrifft, daß sich das Interesse der Christen an Christus weitgehend auf die ersten Stunden seines Lebens konzentriere, wenn sie also das messianische Baby für das Herzstück des Glaubens halten – dann wird der Blick auf das verstellt, worauf es wirklich ankommt: die Tat des messianischen Befreiers, der in den Prozeß des Schalom einweist. Und kommt es dann nicht überhaupt zu durchaus problematischen Verwechslungen? Daß Liebe identisch sei mit dem Geschenkerummel – Glaube mit Sentimentalität – Nachfolge mit der einmaligen Spende am Heiligen Abend? Gründe genug, ein Fest abzuschaffen, das als christlicher Anlaß kaum noch zu retten ist.

Und dennoch steckt in all dem eine überaus starke Dynamik, die alle Beschädigungen und Entstellungen überlebt hat. Das muß mit der Herkunft des Festes zusammenhängen, die sich immer noch zu Wort meldet:

- Schimmert durch den Geschenk-Zwang nicht noch durch, daß einmal die Liebe Gottes Anlaß zum Feiern gab?
- Ist nicht hinter aller Sentimentalität noch das Gefühl dafür spürbar, daß es an Weihnachten um ein Geheimnis geht, das sich der rechnenden Rationalität entzieht?
- Meldet sich nicht vielleicht in dem hektischen Bemühen, an Weihnachten den Alltag zu überhöhen – die Skala reicht vom Festtagsschmaus bis zur Reise nach Teneriffa – die Erinnerung daran, daß der Anlaß des Festes einmal die Ankunft des Himmelreichs war?

Es wäre einen Versuch wert, diese emotionale Dynamik aufzunehmen und sie so umzulenken, daß die entscheidenden Impulse aus der christlichen Überlieferung wieder zum Tragen kommen und eine neue Praxis stimulieren.
Folgende Impulse scheinen besonders anregend:

Weihnachten – Fest des Nicht-Machbaren

Sucht man nach einem Schlüssel-Wort zum Verständnis des Lebensgefühls unserer Gegenwart, bietet sich der Begriff der »Machbarkeit« an: In den letzten Jahrzehnten ist unsere Fähigkeit, unsere Welt durch Planung und Berechnung zu beherrschen und umzugestalten, in ungeahnte Dimensionen vorgestoßen. Aber diese Fähigkeit löst durchaus unterschiedliche Reaktionen und Bewertungen aus: Die einen setzen auf die Dynamik des Fortschritts als Motor der menschlichen Entwicklung, andere nehmen eher die bedenklichen Aspekte wahr. Gerade Forschungs- und Arbeitsbereiche wie die Atomtechnik oder die Gen-Technologie zeigen überdeutlich die Gefahr, daß Fortschrittsglaube in Allmachtsphantasien umschlagen kann, die nicht mehr nach den Folgen, sondern nur noch nach der Machbarkeit fragen. Die Zahl derer nimmt zu, die sich als potentielle Opfer dieses ungehemmten Fortschritts und totaler Berechenbarkeit sehen; denn sie haben erkannt, daß die Entwicklung des humanen Denkens und der Ethik mit der Entwicklung der Technik bei weitem nicht Schritt gehalten hat. – Dazu kommt noch, daß das Machbarkeitsdenken sich auch als Erfolgszwang ausprägt, der einzelne und Gruppen unter Druck setzt.
Die biblischen Weihnachtsgeschichten erzählen, daß der Anbruch der Heilszeit alle menschliche Planung und Berechenbarkeit durchkreuzt; Gott läßt sich in seinem Befreiungswillen nicht beirren und setzt den Prozeß des Schalom souverän in Gang. Das ist sicher einer der tiefen Bedeutungsgehalte der bekennenden Erzählung von der Jungfrauengeburt: Die Ankunft des Schalom hängt nicht von menschlichen Fähigkeiten und Absichten ab – er kommt wann und wie Gott es will. Überhaupt sind diese Texte in Matthäus und Lukas 1 und 2 voll von Hinweisen darauf, wie Gott in provozierender Freiheit seinen Friedensplan ins Werk setzt: Er läßt die Metropole links liegen und wählt die Provinz ... er benutzt die Verwaltungsbürokratie der Besatzungsmacht, um das Heil in Gang zu bringen ...
Hiervon könnten starke befreiende Impulse für unsere Gegenwart ausgehen! *Einmal* könnten wir entlastet werden vom Machbarkeitswahn; wir könnten NEIN sagen zum blinden Erfolgszwang und zum Diktat des Machbaren. *Ein weiterer Anstoß:* Wir könnten wieder frei werden, bei dem, was wir tun, nicht mehr zu fragen, ob es machbar ist, sondern ob es dem Friedensplan Gottes entspricht.

Weihnachten als Fest des Nicht-Machbaren müßte dann vielleicht auch in der Art, wie es gefeiert wird, diesen Impuls zur Geltung bringen.

Weihnachten – Fest der neuen Schöpfung

Manche mittelalterlichen Weihnachtsbilder zeigen das neugeborene Kind inmitten einer paradiesischen Landschaft. Handelt es sich hier nur um einen bestimmten ikonographischen Einfall – oder verfolgen die Maler eine deutliche Aussageabsicht?

Tatsächlich finden sich im Neuen Testament Hinweise, daß die Christusgeschichte insgesamt als Neu-Schöpfung verstanden wird, vor allem bei Paulus, der dazu die typologische Entsprechung von Adam und Christus benutzt: Christus ist der neue Adam. Zunächst einmal taucht das Bild im Zusammenhang mit dem Auferstehungsbekenntnis auf: Durch *einen* Menschen (Adam) kam der Tod in die Welt, durch *einen* kommt das Leben: »Denn wie in Adam alle sterben, so werden in Christus alle lebendig gemacht werden« (1 Kor 15,21 f.). Weiterhin bezieht Paulus die Adam-Christus-Typologie auf das ganze Christus-Werk in den ausgreifenden Reflexionen von Röm 5.

Der Deutungsansatz ist sicher für alle Stellen gleich: In Christus kommt das Menschsein, wie Gott es gewollt und den Menschen in der Schöpfung zugeeignet hat (Gottebenbildlichkeit), zum Vorschein und zur Geltung. – In der theologischen Reflexion hat es zahlreiche Versuche gegeben, die Merkmale dieses gelungenen Menschseins zu bestimmen. In der Vergangenheit rückten Theologen gern den Gehorsam Jesu ins Zentrum, andere seine innige Verbindung zum Vater und seine Hingabe an die Menschen. Die neuere katholische Theologie (u. a. Karl Rahner) hat auf die Einlösung der anthropologischen Wesensmerkmale »Offenheit für die Zukunft und für die Transzendenz« in Christus aufmerksam gemacht und so eine fruchtbare Verschränkung von Christologie und Anthropologie gefunden. Als letztes Beispiel sei der Ansatz von Dorothee Sölle genannt (Phantasie und Gehorsam, Stuttgart [9]1980). Gegen die traditionelle Sicht Jesu als gehorsamen Sohn stellt sie das Bild des freien Menschen, der sich auf den Vater beruft und anderen zur Freiheit fantasievoll-verantwortlicher Lebensausrichtung verhilft: »Jesus erscheint in der Schilderung der Evangelien als ein Mensch, der seine Umgebung mit Glück ansteckte, der seine Kraft weitergab, der verschenkte, was er hatte« (63).

Damit ist auch schon angesprochen, was im biblischen Sinn die Schöpfung des neuen Menschen in Christus einschließt: Sie greift nun auch auf die Menschen über, die mit Christus zu tun bekommen:

Ist jemand in Christus,
dann ist er eine neue Schöpfung;
das Alte ist vergangen,
siehe, es ist alles neu geworden (2 Kor 5,17).

Ähnlich verknüpfen auch die genannten Stellen in Röm 5 und 1 Kor 15 den neuen Adam und die Seinen: Sie werden in den Prozeß der Neuschöpfung hineingezogen.

Im Grunde sind alle Begegnungen mit Christus, die die Evangelien schildern – Levi ... Bartimäus ... Zachäus ... Nikodemus –, nichts anderes als Verwandlungen,

neue Lebensanfänge. So hat in biblischer Sicht die Menschwerdung Gottes kein anderes Ziel als die Menschwerdung des Menschen.
Wir erfahren heute, daß das Menschsein durch Entfremdungsprozesse schwer gefährdet und beschädigt ist. Gefragt ist vielfach nicht der Mensch, der gelernt hat, »ich« zu sagen, sondern der anpassungsbereite; nicht der, der nach Gerechtigkeit fragt, sondern tut, was gesagt wird; nicht der, der selbst entscheidet, was für ihn und andere gut ist, sondern fraglos produziert und konsumiert, was für die Vermehrung des Kapitals gut ist.
Die in Christus aufscheinende neue Menschlichkeit steht als verlockende Alternative vor uns – nicht zuerst als Ideal, dem wir nacheifern müssen, sondern als Angebot: Wer sich an Christus hält und an ihm Maß nimmt, kann an der Neuschöpfung teilhaben, er *»ist eine neue Schöpfung«* (2 Kor 5,17).

Weihnachten – Fest des Wachsens und Reifens

Daß der Messias als kleines Kind auf die Welt kommt, markiert nicht nur ein Datum als Lebensbeginn des Jesus von Nazareth, sondern schließt weiträumige symbolische Bedeutungen ein. *Einmal* ist die Geburt im Stall von Bethlehem Symbol für den Machtverzicht Gottes, der aus Liebe zur Freiheit seiner Menschen den »unteren Weg« geht. Die Geburt des messianischen Kindes zeigt *aber auch* an, daß die Gottesherrschaft etwas ist, was sich entwickelt, wächst. Wachsen und Reifen gehört zu Jesus selbst – das hat die biblische Wissenschaft in den letzten Jahren mit zunehmender Gewißheit erkannt: Er wächst in die Schalom-Arbeit hinein, erkennt immer deutlicher den Willen des Vaters, reift zum Gottessohn.
Mit Wachsen und Reifen haben auch die Bilder zu tun, die Jesus bevorzugt, wenn er die Gottesherrschaft und die Teilhabe an ihr in den Gleichnisreden beschreibt: der Sämann, der den Samen auswirft – die Saat, die von selbst aufwächst – der geduldige Herr der Ernte, der Unkraut nicht gleich ausreißt – der langmütige Gärtner, der dem unfruchtbaren Baum noch eine Chance gibt. Schließlich begreift Jesus seine eigene Geschichte im Symbol des Weizenkorns, das in der Erde stirbt, damit es für andere Frucht bringt.
So gehören Geborenwerden, Wachsen und Reifen von Anfang bis zum Ende zu Jesus und den Seinen. – Es sind auch Weihnachtssymbole. Wer Weihnachten als Fest des Wachsens und der Reife feiern möchte, sollte vielleicht überlegen, welchen Schalom-Samen er auswerfen könnte, und bedenken, daß das Wachsen über den Tag hinaus reichen muß, wenn etwas daraus werden soll.

Verdienen wir Weihnachten?

Die provozierende Frage konkretisiert sich sofort, wenn sie anders formuliert wird: Sind wir die richtigen Adressaten für den angesagten Schalom-Frieden? Er gilt ja den Armen, wie Jesus unmißverständlich feststellt (Mt 11,5; 5,3 u. ö.). Und zu denen gehören wir Angehörigen der Mittelschicht eines reichen westeuropäischen Landes nun gewiß nicht. Im Vergleich zu den heute Armen in der »Dritten Welt« und bei uns müssen wir uns zu den Reichen stellen. Darauf hat im Zusammenhang mit der Weihnachtsgeschichte vor allem Luise Schottroff aufmerksam gemacht (in: Jens, 1981). Und sie warnt nachdrücklich: »Wir dürfen uns das Evangelium nicht erschleichen« (50). Der bekannteste »Erschleichungstrick« ist die Erklärung, daß wir alle doch auch »irgendwie arm« seien durch Angst, Neurosen oder andere psychische Schäden. Das Neue Testament spricht jedenfalls von den real Armen, denen das Himmelreich zugesprochen wird, und den real Reichen, die es verfehlen (Lk 6,20.24). Im Licht des Evangeliums können wir nur bekennen: Wir sind nicht die Adressaten des Schalom.

Etwas anders setzt Walter Jens an (in: Jens, 1981). Er geht von der Interpretation des Engelworts aus:

Auf der Erde Gottes Frieden!
Frieden allen, die er liebt!

Wir leben aber in einer Welt, die dem ausgerufenen Schalom total widerspricht, in der der einzelne die Friedensbotschaft verleugnet, weil er den unmenschlichen Verhältnissen nicht widerspricht, sondern so weitermacht wie bisher. Dann aber kehrt sich der Schalom um: »So, wie die Dinge stehen, auf der Kippe zwischen Möglichkeit und Wirklichkeit der Selbstvernichtung, enthält dieser Satz für alle, die, um Nahrung gebeten, auf Waffen verweisen, den Richtspruch... Es gibt Menschen, die den Frieden nicht verdienen« (79 f.).

Die Konsequenz: Wir müssen die Weihnachtsbotschaft als Ruf zur Umkehr hören, uns zu den Armen und damit zu Christus bekehren, wenn wir würdig sein wollen, den weihnachtlichen Schalom zu empfangen. Das muß ganz praktische Konsequenzen auslösen, zum Beispiel: sich in der Friedensarbeit engagieren – den eigenen Lebensstil zugunsten der Armen verändern.

Billiger ist das Heil nicht zu haben; denn ohne Orientierung unseres Lebens an der Praxis und Geschichte Jesu verkommt die Feier der Geburt zur sentimentalen Erbauung am Trugbild eines holden Himmelskindes. – Ohne die Annahme des Auftrags zum Schalom-Arbeiter verkommt das Fest der Menschwerdung zur wohlfeilen Konsum-Veranstaltung.

Der Ruf zur Umkehr ist aber nicht die Einweisung in ein düster-asketisches Dasein, sondern schließt die Herrlichkeit des weihnachtlichen Schalom neu auch für uns auf:

- Das Fest des Nicht-Machbaren löst Impulse und Chancen zur Befreiung von Zwängen aus.
- Das Fest der neuen Schöpfung setzt Impulse und Chancen zur Lösung von verkrusteten Menschenbildern und zum Entwurf eines gelingenden Lebens frei.
- Das Fest des Wachsens und Reifens kann uns die wunderbare Erfahrung eröffnen, daß sich unser Leben zum Schalom hin öffnet und vorankommt.

»Um vorwärtszukommen, müssen wir die Richtung ändern und umkehren ... um lebendig zu bleiben, müssen wir neu geboren werden« (Dorothee Sölle in: Jens, 1981, S. 103).

Literaturhinweise

Leonardo Boff, Jesus Christus, der Befreier, Freiburg 1986
Helmut Gollwitzer, Erfahrungen mit Weihnachten, München [9]1973, S. 7–15 (abgedruckt in: S. Berg [Hg.], Weihnachten, Stuttgart/München 1978)

Walter Jens (Hg.), Frieden. Die Weihnachtsgeschichte in unserer Zeit, Stuttgart 1981
daraus vor allem:
Hartmut von Hentig, Ein Brief (15ff.)
Walter Jens, Hoffnungszeichen und Richtspruch (67ff.)
Kurt Marti, Wohin mit meiner Wut? (83ff.)
Luise Schottroff, Das Evangelium der Armen (49ff.)
Dorothee Sölle, Gewaltfrieden und Gottes Frieden (95ff.)
Walter Kasper, Jesus der Christus, Mainz 1974
Hans Küng, Christ sein, München 1974
Norbert Lohfink, Unsere großen Feste. Meditationen, Freiburg 1983
Wolfhart Pannenberg, Grundzüge der Christologie, Gütersloh [4]1972
Dorothee Sölle, Phantasie und Gehorsam, Stuttgart [9]1980
Anton Vögtle, Was Weihnachten bedeutet, Freiburg 1977

Vgl. auch die Literaturhinweise zur Auslegung

Weihnachten lernen – Didaktische Erwägungen

Die Vorschläge dieses Buches lassen sich drei großen Lernfeldern zuordnen, die mit dem Thema »Weihnachten« verbunden sind:

- erkennen, daß Geburtsüberlieferung und Praxis und Geschichte Jesu zusammengehören
- verstehen, was mit der Rede von der Menschwerdung Gottes gemeint ist
- wahrnehmen, daß »Weihnachten feiern« Konsequenzen im Alltag hat.

Diese Lernfelder sind in die sieben Themenbereiche integriert, in den Beiträgen unterschiedlich akzentuiert und von unterschiedlichen Ansätzen in Angriff genommen. In den Einleitungen zu den Bereichen und in den Interpretationen der Materialien kommen sie ebenso wie in der Exegese und in der Theologie zur Sprache.
Hier sollen diese Lernfelder noch einmal kurz skizziert, als Intentionen formuliert und exemplarisch auf einige Vorschläge des Buches bezogen werden.

1. Lernfeld: Erkennen, daß Geburtsüberlieferung und Praxis und Geschichte Jesu zusammengehören

Die lukanische Weihnachtsgeschichte und Teile des matthäischen Kindheitsevangeliums haben – vielleicht aufgrund ihrer Stellung in den Evangelien, vielleicht auch aufgrund der zunehmenden Betonung des Weihnachtsfestes im Laufe der Jahrhunderte – einen sehr großen Stellenwert erhalten. Dabei wird übersehen, daß sowohl Markus- wie Johannesevangelium nicht über die Geburt Jesu berichten und auch Paulus sich nie dazu äußert.
Die Frage nach Entstehung und Zielrichtung der Texte in Matthäus und Lukas 1 und 2 ist deshalb eine wichtige Voraussetzung zu ihrem Verständnis. Die neutesta-

mentliche Forschung hat erkannt, daß diese Texte erst nach Abschluß der Überlieferung von Leben und Verkündigung, Sterben und Auferstehung Jesu entstanden sind. Wir müssen also davon ausgehen, daß in ihnen die Erfahrungen, die Menschen mit dem Mann Jesus gemacht haben, und der Glaube an ihn als den auferstandenen Herrn zur Sprache kommen. Wie die Exegese gezeigt hat, sind die Kindheitsgeschichten sehr sorgfältig gestaltet und wollen zeigen: Schon bei der Geburt wurde sichtbar, wer mit diesem Kind in die Welt kam, welche heilvolle Geschichte in Bethlehem begann.

Aus diesem Lernfeld ergeben sich folgende Intentionen:

- □ *Kenntnisse über Praxis und Geschichte Jesu erwerben, ehe die Kindheitsgeschichten gründlich besprochen werden*
- □ *Informationen über die Entstehungsgeschichte der Evangelien erhalten, um die Geburtstexte einordnen zu können*
- □ *lernen, daß die Kindheitsgeschichten keine Historie wiedergeben wollen, sondern »Bildgeschichten« sind, in denen Christus-Glaube und -Bekenntnis zum Ausdruck kommen*
- □ *der sorgfältigen Gestaltung der Texte nachgehen und in ihnen die Hinweise und Beziehungen zu Leben und Geschichte Jesu entdecken*
- □ *verstehen, daß man von Weihnachten nicht unabhängig von Praxis und Geschichte Jesu reden kann.*

Viele Vorschläge des Buches betonen die enge Verknüpfung der Geburtsüberlieferung und des Lebens Jesu. Ein paar seien exemplarisch genannt:

Ganz zentral ist der Gedanke in den Unterrichtsvorhaben »Namen Jesu« und »Gespräch mit Lukas«. Sie gehen von einem exegetischen Ansatz aus und möchten die Schüler anregen, die Zusammengehörigkeit von Geburt und Praxis Jesu selbst zu entdecken.

Im ersten Vorhaben werden die im lukanischen Text gebrauchten Titel mit Worten und Taten Jesu belegt; das zweite bietet ein fiktives Gespräch, in dem der Text von Lukas 2 aus der Jesus-Geschichte entwickelt wird.

Daß diese Verknüpfung nicht nur zum Verständnis der Texte wichtig ist, sondern auf unseren Umgang mit Weihnachten Einfluß hat, zeigt eine andere Gruppe von Texten, z. B. Josef Reding »Lebte Christus nur ein paar Stunden?«. Weihnachten verkommt zur Idylle, der zur Welt gekommene Messias wird zum Christkind verniedlicht, wo wir den Mann Jesus von Nazareth und die Impulse, die von seinem Leben ausgehen, vergessen. Oder positiv gesagt: Nur wenn wir im Kind in der Krippe den Mann sehen, der sich Armen und Außenseitern zuwendet, können wir den feiern, »der unser Freund sein will« (Unterrichtsvorhaben in Klasse 2 zum Lied »Unser Lied soll nun erklingen ...«). Nicht in allen Vorschlägen steht dieser Gedanke so im Mittelpunkt, aber immer ist er unabdingbare Voraussetzung.

2. Lernfeld: Verstehen, was mit der Rede von der Menschwerdung Gottes gemeint ist

Die Kindheitsevangelien von Lukas und Matthäus sind in die übliche Festtradition nur partiell eingegangen. Das Brauchtum hat daraus eine Idylle gemacht mit dem leuchtenden Stern, jubilierenden Engeln, freundlichen Schäfern und reichen Königen; darüber aber gerieten der dreckige Stall, die Armut der Hirten, Flucht und Kindermord in Vergessenheit. Wir müssen wieder lernen, diese Seite der *Menschwerdung* Gottes ernst zu nehmen. Lukas und Matthäus betonen, daß Jesus arm, verfolgt und machtlos auf die Erde kam, und alle Evangelien berichten davon, daß Jesus, der Mann, immer an der Seite der Verachteten und Verfolgten zu finden war.

Menschwerdung Gottes meint jedoch nicht nur das einmalige Geschehen der Vergangenheit. Menschwerdung Gottes geschieht immer wieder, auch heute. Jesus selbst hat gesagt, daß wir ihm im Nächsten begegnen. Und so kann z. B. Paul Reding formulieren: »In meiner Straße ist Bethlehem.« In den Armen, Außenseitern und Entrechteten wird Gott immer wieder unter uns Mensch.

Menschwerdung Gottes meint aber noch mehr. Wenn wir Weihnachten als das »Fest der neuen Schöpfung« (s. o. S. 36f.) feiern, heißt das, daß mit Christus das Menschsein, wie Gott es gewollt hat, zum Vorschein und zur Geltung kommt. Und dies bleibt nicht auf ihn begrenzt, es greift über auf die Menschen, die zu ihm gehören, steckt an und will ermutigen, selbst Mensch zu werden: Menschwerdung Gottes als Beginn der Menschwerdung des Menschen.

Als Intentionen für diesen Ansatz können wir formulieren:

- □ *erkennen, daß wir in der Gefahr sind, die Geburt Jesu zu idyllisieren*
- □ *sehen, daß Menschwerdung Gottes bedeutet: Jesus kommt arm und rechtlos auf die Welt und stellt sich auf die Seite der Entrechteten.*
- □ *verstehen, daß die Menschwerdung Gottes kein abgeschlossener Prozeß ist, sondern weitergeht*
- □ *begreifen, daß uns heute im anderen der menschgewordene Gott begegnet*
- □ *einsehen, daß von Jesus als dem »neuen Menschen« Impulse ausgehen können zur Menschwerdung des Menschen, wie Gott ihn will.*

Einige Beispiele für diesen Ansatz:

Zunächst seien hier die Texte aus den mittelamerikanischen Basisgemeinden genannt (Teil 265ff.). Die armen Campesinos sehen sich als die Adressaten des Evangeliums, sie gewinnen Hoffnung und Impulse zum Handeln aus der Geburt und dem Leben Jesu.

Das bereits zitierte Gedicht von Paul Reding weist darauf hin, wo heute Menschwerdung Gottes geschieht.

Hierher gehören aber auch die Materialien zur »Flucht nach Ägypten«, die verdeutlichen wollen: Wo heute Menschen auf der Flucht oder Asylsuchende sind, steht Gott in Jesus an ihrer Seite.

Und auch wo Menschen einen »Opa für den Heiligen Abend« suchen, um an ihm ihre Mitmenschlichkeit zu zelebrieren, nehmen sie im Grunde den Anspruch, der von der Menschwerdung Gottes ausgeht, nicht ernst.

3. Lernfeld: Wahrnehmen, daß »Weihnachten feiern« Konsequenzen im Alltag hat

In diesem Lernfeld geht es zunächst um die kritische Auseinandersetzung mit der gewohnten Festpraxis. Dazu gehören Probleme wie übermäßiger Konsum, Merkantilisierung der weihnachtlichen Symbole, mangelnde Sensibilität für Wünsche

und Bedürfnisse anderer, nur punktuelle Zuwendung und egoistische Selbstzufriedenheit im Gegenüber zu den Armen.
Dabei soll jedoch nicht die Kritik im Vordergrund stehen, sondern versucht werden, nach den Ursachen zu fragen und Wege zu einer neuen Praxis zu finden.
Die neue Festpraxis ist aber nicht isoliert zu sehen oder zu schaffen. »Wir haben keinen Grund, zu beseufzen, daß Weihnachten entleert und kommerzialisiert sei, solange wir nicht bemerken, daß unser ganzes Leben entleert und kommerzialisiert ist.« Mit diesen Worten weist Dorothee Sölle darauf hin, daß unsere Festpraxis nur ein Spiegelbild unserer Lebenspraxis ist und wir kein »neues Weihnachten« feiern können, wenn unser Alltag davon unberührt bleibt.
Umgekehrt heißt das aber auch, daß eine neue Festpraxis Impulse zu einer neuen Lebenspraxis geben kann. »Ein bißchen Weihnachten das ganze Jahr« (s. S. 173 ff.), diese etwas saloppe Formulierung möchte darauf hinweisen, daß wir die Weihnachtsbotschaft nur dann richtig verstehen und aufnehmen, wenn sie Konsequenzen für das Zusammenleben – beim Fest und im Alltag – hat, wenn sie dazu veranlaßt, Jesus in den Armen zu suchen, sich für den »Frieden auf Erden« zu engagieren, Verantwortung für die Umwelt zu übernehmen.
Diese Formulierungen sind recht volltönend und anspruchsvoll. Sie müssen als Zielvorstellungen aber wohl so ausgesprochen werden. Helmut Gollwitzer redet in diesem Zusammenhang von den »Werken des Widerstands und der Hoffnung«. Darüber sollte jedoch nicht vergessen werden, daß die Wege zu solchen Zielen nur in kleinen Schritten zu bewältigen sind – beim Fest und im Alltag –, und die sollten gemeinsam entdeckt und erprobt werden.
Mögliche Intentionen für diesen Ansatz:

- □ *sich kritisch mit der Merkantilisierung des Weihnachtsfestes auseinandersetzen*
- □ *für Wünsche und Bedürfnisse anderer sensibilisiert werden*
- □ *lernen, eigene Wünsche und Bedürfnisse im Blick auf die Festpraxis zu verbalisieren*
- □ *erkennen, daß Weihnachten Konsequenzen für den Alltag haben soll*
- □ *versuchen, Impulse, die von der Weihnachtsbotschaft ausgehen, in neue Formen des Miteinanderfeierns und -lebens umzusetzen*
- □ *erkennen, daß Weihnachten Anstoß zu Mitmenschlichkeit und Verantwortung für Frieden und Umwelt geben will.*

Einige Beispiele für dieses Lernfeld:
Dieser Ansatz wird vor allem durch den Teil »Weihnachten ist mehr« repräsentiert. Hier finden sich Materialien zur kritischen Auseinandersetzung mit dem Weihnachtsrummel, Vorschläge, über Wünsche, Bedürfnisse und Geschenke zu reflektieren, und Hinweise auf Chancen zu einem neuen Umgang mit dem Fest.
Die Szene »Ein bißchen Weihnachten das ganze Jahr« zeigt die Sinnlosigkeit punktueller Verhaltensänderungen zu Weihnachten; gleichzeitig will sie bewußtmachen, daß Weihnachten Konsequenzen haben könnte und sollte.
Die Gottesdienstvorschläge »Ihr seid das Licht der Welt« und »... dort ist Christus geboren« möchten dazu ermutigen, die Impulse, die von Weihnachten ausgehen, aufzugreifen. Der zweite will außerdem exemplarisch zeigen, wie Menschen dadurch helfen können, die Welt im Sinne des weihnachtlichen Schalom zu verändern.

Die hier für die drei Lernfelder formulierten Intentionen könnten den Eindruck erwecken, als ginge es im ganzen Buch ausschließlich um kognitive Einsichten, die lediglich *eine* Lerndimension ansprechen. Ein Blick auf die unterschiedlichen Vorschläge zeigt jedoch, daß versucht wurde, ebenso affektive und soziale Lernprozesse einzuleiten. Vielfach wurde eine ganzheitliche Auseinandersetzung mit der Thematik angestrebt; Singen, Gestalten und Spielen nehmen einen breiten Raum ein.

Die Vorschläge und Materialien des Buches sind nicht nach Mediensorten oder Altersstufen angeordnet, sondern nach thematischen Schwerpunkten zusammengestellt. Es wurde bewußt auf eine einheitliche Kommentierung und Einordnung verzichtet; so steht die ausführliche Interpretation neben der stärker auf die Planung ausgerichteten Besprechung, die Verarbeitung eines Mediums in ein Unterrichtsvorhaben neben den Vorschlägen zur Gottesdienstgestaltung. Damit sollte zur unterschiedlichen Kombination der Materialien angeregt werden.
Um nicht jedes Jahr ähnliche Formen und Abläufe zu wiederholen, hat es sich als hilfreich erwiesen, jeweils einen anderen Leitgedanken über die Weihnachtszeit zu stellen und damit einen neuen Zugang zum Thema zu finden: z. B. »Gespräch mit Lukas«; Thema »Licht«; »Mit Liedern durch die Weihnachtszeit« (Heftgestaltung); »Weihnachten in aller Welt«; »Frieden auf Erden«; »Wünschen und Schenken« usw.

Gott gibt sich im Kind, den Mißverständnissen
und Gewalttätigkeiten ausgesetzt.
Wolf Dieter Marsch

Menschwerdung Gottes ist nicht ein Idyll,
sondern ein Skandal: Gott begegnet uns
in der Niedrigkeit eines Kindes.
Klaus Hemmerle

Die Weihnachtsgeschichte berichtet nur von einem Anfang,
weist also über das Weihnachtsfest hinaus.
Ihre Pointe liegt gewissermaßen nicht im Kind in der Krippe,
sondern rund dreißig Jahre später in dem Auftreten des Mannes.
Ernst Gottfried Mahrenholz

Die biblische Geschichte verstehen

Einleitung

Die Entwürfe und Materialien des ersten Teils wollen Schülern dazu helfen, die biblischen Kindheitsberichte aus dem Lukas- und Matthäusevangelium besser zu verstehen.

Sie basieren auf der ausführlichen Exegese am Anfang des Buches; deshalb wird hier auf eine inhaltliche Einführung verzichtet. Es werden lediglich ein paar Hinweise zu den einzelnen Vorhaben gegeben.

Der Unterrichtsvorschlag *»Warten auf den Retter«* ist ein die Weihnachtstexte vorbereitender Entwurf. Er versucht – unterstützt durch Arbeitsblätter und eine Leseszene – die Heilserwartungen zu klären, die zur Zeit Jesu lebendig waren.

Die Unterrichtseinheiten *»Namen Jesu«* und *»Gespräch mit Lukas«* kreisen um den lukanischen Geburtsbericht. Sie verfolgen das Interesse, ihn mit Praxis und Geschichte Jesu zu verknüpfen.

Die erstere geht von den Namen bzw. Titeln Jesu aus, die im Lukasevangelium anklingen, und verbindet sie mit Jesus-Worten und -Geschichten.

Der zweite Vorschlag basiert auf der langfristigen Planung eines »Jesuskurses«, der am Schluß die Geburtserzählung aus Lukas 2 bearbeitet. Anhand der Leseszene *»Gespräch mit Lukas«* wird versucht, die mögliche Entstehungsgeschichte dieses Kapitels nachzuerleben und mit dem Wissen über Praxis und Geschichte Jesu zu verknüpfen.

Das Unterrichtsvorhaben für die zweite Klasse *(»Die Weihnachtsgeschichte des Lukas erzählen, singen und gestalten«)* zielt auf die ganzheitliche Aneignung der lukanischen Erzählung; Erzählen/Hören, Singen und Gestalten gehen Hand in Hand.

Mit dem *»Lobgesang der Maria«* aus Lukas 1, dem Magnifikat, beschäftigt sich der Entwurf für die Sekundarstufe 1. Die Arbeitsblätter wollen zu einer gründlichen Auseinandersetzung mit dem Text anregen.

Das Kindheitsevangelium des Matthäus steht im Mittelpunkt des Arbeitsvorschlags *»Jesus – der neue Mose«*. Er will zeigen, wie Matthäus seine Texte bewußt in Anlehnung an die biblische und zeitgenössische Mose-Überlieferung gestaltet hat, um zu verdeutlichen: Jesus ist der neue Mose, der erwartete Befreier.

Ein ganz anderes Medium begegnet in der legendarischen Spielszene *»Die Stallmusikanten von Bethlehem«*. Die Szene ist als Schulspiel oder Anspiel für einen Gottesdienst gedacht. Wie häufig in weihnachtlichen Legenden, erleben die Tiere das Kommen und die Geburt Jesu und erkennen in ihm den Retter – im Gegensatz zu den Menschen, die von anderen Dingen in Anspruch genommen sind.

»Warten auf den Retter«

Unterrichtsvorschlag zu den Heilserwartungen in neutestamentlicher Zeit (ab Klasse 5)

Dieser Unterrichtsvorschlag bildet eine Vorlaufsequenz zu verschiedenen Lerneinheiten, die sich mit der Geburt und dem Leben Jesu befassen. Es geht um die unterschiedlichen Heilserwartungen, die in neutestamentlicher Zeit in Palästina und im römischen Reich lebendig waren, und um die Namen bzw. Titel, die sich mit diesen Namen verknüpften.
Auf der einen Seite sind die Heilserwartungen der Juden, die sich in unterschiedlichen Ausprägungen darstellten, auf der anderen Seite stehen die Erwartungen, die die römischen Kaiser, vor allem Octavian Augustus betreffen. Aus Gründen der Übersichtlichkeit beschränken wir uns jeweils auf zwei der gebräuchlichsten Vorstellungen.
Die ersten Christen haben bezeugt, daß sich diese Erwartungen in Jesus erfüllt haben, und sie übertrugen deshalb sowohl die Titel aus der jüdischen Überlieferung wie diejenigen der weltlichen Herrscher auf Jesus. Warum sie das taten und wie sie es in Praxis und Geschichte Jesu begründeten, führt über diese Vorlaufsequenz hinaus (vgl. dazu den Entwurf »Namen Jesu«).

Informationen

I. Judentum
(Vgl. die Exegese; dort auch Literaturangaben)

1. Messias (hebr.), Christus (griech.), der Gesalbte

Dieser Titel zieht sich durch die spätjüdische Heilserwartung. Israel lebt in der Hoffnung, daß der endzeitliche Heilskönig kommen und das Volk vom Joch der Unterdrückung befreien wird. Man erwartet von ihm die Machtergreifung in Jerusalem und die Wiederaufrichtung des davidischen Reiches.
Es gibt unterschiedliche Vorstellungen darüber, wie Israel sich auf das Kommen des Messias vorzubereiten habe. Auf der einen Seite stehen diejenigen – vor allem die Zeloten –, die mit kämpferischem Einsatz gegen die Römer dem Heilskönig den Weg bereiten wollen; denn sie denken vor allem an einen politischen Herrscher, der Israel befreien und alle anderen Völker unterwerfen wird.
In den Kreisen der Essener und Pharisäer wird der gewaltsame Einsatz abgelehnt. Auf den Messias kann man nur warten und sich durch Glaubensgehorsam auf sein Kommen vorbereiten.

2. Menschensohn

Im Aramäischen bezeichnet der Begriff »Menschensohn« den »Menschen« als einzelnen oder als Gattung. Im Spätjudentum ändert sich die Bedeutung; Menschensohn wird zum Titel für den endzeitlich erwarteten Retter. Dieser wird Gericht über alle Menschen halten, die Gottesfürchtigen retten und ein Leben in Frieden und Gerechtigkeit heraufführen.

II. Römisches Reich
(Vgl. die Exegese; außerdem Kellermann S. 20ff.)

Nach einem Jahrhundert der Bürgerkriege, die das römische Reich erschütterten, vor allem aber in den asiatischen Provinzen ausgetragen wurden, war überall der Wunsch nach Frieden lebendig. Die Hoffnung auf ein neues Friedensreich beherrschte die Menschen, und sie ersehnten den großen Staatsmann, der in der Lage war, es aufzurichten. In vielen Zeugnissen der Zeit wird die Geburt eines göttlichen Kindes und Retters angesagt.
Von den Kaisern erwarteten die Untertanen die Erfüllung ihrer Sehnsüchte. Schon Caesar bezeichneten sie als »sichtbar erschienenen Gott und allgemeinen Heiland des menschlichen Lebens«.
Doch die in ihn gesetzten Hoffnungen zerschlugen sich. Erst dem Kaiser Octavian gelang es, Frieden zu schaffen, und deshalb verknüpfte sich vor allem mit ihm die Erwartung eines »goldenen Zeitalters«, in dem Frieden und Gerechtigkeit herrschen. Octavian legte sich den Beinamen »Augustus«, der »Glückliche« oder »Glück-/Heilbringende«, zu. Vor allem in den orientalischen Provinzen wurde dieser Name zum Kultnamen. Man baute dem Augustus Altäre – wie zum Teil auch schon anderen Kaisern zuvor –, brachte ihm göttliche Verehrung dar und feierte ihn als Gottessohn, göttlichen Retter und Heiland. Auf seinen Geburtstag wurde der Beginn des neuen Julianischen Kalenders als Zeichen für den Anfang einer neuen Zeit gelegt.

Zum Unterrichtsverlauf

Der Unterricht gliedert sich in zwei Schritte.
Entgegen der bisherigen Darstellung beginnt er mit der Aufnahme von Informationen über die Erwartungen, die die Menschen zur Zeit Jesu im *römischen Reich* mit den Kaisern verbanden. Diese Hoffnungen manifestierten sich in den Titeln, mit denen man sie benannte.
Für diese Phase sind Lehrererzählung und das Arbeitsblatt 1 mit Bild und Quellentexten vorgesehen.
Im zweiten Schritt kommen die jüdischen Heilserwartungen in der Szene »Warten auf den Retter« zur Sprache. Sie müssen im Unterrichtsgespräch erarbeitet und vom Unterrichtenden ergänzt werden. Das Arbeitsblatt 2 dient der Vertiefung und Zusammenfassung der Ergebnisse.
Die letzte Frage weist auf die Übertragung der Titel auf Jesus in den christlichen Gemeinden hin und bereitet eine weiterführende Unterrichtsphase vor.

Arbeitsblatt 1

Heilserwartungen der Römer

Zur Zeit Jesu waren die Römer die Herren in Palästina. Rings um das Mittelmeer erstreckte sich ihr Weltreich. Kaiser standen an der Spitze des Staates. Vom Jahr 44 v. Chr. bis zum Jahr 14 nach Chr. herrschte der Kaiser Octavian Augustus.

1. Betrachte und beschreibe das Bild des Augustus

____

____

____

____

____

____

____

____

Augustusstatue von Prima Porta in Rom

2. Lies folgende Texte. Sie wurden zur Zeit des Augustus über ihn geschrieben.

»Dies ist der Mann, dies ist er, der längst den Vätern Verheißene, Caesar Augustus, Sohn Gottes und Bringer der goldenen Endzeit ...«

»Da die ewige und unsterbliche Natur des Weltalls das höchste Gut zu überschwenglichen Wohltaten den Menschen geschenkt, indem sie Caesar Augustus hervorbrachte unserem Leben zum Segen, den Vater seines Vaterlandes und Heiland des allgemeinen Menschengeschlechts ...«

3. Welche Namen und Titel gaben die Römer dem Kaiser in diesen Quellentexten?

____

____

____

2 Sigrid Berg

Warten auf den Retter

Leseszene

Sprecher: Wir leben im Zeitalter des römischen Kaisers Augustus. Das »Goldene Zeitalter« nennen es die Bürger des Römerreiches; denn ihnen geht es gut, Frieden und Wohlstand gibt es für viele. Aber in Israel ist eine schwere Zeit. Auch hier gibt es Römer – aber sie sind keine Freunde, sondern Eroberer, überall sieht man ihre Beamten und Soldaten –, sie sind die Herren.
Wir sind in Jericho, einer kleinen Stadt nicht weit von der Hauptstadt Jerusalem. Ein paar Männer stehen beim Stadttor beisammen. Sie sind aufgeregt.

Josef: Habt ihr schon gehört? Der Statthalter hat wieder angeordnet, daß der Zoll erhöht wird. Die Römer laugen uns aus bis zum letzten Blutstropfen. Wie sollen wir das nur noch bezahlen?

Abram: Pst, nicht so laut, sonst kriegst du noch Ärger.

Jakobus: Ach, ist doch aber wahr. Und Levi, der Zöllner, hatte ja auch nichts Besseres zu tun, als den neuen Zolltarif gleich anzuschlagen. Und das will ein Jude sein! Römerknecht, verfluchter!

Elias: Der gehört nicht mehr zu uns. – Aber wartet nur ab, eines Tages kommt der Messias, der wird unser Volk erlösen. Er wird herrschen wie einst unser König David. Er wird das große Friedensreich aufrichten. Er bringt seinem Volk die Freiheit. Dann haben die Römer bei uns nichts mehr zu sagen.

Abram: Aber *wann* kommt er, der Messias? Wir warten und hoffen nun schon so viele Jahre ... aber nichts ist geschehen!

Elias: Wir müssen eben Geduld haben.

Jakobus: Geduld, Geduld! Davon kommt der Messias nicht. Ich weiß, was ich tue. Ich gehe in die Berge und kämpfe gegen die Römer wie viele andere auch. Wir werden ihnen keine Ruhe lassen. Und ihr werdet's erfahren: Wenn der Messias sieht, wie wir für die Freiheit des Gottesvolkes kämpfen, dann ... ja, dann wird er kommen und uns beistehen.

Josua: Ins Meer werfen wird er die Römer – keiner von ihnen wird übrigbleiben ... Ich komme mit dir, Jakobus.

Elias: Und ich sage euch: Wir müssen in Geduld warten und beten, daß der Messias kommt. Und wir müssen im Gehorsam gegen die Thora leben.

Abram: Du sagst gar nichts mehr, Josef. Willst du auch mit in die Berge ziehen und gegen die Römer kämpfen?

Josef: Nein, das will ich nicht. Ich glaube auch nicht, daß wir den Messias durch unseren Kampf herbeizwingen können. Ich glaube überhaupt nicht, daß Gott das Reich unseres Königs David wieder aufrichten will.

Josua: Was? Glaubst du etwa nicht mehr an das, was die Propheten uns versprochen haben? – Bist wohl auch ein Römerknecht?

Josef: Ich? Nein, ich bestimmt nicht! – Aber ihr wißt ja, daß ich im vergangenen Jahr einige Monate im Kloster der Essener zu Gast war; ich wollte dort lernen und beten. Sie sagen: Nicht der Messias wird kommen, uns zu erlösen, sondern der Menschensohn.

Elias: Der Menschensohn?

Josua: Ist das einer wie wir? Und der soll uns retten?

Josef: So nennen sie den Retter, auf den alle hoffen. Auch er kommt von Gott. – Und wenn er kommt, wird die ganze Welt zugrunde gehen. Dann wird er Gericht halten, und die Guten und die Bösen werden ihr Urteil bekommen.

Josua: Und dann?

Josef: Dann wird Gott eine neue Erde schaffen, ein Reich des Friedens, wo alle in Gerechtigkeit und Glück zusammen leben. Da gibt es keine Krankheit mehr und keinen Tod. Niemand wird verachtet, alle sind Gottes Freunde.

Abram: Und wann wird er kommen, der Menschensohn?

Josef: Ich weiß es nicht. Die Essener sagen: Wenn die Leiden am größten sein werden und die Menschen keinen Ausweg mehr aus der Not sehen... dann kommt der Menschensohn.

Elias: Der eine sagt dies, der andere sagt das. Man weiß ja gar nicht mehr, was man glauben soll. Kennst du dich da noch aus, Abram?

Abram: Ich weiß auch nicht ... Messias ... Menschensohn ... auf wen sollen wir denn warten? Und wann kommt er endlich, der Retter, der Friedenskönig. Wir brauchen ihn nötig.

Jakobus: Die Römer lachen bloß über uns. Sie sagen: Warum wartet ihr denn immer noch auf den Retter, den Gott euch schicken soll? Da könnt ihr lange warten! Er ist doch schon längst da. Es ist der große Augustus, *unser* Kaiser und Gott! *Er* ist der Heiland und hat das Friedensreich schon längst geschaffen.

Josua: Achtung, da kommen römische Soldaten! Besser, wir zerstreuen uns.

3 Arbeitsblatt 2

Heilserwartungen der Juden

1. In der Szene »Warten auf den Retter« gebrauchen die Juden zwei Namen für den Erwarteten:

a) ______________________________

b) ______________________________

2. Was erwarten sie vom »Messias«?

____

____

3. Sie glaubten, sie müßten sich auf sein Kommen vorbereiten. Darüber gab es zwei verschiedene Meinungen:

a) ______________________________

b) ______________________________

4. Was denken sie vom »Menschensohn«?

____

____

5. Die Christen haben diese Titel und die Titel des römischen Kaisers auf Jesus übertragen. Zähle auf:

____

____

Weißt du noch andere? ______________________________

____

Namen Jesu

Unterrichtseinheit für Klasse 5/6

Diesem Entwurf liegt der Gedanke zugrunde, die Weihnachtsgeschichten im Zusammenhang mit Praxis und Geschichte Jesu auszulegen.
Das Zeugnis von seinem Wirken, von Kreuz und Auferstehung bildet den Kern der Überlieferung; erst vom Glauben an den Auferstandenen her wurde auch von der Geburt erzählt.
In allen Teilen der Evangelien geht es nicht um die Frage, wer Jesus war, sondern wer er für die Gemeinde ist, was er für ihr Leben und ihren Glauben bedeutet.
Eine Möglichkeit, diese Bedeutung zur Sprache zu bringen, waren die verschiedenen Namen und Titel, die sie ihm gaben. Dabei haben sie die Titel aus ihrer Umwelt übernommen und auf ihn übertragen.
Sie nennen ihn *Messias/Christus,* weil sie bezeugen wollen, daß er der von alters her erhoffte *Friedenskönig* ist, der zwar nicht – wie viele glaubten – das Reich Davids mit Gewalt wieder aufrichtet, der aber ein neues Friedensreich schaffen wird.
Weil sie glaubten, daß mit Jesus die Gottesherrschaft angefangen hat, in der er die Armen, Kranken und Sünder in die Gemeinschaft mit Gott ruft, geben sie ihm den Titel *Soter = Retter, Heiland.*
Und Jesus ist auch der *Kyrios,* der *Herr;* der Herr über alle Mächte und Gewalten, sogar über den Tod; der Herr, dem sie nachfolgen. Ihm gehört die Herrschaft über die Welt und nicht dem Kaiser.
Aber er ist nicht der Herrscher, der Gewalt ausübt, sondern der sich in Niedrigkeit, Armut und Verfolgung solidarisch neben die Menschen stellt. Deshalb ist er gleichzeitig der *Bruder.*
Diese Bezeichnung kommt als Titel für Jesus im Neuen Testament nicht vor, ist aber aus zahlreichen Stellen indirekt zu erschließen, vor allem dann, wenn Jesus die Armen und Verachteten als »seine geringsten Brüder« bezeichnet (Mt 25,40; vgl. u. a. auch Mt 12,49; Hebr 2,11.17).
Lukas hat die überkommenen Titel schon in seine Erzählung von der Geburt eingebaut, um zu zeigen, daß dieser Jesus von Anfang an der Herr, der Heiland und Messias war. Und die Niedrigkeit des Stalles und die verachteten Hirten als die ersten, die zu ihm kommen, weisen darauf hin, daß er gleichzeitig der Bruder ist.
Die Unterrichtseinheit geht von diesen Titeln der lukanischen Weihnachtsgeschichte aus, erarbeitet ihre Bedeutung und begründet sie mit Praxis und Geschichte Jesu.

Zur Planung

In der Erarbeitungsphase werden die Namen für Jesus anhand von Lukas 2,11 + 12 herauskristallisiert (Arbeitsblatt 1).

a) *Heiland/Retter*
   Lk 2,11: »...euch ist heute der Heiland/Retter geboren...«
b) *Christus/Messias/Friedenskönig*
   Lk 2,11: »...er ist Christus...«
c) *Herr*
   Lk 2,11: »...der Herr in der Stadt Davids...«
d) *Bruder*
   Lk 2,12: »...er liegt in Windeln in einer Futterkrippe...«

Durch die Gestaltung von vier Arbeitsblättern soll die Verknüpfung der Titel mit dem Leben Jesu geleistet werden.
Die Schüler erhalten Ausschneidebögen mit Jesusworten und mit Darstellungen von Geschichten aus dem Leben Jesu (Kopiervorlagen S. 57ff.). Sie identifizieren die Bilder und ordnen Worte und Bilder den Titeln zu.
Die erste Phase dieser Arbeit, die Identifikation der dargestellten Ereignisse und die Besprechung der Jesusworte, sollte im Klassenverband durchgeführt werden. Dabei ist es wichtig, vergessene oder auch unbekannte Geschichten zu wiederholen oder neu zu lesen und zu besprechen. Das ergibt eine sinnvolle Wiederholungsmöglichkeit, ist aber auch Voraussetzung für die in Partner- oder Gruppenarbeit geplante Zuordnung zu den Namen.
Hierfür erhalten die Schüler zu jedem Titel ein ähnlich gestaltetes Arbeitsblatt (2–5) mit einem kurzen Vorspann und Freiraum zum Aufkleben der Texte und Bilder (vgl. Abb. S. 60).

Folgende Zuordnung der Bilder und Texte zu den Arbeitsblättern 2–5 ist vorgesehen:

1. *Retter/Heiland*
   Texte: Nr. 4; 25
   Bilder: Nr. 7: Verlorener Sohn
   Nr. 8: Ehebrecherin
   Nr. 15: Verlorenes Schaf
   Nr. 17: Krankenheilung
   Nr. 27: Zachäus

2. *Messias/Friedenskönig*
   Texte: Nr. 9; 13; 26
   Bilder: Nr. 5: Schalksknecht/großer Schuldner
   Nr. 12: Barmherziger Samariter
   Nr. 16: Einzug in Jerusalem
   Nr. 24: Bergpredigt

3. Kyrios/Herr

Texte: Nr. 10; 21

Bilder: Nr. 2: Heilung des Gichtbrüchigen
Nr. 6: Brotvermehrung
Nr. 20: Sturmstillung
Nr. 22: Dämonenaustreibung

4. Bruder

Texte: Nr. 3; 18

Bilder: Nr. 1: Stall
Nr. 11: Fußwaschung
Nr. 14: Hirten
Nr. 19: Zöllner
Nr. 23: Kreuzestod

Ein Lied, das Leben und Geburt Jesu miteinander verknüpft, beschließt die Unterrichtseinheit.

Verlauf

1. Erarbeitung der Namen für Jesus anhand von Lukas 2,11 + 12 und ihrer Bedeutung
2. Eintrag in das Arbeitsblatt 1
3. Beschäftigung mit den Ausschneidebögen
   Identifikation der Worte und Bilder (Wiederholung und evtl. Information)
4. Partner- oder Gruppenarbeit
   Zuordnung von Texten und Bildern der Ausschneidebögen zu den Arbeitsblättern 2–5 (ausschneiden und auslegen)
5. Vorstellung und Besprechung der Ergebnisse
6. Endgültige Fertigstellung der Arbeitsblätter
7. Erlernen eines Liedes
   (z. B. »Jesus ist geboren ...«, Nr. 9, oder: »Unser Lied soll nun erklingen ...«, Nr. 19)

Namen Jesu

Die Freunde Jesu haben ihm verschiedene Namen gegeben, die uns auch in der Weihnachtsgeschichte begegnen.

Er ist ______________________________

____

Er ist ______________________________

____

____

Er ist ______________________________

____

Er ist ______________________________

____

____

____

____

____

Die Evangelisten haben in Worten und Taten Jesu gezeigt, warum Jesus diese Namen bekommen hat.

Freut euch, ihr Armen,
ihr werdet mit Gott
in der neuen Welt leben.

Kommt her zu mir alle,
die ihr mühselig und beladen seid,
ich will euch erfrischen.

Liebt eure Feinde!

6

⑩

Wenn ich durch Gottes Kraft
die bösen Geister austreibe,
so könnt ihr daran sehen,
daß Gott schon angefangen hat,
mitten unter euch
seine Herrschaft aufzurichten.

⑪

⑫

⑬

Wenn dich einer
auf die rechte Backe schlägt,
dann halte ihm auch die linke
hin!

⑮

⑭

⑯

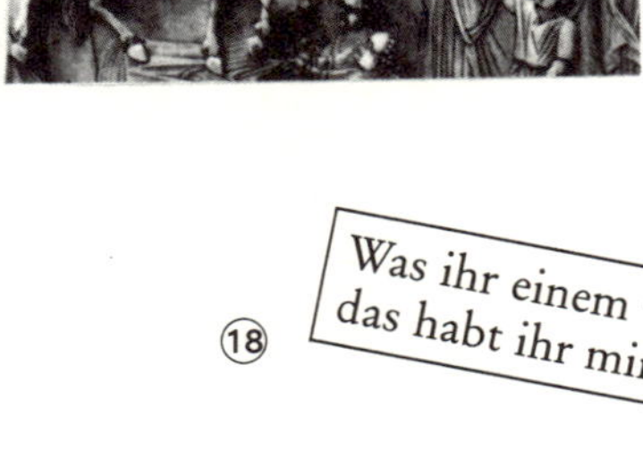

⑰

⑱

Was ihr einem von meinen geringsten Brüdern getan habt,
das habt ihr mir getan.

7

(19)

(20)

(21)

Gott hat mir Macht gegeben
im Himmel und auf der Erde...
Und ihr sollt wissen:
Ich bin bei euch, jeden Tag,
bis zum Ende der Welt.

(22)

(23)

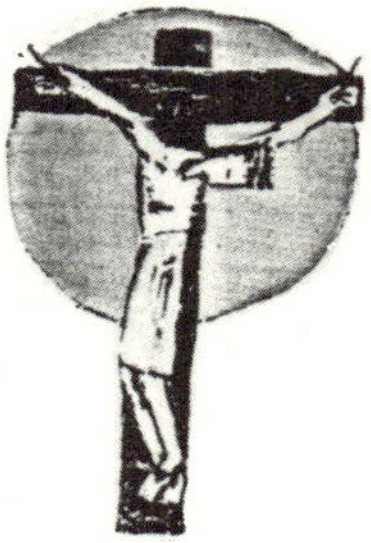

(24)

(25)

Der Menschensohn ist gekommen,
um die Verlorenen zu suchen
und zu retten.

(26)

Selig sind die Friedensstifter,
denn sie werden Gottes Kinder genannt.

(27)

8 Beispiel für die Gestaltung der Arbeitsblätter

Arbeitsblatt 2

1. Jesus, der Retter, der Heiland
Die Leute sagen: Wer krank und sündig ist, von dem will Gott nichts wissen.
Aber Jesus...

Jesus, der Retter, der Heiland

Arbeitsblatt 3

2. Jesus, der Messias, der Christus, der Friedenskönig
Die Leute sagen: Alle Menschen denken zuerst an sich selbst, darum wird es immer Unfrieden und Streit geben.
Aber Jesus...

Jesus, der Messias, der Christus, der Friedenskönig

Arbeitsblatt 4

3. Jesus, der Kyrios, der Herr
Die Leute sagen: Nur wer Macht und Geld besitzt, hat in der Welt was zu sagen.
Aber Jesus...

Jesus, der Kyrios, der Herr

Arbeitsblatt 5

4. Jesus, der Bruder
Die Leute sagen: Wer arm ist, ist nichts wert.
Aber Jesus...

Jesus, der Bruder

Jesus ist geboren

9

2. Das Kind wird euer Bruder sein,
wird euer Leben teilen.
Das Kind wird euer Friede sein,
wird euch aus Liebe heilen.

3. Das Kind wird euch begleiten.
Ein Freund, der weiß, was trennt,
der alle eure Ängste sieht
und sie beim Namen nennt.

4. Ein Mann, der Armen helfen wird,
der Armut auf sich nimmt.
Ein Mann, der Reiche stören wird,
der aufdeckt, was nicht stimmt.

5. Jesus ist geboren
in Bethlehem und überall.
Das Wunder, das uns menschlich macht,
beginnt im armen Stall.

Text: F. Barth, P. Horst, G. Kränz
Melodie: Ludger Edelkötter
Aus: IMP 1014 »Uns ist ein Licht aufgegangen«

Gespräch mit Lukas

Bericht über ein langfristiges Unterrichtsvorhaben in einer 3. Klasse: *Jesuskurs*

Ausgangspunkt für die Durchführung eines Jesuskurses war die Überlegung, daß die Erzählungen von Jesus, die Worte Jesu, die Geschichten über die Geburt und die Informationen über die Umwelt in der Primarstufe häufig sehr zusammenhanglos über die Schuljahre verteilt sind und den Schülern keinen Gesamteindruck vermitteln. Vor allem die sogenannten Weihnachtsgeschichten werden meist völlig isoliert betrachtet. Aber gerade für das Verständnis der Geburtslegenden ist das Wissen über den Mann Jesus von Nazareth unerläßlich. Oder anders gesagt: Nur von Leben, Tod und Auferstehung Jesu her ist es sinnvoll, das Fest seiner Geburt zu feiern.

Das stimmt mit dem überein, was wir über die »Lese- und Entstehungsrichtung« der Evangelien wissen. Während in den Evangelien zuerst von Geburt und Kindheit Jesu (Matthäus und Lukas) zu lesen ist, dann von seinem Reden und Handeln, zuletzt von Leiden, Tod und Auferstehung (»Leserichtung«), sind diese Teile in umgekehrter Reihenfolge entstanden (»Entstehungsrichtung«). Zuerst wurde der leidende, sterbende und auferstandene Herr verkündigt; hinzu kamen Sammlungen seiner Worte und Taten; zuletzt die Geburts- und Kindheitsgeschichten.

Die langfristige Unterrichtseinheit »Jesuskurs« wurde so angelegt, daß sie diese Entstehungsrichtung berücksichtigte; d. h. zunächst wurden die Schüler ausführlich mit Praxis und Geschichte Jesu vertraut gemacht, erst dann folgte die Behandlung des lukanischen Geburtsberichts. Ein vorgeschalteter Informationsblock über die Umwelt Jesu sollte wichtige Voraussetzungen für das Verständnis vieler Geschichten schaffen und den Schülern helfen, sich in die damaligen Verhältnisse einzuleben.

Eine gestalterische Arbeit zog sich begleitend durch den ganzen Kurs: Wir stellten einen »Jesus-Kalender« her. Als Ausgangsmaterial diente einer der verbreiteten Bastelkalender, dessen Blätter den Unterrichtsthemen entsprechend gestaltet wurden. Den Abschluß bildete ein Weihnachtsblatt, erst dann durften die Schüler die Kalender für sich oder als Weihnachtsgeschenk mit nach Hause nehmen.

Hier ist nicht der Ort, den »Jesuskurs« im einzelnen vorzustellen, sondern es geht um die Verknüpfung mit Weihnachten. Deshalb werden bei den beiden ersten Phasen des Kurses nur kurze Hinweise für die Kalendergestaltung gegeben (aus ihnen lassen sich teilweise die behandelten Themen entnehmen).

I. Phase: Land und Leute zur Zeit Jesu

Zwei Kalenderblätter:

Blatt 1: Foto vom See Genezareth (z. B. Abzug von einem Dia aus einer der gebräuchlichen Sammlungen)

Blatt 2: Zeichnung einer Öllampe, dazu das Jesuswort: Ich bin das Licht der Welt

II. Phase: Praxis und Geschichte Jesu

Acht Kalenderblätter:

Blatt 3: Bilderfolge zum Gleichnis vom verlorenen Schaf malen
Blatt 4: Vorlage zur Jüngerberufung ausmalen
Blatt 5: Reißbild: Zachäus auf dem Baum
Blatt 6: Zeichnung: Jesus heilt den Gelähmten
Blatt 7: Kinderkreis (Faltschnitt), in die Mitte: Jesus sagt: Laßt die Kinder zu mir kommen!
Blatt 8: Zeichnung: Der barmherzige Samariter
Blatt 9: Collage: In die Mitte Mt 25,40, um die Schrift wurden Bilder von Hilfeleistungen aus Zeitungen und Illustrierten montiert (rechtzeitig sammeln lassen)
Blatt 10: Hinweis auf »Brot für die Welt« (Wiederholung vom Vorjahr)

Beispiele für die Gestaltung der Kalenderblätter

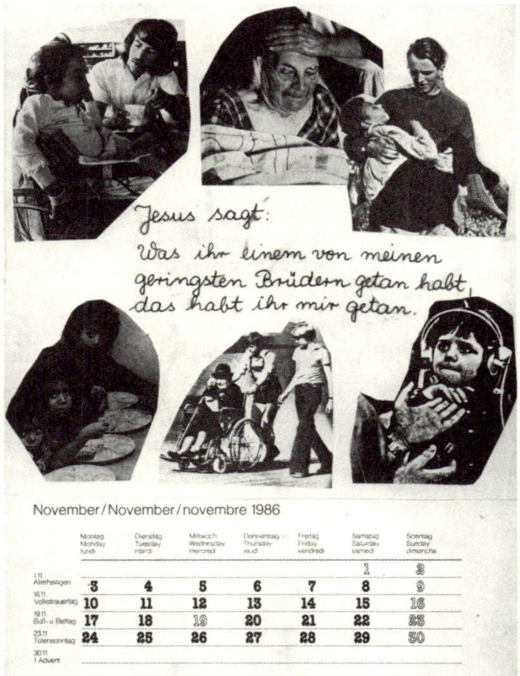

III. Phase: Die Überlieferung von Jesus

1. Weitere Entwicklung
Lehrerdarbietung: Wie ging es weiter mit dem Zeugnis von Jesus? Zunächst gab es nur mündliche Überlieferung in Erzählungen und Predigten, dann Sammlungen einzelner Sprüche und Geschichten. Schließlich kam es zur schriftlichen Fixierung der mündlichen Tradition.
2. Markus, Matthäus, Lukas und Johannes
Anhand von Zeitleiste und Arbeitsblättern wurden die vier Evangelisten knapp besprochen (Zeit; Zielgruppe; synoptische Übereinstimmung, Sondergut).
3. Gestaltung eines Kalenderblattes
Blatt 11: Zeichnung einer Schriftrolle
4. Leserichtung – Entstehungsrichtung
a) Die Leserichtung entspricht den Erwartungen an einen Lebensbericht (vgl. die Grafik auf dem Arbeitsblatt Nr. 10).

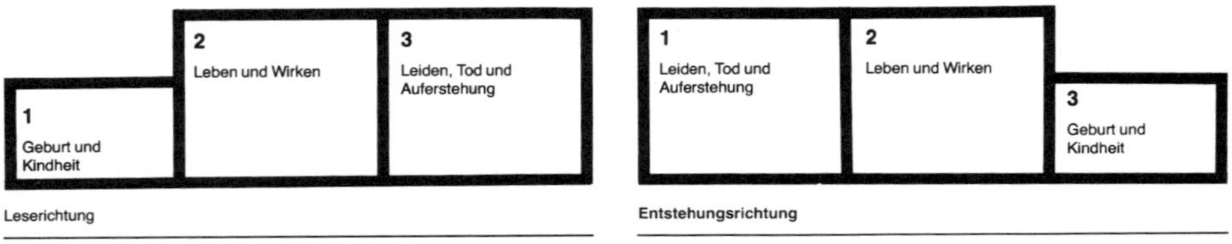

b) Die Erzählungen und Predigten begannen jedoch bei Leiden, Tod und Auferstehung (vgl. untere Grafik auf dem Arbeitsblatt).
5. Erlernen des Liedes »Womit hat es angefangen?« (Nr. 11). Das Lied gibt in erzählender Form wieder, was anhand der Grafiken erkannt wurde.

IV. Phase: Die Geburtsgeschichte des Lukas

Beschäftigung mit der Szene »Gespräch mit Lukas« (s. S. 70ff.)

In der IV. Phase geht es um die Fragen: Wie kam Lukas wohl zu seiner Erzählung von der Geburt Jesu? Was wollte er mit den Bildern seines Textes sagen?
Keine biblische Geschichte ist ja so vertraut, keine so oft Anlaß zu künstlerischer (bis kitschiger) Gestaltung geworden, aber auch keine so ausgemalt worden wie die Weihnachtsberichte. Dabei wurden mit kühnem Strich alle Unterschiede und Widersprüche zwischen Matthäus- und Lukasevangelium ausgeräumt und ein harmonisches Gesamtbild geschaffen. Einerseits wird so alles in ein märchenhaftes Licht getaucht, andererseits liegt ein großes Interesse vor, möglichst jede Einzelheit als tatsächliches Ereignis zu schildern.
Das ist das Dilemma, dem wir bei der Behandlung der sogenannten Weihnachtstexte im Unterricht immer wieder begegnen. Daran hat sich bisher auch wenig geändert, obwohl schon seit Jahren versucht wird, Schülern etwas von der Bildersprache der Bibel zu vermitteln und ihnen den Unterschied von Bild und Deutung zu erklären. Gerade im Blick auf die Geburtsgeschichten der Evangelien sollte das deshalb in Unterricht und Gemeinde ausdrücklich thematisiert werden.

Zum lukanischen Bericht liegen bereits verschiedene Texte und Szenen vor, die sich diese Aufgabe gestellt haben. Vor allem sind hier Texte von Dietrich Steinwede zu nennen. Auch Kurt Rommel hat zur Thematik eine Szene für Familiengottesdienste geschrieben (Gespräch eines heutigen Pfarrers mit Lukas). Sie ist mit vielen theologischen Fragen befrachtet und für Schüler nicht ganz einfach zu verstehen. – Eine einfachere und kindgemäßere Form bietet Heide Mühle an.*
Die Szene »Gespräch mit Lukas« (Nr. 12), die für den Jesuskurs geschrieben wurde, greift die vorliegende Idee einer Unterhaltung mit dem Evangelisten auf. Mehrere Erwägungen machten jedoch einen neuen Text erforderlich.

1. Veränderung im Blick auf die Akteure

Die Szene stellt ein Gespräch zwischen Lukas und Mitgliedern seiner Gemeinde dar. Er berichtet von seiner Aufgabe, einen Bericht für Theophilus über Jesus zu schreiben. Dabei taucht die Frage nach der Geburt Jesu auf; gemeinsam überlegen sie, was sie von Jesus wissen, und Lukas sucht aufgrund dieses Gesprächs seine Bilder und erklärt sie.
Es handelt sich dabei natürlich um eine vereinfachende Darstellung schwieriger, z.T. auch hypothetischer, überlieferungsgeschichtlicher Zusammenhänge. So wurde die ganze Frage nach älteren literarischen Vorlagen für die lukanische Weihnachtsgeschichte außer Betracht gelassen.

2. Veränderung im Blick auf die Rolle der Schüler

Die Schüler bleiben nicht in der Rolle der Hörer/Leser stehen. Die Szene ist unfertig und soll zu einem produktiven Lernprozeß anregen. Die Schüler können ihre eigenen Kenntnisse einbringen und sich teilweise an der Erarbeitung des Gesprächs beteiligen. Dadurch bleibt gleichzeitig das Wissen erhalten, daß es sich bei der Szene um ein fiktives Gespräch handelt.
Die Mitarbeit der Schüler ist in mehreren Phasen der Szene angefragt:

a) Einarbeitung der eigenen Kenntnisse aus dem Jesuskurs

Lukas fordert die anderen mehrfach auf, beizutragen, was sie von Jesus wissen. Die Schüler übernehmen die Aufgabe und formulieren Teile des Gesprächs.
Folgende Texte wurden gemeinsam erarbeitet:

* D. Steinwede, Weihnachten mit Lukas, Verlag Ernst Kaufmann/Patmos Verlag, Lahr/Düsseldorf 1974. – ders., Weihnachten mit Theophilus, in: W. Neidhart/H. Eggenberger (Hg.), Erzählbuch zur Bibel, Benziger Verlag/Verlag Ernst Kaufmann/TVZ, Köln/Lahr/Zürich 1975, S. 214–218. – K. Rommel, Was das Weihnachtsevangelium sagen will. Interview mit Lukas, in: K. Rommel/M. Schmeißer, Kinder- und Familiengottesdienst »Advent–Weihnachten«, Christophorus-Verlag, Freiburg 1972, S. 13–19. – H. Mühle, Ein Lied erzählt eine Geschichte, in: Lieder und was man damit machen kann, Burckhardthaus-Verlag/Christophorus-Verlag, Gelnhausen/Freiburg 1981, S. 92–98

Zu Seite 72:

Martha: Seine Mutter war Maria.
Asa: Ja, und Josef war der Vater.
Elia: Josef war doch Zimmermann, oder?
David: Das stimmt, genau wie ich.
Chloe: Ich glaube, sie waren in Nazareth zu Hause.
Boas: Ja. Dort war Jesus auch als Junge, soviel ich weiß.
Martha: Er muß aus Nazareth stammen. Sie nannten ihn immer »Jesus von Nazareth«.

Zu Seite 74:

Boas: Ein Königsschloß hatte er nicht.
Chloe: Auch kein eigenes Haus.
David: Er hatte wohl nicht einmal eine feste Wohnung. Wir haben doch gehört, daß er mit seinen Freunden immer umhergezogen ist.
Martha: Und reich war Jesus auch nicht.
Elia: Er war meist bei den Armen.
Chloe: Auch Soldaten und Diener hatte er nicht.
Asa: Jesus und Diener – das ist zum Lachen.
Boas: Seine Freunde waren Fischer, Zöllner und andere einfache Leute.
David: Jedenfalls war da keine Macht wie bei einem König.

Zu Seite 75:

David: Meist waren es einfache Leute wie wir.
Chloe: Oder solche, mit denen keiner etwas zu tun haben wollte, Kranke und Bettler.
Boas: Auch Zöllner. Die waren reich, aber verachtet.
Asa: Ja, ich erinnere mich an Levi und Zachäus.
Martha: Jesus hat aber auch die Frauen und Kinder nicht weggeschickt.

b) Eintragung des lukanischen Textes

Wenn Lukas den anderen seine Formulierungen vorlesen will, haben die Schüler jeweils Platz auf ihren Textblättern, sie einzutragen. Dadurch werden ihnen die Worte als Bibeltext bewußt. Eine farbige Einrahmung der Passagen unterstreicht diesen Prozeß. (S. 72f. wird Lk 2,1–5 eingetragen; S. 75 die Verse 6 und 7; S. 76 Vers 8; S. 77 die Verse 9–18.)

c) Gestaltung

Gestalterische Aufgaben – in die auch das letzte Kalenderblatt einbezogen wurde – ergänzten die Auseinandersetzung mit der Szene. Sie übernahmen die Funktion, die Erkenntnisse ganzheitlich zu erfassen. So wurden die von Lukas gewählten Bilder jeweils in unterschiedlichen bildnerischen Techniken dargestellt und mit einer kurzen Erläuterung versehen. Diese Erläuterung diente gleichzeitig als Lernkontrolle.
Eingeplante Bildblätter (vgl. Nr. 13)

1. Steuerliste (Zeichnung) zur »Zählung«
2. Dorf zur Zeit Jesu (Klebearbeit: Silhouetten auf schwarzem Papier) zu »Bethlehem«

3. Stilisierte Umrisse von Stall und Krippe
   Im Zusammenhang mit diesem Bildblatt wurde das Kalenderblatt 12 in ähnlicher Weise gestaltet.
4. Hirten (Textile Gestaltung)
5. Engel (Vorgabe einer stilisierten Engelzeichnung, um eine Fixierung auf allzu klischeehafte Darstellung zu vermeiden)

Unter die Bildblätter wurde jeweils ein Vordruck mit folgendem Lückentext geklebt:

Lukas schreibt von ________________, weil er zeigen will: ________________

Die Eintragungen wurden gemeinsam formuliert.

Beispiele:

Lukas schreibt von der Steuerzählung, weil er zeigen will: Jesus und seine Eltern mußten sich nach den Befehlen der Kaiser richten.

Lukas schreibt von Bethlehem, weil er zeigen will: Jesus ist der Friedenskönig, der in den alten Schriften versprochen wurde.

Lukas schreibt von Stall und Krippe, weil er zeigen will: Jesus ist ganz arm geworden.

Lukas schreibt von den Hirten, weil er zeigen will: Jesus ist vor allem für die Armen und Verachteten gekommen.

Lukas schreibt von den Engeln, weil er zeigen will: Jesus kommt von Gott.

Diese IV. Phase ist relativ zeitaufwendig. Falls die Stundenzahl nicht ausreicht, wäre es möglich, die Bildblätter zu reduzieren. Man kann ein Blatt gestalten, auf dem links die fünf Bilder des Lukas klein gezeichnet werden und rechts ihre Bedeutung notiert wird.
Als Abschluß des Unterrichtsvorhabens bietet es sich an, ein Lied zu lernen, das die Einheit von Leben und Geburt Jesu zum Inhalt hat, z. B. »Unser Lied soll nun erklingen« (Nr. 19) oder »Jesus ist geboren« (Nr. 9).
Für eine weihnachtliche Schlußfeier böte sich auch die Weihnachtshistorie von Heinrich Schütz an. Im Gegensatz zum Bachschen Weihnachtsoratorium beschränkt sich Schütz auf den Bibeltext. (Die Schüler könnten sogar in ihrer Szene den Text mitlesen.) Damit wäre eine vertiefende ganzheitliche Aneignung gegeben.
Eine andere Möglichkeit wäre es, das Gespräch als Spiel oder Hör-Szene zu gestalten und in einen Gottesdienst einzubauen.

10 Arbeitsblatt

Lese- und Entstehungsrichtung der Evangelien

Wenn man die Evangelien liest, erfährt man zuerst ein wenig über die Geburt und die Kindheit Jesu. 1
(Nur bei Matthäus und Lukas)

Dann folgen Berichte über seine Worte und Taten. 2

Zuletzt wird ausführlich über sein Leiden und Sterben und über Begegnungen mit dem Auferstandenen erzählt. 3

Entstanden sind die Berichte aber genau in umgekehrter Reihenfolge:

1 Anfangs haben die Christen, die Jesus noch gekannt hatten, vor allem vom Leiden und vom Tod Jesu gepredigt, und sie haben gesagt: Er ist nicht tot, er lebt bei uns.

2 Die Christen, die später hinzukamen, wollten mehr über die Worte und Taten Jesu wissen. So wurden auch diese weitererzählt.

3 Erst viel später fragte man auch nach der Geburt Jesu.

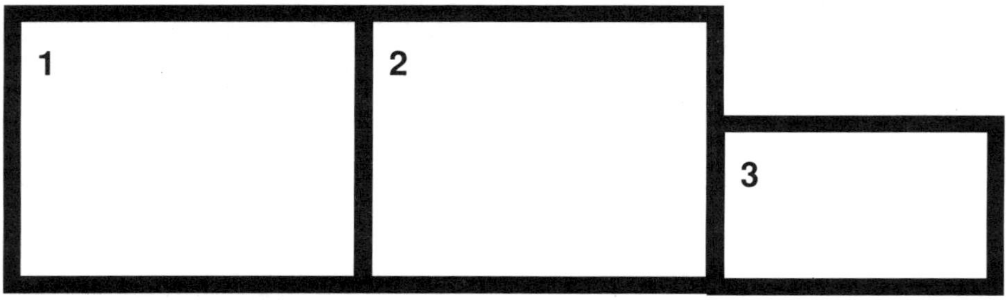

Womit hat es angefangen? 11

2. Er begann mit dreißig Jahren
Gottes Herrschaft zu verkünden.
Seine Wundertaten waren
Zeichen und Bestätigung,
Zeichen und Bestätigung.

3. Viele horchten auf und kamen,
und er lehrte sie das Leben.
Und sie glaubten seinem Namen,
als er starb und auferstand,
als er starb und auferstand.

4. Und in österlichem Lichte
gaben sie die Kunde weiter
und erzählten die Geschichte
der Geburt zu Bethlehem,
der Geburt zu Bethlehem.

5. Hirten, die die Hände falten,
Weise, die der Stern geleitet,
wurden Bilder und Gestalten
ihrer Freude an dem Kind,
ihrer Freude an dem Kind.

6. Womit müssen wir beginnen,
um die Freude zu begreifen
und fürs Leben zu gewinnen?
Mit dem Mann aus Nazareth,
mit dem Mann aus Nazareth.

Text: Detlev Block
Melodie: Martin Gotthard Schneider
Aus: »In deinen Schutz genommen«. Geistliche Lieder, 3., erw. Aufl. 1984, Vandenhoeck & Ruprecht, Göttingen

12 Sigrid Berg

Gespräch mit Lukas

1. Szene

Asa: Sag mal, Lukas, wie weit bist du denn mit deinem Bericht für Theophilus?

Lukas: Ich komme ganz gut voran. Inzwischen habe ich schon vieles erforscht und gesammelt. Das wird bestimmt eine große Schriftrolle.

Boas: Was schreibst du eigentlich?

Lukas: Ach, weißt du, Boas, Theophilus aus Antiochia – du kennst ihn sicher nicht – ist auch Christ geworden. Und jetzt hat er mich gebeten, ihm alles von Jesus aufzuschreiben.

Boas: Alles von Jesus?

Lukas: Ja, alles, was ich über ihn weiß und erfahren kann: Was er getan und gesagt hat.

Chloe: Da hast du dir aber ordentlich was vorgenommen, Lukas.

Asa: Immerhin sind seit seinem Tod jetzt fast 60 Jahre vergangen.

Lukas: Ja, ja, das stimmt. Das macht die Sache nicht gerade leicht. Das meiste ist ja immer nur weitererzählt worden; und deshalb reise ich augenblicklich überall herum in den Gemeinden, um zu hören, ob ich noch neue Geschichten oder Jesusworte erfahre.

David: Die Schriftrolle von Markus kennst du doch, oder? Er hat ja schon vieles zusammengestellt.

Lukas: Ja, sicher kenne ich die. Auch habe ich noch andere Schriftrollen mit Jesusworten entdeckt, die hier und da schon aufgeschrieben wurden.

Martha: Wir haben dir auch schon alles erzählt, was wir wußten.

Elia: Lukas, ich kann dir noch einen Tip geben. Simon der Sandalenmacher hat mir neulich was Interessantes erzählt. Bei seiner letzten Reise nach Jerusalem hat er dort von einem ganz alten Mann gehört, der noch bei der Kreuzigung dabeigewesen sein soll. Vielleicht könntest du ihn ausfindig machen.

Lukas: Ja, vielen Dank, Elia. Das werde ich bestimmt versuchen, wenn ich wieder nach Jerusalem komme. – Aber mit den Berichten über das Leiden und Sterben unseres Herrn ist es eigentlich am einfachsten.

Chloe: Warum?

David: Ist doch klar. Darüber ist von Anfang an am meisten gepredigt worden.

Asa: Die Geschichten kennen wir zum Teil doch auch auswendig.

Boas: Das stimmt. Und Markus hat davon auch ganz ausführlich berichtet.

Martha: Sag mal, Lukas, warum schreibst du für Theophilus – oder wie er heißt – nicht einfach die Schriftrolle von Markus ab? Da ist doch schon alles beisammen.

David: Das ist 'ne prima Idee, oder?

Lukas: Ach, wißt ihr, ich werde sicher einiges von Markus übernehmen. Vieles hat er sehr genau geschrieben, wie du schon gesagt hast, Boas. Einiges sehe ich aber etwas anders. Ich muß es so aufschreiben, wie ich es verstehe. Und nicht nur ich. Auch Theophilus soll es verstehen können. Aus meinem Bericht soll er erkennen: Jesus ist der Retter, der Heiland.

David: Das sehe ich ein. Trotzdem: Lohnt da eine ganz neue Schriftrolle?

Lukas: Ja, bestimmt. Ihr werdet euch wundern, wieviel ich noch erfahren habe, von dem Markus nichts wußte. Viele neue Geschichten und Worte Jesu. Das kommt alles hinein.

Elia: Davon mußt du uns aber auch erzählen.

Asa: Ja, wir wollen auch alles wissen.

Lukas: Natürlich. Ich werde euch aus der Rolle vorlesen, ehe ich sie abschicke. Aber das wird noch eine ganze Zeit dauern. Ich bin noch lange nicht so weit.

Martha: Mir scheint, das wird dann ein richtiger ausführlicher Lebensbericht.

Lukas: Ja, ich will es hoffen.

Boas: Aber, Lukas, dazu gehört dann eigentlich auch etwas über die Geburt und die Kindheit. Weißt du darüber auch etwas?

Chloe: Darüber habe *ich* noch nie etwas gehört. Ihr?

Asa: Das ist doch auch nicht wichtig. Wir müssen weitersagen, was Jesus gesagt und getan hat, wie er gestorben ist und daß er lebt und bei uns ist.

Martha: Richtig!

Boas: Mich würde aber auch seine Geburt interessieren.

Elia: Ehrlich gesagt, darüber habe ich noch nie nachgedacht. – Aber ... vielleicht hast du recht, Boas. Was meinst du dazu, Lukas?

David: Oder hast du schon was darüber geschrieben?

Lukas: Nein, das habe ich noch nicht. Aber eure Frage nach der Geburt ist mir in letzter Zeit öfter gestellt worden. – Sicher ist das Leben und Sterben Jesu das Wichtigste. Aber inzwischen glaube ich, daß die Geburt auch dazu gehört.

Asa: Warum? Das verstehe ich nicht.

Martha: Markus hat doch auch nichts davon erzählt.

Chloe: Außerdem wissen wir doch auch nichts davon. Oder haben deine Forschungen etwas ergeben, Lukas?

Lukas: Ja und nein. Viel wissen wir wirklich nicht, und ich habe auch nichts Neues erfahren. Aber trotzdem werde ich wohl von der Geburt erzählen.

Boas: Warum?

Lukas: Sie ist wichtig, um allen zu zeigen: Jesus ist wirklich als Mensch geboren. Er ist keine Phantasiegestalt und kein Märchen, das überall und nirgends hingehört. Er ist auch nicht nur der Herr, der zu Gott gehört. Er ist Mensch wie wir, geboren wie wir zu einer ganz bestimmten Zeit.

David: Ja, und die Zeit wissen wir ja auch genau. Das war, als Augustus Kaiser war. Der Friedenskaiser, wie man sagte.

Elia: Nicht nur Friedenskaiser nannte man ihn, auch Heiland und Sohn Gottes.

Lukas: Das stimmt. Augustus hatte all diese Beinamen, weil er in seinem Reich für Frieden sorgte.

Martha: Aber wir nennen Jesus Friedenskönig, Heiland und Sohn Gottes.

Lukas: Ja, und alle sollen es wissen, und glauben. Augustus war ein Kaiser mit Macht und Gewalt, nicht nur mit Frieden. Denkt an seine Soldaten, denkt an das viele Geld, das er brauchte und bei den besiegten Völkern durch Steuern eintreiben ließ. Wie haßten sie ihn! – Jesus aber war ein anderer König, ohne äußere Macht, arm. Das sollen alle sehen – auch schon bei seiner Geburt.

Boas: Das verstehe ich nicht.

Asa: Kannst du uns genauer erklären, was du meinst?

Lukas: Ich werde erzählen, daß Jesus und seine Eltern sich den Befehlen des Kaisers unterwerfen mußten wie alle anderen Menschen auch. Da ist keine Macht zu sehen. Und doch möchte ich auch gleichzeitig zeigen, daß Jesus der Herr ist.

Martha: Um noch einmal auf die Zeit der Geburt zu kommen. Weißt du denn, in welchem Jahr Jesus geboren ist? Hast du das herausgebracht, Lukas?

Lukas: Nein, darüber konnte ich nichts mehr erfahren. Es muß in der Zeit gewesen sein, als Cyrenius Prokurator in Syrien war. Aber das genaue Jahr ist auch nicht so wichtig. Von wem weiß man das Geburtsjahr schon außer von den römischen Kaisern und ähnlichen Leuten?
Wir wollen lieber überlegen, was wir sonst noch über seine Geburt wissen: Eltern, Wohnort.

Lukas: Ihr sprecht von Nazareth. Ja, daher stammte Jesus. In den alten Schriften steht aber, daß der Messias aus Bethlehem kommen soll. Es wird auch erzählt, daß Josef, der Vater Jesu, von König David abstammen soll. Und der gehört doch nach Bethlehem. – Hm, das muß ich mir noch mal genau durch den Kopf gehen lassen, wie ich das schreibe. Aber vielleicht finde ich einen guten Weg. Dann lese ich es euch morgen vor.

Chloe: Hoffentlich schaffst du es bis zu unserem Treffen! Ich bin sehr gespannt.

2. Szene

Lukas: Ihr Lieben, wie versprochen habe ich euch mitgebracht, was ich gestern abend noch aufgeschrieben habe. Magst du es vorlesen, Elia?

Elia:

Lukas: Danke, Elia. – Nun habt ihr gehört, wie ich angefangen habe. Maria und Josef sind also vor der Geburt nach Bethlehem gezogen.

Asa: Bethlehem, das ist doch die alte Königsstadt, nicht Jerusalem wie heute. Also willst du doch etwas von Macht und Königtum zeigen, Lukas?

Lukas: Ja, natürlich will ich zeigen, daß Jesus der versprochene König ist. Und in den alten Schriften steht, daß er aus Bethlehem kommen soll. – Aber Macht und Königspracht? Meinst du, das paßt zu Jesus?

Martha: Ganz gewiß nicht. Denkt doch an sein Leben. Wo war denn da wohl sein Königsschloß, sein Hofstaat, seine Soldaten, sein Reichtum?

Lukas: Laßt uns doch wieder zusammen überlegen, was wir von ihm wissen.

Lukas: Ich glaube, von all dem, was wir eben zusammengetragen haben, muß auch schon bei seiner Geburt etwas deutlich werden. Die muß zu seinem übrigen Leben passen. – Ja, wie ein Bild sehe ich es jetzt vor mir: die Eltern unterwegs, ohne Wohnung – schon gar kein schönes Schloß! –, kein Geld für ein teures Quartier, überfüllte Gasthäuser. Wo sollen sie hin? Irgendeine armselige Unterkunft, ein Stall oder so etwas wird übrigbleiben.

Chloe: Ja, das paßt wirklich zu seinem Leben.

Boas: Und so paßt er auch zu uns – besser als ein reicher Herrscher.

David: Aber er war doch ein König!

Elia: Schon, aber ärmer als die meisten von uns. Wahrscheinlich gab es nicht einmal ein richtiges Bett für ihn.

Martha: Maria mußte ihn sicher in die Futterkrippe legen.

Lukas: Jetzt weiß ich, wie ich weiterschreiben muß. Hört zu! Vielleicht schreibst du für mich gleich mit, Elia.
Elia: Ja, gern. Fang an!

David: Aber irgend etwas Besonderes muß doch bei der Geburt gewesen sein, Lukas. Irgendwas mußt du erzählen.
Martha: Du mußt zeigen, daß Jesus von Gott kam.
Asa: Vor allem, daß er auch für uns kam.
Elia: Hat denn damals keiner etwas von seiner Geburt erfahren?
Lukas: Ich weiß es nicht genau. Wenn sonst ein Königssohn geboren wird, macht man es überall bekannt. Aber die reichen und vornehmen Leute haben sich nie sehr für Jesus interessiert.
Boas: Die vielleicht nicht, aber viele andere.
Lukas: Ja, deshalb müssen wir wieder überlegen, wie es in seinem Leben war. Wer waren die Menschen, die zu ihm kamen und um die er sich kümmerte? Davon haben wir doch schon viel gehört.

Lukas: Ich glaube, das muß auch bei seiner Geburt so ähnlich gewesen sein. Wenn ich davon schreibe, muß gleich jeder merken, daß unser Herr für alle Menschen gekommen ist, vor allem aber für die Armen und Verachteten. Und alle sollen wissen, was er immer gesagt hat: Gott hat uns alle lieb.

Boas: Wie willst du das aber erzählen?

Elia: Du kannst ja nicht schreiben, daß die schon alle in den Stall gekommen sind, die Zöllner und Bettler und all die anderen.

Lukas: Nein, aber in der Nähe gab es sicher auch Leute, mit denen keiner so recht etwas zu tun haben wollte.

Martha: Meinst du Aussätzige?

Lukas: Nein, ich meine Hirten, die gab es auch in Bethlehem, und die gehörten bestimmt nicht zu den Reichen und Angesehenen.

David: Komisch, dabei war unser großer König David, nach dem ich meinen Namen habe, auch mal ein Hirte.

Lukas: Schon, aber das ist lange her. In Bethlehem und überall damals galten sie nichts. Man sagte sogar: Gott will sie nicht.

Elia: Jetzt weiß ich, warum du an sie denkst, Lukas. Sie passen dann genau zu Jesus. Für sie ist er auch gekommen.

Lukas: Ja, sie sollen in meiner Erzählung die ersten sein, die von ihm erfahren. Von ihnen will ich schreiben. Paßt auf, so:

____

____

____

David: Aber das ist immer noch nichts Besonderes. Wie haben die Hirten denn von Jesu Geburt erfahren? Das mußt du noch erzählen.

Martha: Und ich sag's noch mal: du mußt zeigen, daß Jesus von Gott kommt.

Asa: *Wir* wissen das aus seinem Leben. Aber wer deine Schriftrolle liest, muß es auch gleich erfahren. Und die Hirten müssen es ja auch erst von jemand hören.

Lukas: Du hast recht, Asa. Darüber habe ich auch schon nachgedacht. Die Hirten konnten es nicht von sich aus wissen, sie mußten es von Gott erfahren. In unseren alten Schriften wird immer wieder erzählt, daß Gott seine Boten, seine Engel, schickt. Sie müssen den Menschen eine Nachricht von Gott bringen. – Und davon werde ich auch hier schreiben. Gottes Boten werden den Hirten alles von Jesus sagen ... von der Geburt und daß Jesus der Retter und Heiland ist, den Gott schickt. – Paßt auf, morgen kann ich euch sicher den ganzen Rest vorlesen.

3. Szene

Martha: Na, Lukas, hast du es geschafft, alles aufzuschreiben?

David: Ja, sag, wie steht's? Ich bin schon so gespannt.

Lukas: Es ist wirklich alles fertig von der Geburt. Ich bin sehr froh, daß ich es so geschafft habe. Und ich danke euch auch. Unser Gespräch über das Leben unseres Herrn hat mir sehr dabei geholfen. – So, und nun sollt ihr den letzten Teil auch noch hören. Liest du ihn wieder vor, Elia?

Elia: Natürlich, sehr gern. Gib die Rolle nur her. – Hört zu!

Martha: Das hast du wunderbar aufgeschrieben, Lukas.
David: Ja, so kann man bei der Geburt schon sehen, daß Jesus von Gott kommt, daß er für alle da ist, vor allem auch für die Armen.
Boas: Da wird sich Theophilus bestimmt freuen.
Lukas: Das will ich hoffen. Ich habe aber noch viel zu schreiben. Aber das ist leichter, weil wir davon schon so oft gehört und gesprochen haben.

Lukas schreibt von ______________________________

weil er zeigen will: ______________________________

____

Steuerliste

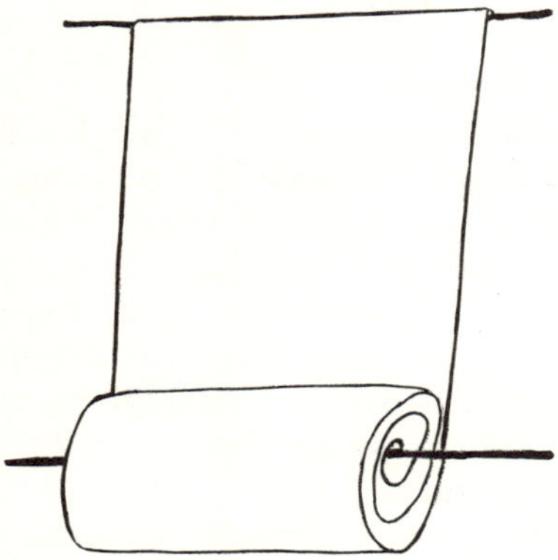

Lukas schreibt von ______________________
weil er zeigen will: ______________________

Lukas schreibt von ______________________
weil er zeigen will: ______________________

Lukas schreibt von ______________________
weil er zeigen will: ______________________

So stellte sich ein Maler vor 1000 Jahren einen Engel vor

Lukas schreibt von ______________________
weil er zeigen will: ______________________

Die Weihnachtsgeschichte des Lukas erzählen, singen und gestalten

Bericht über ein Unterrichtsvorhaben in Klasse 2
in Zusammenarbeit mit Isolde Wirsching

Die ganzheitliche Aneignung der lukanischen Weihnachtsgeschichte war das Ziel einer Unterrichtseinheit in der 2. Klasse. Der Bibeltext wurde in Anlehnung an Steinwedes »Weihnachten mit Lukas« interpretierend erzählt; er wurde in kleine Abschnitte aufgeteilt und zog sich über sieben Unterrichtsstunden.
Gleichzeitig erlernten die Schüler das bekannte Lied »Augustus, Cyrenius, die römischen Herren, sie schicken die Menschen von Lande zu Land...«. Bibeltext und Liedstrophen lassen sich sehr gut parallelisieren, so daß das Lied die fortschreitende Erzählung begleitete. Der zweiteilige Refrain wurde den ersten beiden Berichtsteilen über den Evangelisten Lukas zugeordnet.
Als drittes Unterrichtselement kam die Gestaltung der Weihnachtsgeschichte als sechsteiliges Leporello hinzu (s. Abb.). So gingen Erzählen, Singen und Gestalten Hand in Hand.
Vorlese-/Erzähltext und Lied brauchen nicht weiter kommentiert zu werden; sie sind hinreichend bekannt und verbreitet. Die Herstellung des Leporellos erfordert allerlei Materialien und Vorarbeiten und wird zur Arbeitserleichterung genauer dargestellt.
Die Rahmen für das Leporello sollten vorher aus schwarzem Tonpapier geschnitten und mit Transparentpapier hinterklebt werden. Aus den Innenteilen entstehen die Figuren. Außerdem braucht man »Scharniere« aus Tonpapier, mit denen die Bilder zuletzt verbunden werden.

Liste sämtlicher benötigter Materialien

Pro Kind:

6 Rahmen aus schwarzem Tonpapier; günstige Größe 16,5 cm × 16,5 cm
6 Rahmeninnenteile (11 cm × 11 cm)
5 »Scharniere« zum Verbinden der Bilder aus schwarzem Tonpapier
6 Stücke Transparentpapier Größe 16,5 cm × 16,5 cm: je einmal pergamentfarben, grün, dunkelrot, blau, und zweimal gelb; gelbe Reste

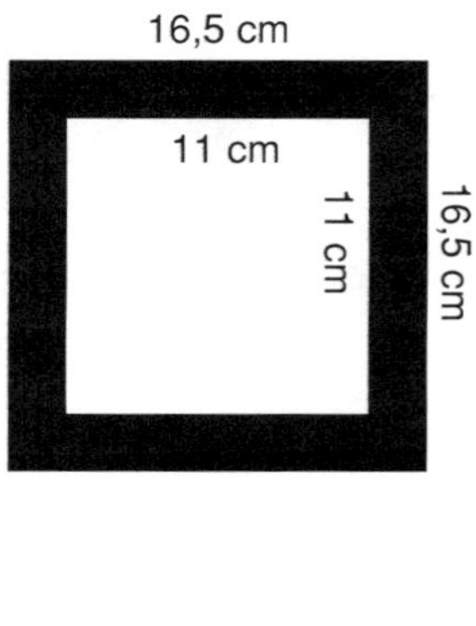

Pro Tischgruppe:

Personenschablonen
Hirtenschablonen
Klebstifte, Scheren, Filzstifte

Es hat sich als hilfreich erwiesen, für jedes Kind eine Prospekthülle mit Namen bereitzuhalten, in der die Teile von Stunde zu Stunde aufbewahrt wurden.

Verlaufsplanung

1. Stunde

Informationen über Lukas (Teil 1); Erlernen des Refrains Teil A: »Was meint damit Lukas...«; Vorstellung der Gestaltungsaufgabe anhand eines leeren Leporellos.

2. Stunde

Informationen über Lukas (Teil 2); Erlernen des Refrains Teil B: »Geboren ist Christus...«; Herstellung des 1. Bildes für das Leporello: Schriftrolle mit der Inschrift: »Lukas erzählt von der Geburt Jesu.« Die Schüler erhalten den Rahmen mit hinterklebtem pergamentfarbenem Transparentpapier und aufgezeichneter Schriftrolle. Sie beschriften die Rolle.

3. Stunde

Erzählung von der Steuerzählung; Liedstrophe 1;
2. Bild: Die Menschen lassen sich zählen.
Der 2. Rahmen ist mit grünem Transparentpapier hinterklebt. Die Schüler erhalten die Personenschablonen, kopieren sie auf die Rahmeninnenteile, schneiden sie aus und kleben sie auf.

4. Stunde

Erzählung vom Stall; Liedstrophe 2;
3. Bild: Im Stall.
Der Rahmen ist mit gelbem Transparentpapier hinterklebt. Die Schüler schneiden Stall und Krippe aus dem schwarzen Innenteil und kleben sie auf. Verschiedene Formen sind möglich (evtl. ein paar Vorschläge machen).

5. Stunde

Erzählung von den Hirten; Liedstrophe 3;
4. Bild: Die Hirten auf dem Feld.
Rahmen mit dunkelrotem Transparentpapier. Nach Schablonen schneiden die Schüler Hirten aus dem Innenteil und Flammen aus gelben Tonpapierresten; beides kleben sie auf.

6. Stunde

Erzählung von den Engeln; Liedstrophe 4;
5. Bild: Das Licht der Engel.
Statt typischer Engeldarstellungen wurde das »Licht der Engel« gestaltet. Um bei den Schülern einen erlebnismäßigen Bezug zum biblischen Symbol des himmlischen Lichts anzubahnen, brachte die Lehrerin eine starke Lampe mit. Die Schüler saßen zunächst im abgedunkelten Raum, plötzlich erstrahlte die Lampe und gab einen Eindruck von überwältigender Helligkeit. Diese wird dann folgendermaßen gestaltet: Das Rahmenteil ist gelb hinterlegt; die Schüler schneiden das Innenteil von der Mitte her strahlenförmig aus und kleben es auf.

7. Stunde

Erzählung: Die Botschaft breitet sich aus; Liedstrophe 5;
6. Bild: Bethlehem.
Dieses Bild nimmt die letzte Strophe des Liedes auf. Der Rahmen ist blau hinterklebt. Die Schüler schneiden viereckige Häuserformen aus, versehen sie mit Fenstern und Türen und kleben sie auf.

8. Stunde

Abschlußarbeiten am Leporello, Verbindung der einzelnen Bilder durch die Scharniere. Anschließend dürfen die Schüler die Leporellos mit heimnehmen. Singen und Hören der Weihnachtsgeschichte im ganzen.

Lobgesang der Maria (Lukas 1,46–53)

Arbeitsblätter zur Texterschließung (ab Klasse 7)

Da sagte Maria: Meine Seele preist die Größe des Herrn, / und mein Geist jubelt über Gott, meinen Retter. Denn auf die Niedrigkeit seiner Magd hat er geschaut. / Siehe, von nun an preisen mich selig alle Geschlechter. Denn der Mächtige hat Großes an mir getan, / und sein Name ist heilig. Er erbarmt sich von Geschlecht zu Geschlecht / über alle, die ihn fürchten. Er vollbringt mit seinem Arm machtvolle Taten: / Er zerstreut, die im Herzen voll Hochmut sind; er stürzt die Mächtigen vom Thron / und erhöht die Niedrigen. Die Hungernden beschenkt er mit seinen Gaben / und läßt die Reichen leer ausgehen.

Die Arbeitsblätter stützen sich auf die Ergebnisse der Exegese am Anfang des Buches. Sie möchten dazu anregen, sich gründlich mit dem Magnifikat auseinanderzusetzen.
Ein durchgehendes Interesse bei der Anlage der Arbeitsblätter war es, Querverbindungen sowohl ins Alte Testament wie in die Evangelien zu ziehen und den Text vor diesem Hintergrund zu verstehen.
Der letzte Hinweis auf den Liedausschnitt aus einer lateinamerikanischen Basisgemeinde will an einem Beispiel aufzeigen, daß dieser Lobgesang der Maria nicht nur eine religiöse, sondern eine durchaus politisch/soziale Dimension hat und als ein revolutionäres Programm verstanden werden kann.

Ergänzende Texte vgl.: Berg/Berg, Biblische Texte verfremdet, Calwer/Kösel 1986, Band 2, Nr. 2.7–2.10

14 Arbeitsblatt (1): Der Lobgesang der Maria (Lk 1,46–53)

1 Lies den Text Lk 1,46–53 und versuche, ihn zu gliedern.

2 Was wird in Vers 48 über Maria zum Ausdruck gebracht?

____

Vergleiche das mit den folgenden Hinweisen aus den Evangelien.

Seine Mutter sagte zu ihm: Kind, warum hast du uns das getan?
(Lk 2,48)

Sie sagen zu ihm: Siehe, deine Mutter und deine Brüder und deine Schwestern draußen suchen dich. Da antwortet er ihnen und sagt: Wer sind meine Mutter und meine Brüder... Wer den Willen Gottes tut, der ist mir Bruder und Schwester und Mutter.
(Mk 3,32 ff.)

Als der Wein ausgegangen war, sagte die Mutter Jesu zu ihm: Sie haben keinen Wein. Und Jesus sagte zu ihr: Weib, was habe ich mit dir zu schaffen?
(Joh 2,3 f.)

Als die Seinen das hörten, gingen sie aus, um sich seiner zu bemächtigen; denn sie sagten: Er ist von Sinnen.
(Mk 3,23)

____

3 Maria bezeichnet sich als »Magd des Herrn«.

a) Was verbindest du mit der Bezeichnung »Magd«? ____________________

b) In der Bibel kommt häufiger der verwandte Begriff »Knecht des Herrn« vor. Was drückt er in folgenden Texten aus?

Mose, der Knecht des Herrn, hat euch zugesagt...
Jos 1,13

Einige Zeit danach starb Josua, der Knecht des Herrn...
Jos 24,29

Von David, dem Knecht des Herrn...
Ps 18,1

Daniel, du Knecht des lebendigen Gottes...
Dan 6,21

____

c) Welche Bedeutung bekommt von daher die Bezeichnung »Magd des Herrn«?

____

Arbeitsblatt (2)

4 Der Lobgesang der Maria bringt unter anderem die Freude über die Wohltaten Gottes an den Menschen zum Ausdruck. Dabei wird auch der Name Gottes erwähnt. Welche Bedeutung der Name hat, erfährst du, wenn du 2 Mose 3,1–14 liest.

____

____

____

5 Lies noch einmal Lk 1,51–53.

a) Für wen sind diese Verse bedrohlich, für wen erfreulich?

____

____

b) Fallen dir zu diesen Versen Worte oder Taten Jesu ein?

____

____

____

6 In Südamerika gibt es viele Gemeinden, zu denen vor allem die armen Bauern gehören. In einem ihrer Lieder, das an den Lobgesang der Maria anknüpft, heißt es folgendermaßen:

Er gibt Brot denen,
die Hunger haben,
und die Reichen
tritt er mit Füßen.
Wie er es gesagt hat,
immer kämpft Gott
an der Seite des Volkes.

Wir wollen weiterkämpfen
und den Sieg
unseres Gottes besingen.
Alle Armen stehen zusammen.
Nie werden wir besiegt!

Worauf bezieht das Lied die Aussagen des Bibeltextes? Wie setzt sich nach Meinung der Bauern die Geschichte Gottes fort?

____

____

____

Jesus – der neue Mose

Vorschlag zur Arbeit mit Texten aus Mt 2 (ab Klasse 5)

In der Exegese wurde dargelegt, daß das Kindheitsevangelium des Matthäus nicht als Tatsachenbericht, sondern als »Beweiserzählung« verstanden werden will. Das belegen die vielen Reflexions- (Erfüllungs-)Zitate (»Dies geschah, damit erfüllt würde...«). Auch von indirekten Anspielungen auf die Heilsgeschichte ist der Text durchtränkt.

Vor allem aber zeigt er in seiner Anlage eine Parallelisierung zur Mose-Überlieferung. Das fällt zunächst nicht so deutlich ins Auge, wenn man allein an die Texte aus Exodus denkt. Die Mose-Überlieferung war jedoch im Spätjudentum äußerst populär und wurde ausschmückend und interpretierend wiederholt.

Die Quellentexte (Nr. 1 + 2) zeigen, wie einige Züge der Überlieferung hervorgehoben und betont werden, wie sich aber auch neue Linien einzeichnen. So sprechen beide Texte davon, daß die Geburt des Mose vorausgesagt worden sei – einmal aufgrund einer Vision der Miriam, das andere Mal von einem ägyptischen Schriftkundigen. Gleichzeitig wird Mose als der Retter und Befreier angekündigt.

Von Geburt an ist Mose also zum Retter des Volkes ausersehen, und – im Gegensatz zu Exodus 1, wo der Pharao aus Angst vor der starken Ausbreitung der Israeliten die Tötung der neugeborenen Knaben befiehlt – erfolgt hier der Tötungsbefehl aus Furcht vor diesem einen, der als Erwachsener »die Herrschaft der Ägypter brechen, die Israeliten dagegen großmachen« soll. Gleichzeitig wird betont, daß Gott den gesandten Befreier seines Volkes von Anfang an »auf wunderbare Weise« schützt.

In Formulierungen wie »ich werde durch ihn ... mein Volk erretten« steckt aber mehr als die Erinnerung an die Befreiung aus Ägypten. Mose steht hier als Vorgänger des Messias. Wie Mose einst das Volk befreite, so erwartet man vom Messias die Rettung und Erlösung. »Wie der erste Erlöser (Mose), so wird auch der zweite sein (der Messias).« (Beck, S. 89, vgl. Exegese). Gerade zur Zeit Jesu, unterdrückt durch die Römer, unter der Gewalt des machthungrigen Diktators Herodes (s. die Informationen Text 4), ersehnten die Juden die Ankunft des Messias. Wie stark sie die Parallelität zwischen Pharao und Herodes sahen, zeigt der Ausschnitt aus der apokryphen »Himmelfahrt des Mose« (Text 3).

Wenn man die Texte aus Exodus (vor allem Ex 1–3,12 und 4,14), außerdem diese spätjüdische Mose-Überlieferung mit dem Kindheitsevangelium des Matthäus vergleicht, fallen starke Parallelen auf. Wie die Geburt des Mose (Text 1 + 2) wird die Geburt Jesu vorausgesagt (Mt 1,20f.); beide müssen fliehen, werden aber auf wunderbare Weise beschützt. Sie können erst zurückkehren, als diejenigen, die sie töten wollen, gestorben sind (vgl. Ex 4,19 und Mt 2,20).

Der Grund für Matthäus, seinen Text in so enger Anlehnung an die Mose-Überlieferung zu gestalten, klingt in der Ankündigung der Geburt Jesu durch den Engel an. Hieß es in Ex 3,10: »Du sollst mein Volk, die Israeliten, aus Ägypten herausführen«, so lasen wir bei Josephus: »Er wird die Hebräer aus der ägyptischen Knechtschaft befreien«, und Matthäus schreibt: »Denn er wird sein Volk von aller Schuld befreien« (Mt 1,21). Matthäus will sagen: Jesus ist der endgültige Befreier, mit ihm führt Gott sein Volk aus der Gefangenschaft in die Freiheit. Er bestätigt damit das Bekenntnis zum *Messias Jesus von Nazareth.*

Im Unterricht sollte man den Parallelen zwischen Mose-Überlieferung und dem Kindheitsevangelium des Matthäus nachgehen und herausarbeiten, was Matthäus mit dieser Übereinstimmung zum Ausdruck bringen wollte.
Die Quellentexte unterstützen die Schüler bei dieser Arbeit.

Quellentexte **15**

Text 1

Und der Geist kam bei Nacht über Maria (Mirjam, die Schwester des Mose), und sie schaute ein Traumgesicht. Da erzählte sie es am Morgen ihren Eltern und sprach: Ich schaute in dieser Nacht; da stand ein Mann mit einem Linnengewand und sprach zu mir: Geh und sage deinen Eltern: Das, was aus euch geboren wird, wird man ins Wasser bringen; denn Wasser wird dadurch vertrocknen. Ich werde durch ihn Zeichen tun und mein Volk erretten, und er selber wird sein Führer sein.
Aus: Pseudo-Philo, Buch der biblischen Altertümer (9,10)

Text 2

Die Unsrigen mußten sich mit übermäßigen Arbeiten befassen, da ereignete sich etwas, das den Wunsch der Ägypter, uns zu vertilgen, noch schürte. Einer von ihren Schriftkundigen (die verstanden sich wohl auf Zukunftsdeutungen) weissagte dem König, in jener Zeit werde dem Geschlecht der Hebräer ein Knabe geboren werden, der, wenn er erwachsen sei, die Herrschaft der Ägypter brechen, die Israeliten dagegen großmachen werde ... Ob diesem Spruch erschrak der König und befahl, alle israelitischen Knaben gleich nach der Geburt in den Fluß zu werfen und zu töten ... Im folgenden wird von Amaram, einem vornehmen Juden, erzählt, dessen Frau schwanger war. Er habe zu Gott um das Leben seines ungeborenen Kindes gebetet. Da sei Gott ihm im Schlaf erschienen und habe ihm die Zusage gegeben: Der Knabe, dessen Geburt die Ägypter so sehr fürchten, daß sie die israelitischen Kinder allesamt töten wollen, wird dir geboren werden. Er wird bei denen verborgen bleiben, die ihm nachstellen. Auf wunderbare Weise wird er erzogen werden und das Volk der Hebräer aus der ägyptischen Knechtschaft befreien. Und sein Andenken wird lebendig bleiben für alle Zeit, nicht nur bei den Hebräern, sondern auch bei den Fremden.
Aus: Flavius Josephus, Jüdische Altertümer (2,9)

Text 3

Und ihnen folgt ein frecher König, der nicht aus priesterlichem Geschlecht sein wird, ein verwegener und gottloser Mensch: Er wird sie richten, wie sie es verdienen ... er tötet die Alten und Jungen und wird keine Schonung üben. Da wird drückende Furcht über sie kommen in ihrem Land; er aber wird Gericht unter ihnen halten, wie die Ägypter unter ihnen getan ...
Aus: Himmelfahrt des Mose (6,2)

Text 4

Herodes der Große
Herodes I. oder der Große lebte von 73–4 v. Chr. Er beherrschte jahrzehntelang die jüdische Geschichte. Er war zwar kein Jude, aber es gelang ihm immer wieder, die Gunst der gerade mächtigen Partei in Rom zu gewinnen. So wurde er zum König eingesetzt und immer von neuem in seinem Amt bestätigt. Machthungrig und mißtrauisch regierte er sein Land mit Hilfe von Polizeigewalt. Er ließ mehrere seiner Frauen und Söhne hinrichten und verfolgte blutig alle Gruppen im Land, die er für feindlich gesinnt hielt. Das Volk sah in seiner Regierung die Gewaltherrschaft eines romhörigen Fremdlings.

16 Sigrid Berg

Die Stallmusikanten von Bethlehem

Spielszene

Vorspann

Erzähler: Heute kommen die Stallmusikanten von Bethlehem zu uns. Was? Ihr kennt sie nicht? Nein, das ist eigentlich auch kein Wunder. Sie kommen in der Geschichte nämlich nicht vor.
Nur zwei von ihnen sind euch vielleicht bekannt. Sie werden zwar auch nicht erwähnt, aber auf Bildern sind sie immer dabei: der Ochse und der Esel.
Jetzt könnt ihr euch sicher schon denken, von welcher Geschichte ich rede. Natürlich – von der Geburt des Jesuskindes. Aber ihr habt gewiß nicht vermutet, daß die Tiere etwas davon wissen. Sie können jedoch die Sprache der Menschen verstehen und erfahren alles, was geschieht. Oft erkennen sie sogar mehr als wir Menschen. Doch hört selbst, was sie damals erlebt haben.

1. Szene

Hahn: Kikeriki! Kikeriki! Ich bin Kock, der Hahn des Gastwirts von Bethlehem. Hört alle her, was ich zu sagen habe: Hoher Besuch wird heute zu uns kommen. Ja, hierher nach Bethlehem. Darum ist mein Herr wohl schon so aufgeregt. Seht, wie er hin- und herrennt, Körbe und Flaschen schleppt! Kikeriki! Und seit Tagen drängen die Leute herbei. Sicher wollen sie alle den hohen Gast begrüßen.
Wirt: Was schreist du so, du dummer Hahn? Laß dein Gekrähe! Wir sind schon alle wach. Du siehst, bei mir geht's rund. Die Betten sind fast alle besetzt, muß noch Notbetten aufschlagen. Ha, das bringt Geld! Und wie sie alle essen und trinken. Ich kann kaum genug heranschleppen. Da lacht man sich ins Fäustchen. Nur herein, wer einen vollen Geldbeutel hat. Ich werde ihm das Geld schon aus der Tasche ziehen.
Hahn: Kikeriki! Paß auf, paß auf! Heute noch kommt hoher Besuch zu uns. Halt ihm ein Zimmer frei!
Wirt: Sei still, Kock!
(Maria und Josef kommen von der Seite und bleiben stumm stehen.)
Hahn: Kikeriki, der hohe Gast ist da.
Wirt (schaut kaum hin): Hab' keinen Platz, geht weiter!
(Maria und Josef drehen sich um und gehen fort.)
Bei denen war nichts zu holen, das sah man auf den ersten Blick. Die kann ich nicht brauchen.
Hahn: Schick sie nicht fort! Schick sie nicht fort! Kikeriki!
Wirt: Jetzt ist's aber genug, du alter Schreihals. Verschwinde! Du verärgerst mir meine Gäste. Flieg doch hinter dem armen Pack her und krähe ihnen etwas vor!

2. Szene

Katze: Miau! Ich bin die Katze Maunz. Ich gehöre der Frau Rebekka. Sie weiß sicher, daß heute der Heiland, der Messias, zu uns kommt. Schon tagelang hat sie gefegt und geputzt. Das Haus ist blitzeblank. Ja, sie hat den Besuch erwartet. Viele Verwandte sind auch schon eingetroffen. Aber ein Zimmer ist noch frei. Miau, Frau Rebekka, du weißt, wer dort einziehen soll. Laß ihn herein!

Frau Rebekka: Bleib aus dem Zimmer, Maunz! Es muß ganz sauber bleiben. Wir kriegen noch einen Gast.
Katze: Miau, miau! So ist es gut.
(Maria und Josef kommen herbei. Josef klopft mit dem Stock auf die Erde.)
Frau Rebekka: Wer kommt denn da?
(Sie geht auf Josef und Maria zu.)
Ach, was wollt denn ihr?
Josef: Liebe Frau, wir suchen Quartier.
Frau Rebekka. Nein, nein, ich habe keinen Platz, hab alles voll. Geht weiter.
(Josef und Maria drehen sich stumm um und gehen fort.)
Soll ich da etwa zwei fremde hergelaufene Leute hereinlassen? Wie staubig sie waren! Und die Frau erwartete ein Baby.
Katze: Ruf sie zurück! Miau, laß sie herein!
Frau Rebekka: In mein sauberes Haus? Nein. Was meinst du, was eine Geburt für Schmutz und Ärger bringt. Nein, nein, bei mir nicht.
Katze: Miau, so will ich auch gehen und sehen, wo sie bleiben.

3. Szene

Hund: Ich bin Harro, des Bürgermeisters Hund. Ich habe Wichtiges zu melden, wuff, wuff. Bürgermeister, halt dich bereit: ein König wird heute zu uns kommen. Richte ein Fest, um den Gast zu empfangen.
Bürgermeister: Du läufst mir dauernd zwischen den Füßen herum, dummer Köter. Verschwinde! Ich weiß doch gar nicht, was ich zuerst tun soll. Die ganze Stadt ist voller Fremder. Ich muß aufpassen, daß alles klappt. Ich muß vor allem die Vornehmen und Reichen bei mir empfangen. Welche Ehre für mein Haus. Ich darf aber auch keinen vergessen.
Hund: Wuff, wuff! Vergiß nur den wichtigsten Besuch nicht, vergiß den König nicht!
(Maria und Josef kommen und klopfen; der Bürgermeister wendet sich ihnen zu.)
Josef: Wir bitten um ein Quartier.
Bürgermeister: Alles voll! Geht weiter!
(Maria und Josef gehen weg.)
Das hätte mir gerade noch gefehlt. Arme Leute – und vielleicht noch ein Baby. Die bringen keine Ehre, nur Ärger. Babygeschrei kann ich nicht brauchen. Was hätten meine vornehmen Gäste wohl dazu gesagt?
Hund: Auf deine vornehmen Gäste verzichte ich. Aber der König kommt heute nicht zu uns, wuff, wuff.
Bürgermeister: Hau ab, Harro! Jaul woanders.
Hund: Ja, ich will den beiden nachlaufen. Wuff!

4. Szene

Maultier: Ich bin das Maultier des Rabbi. Mein Herr hat mit dem allgemeinen Getümmel nicht viel zu tun. Er weiß aber sicher, daß ein Prophet heute bei uns einkehren wird.
(Der Rabbi kommt herein, setzt sich an einen Tisch mit Büchern und Schriften und liest.)
Ja, hörst du, Rabbi, er kommt heute, auf den du immer wartest. Der Prophet kommt.
(Der Rabbi liest weiter und reagiert nicht.)
Seht ihr ihn dort sitzen? Von früh bis spät studiert er die heiligen Schriften und die Gebote. Er muß es wissen. Er wird ihn empfangen.

Rabbi: Sei still, Grautier! Stör mich nicht bei meinen Studien und in meiner Andacht.

Maultier: Aber der Prophet kommt, ia. Sei bereit, ihn zu empfangen! Oder war er eben schon an der Tür?

Rabbi: Nein, nein. Das waren nur zwei arme Leute. Sie suchten ein Quartier. Als könnte ich mich mit so alltäglichen Dingen abgeben. Ich habe Wichtigeres zu tun; ich muß das Wort Gottes studieren.

Maultier (für sich): Ich seh's, zu uns wird der Prophet nicht kommen. Er hat ihn nicht erkannt. – Aber ich ... ich will ihn sehen. Schnell hinterher!

5. Szene

Ochse: Jetzt sind wir dran zu erzählen. Fang an, Esel, du kannst besser reden.

Esel: Ja, gut. Wir ahnten nichts vom hohen Besuch, den wir bekommen sollten. Hier draußen am Rand der Welt bei den Viehställen erfährt man nicht viel.

Ochse: Wer soll uns auch schon etwas sagen? Uns nimmt keiner für voll.– Aber erzähl schon!

Esel: Viel gibt's nicht zu erzählen. Auf einmal ging die Tür auf, und zwei Leute kamen herein, ein Mann und eine Frau. Wir mußten ganz schön zusammenrücken, daß sie Platz fanden.

Ochse: Aber das Wichtigste, erzähl das Wichtigste!

Esel: Tu ich doch. – Auf einmal war es da, das Kind, das Neugeborene. Geschrien hat's. War ja auch nicht gerade warm und bequem bei uns. Aber ein Wunder war's, und wir durften es erleben. Alle haben den hohen Besuch erwartet. Und zu uns ist er gekommen.

Ochse: Du vergißt, Esel, daß er gar nicht so besonders aussah. Nur ein kleines Kind.

Esel: Das stimmt. Aber später haben wir gehört, daß er von Gott kam. Und zu uns in den armen Stall, weil die Klugen und Reichen an andere Dinge dachten und ihn nicht haben wollten.

Ochse: Sicher, so war es.

Esel: Etwas später waren dann Geräusche vor dem Stall. Leise öffnete sich die Tür. Das Maultier, der Hund, die Katze und der Hahn schoben sich herein.
(Die vier anderen Tiere kommen dazu.)
Ja, genau so standen sie da.

Ochse: Richtig eng wurde es im Stall. Der Mann und die Frau schauten ganz verwundert.

Esel: Und die vier fingen an, das Kind zu grüßen. Mit Ia und Wuff-wuff, mit Miau und Kikeriki sangen sie von dem hohen Gast, dem Propheten und König, dem Heiland und Retter.

Ochse: Wir zwei brummten auch mit, so gut wir konnten.

Esel: Und das Kind im Stroh lächelte, als hätte ein Engelchor gesungen.

Zur Spielszene

Sprechende Tiere sind ein beliebtes Motiv der weihnachtlichen Legenden; die Szene »Die Stallmusikanten von Bethlehem« nimmt diese Form auf. Außerdem zieht sie in Überschrift und Inhalt bewußte Parallelen zu dem Märchen von den »Bremer Stadtmusikanten«. Mit den Märchenzügen verknüpft sich die Aussage aus Jesaja 1,3, in der es heißt, daß Ochse und Esel, die dummen Tiere also, den Herrn eher erkennen als die Menschen.

So sind es auch hier die Tiere von Bethlehem, die die Ankunft des Herrn erwarten und ihn erkennen, während die Menschen andere Dinge im Sinn haben. Profitsucht und Ehrstreben, Ordnungssinn und Bequemlichkeit verstellen ihnen den Blick. Und der Rabbi merkt nicht, daß Gott nicht allein durch die »Konzentration auf heilige Dinge« erkannt wird, sondern als Mensch begegnet.
So finden die Tiere den Weg zur Krippe; sie bilden den »Engelchor« – Engel können sehr verschiedene Gesichter haben –, sie singen dem Kind und versuchen – bisher vergeblich –, den Menschen die Botschaft zu sagen.

Zur Darstellung

Bei dem Text handelt es sich nicht um ein typisches Krippenspiel. Man könnte ihn als Mischung aus Spiel- und Sprechszene bezeichnen. Die Handlung liegt nicht auf *einer* zeitlichen Ebene; Gegenwart und Vergangenheit schieben sich ineinander: Einerseits stellen sich die Tiere den Zuschauern vor oder reden sie an, andererseits erlebt man das damalige Geschehen mit. Die letzte Szene bleibt ganz in der Ebene der Berichterstattung, nur daß die Tiere sich noch einmal aufreihen wie im Stall.
Bei der Gestaltung muß der Form Rechnung getragen werden. Die Handlungskomponente ist nur schwach ausgeprägt; sie sollte ausgespielt, aber nicht in den Mittelpunkt gerückt werden. Dadurch läßt sich die Szene aber auch mit sehr wenig Aufwand gestalten.
Um das Motiv der Stall*musikanten* stärker aufzunehmen, ließe sich das Spiel mit Orff-Instrumenten ausgestalten. Jedem Tier wird ein Instrument mit einem Erkennungsrhythmus oder einer charakteristischen Melodie zugeordnet. Die Tiere spielen sie jeweils an markanten Stellen ihres Textes; am Schluß musizieren sie gemeinsam die »Stallmusik«.

Hinweis auf Vorlesetexte

Aus dem Geschichtenband *»Der Mann und die Frau und das Kind«* (S. Berg [Hg.], Calwer/Kösel 1988) eignen sich mehrere Texte zum Vorlesen als Ergänzung für diesen Bereich.

1. Harry Haas, Frauen im Weihnachtsstall

Der kurze Text erzählt von Frauen, die Josef und der hochschwangeren Maria folgen und ihr während der Geburt beistehen. Damit greift Haas das Motiv der Hebammen auf, von denen in apokryphen Evangelien berichtet wird. – Die Frauen denken über die Hoffnungen nach, die die Eltern mit diesem Kind verbinden. Sie wünschen sich nicht einen »guten«, sondern einen »gerechten« Sohn. Diesen Wunsch verknüpfen die Frauen mit ihren Erwartungen auf den »Gerechten«, von dem sie wissen, daß er von den Mächtigen Leid und Unterdrückung erfahren muß, dem aber dennoch ihre Hoffnungen gelten.

2. Günter Kunert, Ein Gegenbild

G. Kunert arbeitet in diesem Text mit dem Mittel der Verfremdung.
Er erzählt, daß das Kind stirbt, ehe die Hirten im Stall erscheinen. Zunächst stellt sich Verzweiflung bei Maria und Josef ein; aber auch Zweifel an eventuellen göttlichen Zusagen tauchen auf. War nicht alles Einbildung?
Schließlich trösten sie sich: Was mag ihnen alles erspart geblieben sein? War nicht jeder, der zu »einem großen Schicksal ausersehen schien, ... von vornherein zum Tode verurteilt«? So sind sie »eher beruhigt, daß sich keines der Versprechen erfüllt hatte und sie ... nicht gezwungen waren, sich gegen den Lauf der Welt stellen zu müssen«.
Indem Kunert die Beruhigung über diesen Ausgang beschreibt (»Schließlich blieb einem das Heil, kein Heil mehr zu erwarten.«), verdeutlicht er indirekt die Dynamik, die von der Geburt und dem Leben Jesu ausgehen könnte.

3. Kurtmartin Magiera, Vor der Tür

Im Mittelpunkt dieses Textes steht die Gestalt des Josef. Nach der Geburt des Kindes geht er vor die Tür des Stalles und läßt die Ereignisse der letzten Monate und Stunden an sich vorbeiziehen. In Erinnerung an die Worte des Engels hatte er mit einem Wunder gerechnet, das ihre schwierige Lage bessert – einem Wunder für den Emmanuel. »Wo bist du, Engel, wo ist dein Versprechen? Aber es gab keinen Engel.« Sein Vertrauen ist erschüttert; er spürt Angst vor der Zukunft. – Von fern nähern sich Leute auf der Suche nach dem Kind. Da keimt neuer Glaube.

4. Kurt Marti, Sie war nicht nur die Mutter Jesu

Kurt Marti nennt diesen Text eine erzählende Predigt. Er verknüpft in ihm die Geburt mit Praxis und Geschichte Jesu. Ausgangspunkt ist eine Bibelstelle: »Als er zurückkam, strömte die Volksmenge wieder zusammen, so daß sie nicht einmal zum Essen kamen. Als das seine Angehörigen erfuhren ...« Hier setzt Marti mit einer Auseinandersetzung zwischen Maria und ihren anderen Kindern über Jesus ein. Die Meinungen prallen aufeinander; die Söhne werfen der Mutter vor, Jesus aufgrund der besonderen Umstände bei seiner Geburt anders behandelt zu haben als sie. Schließlich brechen sie auf, ihn heimzuholen, kommen aber unverrichteter Dinge zurück. Sie erzählen von seinen Freunden, seiner »neuen Familie«.
Der letzte Teil des Textes gibt Marias Gedanken wieder: Freude und Schmerz, den Wunsch, ihm zuzuhören, aber auch das Wissen, daß sie »nicht nur die Mutter Jesu« ist und daß sie für ihre anderen Kinder dasein muß.

Die Geburt Jesu bedeutet mir,
im Geiste der Bergpredigt bemüht zu sein
und es zu bleiben, das zu tun,
was das Wort Gottes uns Menschen aufgibt.
Herbert Wehner

Herodes ließ das Kind töten.
Wir verjagen es.
Heinrich Giesen

»Friede auf Erden« ...
zuviel süße Poesie verdarb den ursprünglich weltverwandelnden Text.
Sonst wüßten wir noch, daß Jesus nichts weniger
als ein neues, hübsches Paradies auf Erden versprochen hat,
sondern aus Entschlossenheit zum Martyrium heraus Liebe forderte.
Thilo Koch

Der Christ glaubt daran, daß überall dort,
wo der Mensch angenommen wird, auch Gott angenommen wird
und daß die Menschwerdung des Sohnes Gottes nichts anderes bedeutet,
als daß der Mensch sich von Gott angenommen weiß.
Norbert Greinacher

Die biblische Geschichte vergegenwärtigen

Einleitung

Dieser Teil gehört mit dem vorangehenden eng zusammen; auch hier stehen die biblischen Erzählungen im Mittelpunkt. Der Akzent hat sich jedoch verschoben; es geht um ihre Interpretation auf unsere Gegenwart hin.

Unterschiedliche Vergegenwärtigungsansätze lassen sich bei den Materialien beobachten.

In der *ersten Gruppe* kommt vor allem die Zusage zum Ausdruck: In Jesus wendet sich Gott den Menschen zu.

Der *Gottesdienstvorschlag »Geboren ist Christus«* verknüpft erzählende, interpretierende und darstellende Elemente. Er bleibt im ganzen – ähnlich einem Krippenspiel – relativ dicht an den biblischen Vorlagen, nimmt jedenfalls alle Gestalten der Weihnachtsgeschichte auf.

Verkündigung und Dank bilden den Tenor des Gedichts von *Paul Reding »Fürchtet euch nicht«* und des *Unterrichtsvorhabens in Klasse 2 zur Gestaltung des Liedes »Unser Lied soll nun erklingen«*. Beide Teile bringen zum Ausdruck, daß mit dem Kind in der Krippe und dem Mann Jesus von Nazareth die Liebe Gottes zu den Armen, Kranken, Kleinen und Außenseitern sichtbar geworden ist.

Paul Reding geht dabei von den Worten der Verkündigung aus: »Fürchtet euch nicht, euch ist heute geboren ...« Er beschreibt, wer Jesus für die verschiedenen Menschengruppen ist. Dabei klingt die Frage mit: Wer ist Jesus für mich?

Die *Liedgestaltung* möchte den Schülern ganzheitlich (erzählen, singen, gestalten) vor Augen führen: Das Kind in der Krippe ist der Mann, der die Kinder rief, die Kranken heilte, der zu den Außenseitern ging und der auch heute »unser Freund sein will«.

Die *zweite Gruppe* will Kritik an unserem Umgang mit dem Weihnachtsfest und seiner Botschaft zum Ausdruck bringen, gleichzeitig will sie Impulse aufweisen zum eigenen Tun in Konsequenz dieser Botschaft.

Die Materialien zur *»Flucht nach Ägypten«* gehen ebenfalls von der Erkenntnis aus: Jesus gehört auf die Seite der Armen und Entrechteten. Sie entfalten den Gedanken jedoch viel provozierender: Jesus war selbst Flüchtling; er teilte das Schicksal der Asylanten; und wir verfolgen und vertreiben auch ihn, wenn wir diesen Menschen die Zuflucht verweigern.

Das Gedicht von *Dorothee Sölle* und die Karikatur von *Luis Murschetz* greifen unterschiedliche Motive der Weihnachtsgeschichte auf. *Dorothee Sölle* meditiert über die Weisen, über Grund, Ziel und Ausgang ihrer Reise. Unausgesprochen steht die Frage im Hintergrund: Was bedeutet die Weihnachtsbotschaft für mich? Wie gehe ich mit ihr um? Denn »bethlehem das liegt bei duisburg«.

Luis Murschetz nimmt das Motiv des Stalls und der Hirten auf. Auch bei ihm stellt sich dem Betrachter die Frage nach dem eigenen Standpunkt.

Kritik steht im Mittelpunkt des Gedichts von *Peter Schütt* und des Textes von *Josef Reding*. Während *Peter Schütt* stark herausfordert und das Verhalten der Christen anklagt, versucht *Josef Reding*, die Gründe für die Betonung des Weihnachtsfestes gegenüber dem übrigen Leben Jesu herauszustellen: Weihnachten, das Geburtsfest des Kindes, zu feiern ist bequem, dem Mann Jesus von Nazareth nachzufolgen jedoch unbequem.

Der *Gottesdienst »... dort ist Christus geboren«* zeigt einen *dritten Ansatz:* von Weihnachten inspirierte Taten. Er möchte Mut machen, diese »unbequeme« Nachfolge anzutreten. Er will beispielhaft zeigen, wie von Praxis und Geschichte Jesu Impulse ausgehen können, die die Welt verwandeln. Zunächst werden im Gottesdienst landläufige Einstellungen und Redensarten gegenüber Außenseitern, Entrechteten usw. mit Gleichnissen und Taten Jesu konfrontiert. Sodann werden Menschen vorgestellt, die an Jesus Maß nehmen und handeln wie er, so daß »weihnachtliche Verhältnisse« entstehen können: »Wo Menschen beginnen, menschlich zu handeln, *dort ist Christus geboren.«*

»Geboren ist Christus ...« Familien- oder Schulgottesdienst

Grundlage für den Gottesdienst ist ein Text von Kurt Rommel (aus: Ders., Die Weihnachtszeit im Kindergarten, Freiburg/Lahr 1975); er wurde lediglich leicht verändert und gekürzt.
Der Text benutzt die Figuren der Weihnachtsgeschichten von Lukas und Matthäus, ähnlich wie die üblichen Krippenspiele. Die biblischen Vorlagen werden jedoch nicht nachgespielt. Die Gestalten und Symbole tauchen nur als große Pappfiguren auf, die sich allmählich zu einem gemeinsamen Bild formieren. Kinder tragen diese Figuren in den Altarraum und fragen nach ihrer Bedeutung. Der Frage folgt jeweils eine interpretierende Erzählung. – Die einzelnen Teile werden durch Lieder unterbrochen.
Für die Gestaltung ist eine größere Kinder-/Schülergruppe erforderlich. Außerdem müssen sich einige Erwachsene oder ältere Schüler beteiligen, da die längeren erklärenden Lesetexte Kinder überfordern.
Die Hauptarbeit liegt in der Herstellung der Figuren und dem Erlernen der Lieder. Die Lerntexte der Kinder sind relativ kurz.

Vorbereitungsphase

1. Herstellen der Figuren (vgl. die Abbildungen)

Die Kinder/Schüler malen die im Text genannten Figuren auf Pappe (bzw. Papier, das anschließend durch Pappe verstärkt wird). Größe: 70–100 cm. Es empfiehlt sich, stark leuchtende Farben zu wählen, damit die Figuren im großen Kirchenraum gut zu erkennen sind. Die Bilder werden an langen Stöcken/Leisten befestigt, so daß sie getragen werden können. Die Stöcke sollten lang genug sein zum Aufstützen auf der Erde, da die Arme der Kinder erfahrungsgemäß während des Gottesdienstes sehr schnell erlahmen.

2. Erlernen der Lieder

Alle Beteiligten lernen die Lieder, die zwischen den Teilen des »Spiels« gesungen werden.

3. Erlernen der Texte

Jeder der Figuren werden zwei Kinder zugeordnet, die jeweils die zugehörigen Texte lernen, ein Kind den Text zur Erläuterung der Figur, das zweite Kind die Frage nach der Bedeutung.

4. Antworttexte

Die Antworttexte werden von Erwachsenen oder Jugendlichen gelesen, 1–2 Leseproben zur Gewöhnung an die akustischen Verhältnisse sollten eingeplant werden.

Zur Gestaltung des Gottesdienstes

Die Textvorlage ist zwar recht umfangreich, aber relativ einfach zu verstehen. In ihr sind die erzählenden und interpretierenden Teile gut miteinander verwoben. Man könnte ihn – in Verbindung mit den Figuren – als ein Beispiel für narrative und bildhafte Theologie bezeichnen. Der Gottesdienst kann deshalb auf eine Predigt verzichten.

Es bietet sich an, die Textteile durch Lieder voneinander zu trennen, wie es auch in der ursprünglichen Vorlage vorgesehen ist. Während dort speziell für den Gottesdienst geschriebene Texte und Melodien vorgeschlagen wurden, greift dieser Vorschlag auf weihnachtliches Liedgut zurück. Die Lieder können von einem Chor oder gemeinsam gesungen werden, am besten ist ein Wechsel. Um durch zu viele verschiedene Lieder – immerhin sind es 10 Teile – den Zusammenhang nicht

zu stören, empfiehlt es sich, bei jeder zweiten oder dritten Unterbrechung den gleichen kurzen Liedvers oder Liedteil zu singen, z. B. »Geboren ist Christus . . .«, den Refrain des bekannten Liedes »Augustus, Cyrenius . . .«. Am besten übt man ihn vor Beginn des Gottesdienstes mit der ganzen Gemeinde ein. Im Verlauf des »Spiels« kommen die Kinder/Schüler jeweils mit ihren Figuren nach vorn, sprechen Text und Frage und bleiben im Altarraum stehen, so daß sich allmählich ein farbenfreudiges Krippenbild aufbaut. – Die Antworten werden von einem Lesepult von der Seite her gelesen.
Bei Teil 8 und 9 gehen die Schüler mit den Hirten- bzw. Königsfiguren vom Altar aus in den Kirchenraum und setzen sich – wenn möglich – zwischen die Gemeinde.
Grundsätzlich wäre es schön, wenn die Fragen der Kinder jeweils aus der Gemeinde gesprochen würden, aber das stößt erfahrungsgemäß bei den Kindern auf Widerstand, sie wollen alle vorne beisammenstehen, auch kann man besser helfend eingreifen, falls es nötig wird.

Ablauf des Gottesdienstes

Begrüßung
Erlernen des Liedteils »Geboren ist Christus . . .« (s. o.)
Gemeinsames Eingangslied

1. Teil

Ein Kind sagt (Bild »Engel«):
»Wir bringen den Engel, den Boten Gottes.«

Ein Kind fragt:
»Was sagte der Bote, den Gott zu uns schickte?
Das möchte ich wissen! Berichte uns doch!«

Erwachsener/Jugendlicher:
»Es war Nacht.
Es war bei Bethlehem.
Dort waren Wiesen.
Auf den Wiesen schliefen Schafherden.
Die Hirten waren dabei.
Plötzlich wurde es taghell.
Mitten in der Nacht.
Die Hirten erschraken.
Eine ganz lichte Gestalt stand vor ihnen.
Ein Engel.
Ein Bote Gottes.
Der sagte ihnen wundersame Dinge.
Die Hirten hörten ganz genau zu.
Sie vergaßen, wie der Bote aussah.

Sie staunten und hörten,
und hörten und staunten:
Habt keine Angst! –
und wie sie Angst hatten.
Fürchtet euch nicht! –
und wie sie sich fürchteten.
Seht her! Hört her!
Ich weiß von einer großen Freude.
Ich sage sie euch.
Die ganze Welt soll sie noch hören:
Für euch ist der Heiland geboren,
der Retter,
heute!
Er ist der Herr,
der Christus.
In der Stadt Davids.
Und ihr bekommt ein Zeichen:
Das Kind ist in Windeln gewickelt.
Es liegt in einem Futtertrog,
in einer Krippe.«

Chor: Uns wird erzählt von Jesus Christ...

2. Teil

Ein Kind sagt (Bilder »Krippe, Kind, Maria und Josef«): »Wir bringen das, von dem der Bote erzählt hat:
Die Krippe, das Kind, dazu die Eltern Maria und Josef.«

Ein Kind fragt:
»Was war da, als dieses Kind damals zur Welt kam? – Das möchte ich wissen! Berichte uns doch!«

Erwachsener/Jugendlicher:
»Damals herrschte der Kaiser Augustus.
Er war der mächtigste Mann der Welt.
Er brauchte viel Geld. Er rief eine Steuer aus.
Jedermann mußte sich in Steuerlisten eintragen lassen.
Jedermann an seinem Geburtsort.
Auch Maria und Josef.
So mußten sie von Nazareth in Galiläa nach Bethlehem in Judäa reisen.
Bethlehem war die Stadt Davids.
Von dort stammte der alte König David.
David war der Urahn des Josef.
In Galiläa und Juda paßte Cyrenius auf,
daß alle Menschen taten,
was der Kaiser Augustus befahl.
Nun bekam Maria bald ein Kind.
Ob es noch reicht bis Bethlehem?
Maria und Josef kamen in Bethlehem an.
Sie gingen in eine Herberge.
Dort wurde das Kind geboren.
Maria wickelte das Kind in Windeln.
Sie legte es in einen Futtertrog,
in eine Krippe.
Sonst war kein Platz in der Herberge.
Wir wissen vom Boten Gottes,
wer das Kind ist:
Der Retter, der Heiland für die Welt.«

Gemeinsames Lied: Geboren ist Christus...

3. Teil

Ein Kind sagt (Bild »Stall«):
»Wir bringen den Stall.«

Ein Kind fragt:
»Was soll das bedeuten, daß Jesus im Stall lag?
Das möchte ich wissen! Berichte uns doch!«

Erwachsener/Jugendlicher:
»Von einem Stall finden wir nichts in Gottes Buch.
Aber: Wo steht eine Krippe?
Eine Krippe ist ein Futtertrog.
Und ein Futtertrog steht in einem Stall.
Und wenn ein Mensch in einem Stall geboren wird,
dann ist er arm.
Und die Eltern sind auch arm.
So arm wird Jesus,
weil uns Gott so lieb hat.«

Chor: Als Jesus auf die Erde kam...

4. Teil

Ein Kind sagt (Bilder »Ochs und Esel«):
»Wir bringen Ochs und Esel.«

Ein Kind fragt:
»Was soll denn der Ochs und der Esel bedeuten?
Das möchte ich wissen! Berichte uns doch!«

Erwachsener/Jugendlicher:
»Nun: Die Krippe stand in einem Stall.
Und im Stall sind Tiere.
Das haben die Maler gemeint.
Sie haben oft Ochs und Esel,
oder Esel und Rind gemalt.
Und warum?
Weil Ochsen und Esel ganz kluge Tiere sind.
Die wissen, wer für sie sorgt,
wer sie liebt,
wem sie gehören.
Die wissen ganz genau, wo ihr Stall ist.
Die wissen ganz genau, wem sie gehorchen sollen.
Die Menschen wissen es oft nicht.
Die vergessen den Herrn, der sie versorgt.
Die vergessen den Herrn, der sie lieb hat.
Die vergessen den Herrn, dem sie gehören.
Ochs und Esel sind klüger als viele Menschen.
Sie kennen die Stimme ihres Herrn.
Und wir Menschen oft nicht.
Darum stehen Ochs und Esel beim Kind in der Krippe.«

5. Teil

Ein Kind sagt (Bilder »Hirten und Schafe«): »Wir bringen die Hirten und die Schafe.«

Ein Kind fragt:
»Wer sind diese Hirten auf Bethlehems Fluren?
Das möchte ich wissen! Berichte uns doch!«

Erwachsener/Jugendlicher:
»Die Hirten.
Sie waren bei den Schafen auf den Wiesen.
Sie hörten als erste die Nachricht:
Christus ist geboren!
Sie waren neugierig.
Sie wollten wissen, ob das auch wahr ist.
Sie sagten zueinander:
Wir gehen jetzt nach Bethlehem.
Sofort, mitten in der Nacht.
Die Schafe lassen wir allein.
Wir wollen sehen, was geschehen ist.
Wir wollen sehen, was uns Gott geschenkt hat.
Wir wollen den Herrn sehen.
Und sie eilten.
Sie fanden Maria und Josef.
Sie fanden das Kind in der Krippe.«

Gemeinsames Lied: Kommet, ihr Hirten...

6. Teil

Ein Kind sagt (Bilder »Die Weisen aus dem Morgenland«):
»Wir bringen die Weisen aus dem Morgenland.«

Ein Kind fragt:
»Was heißt das, daß Männer von so weit her kommen?
Das möchte ich wissen! Berichte uns doch!«

Erwachsener/Jugendlicher:
»Nicht nur Hirten kamen zu Jesus.
Auch weise Männer kamen.
Kluge Männer. Sterndeuter.
Von weit her.
Am Himmel sahen sie zwei Sterne.
Die waren ganz nahe beisammen.
Sie sahen aus wie ein ganz großer Stern.
Dieser große Stern zeigte den Weg nach Jerusalem.
Dort war der König Herodes.
Den fragten sie:
›Wo ist der neugeborene König der Juden?‹
Der König erschrak.
Er hatte Angst vor einem neuen König.
Er holte die Schriftgelehrten.
Die suchten und fanden in der Bibel:
Der neue König ist in Bethlehem geboren!
Herodes wollte Jesus töten.
Den Weisen aber sagte er:
Der neue König ist in Bethlehem geboren.
Geht hin und betet an.
Kommt wieder zu mir und erzählt mir.

Dann will ich auch anbeten.
Die Weisen hörten das Bibelwort.
Sie waren hocherfreut.
Sie zogen nach Bethlehem.
Sie fanden Maria und Josef.
Sie fanden das Kind in der Krippe.
Sie schenkten Gold, Weihrauch und Myrrhen.
Ganz wertvolle Geschenke.
Ein Bote Gottes warnte sie:
Geht nicht zu Herodes;
der will das Kind töten.
Sie zogen auf einem anderen Weg in ihre Heimat.«

Gemeinsames Lied: Geboren ist Christus ...

7. Teil

Ein Kind sagt (Bild »Stern«): »Wir bringen den Stern, der auch uns den Weg zur Krippe weist.«

Ein Kind fragt:
»Was sollen wir Kinder dem Jesuskind bringen?
Das möchte ich wissen! Berichte uns doch!«

Erwachsener/Jugendlicher:
»Auch ihr Kinder könnt dem Kind etwas bringen.
Dieses Kind hat heute Geburtstag.
Geburtstagskinder bekommen Geschenke.
Jesus war ganz arm.
Alle armen Kinder haben heute Geburtstag.
Alle hungernden Kinder haben heute Geburtstag.
Jesus freut sich über alles,
was arme und hungernde Kinder bekommen.«

Chor: Was schenken wir dem Jesuskind? *(s. Nr. 106)*

8. Teil

Ein Kind sagt (Bilder »Die Weisen« wieder wegnehmen):
»Wir nehmen die Weisen wieder weg. Sie sind jetzt nicht mehr an der Krippe. Sie sind unterwegs und erzählen.

Ein Kind fragt:
»Ob's Leute auch hörten, was sie so erzählten?
Das möchte ich wissen! Berichte uns doch!«

Erwachsener/Jugendlicher:
»Die Weisen blieben nicht bei der Krippe.
Sie zogen heim in ihre Länder.
Und sie erzählten.
Sie hatten viel gehört und gesehen.
Sie erzählten von Jesus,
vom Herrn der Welt,
vom Herrn, der Schwarze und Weiße liebt,
der die Menschen in Afrika und Asien,
die Menschen in Amerika und Europa liebt.
In alle Länder ging die Botschaft.
Und noch heute wird in allen Ländern erzählt:
Jesus ist geboren!«

Gemeinsames Lied: Geboren ist Christus ...

9. Teil

Ein Kind sagt (Bilder »Hirten« wegnehmen):
»Wir nehmen die Hirten weg. Sie sind jetzt nicht mehr an der Krippe. Sie sind unterwegs und erzählen.«

Ein Kind fragt:
»Wie heißt dieses Wort, das sie glauben und rufen?
Das möchte ich wissen! Berichte uns doch!«

Erwachsener/Jugendlicher:
»Die Hirten blieben nicht bei der Krippe.
Sie mußten wieder zu ihren Herden.
Aber sie blieben auch nicht bei den Herden.
Sie wollten erzählen.
Sie breiteten das Wort aus,
das ihnen die Gottesboten sagten:
›Jesus ist geboren!‹
Sie konnten es nicht für sich behalten.
Und viele hörten dieses Wort.
Und viele konnten es nicht glauben.
Sie schüttelten ihre Köpfe.
Sie verwunderten sich über die Hirten:
Ob man diesen Hirten glauben konnte?
Soll das wahr sein:
Jesus ist geboren?«

Gemeinsames Lied: Fröhlich soll mein Herze springen...

10. Teil

Ein Kind sagt:
»Die Hirten sind fort. Wir folgen den Hirten. Noch heute sind die Hirten unterwegs und erzählen vom Herrn der Welt.«

Ein Kind fragt:
»Wer ist denn der Herr, den die Hirten verkünden?
Das möchte ich wissen! Berichte uns doch!«

Erwachsener/Jugendlicher:
»Es ist der Herr Jesus.
Er wurde in der Krippe geboren.
Er blieb kein kleines Kind.
Er wurde groß.
Er liebte die Armen, Kranken, Schwachen, Kinder.
Da wurden viele Menschen böse.
Sie schlugen ihn ans Kreuz.
Dort starb er.
Der Weg Jesu ging von der Krippe bis zum Kreuz.
Diesen Herrn verkünden die Hirten heute immer noch.
Und heute sind viele Erwachsene solche Hirten.
Und viele Kinder erzählen auch weiter.
Dann sind sie auch Hirten.
Wir erzählen weiter, weil Jesus vom Tod auferstand.
Er lebt heute.
Er ist heute unser Herr.«

Gemeinsames Lied: Geboren ist Christus...

Gebet
Vaterunser
Segen

Paul Reding

Fürchtet euch nicht

Fürchtet euch nicht,
ihr Verschüchterten,
euch ist heute geboren
eine gemeinsame Stimme.

Fürchtet euch nicht,
ihr Einfältigen,
euch ist heute geboren
ein Freund,
den ihr braucht.

Fürchtet euch nicht,
ihr Ärmsten der Armen,
euch ist heute geboren
ein noch Ärmerer.

Fürchtet euch nicht,
ihr Todgeweihten,
euch ist heute geboren
das Heil für die Zukunft.

Fürchtet euch nicht,
ihr Gutgläubigen,
heute ist euch geboren
das Ziel eures Tuns.

Zum Inhalt

Das Gedicht bezieht sich auf die Worte der Verkündigung an die Hirten aus Lukas 2,11–12. Es übernimmt in jeder Strophe den gleichen Teil dieser Botschaft: »Fürchtet euch nicht ... euch ist geboren ...«
Lukas nennt den, der geboren ist, »Christus«, »Retter/Heiland« und »Herr«. Er hat in seinem Evangelium diese Namen bzw. Titel, die in seiner Zeit religiöse und politische Heilserwartungen symbolisierten, übernommen und auf Jesus übertragen. Mit ihnen hat er ausgedrückt, wer Jesus für die Gemeinde ist (vgl. den Entwurf »Namen Jesu«).
Reding wendet sich von der Vorlage ab und übernimmt diese Titel nicht; statt dessen versucht er, neu zur Sprache zu bringen, was diese Titel symbolisieren und was in Praxis und Geschichte Jesu Gestalt angenommen hat. Er bleibt jedoch nicht bei allgemeinen Aussagen stehen, sondern er wendet sich bestimmten Gruppen von Menschen sehr direkt zu und formuliert die Botschaft auf sie hin: Er sagt ihnen, wer Jesus für sie ist.
Jesus, die gemeinsame Stimme für die Verschüchterten
Immer hat sich Jesus den Randgruppen, die keine Rechte hatten, zugewandt. Er hat sie aus der Isolierung geholt und sich zu ihrem Fürsprecher gemacht.
Jesus, der Freund der Einfältigen
Die Klugen und Angesehenen haben oft mit Jesus gestritten und diskutiert, haben gemeint, nur sie hätten Anspruch auf die Zuwendung Gottes. Jesus hat das Kind in ihre Mitte gestellt und ihnen zum Vorbild gegeben.

Jesus, der Ärmste der Armen
In seiner Geschichte von der Geburt hat Lukas gezeigt, was von Anfang an für Jesus galt: Er gehörte auf die Seite der Armen. Immer wieder hat er die Gefahren des Reichtums beschworen, sich den Bruder der Armen genannt und ihnen das Himmelreich zugesprochen.
Jesus, den Todgeweihten das Heil für die Zukunft
Auch die Menschen, die nach unseren Maßstäben keine Chance mehr haben, sind in der Liebe Gottes aufgehoben, die auch der Tod nicht zerstören kann (Röm 8,38f.).
Jesus, den Gutgläubigen das Ziel ihres Tuns
Menschen, die nicht egoistisch leben, sondern versuchen, sich zu engagieren und für andere dazusein, werden oft als dumm und gutgläubig abgestempelt. Für sie hat Jesus Sinn und Ziel ihres Tuns aufgezeigt (Mt 25) und mit dem eigenen Leben bestätigt.

Zur Praxis (ab Klasse 7)

Dieses Gedicht will weder nach den Heilserwartungen zur Zeit Jesu fragen, wie der Entwurf »Warten auf den Retter«, ihm geht es auch nicht darum, im Leben Jesu aufzuzeigen, was Lukas mit den Titeln in seiner Geburtsgeschichte von Jesus bezeugen will, wie die Einheit »Namen Jesu«, sondern Reding will in ihm die Bedeutung Jesu in unsere Gegenwart hinein fortschreiben. Dieser Versuch sollte dazu anregen, selber da weiterzumachen und Namen oder Formulierungen zu suchen, die ausdrücken, wer für uns mit diesem Jesus »heute geboren« ist. Die streng geprägte Form des Gedichts kann als Stütze und Formulierungshilfe dienen. – Wichtig ist dabei sicher immer, den Rückbezug auf Praxis und Geschichte Jesu im Auge zu behalten.

»Unser Lied soll nun erklingen ...«
Wir gestalten ein Lied

Bericht über ein Unterrichtsvorhaben in Klasse 2

Im Mittelpunkt des Unterrichts der 2. Klasse stand vor Weihnachten das Lied »Unser Lied soll nun erklingen« (Nr. 19). Den Ausschlag für die Wahl des Liedes gaben folgende Gedanken:
- Im Lied sind Geburt und Leben Jesu sehr gut miteinander verknüpft. Außerdem wird jede ausmalende und idyllisierende Darstellung der Geburt vermieden.
- Die Assoziationen, die die 2. Strophe auslöst, betreffen gerade die Jesus-Geschichten, die häufig bereits im 1. und 2. Schuljahr behandelt werden: Kindersegnung, Heilung des Bartimäus und Zachäus.
- Die 3. Strophe des Liedes zieht die Linie weiter von der Praxis Jesu in die

Gegenwart: Nicht nur damals war Jesus vor allem für die Kleinen, Kranken und Außenseiter da, sondern auch heute.

- □ Die Melodie des Liedes ist von dem Spiritual »Glory, glory, halleluja...« übernommen. Sie ist sehr bekannt und leicht zu singen. Der Refrain läßt sich gut durch Orff-Instrumente (oder auch nur durch rhythmisches Klatschen) ausgestalten.
- □ Der Aufbau des Liedes verlockt zu einer gestalterischen Wiedergabe des Inhalts.

Unterrichtsverlauf

Die Schüler lernten den Refrain des Liedes, ein Loblied für Jesus. Sie hörten sich gut in den Rhythmus ein und versuchten eine Begleitung mit Orff-Instrumenten.

Erst jetzt wandten wir uns den Strophen zu, besprachen sie und setzten sie um in eine Collage.

Aus Strophe 1 übernahmen wir den Hinweis auf die Geburt; oben in die Mitte eines großen Posters klebten wir eine Krippe als Symbol für sie.

Die 2. Strophe gab Hinweise auf die bereits bekannten Jesus-Geschichten. Wir wiederholten sie und erinnerten uns an die Bilder aus dem Religionsbuch. Diese lagen als Umrißzeichnungen (DIN A 4-Format) bereit. Die Schüler malten sie aus und klebten sie auf das Poster (vgl. die Abb.).

Schließlich veranlaßte uns die 3. Strophe, darüber nachzudenken, wer heute mit den »Kleinen«, dem»Blinden« und dem Mann wie Zachäus gemeint sein könnte.

Die Schüler beschlossen, sich selbst zu malen und sich den Kindern bei Jesus zuzugesellen; sogar an kleinere Geschwister wurde dabei gedacht.

Neben Bartimäus stellten wir Bilder von Kranken und Behinderten, die wir aus Zeitungen, Illustrierten usw. herausschnitten.

Beim »Zachäus« fiel die Übertragung am schwersten. Wir suchten Bilder von Außenseitern (Ausländer, Verwahrloste, Strafgefangene usw.) und klebten sie ins Bild.

Am Schluß zeigte unsere Collage auf einen Blick, warum wir das Loblied zu Weihnachten singen: Mit dem Kind in der Krippe kam Jesus zur Welt, der sich vor allem den Kleinen, Kranken, Vernachlässigten und Außenseitern zuwendet und ihr »Freund sein will«.

19 Unser Lied soll nun erklingen

Aus: Quadriga-Ton, Dreieck.
Du guter Gott, wir danken dir. QT 546

2. Er rief die Kleinen und er sagte: Wehrt es nicht.
Er gab den Blinden wieder ihr Augenlicht.
Er sprach mit denen, die als Sünder bekannt,
nahm sie liebend bei der Hand.

3. Wir wollen froh sein, daß er uns das Licht gebracht,
daß er uns zu Gottes Kindern hat gemacht,
wollen ihm danken, daß er alle Menschen liebt,
alle Schuld uns nun vergibt.

Beispiel für die Gestaltung der Collage

Flucht nach Ägypten

Materialien und Vorschläge (ab Klasse 6)

Aus einem Rundschreiben der »Westfälischen Rundschau« an die Redaktionsbüros: »Die Themen insbesondere der Festtagsausgabe zu Weihnachten sollten allerdings Optimismus und ein wenig Lebensfreude ausstrahlen. In der gegenwärtigen Zeit, in der unsere Leser fast täglich mit Negativnachrichten konfrontiert werden, sollten soziales Elend und ähnliche Pessimismus vermittelnde Themen in einer Festtagsreportage zurückgestellt werden.«

Wenn wir an die biblischen Weihnachtstexte denken, steht uns meist der lukanische Bericht vor Augen; bestenfalls den Besuch der Weisen ziehen wir aus dem Matthäusevangelium noch hinzu. Die weitere Erzählung unterschlagen wir gern oder haben eine sehr verharmlosende Vorstellung von der »Flucht nach Ägypten«. Wir vergessen, daß dort von politischer Verfolgung und Asylantendasein gesprochen wird, Schicksalen, die wir nicht nur aus der biblischen Weihnachtsgeschichte verdrängen, sondern auch aus unserer heutigen Realität.
Aber: »Die Familie Jesu wurde von Herodes aus machtpolitischen Gründen verfolgt und brachte den Kindern von Bethlehem den Tod.« (E. Klee)
Wenn wir nach der Bedeutung dieser matthäischen Erzählung fragen, kann die Antwort doch wohl nur heißen, daß sie eben nicht von einer idyllischen Geburt in Stall und Krippe mit Engeln, Hirten und Königen berichten will, sondern daß sie zeigen will, schon von Geburt an steht Jesus auf der Seite der Armen, Verfolgten und Außenseiter. Und wo heute Menschen arm sind oder auf der Flucht, wo sie Asyl suchen und angefeindet werden, steht er an ihrer Seite, wird mit ihnen verfolgt, abgewiesen oder verachtet.

Zu den Materialien

Die Gegenüberstellung Bibel – Zeitungsnotiz (Nr. 20) will verdeutlichen, wie viele Menschen heute das Schicksal Jesu erleiden und gleich ihm auf der Flucht sind.
Das fiktive Protokoll (Nr. 21) aktualisiert die Situation der Familie Jesu und möchte die Behandlung der Asylanten und die Ausländerfeindlichkeit kritisieren.
Die vier Montagen (Nr. 22–25) sind als Unterrichtsanregungen gedacht und möchten zu ähnlichen Versuchen motivieren. Die Gruppe der »heiligen Familie auf der Flucht« (Ausschnitt aus einem Holzschnitt von Albrecht Dürer) kann sehr unterschiedlichen Fotos zugeordnet oder einmontiert werden; dadurch ergeben sich immer wieder neue Fragestellungen, die zu einer intensiven Auseinandersetzung mit der Thematik führen können.
Zwei Hauptstoßrichtungen sind dabei zu unterscheiden:

a) Die »heilige Familie« als Symbolfigur für den christlichen Gehalt des Festes ist auf der Flucht vor dem, was wir aus dem Fest gemacht haben bzw. was sie bei uns erlebt: Sie flieht vor der Idylle, vor unserer Ausländerfeindlichkeit, vor dem Konsum usw.

b) Die andere Möglichkeit zeigt die »heilige Familie« in unserer Welt der Gewalt und Not. Sie ist zu finden unter den Flüchtenden unserer Tage, unter den Asylanten, mit ihnen auf dem Weg zwischen Panzern und Minenfeldern oder in den Ämtern der Bürokraten. Jesus ist einer von diesen Armen.

Ergänzende Texte vgl.: Berg/Berg, Biblische Texte verfremdet, Calwer/Kösel 1986, Band 2, Nr. 2.17; 2.18; 2.43 (Karikatur); 2.44; 2.48 (Karikatur)

Vorlage zum Kopieren und Ausschneiden

Immer auf der Flucht

Als die Sterndeuter wieder gegangen waren, erschien dem Josef im Traum ein Engel des Herrn und sagte: Steh auf, nimm das Kind und seine Mutter, und flieh nach Ägypten; dort bleibe, bis ich dir etwas anderes auftrage; denn Herodes wird das Kind suchen, um es zu töten.
Da stand Josef in der Nacht auf und floh mit dem Kind und dessen Mutter nach Ägypten. Dort blieb er bis zum Tod des Herodes. Denn es sollte sich erfüllen, was der Herr durch den Propheten gesagt hat: Aus Ägypten habe ich meinen Sohn gerufen.
Als Herodes merkte, daß ihn die Sterndeuter getäuscht hatten, wurde er sehr zornig, und er ließ in Bethlehem und der ganzen Umgebung alle Knaben bis zum Alter von zwei Jahren töten, genau der Zeit entsprechend, die er von den Sterndeutern erfahren hatte.
(Matthäus 2,13–16)

Auf der Welt sind mehr als 13 Millionen Menschen auf der Flucht

Im letzten Jahr waren weltweit 13,3 Millionen Menschen auf der Flucht, 1,6 Millionen Menschen mehr als 1986. Das geht aus dem 30. Flüchtlingsbericht hervor, den das US-Komitee für Flüchtlinge veröffentlichte. Der amerikanische Senator Edward Kennedy schrieb in einem Vorwort, während in Afrika und Asien die Flüchtlingszahlen stark angestiegen seien, hätten die meisten westeuropäischen Länder die Praxis zur Gewährung von Asyl verschärft.

Kritisch wird dabei auf die Bundesrepublik Deutschland hingewiesen. Hier hätten im ersten Halbjahr 1987 nur 26506 Menschen um politisches Asyl nachgesucht, während es im gleichen Zeitraum 1986 rund 52000 gewesen waren. Schlimmer sei es noch in Großbritannien. Im ersten Halbjahr 1987 sei nur zwei Bewerbern Asyl gewährt worden – im gleichen Zeitraum 1986 seien es noch 459 gewesen.

Die größte Flüchtlingsbewegung fand in Mosambik statt. US-Senator Kennedy machte dafür die von Südafrika unterstützten Rebellen verantwortlich, die gegen die Regierung kämpfen. Zwei Millionen seien bis Ende 1987 innerhalb Mosambiks umgesiedelt worden, 800000 seien nach Tansania, Malawi, Simbabwe, Sambia, Swasiland und Südafrika geflohen. Allein Malawi habe 350000 Flüchtlinge aufgenommen.

Pakistan hat 2,8 Millionen afghanische Flüchtlinge aufgenommen. In Thailand leben 404500 Flüchtlinge, die bis auf 20000 aus Indochina stammen. Hoffnungen, daß die thailändische Regierung bessere Behandlung gewähren wird, hätten sich nicht erfüllt. Mehr als 1000 vietnamesische Bootsflüchtlinge seien zum Beispiel im Januar gewaltsam auf offener See zurückgebracht worden, rund 100 seien ums Leben gekommen. (ap)

Sigrid Berg

Asyl am Nil

Protokoll eines Asylantenaufnahmeverfahrens

Beamter: Name?
Der Mann, Josef: Josef.
Beamter: Und die Frau?
Josef: Maria.
Beamter: Woher?
Josef: Aus Palästina.
Beamter: Geburtsort?
Josef: Nazareth.
Beamter: Kinder?
Josef: Ein Sohn, fünf Monate alt.
Beamter: Visum?
Josef: Visum? Nein, so etwas haben wir nicht. Braucht man das?
Beamter: Ist besser. Wie hierhergekommen?
Josef: Zu Fuß und mit dem Esel.
Beamter: Gründe?
Josef: Gründe? Wieso Gründe?
Beamter: Warum ihr weg seid aus Palästina?
Josef: Lebensgefahr.
Beamter: Was soll das heißen?
Josef: Uns wurde gesagt, daß Herodes die Kinder töten wird.
Beamter: Gesagt wird viel. Die Gründe will ich wissen. Politische? Wirtschaftliche?
Josef: Ich sag doch: Sie wollten das Kind töten.
Beamter: Warum?
Josef: Herodes fürchtete um seinen Thron.
Beamter: Du meinst also politische Gründe – wenn's stimmt.
Josef: Ja, schon politische.
Beamter: Könnt ihr das beweisen?
Josef: Beweisen?
Beamter: Ja. Unterlagen? Zeugen?
Josef: Nein, wie sollten wir?
Maria: Wir haben nur gesehen, daß wir fortkamen. Haben nur das Nötigste mitgenommen.
Beamter: Kann ja jeder sagen: Lebensgefahr, politische Gründe. Ihr meint, so nimmt man euch am ehesten auf. – Sag, Frau, wolltet ihr es hier nicht nur besser haben? Unter dem Herodes war es ja wohl kein gutes Leben. Und die Römer haben euch auch ordentlich geschröpft. Ich denke, es werden wirtschaftliche Erwägungen gewesen sein.
Maria: Nein, nein. Es ist, wie mein Mann sagt. Sie wollten unseren Sohn töten.
Beamter: Wer soll das glauben? Als interessiere sich Herodes für solch ein Kind. Wir werden jedenfalls erst alles überprüfen müssen. – Und was wollt ihr hier tun?
Josef: Ich bin Zimmermann. Ich werde mir Arbeit suchen.
Beamter: Verboten!
Josef: Warum ist das verboten? Ich muß doch was verdienen.
Beamter: Zwei Jahre Arbeitsverbot für Asylanten. Wir haben auch so genug Arbeitslose.
Josef: Ich werde jede Arbeit tun.
Beamter: Du hörst doch: das gibt's nicht. Und bis euer Antrag geprüft ist, bleibt ihr im Sammellager.
Maria: Können wir uns nicht ein anderes Quartier suchen mit dem Baby?
Beamter: Verboten! Ihr müßt im Lager bleiben. Ihr dürft den zugewiesenen Aufenthaltsort nicht verlassen. – Es würde euch auch kaum einer aufnehmen.
Josef: Wann bekommen wir den endgültigen Bescheid?
Beamter: Kann ich nicht sagen. Abwarten! Wir müssen alles genau kontrollieren. Und wehe, wenn es nicht dringende politische Gründe sind! Wirtschaftsasylanten können wir nicht brauchen. Dann geht's kehrt marsch zurück nach Palästina. Und noch eins: Wer gegen die Vorschriften oder die Gesetze unseres Landes verstößt, wird unverzüglich abgeschoben. Alles klar?

22

23

24

Wer kann
GEBT UNS OBDACH!

25

UE NATIONALE FRANCAISE DU COMMERCE EXTERIEUR

26 Dorothee Sölle

19 C + M + B 62

Ich habe nachgedacht darüber
warum sie losgingen
eine beträchtliche unordnung am himmel
eine dreifache lichtquelle
an unvermutetem platz
ein nichtbekannter unter guten bekannten
ist das ein grund zu reisen
auf versandeten straßen
mit faulendem wasser im schlauch
mehrere monate lang
sehen wir ab von höherem
das sie hinanzog vielleicht
davon verstehe ich wenig
dann würde ich es nennen
was sie forttrieb von hause
wo es ihnen gut gegangen sein muß
mit der weltumwälzenden tugend neuerer
zeit
als neugier
diese denke ich schickte sie auf ihren
weg
sie wollten nachsehen was los ist
eine eingetretene unordnung denkend
begradigen
und einer unvermuteten helle
anweisen ihr gesetz ihren sinn ihren platz

Also konstruierten sie
ein verbessertes fernrohr
umsonst
nichts klärte sich auf
nur heller leuchtete ihnen
das ungewohnte
also charterten sie
nicht unvermögende leute
eine beachtliche karawane
dem licht auf die sprünge zu kommen
also verhandelten sie unternahmen
kauften besorgten
planten gewitzt und gründlich das wasser
die route
und die zeit der reise die nachts war
um abweichungen vom plan
verursacht durch den nicht ganz
berechenbaren
lauf des sterns schnell korrigieren zu
können
also begaben sie sich
auf den mühseligen weg der erforschung
unbekannter unordnung
in die welt gekommen
mittels licht

Gelang es den stern zu erklären
gingen sie nach hause
im bewußtsein größerer ordnung
reisen sie noch
den planlosen verwirrungen
himmels und der erden nach
haben sie die unvermutete helle
dem gewöhnlichen zwielicht angepaßt
oder bestand da die möglichkeit
daß sie sich anpaßten
dem erstaunlichen licht
ließ es sich benutzen wozu
sahen sie mehr angekommen
und dies vor allem
veränderten sich
die es sahen
die berichte sind karg und
anhaltspunkte nur dürftig
aber gesetzt das letzte wäre der Fall
ich würde die reisenden loben
mich ihrer freuen und
so es noch leuchtet das ungewöhnliche
licht
ansehen lange und öfters
um ihretwillen
mit der dringlichen hoffnung
auf veränderung

Die könige haben ein fernrohr gebastelt
unförmig schlecht transportabel
und wenig nütz auf der weglosen reise
durch sand die sie nächtlich machten
zu diesem einzigen zweck
einen stall zu besichtigen

Die schreiber haben eine reportage
gebracht
den klatsch vom palast publiziert
und erfunden nur zweitausend leichen
unschuldiger kinder
zu diesem einzigen zweck
die könige hochzuspielen

Die kölner haben einen kasten gemacht
mit emaillestücken und steinen
getrieben verdickt und geschweift
ein glanzreiches stück in der sammlung
zu diesem einzigen zweck
die knochen zu heiligen

der wolkenluftundwindeherr hat ein kind
gern gemocht
das schrie und war nicht warm zugedeckt
dort
für alle welt
und ihm zum geburtstag geschenkt
weil ihm nichts besseres einfiel
einen gewöhnlichen mittelgroßen stern
zu diesem einzigen zweck
daß es heller wäre etwas
in bethlehem
das liegt bei duisburg

Aus: Dies., Meditationen und Gebrauchtstexte, Wolfgang Fietkau Verlag, Berlin 1969

Zum Inhalt

Dorothee Sölle greift mit der Überschrift ihres Gedichts einen in Süddeutschland verbreiteten Brauch auf.
In der Epiphaniaszeit gehen dort Jugendliche als Sternsinger (Heilige Drei Könige) verkleidet von Haus zu Haus, singen, sprechen Verse und Gebete und sammeln für die Mission.
Als Dank für empfangene Gaben schreiben sie das C + M + B und die Jahreszahl an die Haustür.
Im Volksmund heißt es, das C + M + B seien die Initialen von Caspar, Melchior und Balthasar. Daneben steht jedoch die andere Erklärung: Es handle sich um die Abkürzung des Segensspruches »Christus mansionem benedicat« (Christus segne das Haus).
D. Sölle bezieht sich auf diesen Brauch, interpretiert die Überlieferung von den drei Weisen neu und leitet zu einem vertieften Verständnis an.
Das Gedicht läßt sich in vier Teile gliedern.
Im ersten Teil meditiert die Verfasserin über die Gründe, die die drei zum Aufbruch motiviert haben mögen.
Die dreifache Lichtquelle, die am Himmel erschienen ist, stellt eine Durchbrechung der bekannten Gesetzmäßigkeiten dar. Sie signalisiert Neues, Unerwartetes, das die Weisen zur Aufklärung herausfordert.
Aber reicht das aus als Motiv für eine solche Reise? Heimat, Wohlergehen, Sicherheit werden eingetauscht gegen

»... versandete straßen
mit faulendem wasser im schlauch
mehrere monate lang ...«

Ein Risiko also, ein Wagnis.
Höhere Beweggründe für die Reise werden abgelehnt:

»davon verstehe ich wenig«.

Was also bleibt?

Die Neugier als die

»weltumwälzende tugend neuerer zeit«

erscheint als einziges Motiv vorstellbar: Der Wunsch, durch Denken und Forschen alle Erscheinungen zu erklären, ihre Gesetzmäßigkeiten und ihren Sinn zu finden, sie in den Griff zu kriegen,

»eine eingetretene unordnung denkend zu begradigen«.

Dazu brechen sie auf.

Der zweite Teil zählt auf, was sie alles an Kraft, Engagement, Zeit und Geld investieren, um zu erforschen, was ihre durchgeplante Welt neu und unberechenbar gemacht hat:

»... erforschung
unbekannter unordnung
in die welt gekommen
mittels licht«.

Der dritte Teil ist gleichsam ein Spiel der Phantasie. Er fragt nach den Ergebnissen und Folgen ihrer Reise und stellt alternative Möglichkeiten vor Augen.

Die erste Möglichkeit: Es gelingt den Reisenden, das Phänomen zu erklären. Man kann nach Hause fahren im Gefühl noch größerer Ordnung; Beunruhigung und Veränderung sind nicht vonnöten.

Oder sie haben das Ziel, das Kind im Stall, nicht gefunden oder seine Bedeutung nicht erkannt. Dann sind sie weiter auf der Suche, planlos hin- und hergetrieben.

Es gibt jedoch auch die Möglichkeit, daß die Weisen das Neue,

»die unvermutete helle«

gefunden, sich aber nicht darauf eingelassen haben. Nicht sie lassen sich vom Licht erleuchten, sondern sie pressen es in ihre Denkschemata, drehen und verdrehen es, bis sie es ihrem »zwielicht« angepaßt haben.

Vielleicht ist es aber auch umgekehrt: Sie passen sich einfach dem Neuen widerstandslos an, ohne sich auseinanderzusetzen.

Ein weiteres Denkmodell ist angedeutet durch die Worte:

»... ließ es (das Licht) sich benutzen wozu«.

Hier unternehmen sie also den Versuch, das Neue, das durch den Stern symbolisiert wird, nutzbar zu machen, Geschäft und Profit daraus zu schlagen.

Diese negative Vorstellung wird sogleich durch eine positive Variante verdrängt: Sie haben gesehen und haben hinzugelernt, »... sahen ... mehr«.

Die dann zuletzt angedeutete Möglichkeit geht noch über dies Mehr-Sehen hinaus. Sie kamen, sahen und veränderten sich, »dies vor allem«.

Die neuen Erfahrungen bringen nicht nur neue Erkenntnisse, sondern wirken in ihr Leben hinein.

All die genannten Möglichkeiten sind im Gedicht als knappe Fragen formuliert; denn

»die berichte sind karg und
anhaltspunkte sind dürftig«.

Aber in der Annahme, daß die letztere zutrifft, spricht die Verfasserin den Wunsch aus, selber,

»so es noch leuchtete das ungewöhnliche licht«,

es ansehen zu können in der Hoffnung auf Veränderung, die von ihm ausgeht. Der letzte Teil des Gedichts gliedert sich in vier ähnlich gebaute Absätze. In jedem taucht die gleiche Redewendung auf:

»zu diesem einzigen zweck«.

Die ersten drei genannten Zwecke erscheinen unsinnig und verfehlt.
Die weite Reise, das Riesenfernrohr sollen dazu dienen, das Unerklärliche einzuordnen, in den Griff zu bekommen. Sie enden im Stall, wo der Zweck des Fernrohrs verfehlt ist. Die Menschwerdung paßt nicht in die gewohnten Denkschemata, läßt sich nicht mit dem Fernrohr erforschen.
Die Geschichtsschreiber waren interessiert an den Königen, nicht am Kind. Ihre Berichte vom Kindermord dienen lediglich der Verherrlichung der Könige und der Macht (wobei offen bleibt, ob hier die drei Weisen oder Könige wie Herodes gemeint sind).
Die kostbaren Reliquienschreine mit den Gebeinen der Weisen schließlich wollen handgreiflich sichtbar machen, was Menschwerdung bedeutet. Aber da das sich nicht festschreiben läßt, dienen sie letztlich der Heiligung der Knochen, nicht der Veränderung von Menschen.
Der »einzige zweck« des Sterns – der Menschwerdung Gottes – wird sehr zurückhaltend formuliert:

»daß es heller wäre etwas«.

Wie der Stern die Weisen zum Aufbruch und zur Veränderung aus festgefahrenen Geleisen rief, so wurde er

»für alle welt«

entzündet. Die Hoffnung auf Veränderung gilt. Sie gilt jedoch nicht nur damals, sondern auch heute; denn

»... bethlehem
das liegt bei duisburg«.

Es ist leicht zu sehen, daß das Gedicht verschiedene mögliche Reaktionen auf »den Stern«, die Botschaft von der heilvollen Ankunft Gottes, beschreibend reflektiert:
- Im Gewohnten hockenbleiben,
- sich auf den Anstoß einlassen,
- die Botschaft in vertraute Denk- und Handlungsmuster einordnen,
- den »Stern« benutzen, verwerten; u. a.

Der Leser wird herausgefordert, seinen eigenen Standort zu erkennen und kritisch zu überprüfen.

Zur Planung (ab Klasse 9)

Die Beschäftigung mit dem Gedicht sollte zunächst in einer sorgfältigen Interpretation bestehen.
Dabei ist es wichtig, die im dritten Teil des Textes nur sehr knapp angedeuteten alternativen Ausgänge der Reise »zum Stern« herauszuarbeiten. Man sollte jedoch noch streng im Bild bleiben. Erst am Schluß können die Zeilen

»... bethlehem
das liegt bei duisburg«

dazu anregen, die oben genannten Möglichkeiten auf die Auseinandersetzung mit der Botschaft von der Menschwerdung Gottes zu übertragen. Die verschiedenen Reaktionen sollten gründlich und wirklichkeitsnah reflektiert werden. Was heißt z. B. »die unvermutete helle
dem gewöhnlichen zwielicht« anpassen?
Wo wird mit dem Glauben Geschäft gemacht? Was bedeutet die Hoffnung auf Veränderung? Gibt es Menschen, die diesen oder jenen Weg einschlagen? Was hat es für Folgen für ihr Leben? (s. auch Teil 4 des Gedichts). – Diese Phase der Besprechung gibt den Schülern – unausgesprochen – die Möglichkeit, ihren eigenen Standpunkt zu überprüfen.

27

Keine Hirten kommen Aus: Die ZEIT 53/81

Zur Karikatur

Die Karikatur von Murschetz ist im wesentlichen von zwei Bildzeichen bestimmt: den Stallgebäuden und den Wölfen.
Der Stall steht zwar im Mittelpunkt des Bildes, aber ehe man ihn genauer betrachtet, ziehen die Wölfe den Blick auf sich. Sie sind rund um den Stall in der nahezu leeren Landschaft verteilt. Die dicke weiße Schicht auf den Dächern legt den Gedanken an eine öde Schneelandschaft nahe; nur neben dem größeren Gebäude steht ein kahler Baum.
Alle Wölfe sind auf die beiden Hütten ausgerichtet, einige liegen wie in Lauerstellung, andere stehen abwartend, wieder andere scheinen im Vormarsch. Es geht eine starke Bedrohung von ihnen aus. Der Stall ist umzingelt; keiner kann sich hinauswagen.

Über dem ganzen Bild wölbt sich ein finsterer, völlig stern- und lichtloser Himmel.
Zwei Hinweise charakterisieren die Karikatur als Weihnachtsbild: die Engel im Zusammenhang mit der Inschrift »Frieden« und der Titel »Keine Hirten kommen«.
Von Hirten also, die zum weihnachtlichen Stall gehören, keine Spur; sie kommen nicht, wie es ausdrücklich heißt. Es stellt sich die Frage: Trauen sie sich wegen der Wölfe nicht heran? Haben die Wölfe sie verjagt? Oder haben sie sie gar zerrissen? Die Konzentration der Wölfe auf den Stall zeigt an, daß sie von anderer Seite nichts oder niemand erwarten. Sie umzingeln den Stall und riegeln gleichzeitig auch die Außenwelt ab; sie ist im Bild nicht existent.
Wenn man der Bewegungsrichtung der Wölfe folgt, wendet sich der Blick auf die Stallgebäude mit Engeln und Inschrift.
Der Stall besteht aus einem größeren Teil und einem kleinen Anbau. Am Dachgiebel des Hauptgebäudes sind zwei Posaunenengel zu sehen; aber sie sehen merkwürdig flach aus, als seien sie wie schmückende Gallionsfiguren oder Dachreiter am Giebel befestigt. Ebenso wirkt die Inschrift nicht wie eine Botschaft, sondern eher wie ein ornamentales Schriftband. Das kleine erleuchtete Fenster und der winzige Baum vervollständigen den Eindruck, als habe sich das Weihnachtsgeschehen in eine gewisse Idylle inmitten der bedrohlich heranrückenden Wölfe geflüchtet.
Was nicht zum Rückzug in die Idylle paßt und – je länger man das Bild anschaut – den Blick auf sich zieht, ist die fast völlige Öffnung des Stalles und das Licht, das aus ihm herausdringt. Während der Himmel und die Landschaft mit den Wölfen im Dunkel liegen, führt ein breites Lichtband einladend aus dem offenen Stall heraus, als gäbe es die äußere Bedrohung nicht. Die Wölfe halten sich alle im Schatten, nur einer scheint zögernd in die Helligkeit hineinzugehen.
Die Karikatur ist so offen gestaltet, daß sie sehr unterschiedliche Interpretationsmöglichkeiten zuläßt.
Eindeutig ist nicht einmal das Bild des Stalles. Sicher steht es hier als Symbol für das, was mit der Menschwerdung Gottes zusammenhängt. Vielleicht aber auch nur für das, was wir daraus gemacht haben oder machen: eine Idylle im Abseits, abgeschirmt vom Alltag, etikettiert und schön geschmückt, aber ohne Wirkung auf das übrige Leben. Dann muß man fragen: Wer oder was sind dann die Wölfe? Sind wir selbst die Wölfe, die die Botschaft von Weihnachten und das Alltagsleben gegeneinander abschirmen? Und die Hirten? Symbolisieren sie dann die Menschen, denen wir den Zugang schuldig bleiben?
Oder sind wir die Hirten, die den Weg nicht finden? Wer oder was sind dann die Wölfe? Was versperrt uns – im Bild gesprochen – den Zugang zu dem Licht, das von dem Stall ausgeht? Da läßt sich sicher einiges an »Wölfen in uns« aufzählen: Egoismus, Machtstreben, Konsumdenken, Erfolgsorientierung usw.
Aber das Bild, das zum Teil so bedrohlich und resigniert wirkt, zeigt auch die andere Seite. Im Bild: Den Wölfen zum Trotz ist der Stall weit offen, das Licht zeigt einladend den Weg. Von der Botschaft der Menschwerdung Gottes geht ein Angebot aus, das allen gilt: »Hirten« und »Wölfen« und denen, die den Stall zur weltfremden Idylle ausschmücken.
Die Verwendung im Unterricht wird ab Klasse 8 empfohlen.

28 Peter Schütt

Bethlehem

Wenn man absieht von allem
was fromme Legende hinzutat,
Ochs, Esel, Hirten auf dem Feld,
Engel, den Stern, die Heiligen Drei Könige,
Jungfräulichkeit und Theologie,
bleibt ein Ereignis,
das in der Dritten Welt alle Tage vorkommt:
irgendwo zwischen Delhi und Benares,
zwischen Bahia und Santiago,
zwischen Saigon und Danang.
Ohne ärztlichen Beistand, unterernährt,
nicht seßhaft und kaum, daß auf den Mann Verlaß ist,
bringt eine Frau ihr Kind zur Welt,
das lebt entweder oder stirbt mit der Mutter
noch im Kindbett, es siecht dahin,
verendet am Hunger oder an der Schwindsucht.
Von Zeit zu Zeit hat so ein Wurm Glück,
es lernt Krankenhaus und Schule kennen
und kriegt satt zu essen. Dann verkünden
die Weisen aus dem Morgenland: ein Mensch
ist Mensch geworden. Ziemlich sicher, daß er,
sollte er Ansprüche geltend machen,
bald mit den Mächtigen in Konflikt gerät,
man wird ihn erledigen, und Wenigermutige
werden ihn als Märtyrer feiern,
die Mörder werden seine Lebensgeschichte ausschmücken,
bis sie wohnlich geworden ist und weihnachtlich.

Zum Inhalt

Die Geschichte von der Geburt Jesu begegnet uns in den Evangelien in Form einer Legende. Künstlerische Gestaltungen und volkstümlicher Brauch haben ein übriges getan, um aus ihr eine Idylle mit Ochs und Esel, Hirten, Engeln, Stern und Königen zu machen.
Sieht man einmal von diesen Ausgestaltungen und auch von der theologischen Deutung ab, so bleibt ein in der 3. Welt alltägliches Ereignis: eine Geburt in Armut.
Statt der legendären Gestalten und Symbole gehören zu einer solchen Geburt andere Beigaben: mangelnde ärztliche Versorgung, Unterernährung, häufig unklare Familienverhältnisse. Nur wenige Kinder haben die Chance zu überleben; denn Säuglingssterblichkeit, Tod vieler Mütter im Kindbett und Schwindsucht

sind vorprogrammiert; oder die Kinder sind zu einem elenden, menschenunwürdigen Dahinsiechen verurteilt. Selten kann es heißen: »Ein Mensch ist Mensch geworden.«
Sollte sich dieser Mensch aber nicht mit der ihm zugedachten Rolle zufrieden geben, sondern »Ansprüche geltend machen« und Gerechtigkeit verlangen, so sind seine Zukunftsaussichten schlecht. Er wird – und hier skizziert Schütt jetzt nicht ein beliebiges Leben, sondern das Leben Jesu –, er wird wie Jesus »mit den Mächtigen in Konflikt« geraten. Das führt zu Verurteilung und Tod; denn sie haben die Gewalt. Denen auf der Seite der Armut, die nicht den gleichen Mut aufbringen, bleibt allein seine Verehrung als Märtyrer für die Sache der Gerechtigkeit.
Während diese Zeilen des Gedichts starken Pessimismus spiegeln, gehen die letzten zu einer Anklage an die Christen über. Diese Anklage ist in der Wahl des Subjekts des letzten Satzes begründet. Die Christen haben die Lebensgeschichte, vor allem aber den Geburtsbericht, zur Idylle verfälscht. Und sie, die das Fest »wohnlich« und »weihnachtlich« machen, sind die gleichen, die das Kind der Armut umkommen lassen und den Mann, der dagegen protestiert, erledigen: »die Mörder«.
In seiner radikalen Zuspitzung konfrontiert das Gedicht den Leser mit der bohrenden Frage nach seinen eigenen Einstellungen und Verhaltensweisen und lädt damit zugleich zu Überprüfung und Veränderung ein.
Die Verwendung im Unterricht wird ab Klasse 9 empfohlen.

Josef Reding **29**

Lebte Christus nur ein paar Stunden?

Wenn wir Mahatma Gandhi sagen, stellen wir uns nicht einen nackten, rosigen Säugling auf dem obligatorischen Krabbelfell im Studio des Familienfotografen vor. Wir sehen vielmehr einen ausgezehrten Mann, der sich in die Gefängnisse der Besatzungsmacht schleppen läßt, der langfristige Hungerstreiks durchsteht, der in der Volksmenge zu Hause ist, der in der Volksmenge sein Konzept von der gewaltlosen Veränderung der Verhältnisse erklärt und der aus der Volksmenge heraus ermordet wird.
Wenn wir Martin Luther King sagen, denken wir nicht an ein Negerbaby, sondern an einen Erwachsenen in der Spitzengruppe eines Demonstrationszuges, an den zwingenden Formulierer von »I have a dream ...«, an den Gemeuchelten von Memphis, Tennessee.
Aber sagt man Christus, dann schrumpft bei vielen Zeitgenossen das Vorstellungsvermögen auf das Krippenkind zusammen; auf ein von manchen Künstlern kosmetisch behandeltes, barock ausgestattetes Krippenkind eher als auf den Säugling, der nach einem selbstsicheren Gesellschaftskodex als in der »unteren Unterschicht zur Welt gekommen«

registriert wird: Geburt im Futtertrog eines Viehschobers, für dessen Betreten keine Erlaubnis des Eigentümers vorliegt, also: Hausbesetzung. Ob realistisch, ob idealisiert: wenn der Geburtstag von Jesus Christus gefeiert wird, bekommen die ersten Stunden seines Lebens eine gesteigerte Aufmerksamkeit, die seinem dreiunddreißigjährigen irdischen Dasein insgesamt nicht wieder zuteil wird.

Dabei tritt der biographische Stellenwert dieser ersten Lebensstunden zurück gegenüber den späteren Jahren, als Christus »Öffentlichkeit herstellt«, als er Ungewöhnliches verkündet, als er gegen Gewöhnliches demonstriert, als er so handelt, daß damalige Gesetzesauffassung ihn als Illegalen brandmarkt.

Warum verbraucht sich die Vorstellungs-Energie, die ein Teil der Menschheit immerhin noch für Christus aufzubringen bereit ist, so intensiv und fast ausschließlich für den Beginn seines Lebens?

Es würde einem vielverbreiteten theologischen Wunschbild entsprechen, wenn die Antwort lauten könnte: Die Geburt Christi bekommt eine derart unproportional große Aufmerksamkeit, weil hier die Unfaßbarkeit verarbeitet werden muß: Gott ist Mensch geworden!

Gegenüber dieser Interpretation muß die schlichtere Vermutung gestattet sein, daß viele Menschen sich das Dasein Christi so willkürlich zurechtkürzen, daß viele seine ersten Lebensstunden derart angestrengt feiern und ihn dann später kaum mehr beachten, weil fast alles an seinem kommenden Wirken sie irritiert.

Der Säugling Jesus verbreitet in den meisten Krippendarstellungen ständig jenes mit dem Attribut »holdselig« umschriebene Lächeln, in dem sich nahezu jeder Charakter bestätigt fühlen kann. (In Wahrheit wird der Säugling in dem windschiefen Feldgehäuse und auf der spelzigen Spreu häufig und mit jener Ausdauer gebrüllt haben, wie es junge Elternpaare in dünnwandigen Zellen des sozialen Wohnungsbaus allnächtlich fürchten.) Offenbar ist man der Überzeugung, daß die vermeintlich permanente Vergnügtheit der ersten Stunden des Christus in Säuglingsgestalt weidlich genutzt werden muß, denn späterhin lächelt und lacht er nicht mehr, jedenfalls läßt keine Passage des Neuen Testaments auf eine Heiterkeitsbekundung des Jesus Christus schließen.

Darum vielleicht die Verbissenheit, der merkantile Aufwand, die Ausgepumptheit, mit der wir die erste Lebensphase Christi abfeiern. Noch verpflichtet dieses Wesen uns zu nichts. Noch werden seinetwegen keine Altersgenossen gemordet, noch reißt er als Junge nicht aus, noch gibt er seinen Eltern nicht jene merkwürdigen Antworten, die nun nicht gerade als Dokumentation des Gehorsams gegenüber Autoritätsträgern vorgezeigt werden können.

Noch ist Christus ein Neugeborener. Noch fehlt ihm die Sprache als Transportmittel für die Wesenselemente seiner Verkündigung, noch kann er seine Gleichnisse nicht artikulieren, um die ihn bis heute jeder Rhetoriker, jeder Schriftsteller beneiden muß.

Noch hat Christus nicht gesagt, daß es ein himmelschreiendes Unrecht ist, wenn wenige alles haben und die meisten nichts. Noch hat er nicht lehren können, daß die Anbetung lauten sollte: »Vater unser...« und nicht etwa »Profit unser...«

Noch hat er nicht zu verstehen gegeben, daß seine Maßstäbe nicht an bestimmte Tarifforderungen, Besoldungsgruppen, Honorare und Gagen gebunden sind.

Noch ist Christus wenige Stunden alt. Noch hat er die Geldscheffler nicht aus dem Tempel gejagt, die aus dem Glauben, der Arbeitskraft und der mangelnden Informiertheit anderer Kapital schlagen.

Noch liegt Christus zwischen den Krippenbrettern. Noch ist er nicht auf den Berg gezogen, und noch hat er seine Predigt nicht in die Welt hineingesagt, sein Programm.

Noch hat er nicht eindeutig klargemacht, daß Schwerter, Panzer, Napalm-, Neutronen- und Atombomben nicht von seinem Geiste sind, sondern gegen ihn gerichtet sind, gegenchristlich und damit unchristlich sind, gegenmenschlich und damit unmenschlich sind.

Noch ist Christus nicht an sein Kreuz geheftet.
Es steckt soviel an neuem, ungewohntem Muster in dem, was er drei Jahrzehnte nach seiner Geburt gesagt hat. Und weil wir sein Muster nicht begreifen wollen, weil wir diesen unbequemen, ärgerlichen Entwurf Christi so schwer mit dem Modus unseres Lebens in Einklang bringen können, darum schaffen wir Abstand von den entscheidenden Jahren seines Lebens und begnügen uns mit dem Szenarium seiner Geburt.
Aber – lebte Christus nur ein paar Stunden?

Aus: Ders., Kein Platz in kostbaren Krippen, Georg Bitter Verlag, Recklinghausen [3]1979, S. 125–128

Zum Inhalt

Reding vergleicht in seinem Text die Aufmerksamkeit, die wir den Lebensdaten berühmter Persönlichkeiten widmen, mit der Einstellung vieler Menschen zum Leben Jesu.
Wenn Namen wie Mahatma Gandhi oder Martin Luther King genannt werden, stehen uns ihre entscheidenden Lebensjahre, ihre wichtigen Taten oder Worte vor Augen.
Bei Jesus dagegen reduziert sich das Vorstellungsvermögen vieler auf den Säugling, das Kind in der Krippe. Und dieses Bild entspricht nicht einmal den Geburtslegenden von Matthäus und Lukas, sondern ist geprägt durch harmonisierende, verharmlosende Krippendarstellungen. An das Kind, das in Armut in einem Viehschober zur Welt kam, denkt keiner.
Worin liegt die Ursache dieser Verschiebung?
Reding bezweifelt die Gültigkeit des häufig genannten Motivs, die Geburt als das große Wunder der Menschwerdung Gottes müsse so im Mittelpunkt stehen.
Er meint vielmehr, der eigentliche Grund sei in der Irritation zu suchen, die vom weiteren Leben Jesu ausgehe, und in dem Anspruch, den es an unser Leben stellt, wenn wir uns wirklich darauf einlassen.
In den letzten Absätzen zeichnet Reding einige Linien dieses Lebens, »dieses ungewohnten Musters« nach, das uns verunsichert und ärgert und dem wir durch die Feier der Geburt aus dem Weg gehen möchten.
Seine Aufzählungen enthalten jeweils die gleichen Worte: »noch ... nicht ...«. Bei der Geburt Jesu ist eben *noch nicht* relevant, was sein weiteres Leben prägt: z. B. der Vorwurf der ungerechten Verteilung von Gütern und Profit; die Setzung von Maßstäben unabhängig vom Verdienst; die Ablehnung von Ausbeutung, Waffen und Krieg.
Das Kreuz als Sinnbild für Jesu Praxis und Geschichte ist Ärgernis, und deshalb wird die Krippe und damit das Fest der Geburt vorgezogen, als hätte Christus nur »ein paar Stunden« gelebt.
Die Verwendung im Unterricht wird ab Klasse 7 empfohlen. Dafür ist das Arbeitsblatt vorgesehen.

Lebte Christus nur ein paar Stunden?

Fragen zur Erschließung des Textes von Reding

1. Wenn von einem berühmten Menschen gesprochen wird, woran denkt man im allgemeinen zuerst?

2. Woran denken die meisten Menschen nach Redings Meinung, wenn von Jesus Christus die Rede ist?

3. Mit welchen Worten wird diese verbreitete Vorstellung von Jesus hier beschrieben?

Arbeitsblatt (2)

4. Welche Vorstellung wäre richtiger? Zitiere!

___

___

___

5. Welcher Grund wird häufig für die Betonung der Geburt genannt, von Reding jedoch angezweifelt?

___

___

6. Welchen Grund hält er für den wahren? Zitiere!

___

___

___

7. Welche Verhaltensweisen zählt Reding auf, die im weiteren Leben Jesu so irritieren, daß wir oft gern von ihm Abstand nehmen und uns auf die Geburt konzentrieren? (Untersuche die mit »Noch...« beginnenden Sätze!)

___

___

___

___

___

___

___

»... dort ist Christus geboren«

Vorschlag für einen Familien- oder Schulgottesdienst

Der Vorschlag für diesen Gottesdienst enthält nicht die üblichen Elemente eines Weihnachtsgottesdienstes. Bezöge er sich nicht auf das bekannte Weihnachtslied »Wer kann mir sagen, wo Jesus Christus geboren ist?«*, könnte er zu jeder Kirchenjahreszeit so gefeiert werden.
Er geht davon aus, daß mit der Geburt Jesu die Gottesherrschaft begonnen hat und sich weiter ausbreiten will. Das geschieht dort – um es mit dem Lied zu sagen –, »wo Menschen beginnen, menschlich zu handeln, und sich besinnen, die Welt zu verwandeln«. Da ist Weihnachten, »dort ist Christus geboren«.
In drei Blöcken, die – statt Predigt – im Mittelpunkt des Gottesdienstes stehen, soll das aufgezeigt werden. Sie sind jeweils in drei Schritte gegliedert.

1. Sie gehen von dem aus, was bei uns als normal gilt: Egoismus, Rücksichtslosigkeit, Gewalt. Mit Hilfe von Redewendungen aus dem alltäglichen Sprachgebrauch halten sie uns einen Spiegel vor.
2. Der zweite Schritt stellt ein Gleichnis Jesu und eine Geschichte aus seinem Leben dagegen, die das Neue, das durch ihn begonnen hat, aufleuchten lassen. Hierzu werden die Bibeltexte verlesen. (Man kann diesen Schritt jeweils durch eine künstlerische Darstellung der Texte als Dia oder Poster unterstützen.)
3. Zuletzt richtet sich der Blick exemplarisch auf Gruppen und einzelne, die versuchen, die Welt im Sinne Jesu zu verwandeln. Kurze Informationstexte stellen jeweils eine Gruppe und ihre Ziele vor; der Erfahrungsbericht eines Beteiligten schließt sich an.

Das bereits erwähnte Lied rahmt die drei Blöcke ein.

* Das Lied ist u. a. abgedruckt in: Lieder – Bilder – Szenen Band 1, Nr. L 1,29

Block 1: »Wer nichts leistet, ist nichts wert.«

A. *Redewendungen und Schlagworte*
(von mehreren abwechselnd gesprochen)
Wer nicht arbeitet, soll auch nicht essen.
Nur Leistung zählt!
Du bist eine Niete!
Haste was, dann biste was.
Wer nichts leistet, ist nichts wert.
Ohne Fleiß kein Preis.
Unwertes Leben.
Selber schuld an ihrem Unglück, sollten mehr leisten.
Jede Arbeit ist ihres Lohnes wert.

B. *Bibeltexte*
(von zwei Personen gelesen)
1. Person: So hört man es immer wieder, aber Jesus sagt: (Lesung Mt 20,1–16)
2. Person: Jesus hat sich selbst um die Kleinen und Schwachen gekümmert. (Lesung Mk 10,13–16)

C. *Informationen*
(von zwei Personen gelesen)
1. Informationstext

Zur schwächsten Gruppe derer, die aus unserer Leistungsgesellschaft herausfallen, gehören die geistig Behinderten. Uns allen ist noch in Erinnerung, daß das nationalsozialistische Regime sie als »lebensunwert« abstempelte und eine große Zahl von ihnen umbrachte. Es hat dann auch nach dem Zusammenbruch lange gedauert, bis man sich der spezifischen Probleme in der Versorgung und weitmöglichen Bildung dieser Behinderten annahm.

Hier hat sich dank der »Lebenshilfe« sehr viel geändert. Die »Lebenshilfe« war zunächst ein Zusammenschluß betroffener Eltern, der sich für den Aufbau entsprechender Einrichtungen einsetzte. Inzwischen haben sich daraus umfangreiche Werke mit zunehmender Spezialisierung und fachmännischer Führung und Betreuung entwickelt. Die Arbeit der freiwilligen Helfer wurde dadurch zum Teil unterschätzt und verdrängt.

In letzter Zeit ist jedoch der Gedanke der Selbsthilfe durch die Angehörigen und der »Patenschaften« wieder belebt worden. »Patenschaft« meint dabei die Zuwendung eines freiwilligen Helfers zu *einem* geistig Behinderten, den er gleichsam wie ein eigenes Kind bzw. Patenkind regelmäßig besucht. Gerade diese Menschen sind auf solch eine Zuwendung besonders angewiesen. Ohne sie vegetieren sie oft nur dahin. Sie kennen nichts anderes als den alltäglichen Ablauf, die gleiche Umgebung, die gleichen Menschen. Durch intensive Zuwendung sind auch bei schweren Fällen Fortschritte erkennbar.

2. Erfahrungsbericht
Der ehemalige Fürsorger H. Schmitt besucht regelmäßig den 28jährigen Kurti, stark geistig behindert, untergebracht in einer Klinik für Kinder- und Jugendpsychiatrie. Kurti steht auf der Stufe eines Dreijährigen. Er kann nicht sprechen, kann sich nur mit fremder Hilfe anziehen und ist auf ständige Pflege angewiesen. Herr Schmitt erzählt: »Ich kenne Kurti seit mehr als 15 Jahren. Damals war ich als Fürsorger zu ihm geschickt worden. Erst war es also mein Beruf, mich mit Kurti und mit anderen Patienten der Klinik zu befassen.« Aber nach der Pensionierung setzte Herr Schmitt seine Besuche bei Kurti fort. Der ist immer ganz aufgeregt vor Freude, wenn »sein Pate« kommt. Er kann es kaum abwarten, bis er angezogen ist und mit Herrn Schmitt in den Park gehen darf. Ein oder zwei Stunden verbringen sie miteinander, gehen spazieren – bei Regen gemeinsam unter einem Schirm – oder spielen Ball, was Kurti besonderen Spaß macht. Seit Herr Schmitt sich so intensiv um Kurti kümmert, sitzt er nicht mehr wie früher passiv in einer Zimmerecke, er reagiert auf viele Worte und Signale und hat auch in den täglichen Kleinigkeiten ein wenig Selbständigkeit gewonnen. Herrn Schmitt machen diese kleinen Fortschritte glücklich. Er sagt: »Er freut sich mit Händen und Füßen, wenn ich komme. Ich kann einfach nicht anders. Irgendwer muß schließlich diesen jungen Menschen besuchen, mit ihm spazierengehen und spielen, ihm ein wenig Freude machen.«
(Nach: Mascha M. Fisch, Gemeinsam werden wir es schaffen. Selbsthilfegruppen berichten, Herderbücherei 1195)

Block 2: »Die sollen doch sehen, wie sie fertig werden.«

A. *Redewendungen und Schlagworte*

Ausländer raus!
Wer so rumläuft, kann nichts taugen.
Mit denen will ich nichts zu tun haben.
Schließt Türen und Fenster, die Zigeuner kommen!
Die sollen doch sehen, wie sie fertig werden.
Arbeitsscheues Gesindel!
Gastarbeiter, das Unglück Deutschlands!
Langhaarige Faulenzer!
Soll er doch im Suff zugrunde gehen!
Das ist kein Umgang für dich.
Werdet schon sehen, was ihr davon habt!
Haschbrüder!
Geh nicht in die Baracken!

B. *Bibeltexte*

1. Person: So hört man es immer wieder, aber Jesus sagt: (Lesung Lk 15,4–7)
2. Person: Auch in seiner Lebenspraxis hat sich Jesus um die Diskriminierten gekümmert. (Lesung Mk 2,14–17)

C. *Informationen*

1. Informationstext
Etwa 120000 türkische Bürger leben derzeit in Westberlin. In ganzen Stadtteilen, meist Sanierungsgebieten, hausen sie wie in einem Getto zusammen, häufig in miserablen Wohnverhältnissen.
Während die Männer und Kinder in der Regel genügend Außenkontakte – wenn auch wenig zu deutschen Familien – haben, sind die Frauen fast völlig isoliert. Sie sind zu

80% Analphabetinnen, was in ihrer dörflichen Heimat keinen Einfluß auf ihren sozialen Status hatte, sie hier jedoch total abhängig und unselbständig werden läßt.
Der Treffpunkt »Ugrak« – in einer Ladenwohnung in Neukölln eingerichtet – macht den türkischen und kurdischen Frauen vielseitige Bildungs- und Beratungsangebote. Außer Alphabetisierungs- und Deutschkursen bietet er Näh- und Gymnastikkurse an, außerdem Beratungsgespräche. Neben hauptamtlichen Mitarbeiterinnen (Soziologinnen, Pädagoginnen, Erzieherinnen) gibt es auch ehrenamtliche Mitarbeiterinnen, z. B. eine Rechtsanwältin, die für spezielle Rechtsfragen zur Verfügung steht.

2. Aus der Arbeit
Die Beratungsgespräche führen wir meist in Gruppen durch, da dies der türkischen Tradition entspricht. In der Gruppe sprechen die Frauen sehr offen über ihre Probleme, die für die Situation ausländischer Arbeiter typisch sind. Vor allem müssen wir sie beim Umgang mit dem Hauswirt, den Behörden, beim Lesen und Ausfüllen von Formularen, bei Krankheit und Arztbesuch unterstützen. Oft sind wir die einzigen Bezugspersonen im fremden Land, an die sie sich wenden können. »Langfristiges Ziel der sozialen Beratung ist, die Frauen in die Lage zu versetzen, ihre Probleme selbständig zur Lösung zu bringen, ihre Rechte kennenzulernen und diese selbst auch vertreten zu können.«
Die Frauen zur Teilnahme am Alphabetisierungskurs zu überreden kostet oft große Mühe, weil viele es nicht gewohnt sind, zu lernen, in der Heimat auch keine Veranlassung dazu hatten und hier durch Haushalt und Berufstätigkeit oft doppelt belastet sind. Dieser Kurs – ebenso wie der Deutschkurs – ist stark auf die persönliche Lebenssituation der Frauen abgestimmt, und die Unterrichtsinhalte richten sich nach ihren Bedürfnissen. Die Näh- und Gymnastikkurse werden sehr gern besucht. Ganz selbstverständlich bringen die Frauen ihre Kinder mit, was eine zusätzliche Betreuungsarbeit erfordert.
Für die Frauen ist es vor allem wichtig zu wissen, »daß sie hier Frauen ... treffen, die ihnen zuhören, ihre Situation verstehen, ihnen weiterhelfen. In einer Stadt, in der sie auf Schritt und Tritt einer zunehmenden Ausländerfeindlichkeit begegnen, sind die Treffpunkte zu einer Art Oase der Hoffnung geworden ...« Wir bemühen uns, Begegnungsmöglicheiten zu schaffen, »wo sie Christen kennenlernen, die ihnen offen und vorurteilslos nicht nur konkrete Hilfe, sondern auch ihre Freundschaft anbieten«.
(Nach: Monika Herrmann, Wir brauchen kein Mitleid, sondern Mitmenschen, aus: Michael Albus (Hg.), Die Welt ist voller Hoffnung. Ein Buch der guten »Initiativen, Matthias-Grünewald-Verlag, Mainz 1984, S. 45ff.)

Block 3: »Das kann ich dir nie verzeihen.«

A. Redewendungen und Schlagworte

Wer einmal etwas ausgefressen hat, der tut es immer wieder.
Du hast ja selber schuld.
Der Apfel fällt nicht weit vom Stamm.
Das kann ich dir nie verzeihen.
Sie haben zu viel Schuld auf sich geladen.
Lyncht sie!
Erbfeinde werden nie Freunde.
Wer einmal lügt, dem glaubt man nicht.
Einmal Knastbruder, immer Knastbruder.
Manches kann man nie ungeschehen machen.

B. Bibeltexte

1. Person: So hört man es immer wieder, aber Jesus ruft zur Versöhnung auf. (Lesung Mt 18,21–35)

2. Person: Jesus verurteilt nicht, sondern eröffnet neues Leben. (Lesung Joh 8,2–11)

C. Informationen

1. Informationstext

Schuld kann man nicht einfach vergessen oder wegwischen; sie muß bearbeitet werden – durch Versöhnungsarbeit. Versöhnung wird praktisch durch die Bereitschaft und die Arbeit derer, die in Schuld verstrickt sind. Dazu gehören nicht nur die Verletzer, sondern auch die Verletzten.

Die Gruppe »Aktion Sühnezeichen/Friedensdienste« hat sich zur Aufgabe gesetzt, praktische Versöhnungsarbeit zu leisten. 1958 erkannten Christen in Deutschland, daß Leid und Schuld, die der 2. Weltkrieg über die Menschen gebracht hatte, nicht länger verschwiegen und verdeckt werden durften, sondern bearbeitet werden mußten. Es fing damit an, daß Freiwillige sich bei Wiederaufbauprojekten in Ländern engagierten, die besonders unter der Nazi-Gewaltherrschaft gelitten hatten. So halfen sie beim Bau eines internationalen Begegnungszentrums in der englischen Stadt Coventry – sie war eine der ersten Städte, die dem Bombenterror zum Opfer gefallen war –; oder sie bauten in Jerusalem an einem Blindenheim mit. Dies alles war nicht als »Wiedergutmachung« gedacht, mit der Schuld und Leid abgegolten werden könnte, sondern als Mitarbeit an dem Werk der Versöhnung, das in Jesus *für uns* geschehen ist und *durch uns* weitergehen will.

In den ersten Jahren waren es vor allem Bauprojekte, in denen sich die Freiwilligen von Aktion Sühnezeichen/Friedensdienste engagierten. Ab 1967/68 verlagerte sich die Versöhnungsarbeit mehr auf soziale Friedensdienste in den Ländern, die im Krieg gelitten hatten; es geht jetzt mehr um die Betreuung von Kranken, Obdachlosen, Alten, Diskriminierten.

Versöhnungsarbeit schließt auch ein, daß wir aus der Vergangenheit lernen. Darum hat Aktion Sühnezeichen/Friedensdienste von Anfang an gegen Rüstung und kriegerische Bedrohung im eigenen Land gekämpft; sie gehört bis heute zu den Initiatoren der Friedenswochen und versucht auch hier, durch Information und klare Stellungnahme praktische Versöhnungsarbeit zu leisten.

2. Erfahrungsbericht

Eckart Aretz berichtet von seiner Arbeit im »International Centre«, einer internationalen Begegnungsstätte der Versöhnung in den Ruinen der von den Nazis zerstörten Kathedrale: »Neben den Touristen gibt es noch eine ganze Reihe regelmäßiger Besucher. Einige von ihnen sind in der Friedensbewegung engagiert, viele sind arbeits-, manche sogar obdachlos. Da ist z. B. Eddie, ein erblindeter Seemann. Neben dem Alkohol gilt seine Hauptbeschäftigung seinem Radio, der einzigen Verbindung zu seinen früheren Aufenthaltsorten. Meistens erzählt er mir, welche Stationen er am vorherigen Abend eingefangen hat, um dann anschließend deutsche Zahlen oder Hafenstädte aufzusagen.

Er scheint sehr unter der Blindheit und dem Angewiesensein auf andere zu leiden, ich kann ihm natürlich nur zuhören und versuchen, das Gespräch in Gang zu halten. Aber auch deshalb bin ich hier, und ich glaube, daß ich trotz alledem durch sie schon eine Menge gelernt habe. Etwa, was es überhaupt bedeutet, ohne Arbeit und Wohnort zu sein. Worte wie ›obdachlos‹ gehen einem leicht über die Lippen, aber was sie für die Betroffenen wirklich heißen, hatte ich mir bislang nie richtig klar gemacht.«

(Aus: zeichen. Mitteilungen der Aktion Sühnezeichen/Friedensdienste 4/83)

Hinweis auf Vorlesetexte

Folgende Vorlesetexte aus dem Buch »*Der Mann und die Frau und das Kind*« (S. Berg [Hg.], Calwer/Kösel 1988) eignen sich als Ergänzung zu diesem Teil:

1. Christine Brückner, Geboren am 24. Dezember 1945

Wie der Titel der Geschichte anzeigt, handelt es sich um den Bericht von einer Geburt im letzten Kriegswinter 1945. Das Kind kommt in einem tschechischen Lazarett mitten zwischen Gefangenen, Verwundeten, Sterbenden und tschechischer Miliz zur Welt. Die Mutter stirbt bald nach der Geburt.
Während Verwundete, Soldaten und Schwestern sich allmählich um das Kind sammeln – halb unabsichtlich entsteht eine Art »Krippenspiel« –, spüren sie, daß etwas wie Hoffnung, Liebe, Vertrauen in aller Verzweiflung von diesem Kind ausgeht und in ihnen aufbricht.

2. Ernst Schnabel, Der Mann und die Frau und das Kind

Diese Geschichte ist aus der Sicht eines Jungen aus dem Armenviertel von Memphis erzählt. Er erlebt, wie Flüchtlinge aus aller Herren Länder hierherströmen, unter ihnen auch »der Mann und die Frau und das Kind«. Sie sind hineingeworfen in Not und Elend, die hier herrschen. Der Junge erfährt, daß sie vor dem König Herodes fliehen mußten, der dem Kind nach dem Leben trachtet. Er stellt sich Fragen: Wäre das Kind besser nicht zur Welt gekommen? Warum sollte gerade dieses Kind getötet werden?
Der Text kann helfen, die idyllisierenden Tendenzen abzubauen, die sich oft mit den Erzählungen von der Geburt und auch der Flucht Jesu verbinden.

Das Licht ist in die Welt gekommen.
Jeder muß sich entscheiden,
ob er im Licht der Nächstenliebe
oder im Dunkel der Eigensucht wandeln will.
Martin Luther King

Wer lag wo im Stroh?
Wie lange ist das her?
So lange? Ah so.
Na dann kein Wunder,
daß keins geschieht.
Wolf Wondratschek

Es geht nicht an,
daß Gott Mensch wird,
und kein Mensch
wird anders.
Werner Schaube

Weihnachten – Anstoß zur Menschlichkeit

Einleitung

Der Gedanke, daß Weihnachten Anstoß zur Menschlichkeit sein soll, ist in der christlichen Festpraxis lange Zeit wenig beachtet worden. Ein Blick in die kirchlichen Gesangbücher zeigt, zu welchen Tätigkeiten die traditionellen Weihnachtslieder die Gemeinde anregen wollten: zum Schauen, Staunen, Loben und Danken. Der rechte Umgang mit der Menschwerdung Gottes hieß Anbetung: »... und weil ich nun nichts weiter kann, bleib ich anbetend stehen.«

Erst in den letzten Jahren ist neu entdeckt worden, daß die Engelbotschaft »Frieden auf Erden« nicht nur umschreiben will, was Gott tut, sondern die Verpflichtung einschließt, für diesen Frieden tätig einzutreten. Dies darf jedoch nicht als Aufruf zu punktuellem Aktionismus verstanden werden, der einmal im Jahr saisonbedingte Nächstenliebe hervorbringt.

»Frieden auf Erden« bezieht sich vielmehr auf die biblische Grundkategorie des Schalom (vgl.o. S. 31 ff.). Schalom ist ein Prozeß, in dem Frieden und Gerechtigkeit, Solidarität und Glück für alle zur Geltung kommen wollen.

Dieser Prozeß beginnt mit Praxis und Geschichte Jesu. Wir sind in doppelter Weise in ihn einbezogen: *Einmal* als die Adressaten, denen das heilende Wort und die rettende Tat gelten, *zum anderen* aber auch als solche, durch die der Schalom bei anderen Menschen Raum gewinnen und zur Wirkung kommen will.

Im biblischen Bild: Mit Jesus ist das Licht in die Welt gekommen – als Gegenwelt zu unserer Dunkelheit –; wir sind Menschen, die vom weihnachtlichen Licht erleuchtet werden. Gleichzeitig nennt Jesus *uns* das Licht der Welt; wir sind auch die, an denen andere sich erhellen und erwärmen sollen.

Die Vorschläge und Materialien nehmen diese Gedanken auf und variieren sie; dabei gruppieren sie sich nach drei Schwerpunkten:

- Licht der Welt
- Den Nächsten sehen
- Frieden mit Mensch und Natur

Der *erste Teil* geht von der Lichtsymbolik aus. In seinem Lied zeigt Jochen Klepper, daß Gottes Licht mit Jesus in die Welt gekommen ist und sie – allen Dunkelheiten zum Trotz – erhellt. – Die anderen Vorschläge nehmen diese Zusage auf, führen sie aber weiter zu dem Anstoß und der Aufgabe, Licht für andere zu sein.

Um den Nächsten – den nahen und den fernen – geht es im *zweiten Teil:* Der Weg zur Krippe führt heute in die Wohnungen der Außenseiter und Entrechteten. Die Menschwerdung Gottes wird jedoch nur ernst genommen, wenn die Zuwendung nicht punktuell bleibt und den anderen wirklich als Menschen wahrnimmt. Neuorientierung ist vor allem im Verhältnis zur 3. Welt wichtig – Umlernen: vom Almosen zur Gerechtigkeit.

Die Materialien des *letzten Teils* erweitern die Aufgaben, die den Christen als Schalomarbeitern anvertraut sind: Verantwortung für Frieden, Gerechtigkeit, Mensch und Natur. Die Impulse, die von der Weihnachtsbotschaft ausgehen, sollen weiterführen und Konsequenzen haben: »Ein bißchen Weihnachten das ganze Jahr«.

Ergänzende Texte vgl.: Berg/Berg, Biblische Texte verfremdet, Calwer/Kösel 1986, Band 2, Nr. 2.1; 2.5

Jochen Klepper **32**

Weihnachtslied

1. Die Nacht ist vorgedrungen,
der Tag ist nicht mehr fern.
So sei nun Lob gesungen
dem hellen Morgenstern!
Auch wer zur Nacht geweinet,
der stimme froh mit ein.
Der Morgenstern bescheinet
auch deine Angst und Pein.

2. Dem alle Engel dienen,
wird nun ein Kind und Knecht.
Gott selber ist erschienen
zur Sühne für sein Recht.
Wer schuldig ist auf Erden,
verhüll nicht mehr sein Haupt.
Er soll errettet werden,
wenn er dem Kinde glaubt.

3. Die Nacht ist schon im Schwinden,
macht euch zum Stalle auf!
Ihr sollt das Heil dort finden,
das aller Zeiten Lauf
von Anfang an verkündet,
seit eure Schuld geschah.
Nun hat sich euch verbündet,
den Gott selbst ausersah.

4. Noch manche Nacht wird fallen
auf Menschenleid und -schuld.
Doch wandert nun mit allen
der Stern der Gotteshuld.
Beglänzt von seinem Lichte,
hält euch kein Dunkel mehr,
von Gottes Angesichte
kam euch die Rettung her.

5. Gott will im Dunkel wohnen
und hat es doch erhellt.
Als wollte er belohnen,
so richtet er die Welt.
Der sich den Erdkreis baute,
der läßt den Sünder nicht.
Wer hier dem Sohn vertraute,
kommt dort aus dem Gericht.

Zum Inhalt

Klepper zählte diese Verse, die am 18. Dezember 1937 entstanden, zu seinen Weihnachtsliedern. Das Evangelische Kirchengesangbuch dagegen hat sie den Adventsliedern eingereiht. Vermutlich hatte diese Einordnung zunächst ganz formale Gründe: Das Lied klingt in seiner ersten Zeile an die Epistel des 1.Advents an: »Die Nacht ist vorgerückt, der Tag aber nahe herbeigekommen« (Röm 13,12). Über diese formale Analogie hinaus scheinen die Verse mit ihrem Ernst und ihrer Verhaltenheit besser in die Vorweihnachtszeit zu passen; denn diese Wochen sind ja in der kirchlichen Überlieferung und christlichen Sitte eine »Fastenzeit«, ihre geprägten Aussagen in Schriftlesung und Lied sprechen unüberhörbar von Leid und Verlorenheit, von Schuld und Gericht.
Jochen Klepper hat in seinem »Weihnachtslied« die ernste adventliche Thematik

vor allem in der Begrifflichkeit zur Sprache gebracht. Durchgehende Chiffre für die Erfahrung von Leid und Schuld ist die »Nacht« in den Wendungen: »Auch wer zur Nacht geweinet«; »noch manche Nacht wird fallen«; »hält euch kein Dunkel mehr«. Sachlich zuzuordnen sind: »Angst und Pein«; »Sühne«; »wer schuldig ist auf Erden«; »seit eure Schuld geschah«; »Menschenleid und -schuld«; »so richtet er die Welt«; »Sünder«; »Gericht«.

Dieser Reihe von Begriffen, die »Dunkelheit« als Erfahrung des Menschen repräsentieren, stellt Klepper solche gegenüber, die um den Eindruck von »Licht« kreisen; dazu gehören die Metaphern »Tag«; »heller Morgenstern«; »Stern der Gotteshuld«, der die Menschen mit seinem Licht »beglänzt« und das »Dunkel erhellt«. Auch diese Bilder meinen einen sachlichen Zusammenhang. Sie stehen für: »Er soll errettet werden«; »ihr sollt das Heil ... finden«; »nun hat sich euch verbündet, den Gott selbst ausersah«.

Zweifellos hat Klepper beabsichtigt, die beiden in diesen Wortfeldern abgebildeten Wirklichkeiten einander gegenüberzustellen:

Der »Nacht« den »Tag«;
den Menschen, die »zur Nacht weinen«, diejenigen, die »froh mit einstimmen«;
dem verletzten Recht die Sühne;
der Schuld die Rettung.

»Nacht« und »Tag« begegnen dem Menschen auf verschiedene Weise: Als Schuld und Leid bedrängt und gefährdet die »Nacht« sein Leben. Die Ansage des »Tages« dagegen ist das, was er sich nicht selbst sagen kann; die Zusage des Heils empfängt er »von oben« als Verheißung, daß die »Nacht« keine endgültige Macht über ihn hat, daß sie schon »im Schwinden ist« – daß sie schon jetzt erhellt wird durch den »Morgenstern«. Diese Überwindung der Verlorenheit durch die Heilszusage hat auch die syntaktischen Verhältnisse des »Weihnachtsliedes« beeinflußt: Nahezu alle Aussagen über das »Dunkel« sind in den Nebensätzen untergebracht oder haben die Funktion des Objekts; Subjekt und Ziel der Aussagen ist immer die Rettung, das Licht.

Das Gedicht strebt seinem Höhepunkt in der dritten Strophe zu. Während der erste Vers dem in der »Nacht« befindlichen Menschen zusagt, daß der »Morgenstern« seine Angst und Pein »bescheine«, teilt der zweite die »Erscheinung« Gottes zur Rettung der Schuldigen mit. Die dritte Strophe nun stellt Gottes Tat für den Menschen in den Mittelpunkt; das Dunkel tritt ganz zurück. Die »Nacht« der bedrohten und scheiternden Existenz wird jetzt zur Nacht von Bethlehem, in der man sich »zum Stalle aufmachen« muß und kann, um »das Heil zu finden«. – Die beiden letzten Strophen entfalten Gottes Tat und ihre Wirksamkeit für den Menschen in einem doppelten Aspekt: Das Heil erreicht den Menschen als Gegenwart und Zukunft; schon jetzt »wandert mit allen der Stern der Gotteshuld«. Und doch kommt das Leben erst »dort« zum Ziel, am Ende der Tage; da gilt: »Wer hier dem Sohn vertraute, kommt dort aus dem Gericht.« Auch diese Spannung zwischen »schon jetzt« und »einst« bringt Klepper in Bildern zur Sprache: Der »Morgenstern« bescheint als »Stern der Gotteshuld« den Weg des schuldbeladenen und leiderfahrenen Menschen schon in dieser Zeit, in der er dem endgültigen Heraufkommen des »Tages« entgegengeht.

Die Bilder und Gedanken dieser Verse waren für Klepper nicht Ausdruck einer dogmatischen Theorie; er hat die Bedrohung und Gefährdung der Existenz selbst außerordentlich intensiv erlitten. Seine Tagebücher geben einen tiefen Einblick in diese Erfahrung: »Alles war immer mehr nebeneinander, nacheinander, gegeneinander, durcheinander geraten; nun kann ich nichts mehr vor mir sehen als den Abbruch; nach menschlichem Sehen bin ich nun auf der abschüssigen Bahn«, notiert Klepper am 20. Juni 1936 (Jochen Klepper, Unter dem Schatten deiner Flügel. Aus den Tagebüchern der Jahre 1932 bis 1942, Stuttgart 1956). Und am nächsten Tag schreibt er: »Angst, Angst in und um uns! Gequälte, verzweifelte, hoffnungslose Existenzen – und das Haus so lebendig, voller Ansprüche, Notwendigkeiten – die Umwelt eines jeden Tages noch von einer Schönheit, die einen immer fremder berührt in unserer großen Verwirrung und Erschöpfung.« Oder: »*Alles,* was nicht der Glaube ist, ist nun zusammengebrochen. Ich bin nur noch eine Last, ein Hanni auferlegtes Schicksal, das sie ergreifend trägt. Der Druck, der von mir ausgeht, lastet nun auf dem ganzen Hause. Wie soll ich in diesem Zustand weiterschreiben? Wie soll ich es Hanni noch erleichtern? Hier ist nur noch Schuld und Leiden.« (8. November 1936). »In solchen Stunden kann nichts gelten und geschehen als der Blick auf die Worte der Schrift.« (27. März 1937). Im Blick auf Hebr 13,5 (»Er hat gesagt: Ich will dich nicht verlassen noch versäumen«) schreibt Klepper am 16. April 1937: »Ohne solche Worte wäre es kaum zu ertragen. Am Morgen schreibt man sie nieder und am Abend sind sie durch die Ereignisse ausgelegt.«

Dieser existentielle Zusammenhang von »Nacht« und »Tag« hat sich für Klepper stets in der geprägten Zeit des Advent mit seiner inneren Spannung von Gericht und Verheißung stark verdichtet; er nahm ihn bewußt auf und betrachtete ihn als die einzig angemessene Vorbereitung auf das christliche Weihnachtsfest: »So verloren ist die Welt in dieser heiligen Zeit. Aber so, nur so kann das Fest begangen werden: als Geschenk jenseits aller irdischen Sicherheit und Gewißheit!« (26. Dezember 1936). Und in einem anderen seiner Weihnachtslieder heißt es:

»Mein Gott, dein hohes Fest des Lichtes
hat stets die Leidenden gemeint.
Und wer die Schrecken des Gerichtes
nicht als der Schuldigste beweint,
dem blieb dein Stern noch tiefverhüllt
und deine Weihnacht unerfüllt.«

Auf diesem Hintergrund hat Klepper die Weihnachtsbotschaft begriffen: »Dem alle Engel dienen, wird nun ein Kind und Knecht, Gott selber ist erschienen zur Sühne für sein Recht.«

Mit seinem »Weihnachtslied« hat Jochen Klepper bewußt die biblische Thematik von Existenznot – Erwartung – Verheißung sachlich und terminologisch aufgenommen und dichterisch gestaltet. In jedem Satz lassen sich die biblischen Quellen nachweisen. Dennoch wirkt das Gedicht nicht als gereimte Dogmatik. Das hängt gewiß damit zusammen, daß Klepper seine Metaphorik außerordentlich dicht und stimmig einsetzt. Nicht zuletzt aber beruht die existentielle »Richtigkeit« des Liedes darauf, daß der Dichter seine eigene Existenz in diesen Versen zur Sprache gebracht hat.

Die Verwendung im Unterricht wird ab Klasse 7 empfohlen. Dafür ist das Arbeitsblatt vorgesehen.

(Dieser Beitrag wurde bereits einmal in anderem Zusammenhang veröffentlicht.)

1. Das Lied ist durchgehend auf den Kontrast von Nacht und Tag aufgebaut. Suche alle Stellen, die

   a) der »Nacht« zugeordnet sind ____________________

   ____

   b) dem »Tag« zugeordnet sind ____________________

   ____

2. Beide Begriffe sind nicht nur vordergründig gemeint, sondern stehen für menschliche Erfahrungen wie Leid oder Freude usw.
   Man kann nun weitere Stellen zuordnen:

   a) zu »Nacht«: ____________________

   ____

   b) zu »Tag«: ____________________

   ____

3. Suche Gegenüberstellungen wie

   Nacht – Tag

   Dunkel – Licht

   ____

   ____

   ____

   ____

4. Wie erscheint das Verhältnis von Nacht und Tag im Fortschritt des Liedes?

   Zitiere: ____________________

   ____

   ____

»Ihr seid das Licht der Welt«
Vorschlag für einen Familiengottesdienst

Zum Gottesdienst

Der Gottesdienst basiert auf dem Jesuswort: »Ihr seid das Licht der Welt.« Im Mittelpunkt steht die folgende Sprechszene. Sie ist im Aufbau eng auf das Lied bezogen »Laßt euch anstiften zur Freude...« (Nr. 35. Die ursprüngliche Reihenfolge der Strophen wurde leicht verändert.)
In der Sprechfolge wird zunächst deutlich, daß in unserer Welt keineswegs alles Licht ist, daß wir Freude, Hoffnung, Frieden und Liebe – die im Lied genannten Zeichen des Lichts – im Alltag oft vergeblich suchen. Die Dunkelheit der Welt bringt die Lichter zum Erlöschen.
Dann wird die Zusage Jesu: »Ich bin das Licht der Welt« ausgesprochen. Sie führt sofort weiter zu dem Auftrag: »*Ihr* seid das Licht der Welt.«
Dieses Jesus-Wort sagt sehr klar: »Ihr *seid* das Licht...« und nicht: »Ihr solltet es eigentlich sein...« oder: »Versucht doch, es zu sein.« Die eindeutige Formulierung macht uns oft Bedenken. Wie können wir das verwirklichen? Ist der Anspruch nicht viel zu groß? Wir sind doch selbst oft voller Dunkelheit.
Das Lied möchte Mut machen, die Zeichen des Lichts weiterzugeben. Es ist sowohl im Text wie in der Melodie von einer mitreißenden Beschwingtheit. Wenn es das Wort »anstiften« gebraucht, so heißt das, daß andere da sind, die mich anstiften, mich in ihre Gemeinschaft aufnehmen und mit mir gemeinsam immer mehr Menschen erreichen wollen (»Und kein Mensch ist mehr allein.«).
Zu dem Gedanken der Gemeinsamkeit tritt im Lied noch mehr hinzu, das Mut machen will: die Erinnerung daran, daß mit Jesus das Leuchten begonnen hat, und die Zusage: »denn Gott selbst wird bei uns sein«.

Einige Hinweise zum Verlauf

Vor Beginn des Gottesdienstes erhält jeder Besucher eine Kerze. Sie wird am Schluß an einer der vier brennenden Kerzen am Altar entzündet und mit heimgenommen.
Sehr schön ist es, diese Zeremonie durch Singen des bekannten Kanons »Mache dich auf und werde Licht...« zu begleiten. (Evtl. zu Anfang wiederholen und üben.)
Auch das neue Lied »Laßt euch anstiften zur Freude« sollte von der Gemeinde gelernt werden. Zunächst tauchen die Strophen als Wunsch und Auftrag in der Sprechszene auf; der Chor singt sie jeweils im Anschluß; zuletzt üben alle gemeinsam das Lied ein.
Der folgende Teil gibt nur die Sprechszene wieder.
Die Idee geht zurück auf einen Artikel aus dem Deutschen Sonntagsblatt vom 23. 12. 73; sie wurde auch schon von anderen Autoren aufgegriffen.

34 Sigrid Berg

»Ihr seid das Licht der Welt«

Sprechszene

Vier Kinder mit großen brennenden Kerzen gehen durch die recht dunkle Kirche zum Altar.

1. Kind (hält seine Kerze hoch):

Mein Licht heißt Freude. Es brennt ganz hell in der Dunkelheit, weil es immer hell in und um uns wird, wenn wir Freude haben. Wir freuen uns über viele Dinge und finden immer wieder Neues: Wir freuen uns über das liebe Wort; wir freuen uns über den bunten Stein; wir freuen uns über den roten Apfel, über das gemeinsame Spiel, über die...

Männerstimme aus dem Dunkeln unterbricht das Kind:

Halt, halt! Es gibt nicht nur Freude. Ich weiß viele, die traurig sind. Sie sind traurig über einen verletzten Menschen oder ein krankes Tier. Sie sind hungrig oder allein. Viele weinen. Keiner hilft dem anderen. Lösch dein Freudenlicht aus! Es gibt zu viel Kummer unter den Menschen.

(Das Licht wird gelöscht.)

2. Kind (hält seine Kerze hoch):

Mein Licht heißt Hoffnung. Hoffnung ist es, die uns alle wieder froh macht. In aller Traurigkeit, Angst und Not haben wir noch Hoffnung. Wir schauen aus nach besseren Tagen. Wir denken, es wird wieder hell.

Männerstimme aus dem Dunkeln:

Es gibt keine Hoffnung. Worauf sollen wir auch hoffen? Wird nicht alles immer schlimmer? Bereitet nicht einer dem anderen jeden Tag mehr Kummer? Es wird immer dunkler bei uns. Lösch dein Licht aus! Begrab deine Hoffnung!

(Das 2. Licht wird gelöscht.)

3. Kind (hält seine Kerze hoch):

Mein Licht heißt Frieden. Es brennt ganz hell, weil alle Menschen sich Frieden wünschen. Jeder macht Frieden mit dem anderen, in der Familie, in der Schule, in der Stadt, im Land. Wie schön ist der Frieden!

Männerstimme aus dem Dunkeln:

Alles Gerede! Es gibt keinen Frieden. Sieh dich doch um! Kinder zanken überall; Eltern schimpfen; Erwachsene streiten; der Autofahrer fährt ohne Rücksicht; die Politiker verleumden sich gegenseitig; die Völker führen Krieg. Nein, Frieden haben wir nicht. Lösch dein Friedenslicht aus!

(Das 3. Licht wird gelöscht.)

4. Kind (hält seine Kerze hoch):

Mein Licht heißt Liebe. Es leuchtet so hell, weil die Liebe allen Haß, allen Unfrieden überwindet. Die Liebe hilft uns trösten im Kummer. Sie schenkt die Versöhnung nach dem Streit. Sie läßt uns Außenseiter hereinholen. Sie macht unser Leben hell und glücklich.

Männerstimme aus dem Dunkeln:

Zeig mir doch diese Liebe! Wo finde ich sie? Überall sind Menschen einsam. Wer besucht die kranke Frau? Wer denkt an das hungernde Kind? Wer hilft dem lernschwachen Jungen? Sag, wo ist die Liebe? Ich finde sie nicht. Drum lösch dein Licht aus!

(Das 4. Licht wird gelöscht.)

1\. *Kind:* Wir stehen im Dunkeln.
2\. *Kind:* Wo sind Freude, Hoffnung, Frieden und Liebe?
3\. *Kind:* Wo finden wir Hilfe?
4\. *Kind:* Wer rettet das Licht?
1\. *Frau tritt aus dem Dunkeln zu den Kindern:* Jesus sagt: Ich bin das Licht der Welt.
2\. *Frau tritt hinzu:* Er sagt: Ich bin in die Welt gekommen, um Freude, Hoffnung, Frieden und Liebe zu bringen.
1\. *Frau:* Aber Jesus sagt auch: Ihr seid das Licht der Welt.
2\. *Frau:* Er sagt: Wer zu mir gehört, ist auch wie ein Licht. Er soll helfen, die Welt hell zu machen. Er soll Freude, Hoffnung, Frieden und Liebe weitertragen.
3\. *Frau:* Die Lichter Freude, Hoffnung, Frieden und Liebe sollen wieder brennen. Sie wollen uns anstecken mit ihrem Leuchten.
4\. *Frau kommt mit einer brennenden Kerze und zündet die 1. Kerze wieder an:*
Ich entzünde das Licht der Freude mit dem Wunsch:
Laßt euch anstiften zur Freude!
Laßt uns Freudenstifter sein!
Und es finden hier und heute
viele Leute
wieder Freude,
und kein Mensch ist mehr allein;
denn Gott selbst wird bei uns sein.

Der Chor singt die 1. Strophe des Liedes.

4\. *Frau zündet die 2. Kerze an:*
Ich entzünde das Licht der Hoffnung mit dem Wunsch:
Laßt euch anstiften zur Hoffnung!
Laßt uns Hoffnungsstifter sein!
Und es finden hier und heute
viele Leute
wieder Hoffnung,
und kein Mensch ist mehr allein;
denn Gott selbst wird bei uns sein.

Der Chor singt die 2. Strophe.

4\. *Frau zündet die 3. Kerze an:*
Ich entzünde das Licht des Friedens mit dem Wunsch:
Laßt euch anstiften zum Frieden!
Laßt uns Friedensstifter sein!
Und es finden hier und heute
viele Leute
wieder Frieden,
und kein Mensch ist mehr allein;
denn Gott selbst wird bei uns sein.

Der Chor singt die 3. Strophe.

35 Laßt euch anstiften

2. Laßt euch anstiften zur Hoffnung!
Laßt uns Hoffnungsstifter sein!
Und es finden hier und heute
viele Leute
wieder Hoffnung,
und kein Mensch ist mehr allein;
denn Gott selbst wird bei uns sein.

3. Laßt euch anstiften zum Frieden!
Laßt uns Friedensstifter sein!
Und es finden hier und heute
viele Leute
wieder Frieden,
und kein Mensch ist mehr allein;
denn Gott selbst wird bei uns sein.

4. Stiftet an mit hellem Leuchten!
Tragt es in die Welt hinein!
Als das Kind im Stall geboren,
so verloren,
kam ein Leuchten
mit ihm in die Welt herein;
denn Gott selbst wird bei uns sein.

5. Laßt euch anstiften zur Liebe;
denn dann findet Frieden statt!
Weil im Stall das Kind, das kleine,
ganz alleine
zu der Liebe
alle angestiftet hat.
Und so findet Frieden statt.

Text: Rolf Krenzer
Musik: Detlev Jöcker

4. Frau zündet die 4. Kerze an:
Ich entzünde das Licht der Liebe mit dem Wunsch:
Laßt euch anstiften zur Liebe;
denn dann findet Frieden statt!
Weil im Stall das Kind, das kleine,
ganz alleine
zu der Liebe
alle angestiftet hat.
Und so findet Frieden statt.

Der Chor singt die 4. Strophe.

1. Kind: Alle Lichter brennen wieder: Mein Licht der Freude.
2. Kind: Mein Licht der Hoffnung.
3. Kind: Mein Licht des Friedens.
4. Kind: Mein Licht der Liebe.
4. Frau: Der letzte Wunsch gilt uns allen:
Stiftet an mit hellem Leuchten!
Tragt es in die Welt hinein!
Als das Kind im Stall geboren,
so verloren,
kam ein Leuchten
mit ihm in die Welt hinein;
denn Gott selbst wird bei uns sein.

Der Chor singt die letzte Strophe.

Bausteine für eine Unterrichtseinheit zum Thema »Licht« für Klasse 2/3

1. Unterrichtsgespräch über die Lichter in der Advents- und Weihnachtszeit

Freude über Helligkeit; festliche Beleuchtung; Frage: Warum gehören die Lichter gerade in die Weihnachtszeit?

2. Beschäftigung mit dem Arbeitsblatt

Jesus hat gesagt: »Ich bin das Licht der Welt.« Anhand des Arbeitsblattes wiederholen wir Jesus-Geschichten, in denen Jesus Menschen »Licht« bringt, z. B. Bartimäus, Zachäus u. a.

3. Vorlesetext »Tragt in die Welt nun ein Licht« von U. Kolkmann (Nr. 37)

Die Schüler hören die Geschichte von dem kleinen Harald, der die Aufforderung des Liedes, das Licht weiterzutragen, wörtlich nimmt. Das sehr bekannte Lied, das der Geschichte ihren Namen gegeben hat, kann im Anschluß an den Vorlesetext oder bereits nach dem zweiten Absatz, in dem es erwähnt wird, gesungen oder gelernt werden.

4. Unterrichtsgespräch

Die Erzählung gibt Anlaß, darüber zu sprechen, was es bedeutet, Licht zu anderen Menschen zu bringen.

5. Gestaltungsaufgabe »Wir zünden Lichter an«

Es gibt einen Adventskalender »Unsere Stadt braucht viele Lichter« (Kaufmann 0526). Der Kalender enthält für jeden Tag eine kleine Geschichte, die davon erzählt, wie jemand für einen anderen »ein Licht anzündet«. Jedem Text ist ein Bild zugeordnet, das ausgeschnitten und auf ein vorgegebenes Blatt geklebt wird. So entsteht eine Stadt mit vielen Häusern, in denen Lichter brennen. – Für den Unterricht ist dieser Kalender zu ausführlich; einzelne Geschichten können zur Unterstützung dieser Einheit herangezogen werden.
Die Idee der Stadt läßt sich für den Religionsunterricht fruchtbar machen. Jedes Kind überlegt sich im Anschluß an den Vorlesetext, zu wem es Licht tragen könnte. In vorgezeichnete Häuser malen die Schüler *ihre* Geschichte hinein, schneiden die Häuser aus und fügen sie zu einer Stadt zusammen (s. Abb.).

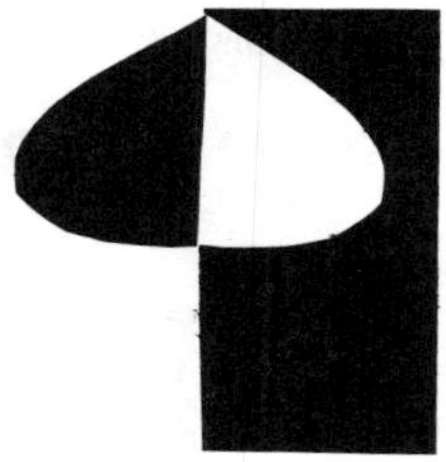

Jesus sagt: Ich bin das Licht der Welt.

Wir erinnern uns an Jesus-Geschichten, in denen er Menschen Licht bringt.

Wir denken an ______________________________

Ihm brachte Jesus Licht, als er ______________________

____

____

Wir denken an ______________________________

Ihm brachte Jesus Licht, als er ______________________

____

____

Wir denken an ______________________________

Jesus brachte Licht, als er __________________________

____

____

____

37 Ulrich Kolkmann

Tragt in die Welt nun ein Licht

Die Geschichte, die ich erzählen möchte, spielt am Heiligen Abend. Aber eigentlich beginnt sie schon einen Tag früher.

Der 24. Dezember fiel in diesem Jahr auf einen Montag. Tags zuvor, also am vierten Sonntag im Advent, war in der Dorfkirche zu Wohlenhausen ein Familiengottesdienst gewesen. Pfarrer Schwidder war zufrieden; noch in der Kirchentür hatte er sich seine vorgestopfte Pfeife angezündet. Seine Tasche mit dem Talar darin trug er in der Hand; über die Dorfstraße ging er ins Pfarrhaus zurück.

Er fand seine Idee ganz gut, keine Predigt zu halten. Er hatte den Gottesdienst in der dunklen Kirche beginnen lassen. Nur zwei der sechs Altarkerzen hatten gebrannt. Dann hatte er ganz kurze Ansprachen über das Licht gehalten, das mit Jesus in die Welt gekommen ist. Und wenn dann nach seinen Redestücken die Gemeinde ein Adventslied sang, durfte ein Kind nach vorn kommen und eine Altarkerze entzünden. Als letzte wurde die große Kerze auf einem Ständer angesteckt, der nahe bei der ersten Stuhlreihe stand. Ganz still und feierlich war es, als Kathrin diese große Kerze nahm und der Gemeinde entgegentrug. Jeder Gottesdienstbesucher hatte am Eingang der Kirche eine weiße Christbaumkerze erhalten. Und nun zündeten zuerst der kleine Harald und die alte Frau Beyer, die in der ersten Reihe gleich am Mittelgang saßen, an der großen Kerze ihre kleinen an. Von dort pflanzte sich das Licht durch die Gemeinde fort, bis die ganze Kirche in hellem Glanz erstrahlte. Die Orgel spielte dazu. Schön war das gewesen. Zum Fürbittengebet, zum Vaterunser und zum Segen standen die Leute mit ihren brennenden Kerzen auf. Zum Schluß sangen sie alle: »Tragt in die Welt nun ein Licht!« Beim Hinausgehen versuchte jeder, seine Kerze so lange wie möglich am Brennen zu erhalten, weil es draußen etwas windig war. Den ganzen Nachmittag ging Pfarrer Schwidder dieses schöne Bild nicht aus dem Kopf.

Am Morgen des 24.Dezember war viel zu tun in der Kirche. Die zwei großen Weihnachtsbäume mußten aufgestellt und geschmückt werden. Der Weihnachtsberg mit den alten Krippenfiguren mußte aufgebaut werden. Mit dieser Arbeit wollte Pfarrer Schwidder Frau Boschat, die Küsterin, nicht allein lassen. Deshalb hatte er sich mit ihr und einigen Kindern um 9 Uhr bei der Kirche verabredet.

Was gab das für einen Schrecken, als sie die Kirche betraten. Der Pfarrer sah es zuerst. Auf dem Altar fehlte eine Kerze; es war die von rechts außen. Frau Boschat war entsetzt. Nein, die Altarkerze war nicht heruntergefallen. Offensichtlich hatte sie irgend jemand gestohlen.

Die Küsterin beteuerte: »Ich war es nicht, Herr Pfarrer, ganz bestimmt nicht! Gestern war die Kerze doch noch da.« »Im Gottesdienst ja«, war der etwas bittere Kommentar. »Wer tut denn so etwas, eine Altarkerze stehlen?« meinten die Kinder. Alles Suchen blieb erfolglos; die Kerze war verschwunden. Das war besonders ärgerlich, weil es auch keine Ersatzkerze gab. Die sechs Altarkerzen waren gerade erst aufgesteckt und der nachbestellte Satz Kerzen noch nicht geliefert worden. Was war zu tun? Im Pfarramt der Nachbargemeinde anzufragen, würde keinen Zweck haben; in der Kirche dort waren die Kerzen viel schlanker und auch niedriger. Das wußte Pfarrer Schwidder von einem Vertretungsgottesdienst.

So blieb nichts anderes übrig, als die beiden äußeren Kerzenständer vom Altar zu nehmen und in der Christvesper nur vier Kerzen brennen zu lassen. Das hatte es noch nie gegeben, ausgerechnet zum Christfest. Das Schmücken der Weihnachtsbäume und das Aufbauen des Weihnachtsbergs ging dann bei ziemlich gedrückter Stimmung vor sich.

Nach dem Mittagessen hatte sich Pfarrer Schwidder auf ein Stündchen zur Ruhe gelegt.

Er wollte für die drei folgenden Gottesdienste am Abend und in der Nacht etwas Kraft sammeln. Da, gerade als er noch einmal vom Lichtergottesdienst des gestrigen Tages träumte, klingelte es an der Haustür. Draußen stand, mit gesenktem Kopf, der kleine Harald mit einem in Weihnachtspapier eingewickelten länglichen Etwas in der Hand.
»Na, komm erst einmal herein!« bat Pfarrer Schwidder. Zögernd folgte Harald ins Amtszimmer des Pfarrers. Er war noch nie im Pfarrhaus gewesen. Harald kämpfte mit den Tränen, als die Worte aus ihm heraussprudelten: »Also, Herr Pastor, das war so: Gestern war ich doch in der Kirche. Und da haben wir alle unsere kleinen Kerzen angezündet. Und dann haben wir gesungen: ›Tragt in die Welt nun ein Licht!‹ Da fiel mir gleich meine Tante Adelheid ein, die gerade am vorigen Sonntag ihr Baby bekommen hat. Der wollte ich meine kleine Kerze schenken, weil doch ihr Kind als zweiten Vornamen Harald haben soll. Und dann haben wir noch gesungen ›Tragt zu den Alten ein Licht!‹ und ›Tragt zu den Kranken ein Licht!‹. Da mußte ich auf einmal so sehr an meine Oma denken. Herr Pastor, Sie wissen ja, sie ist schwer krank und kann nur noch ganz selten mit dem Rollstuhl vor die Tür. Da habe ich mich dann nach dem Gottesdienst hinter dem Altar versteckt. Und als gerade keiner aufgepaßt hat, habe ich die Kerze heruntergeholt und bin ganz schnell zu meiner Oma gelaufen. Ich weiß nicht, ob meine Oma sich gefreut hat; sie hat nämlich ein bißchen geweint. Aber trotzdem, wir haben die Kerze angesteckt. Dann haben wir beide zusammen Weihnachtslieder gesungen. Ich fand das richtig schön. Und Oma hat dann noch eine Geschichte erzählt von früher, von ihrer Kirche, als sie noch ein Kind war in Ostpreußen. Da hat sie wieder geweint. Aber dann hat sie gesagt, daß ich die Kerze wieder zurücktragen soll. Und Oma hat mir hier noch einen Apfel für Sie mitgegeben. Sie sind mir auch bestimmt nicht böse?«
Auf diese Rede wußte Pfarrer Schwidder nichts zu sagen. Er nahm nur seinen Apfel, brach ihn mit beiden Daumen durch und gab eine Hälfte dem Jungen. Apfelessend gingen die beiden nun zur Kirche, stellten die wiedergefundene Altarkerze und auch die zurückgelegte wieder an ihren rechten Ort. Pfarrer Schwidder gab dem Jungen Zündhölzer. Mit denen sollte er alle sechs Altarkerzen anzünden.
»Extra für uns«, sagte Harald. »Ja, mein Junge«, sagte Pfarrer Schwidder, »aber wir beide wollen jetzt ganz still sein und an alle alten und an alle kranken Menschen denken, die wir kennen.«

Aus: Rolf Krenzer (Hg.), Weihnachten ist nicht mehr weit. Advent-Werkbuch für Familie, Schule und Gottesdienst, Lahn-Verlag, Limburg 1986, S. 78–80

Im Zusammenhang mit dem »Licht«-Motiv bietet es sich an, Weihnachtskarten mit Lichtsymbolen (Kerzen und Sternen) herzustellen.
Für die Karten Nr. 1–5 wurde eine Art »Aufklapp-Technik« benutzt.
In ein Rechteck aus farbigem Tonpapier wird eine halbe Kerzenflamme hineingeschnitten und umgeklappt (Nr. 1 + 2).

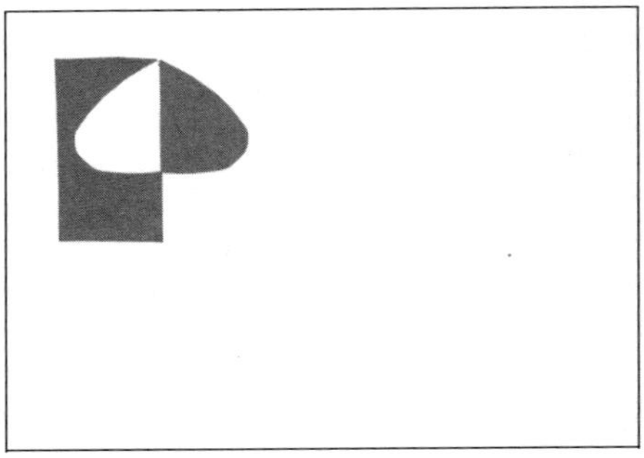

1

2

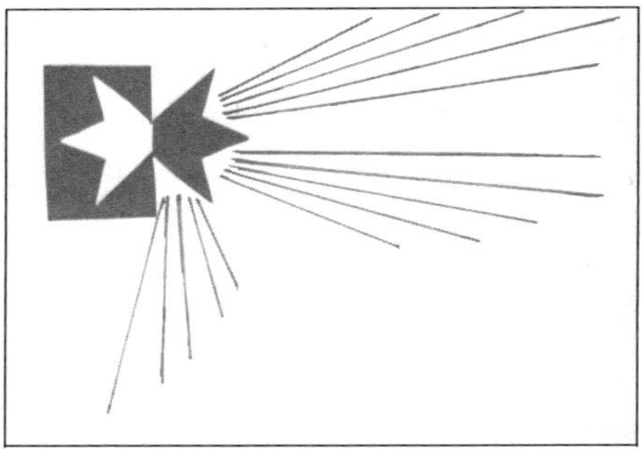

3

4

5

Die Sternkarten werden nach dem gleichen Prinzip gestaltet; bei Nr. 3 wird ein einzelner Stern benutzt und die Strahlen mit Farbstift gezogen; für die Karten 4 + 5 werden Sternleisten geschnitten.

6

Die Karte Nr. 6 besteht aus einem Rechteck (Kerze) und drei verschiedenfarbigen, unterschiedlich großen Kreisen.

7

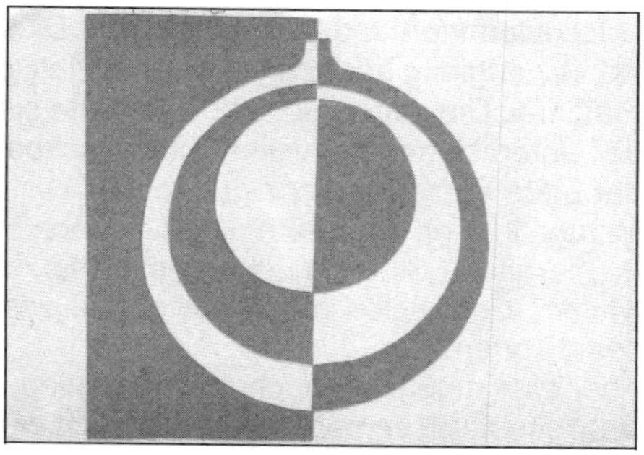

8

Für die Karte Nr. 7 wurde das Kerzenmotiv von Nr. 1 aufgenommen und ein Bibelwort hinzugefügt. In ähnlicher Weise lassen sich alle Symbole mit Sprüchen oder Wünschen kombinieren. Die Karte 8 zeigt ein anderes Motiv, das sich ähnlich gestalten läßt: die Christbaumkugel.

39 Sigrid Berg

Weihnachtslichter

Erzählung

Webers mußten umziehen; Herr Weber war nach Norddeutschland versetzt worden. Im Januar mußte er dort seine Arbeit aufnehmen, und die Familie bekam zum 1. Februar eine neue Wohnung. Kurz nach Weihnachten ging das Packen und Räumen los. Bald war es nicht mehr sehr gemütlich im Haus, und Ute war froh, als endlich der Möbelwagen vor der Tür stand. Sie freute sich auf die neue Stadt und die neue Wohnung. Nur ihre Freundinnen ließ sie ungern zurück. Vor allem vor der neuen Schule hatte sie ein wenig Angst. Wie würde sie sich dort einleben?

Dann war der gefürchtete Augenblick da. Die Eltern hatten sie im Rektorat angemeldet; dort hatte sie ihre neue Klassenlehrerin kennengelernt, und sie stellte sie jetzt ihren Mitschülerinnen und Mitschülern vor. Die Jungen und Mädchen der 3a guckten sie ein wenig neugierig an. Schnell war ein Platz gefunden. Neben einer Schülerin war noch ein Platz frei. Die neuen Schulbücher hatte sie gleich bekommen, und nach kurzer Zeit ging der Unterricht normal weiter. Utes Nachbarin half ihr, wenn sie nicht zurechtkam, so daß der erste Vormittag ganz gut verlief.

Mittags fragten die Eltern natürlich nach allem: Wie sind die Klassenkameradinnen und -kameraden? Sind die Lehrer nett? Bist du gut mitgekommen, oder ist die Klasse schon weiter? Und vieles mehr wollten sie wissen. Ute konnte noch gar nicht alle Fragen beantworten.

Aber eins mußte sie doch noch erzählen. »Stellt euch vor«, sagte sie. »Unsere Klasse sieht eigentlich immer noch etwas nach Weihnachten aus, dabei ist das doch schon lange vorbei.« »Nach Weihnachten?« fragten die Eltern verwundert, »wieso denn das?« »Ja«, erzählte Ute weiter, »zwar haben wir keinen Adventskranz mehr, aber an der Wand hängen viele aus Pappe gebastelte Lichter. Und heute gab Frau Bader, das ist doch unsere Klassenlehrerin, dem Thomas noch ein Licht zum Aufhängen. Da haben alle geklatscht.« »Das ist wirklich komisch«, meinte der Vater. »Am besten fragst du Frau Bader, was das soll.« Und das wollte Ute auch tun.

In den nächsten Tagen vergaß Ute ihre Frage aber über all dem Neuen. Sie hatte sich schon an den Anblick der Kerzen gewöhnt. Ihre Tischnachbarin kümmerte sich weiter nett um sie; sie wohnte auch in ihrer Nähe. Und als sie in Mathematik eine besonders schwierige Aufgabe bekamen, sagte sie zu Frau Bader, sie würde nachmittags zu Ute gehen und ihr helfen.

Es wurde ein schöner Nachmittag. Mit Karins Hilfe hatte Ute alles schnell verstanden und erledigt. Anschließend spielten beide noch lange. Abends sagte Ute glücklich: »Mutti, jetzt habe ich eine neue Freundin.«

Am nächsten Morgen fragte Frau Bader, wie die Zusammenarbeit geklappt hatte. Ute erzählte, daß Karin ihr alles gezeigt hatte. »Sie hat mir bei allem geholfen, und jetzt ist sie meine Freundin«, schloß sie. »Wenn ihr einverstanden seid«, sagte Frau Bader da zur Klasse, »soll für Karin ein Licht angezündet werden. Was meint ihr?« Die Klasse stimmte zu, und Karin holte aus einer bereitstehenden Kiste eine von den gebastelten Kerzen und hängte sie auf.

Ute saß daneben und schaute etwas erstaunt zu. Frau Bader bemerkte ihre Verwunderung und sagte: »Wir müssen Ute noch erklären, was unsere ganzen Lichter bedeuten sollen. Du hast dich sicher schon darüber gewundert. Nicht wahr, Ute?« Das mußte Ute zugeben. »Es ist eigentlich eine lange Geschichte«, meinte Frau Bader, »wer will erzählen?« Einige Finger gingen in die Höhe, und Andreas fing an: »Vor Weihnachten haben wir Lieder vom Licht gesungen. Und Jesus hat doch gesagt, wir sollen Lichter sein.« »Aber warum wir Lichter in der Klasse aufhängen, weiß Ute jetzt noch nicht«,

unterbrach Frau Bader. »Komm, Karin, vielleicht kannst du es erklären, du hast ja das letzte Licht aufgehängt.« »Ja, weißt du, Ute, erst haben wir immer überlegt, wie wir für andere zu Weihnachten Lichter sein können. Aber als wir uns in der Klasse wieder einmal furchtbar gezankt und geprügelt haben, hat Frau Bader gesagt, wir sollten auch in der Klasse Lichter anmachen. Und da haben wir all die Papplichter gebastelt. Verstehst du's jetzt?« »Noch nicht ganz«, mußte Ute zugeben.
»Sieh mal, Ute«, erzählte Frau Bader weiter, »wir wollten auch in unsere Klasse – so wie es in unseren Liedern hieß – Licht tragen. Und da haben wir beschlossen, für jedes Licht, das einer anzündet, eine Kerze aufzuhängen, z. B. wenn Karin dir so nett hilft oder wenn einer einen anderen mitspielen läßt oder dazu beiträgt, daß es keinen Streit gibt. Ich denke, jetzt ist alles klar, oder?«
Peter hatte sich schon die ganze Zeit gemeldet. Nun nahm ihn Frau Bader dran. »Ute, eins mußt du noch wissen«, sagte er. »Wir wollten das eigentlich nur bis Weihnachten machen und zu unserer Weihnachtsfeier genauso viel Lichter anzünden, wie wir geschafft hatten. Aber Frau Bader hat gesagt: Das muß weitergehen. Und deshalb gibt es bei uns Weihnachtslichter das ganze Jahr.«

Zum Text

Die Erzählung nimmt ein Motiv aus den vorangehenden Vorschlägen auf: Licht sein für andere. Sie bezieht es auf die konkrete Situation der Schule.
Hinzu kommt der Gedanke, daß die Zuwendung zum anderen, die ihren Anstoß vom Sinn des Weihnachtsfestes her bekam, nicht punktuell auf das Fest beschränkt bleiben soll, sondern weiterwirken will.
Wichtig bei der Besprechung im Unterricht – oder wenn diese Idee in einer Klasse auch durchgeführt wird – ist es, daß die »Lichter« nicht für Wohlverhalten im Sinne von »Bravsein« verteilt werden. Es muß immer um das gute Miteinander im Klassenverband gehen.
Anhand des folgenden Liedes (Nr. 40) läßt sich der Gedanke »Weihnachtslichter das ganze Jahr« von der schulischen Situation auf den ganzen Alltag ausweiten.
Die Verwendung im Unterricht wird ab Klasse 2 empfohlen.

40 Weihnachten das ganze Jahr

2. Weihnachten, o das ist Himmel unter Menschen hier auf Erden.
Und das Herz wird wieder frei mit den andern sich verbinden.
Dort ist Weihnachten das ganze Jahr,
sehr viel Weihnachten das ganze Jahr.

3. In uns leuchtet heller Schein, neues Leben uns gegeben.
Darum laßt uns offen sein, Freude teilen, weiter leben!
Dann ist Weihnachten das ganze Jahr,
ja, dann ist Weihnachten das ganze Jahr.

Text und Melodie: Janina u. Frederick Stock

41

Paul Reding

Weihnachten

In meiner Straße
ist Bethlehem.
Du und ich,
wir sind die Hirten.
Die Krippe steht
im brüchigen Mietshaus
nebenan oder im
schäbigen Betonklotz
gegenüber mit Menschen,
die sich nicht kennen,
den vereinsamten Alten,
den Alleinerziehenden,
den geschiedenen
Männern und Frauen,
den Familien, gelangweilt
vor dem Fernseh- und
Videogerät.
Die Krippe ist in den von uns
gemiedenen Hinterhöfen
bei den Tamilen und Türken.
Der Stern leuchtet
elektrisch über dem
Kaufhauseingang
in der Hauptstraße.
Aber in meiner Straße
ist Bethlehem,
du und ich,
wir sind die Hirten.

Aus: Ders., Ein Stern geht auf.
Weihnachtserzählungen und Gedichte, missio aktuell Verlag,
Aachen 1986, S. 74

Zum Text

Vier Worte aus den biblischen Weihnachtsgeschichten nimmt Reding in seinem Gedicht auf: Bethlehem, die Krippe, die Hirten und den Stern.
Der Stern wird nur einmal erwähnt. Er hat seine eigentliche Aufgabe eingebüßt; er ist umfunktioniert worden. Als Reklamezeichen leuchtet er von den Eingängen vieler Kaufhäuser, um die Menschen zum üblichen Wohlstandsweihnachten zu verlocken.
Wer ihm folgt, findet jedoch nicht das Kind in der Krippe; der Stern weist nicht mehr nach Bethlehem. Das Gedicht sagt: »Bethlehem ist in meiner Straße.« Und wenn wir die Krippe immer noch im Stall im Heiligen Land – oder vielleicht auch in unseren idyllischen Weihnachtsdarstellungen – suchen, dann irren wir. Die Krippe steht im »brüchigen Mietshaus«, im »schäbigen Betonklotz«, in den »gemiedenen Hinterhöfen«. Und Reding zählt auf, bei welchen Menschen wir heute das Kind suchen müssen: bei denen, die – wie Jesus bei seiner Geburt – im Abseits stehen. Da sind die »vereinsamten Alten«, die »Türken und Tamilen«. Aber nicht nur die sind gemeint, deren Außenseitertum leicht ins Auge fällt. Die Isolation und Einsamkeit zieht viel weitere Kreise in unseren Städten. Sie trifft die, die nebeneinander wohnen und »sich nicht kennen«; die allein die schwierige Aufgabe der Versorgung und Erziehung ihrer Kinder bewältigen müssen; die Männer und Frauen, die vor den Trümmern einer Beziehung stehen; und auch die Leute, die mit ihrem Leben nichts anfangen können und sich ihre Langeweile durch das Angebot der Medien vertreiben lassen. – In und bei all diesen Menschen – so sagt Reding – ist Jesus da, wie er es selbst ausgesprochen hat (Mt 25,40).
Doch das Gedicht bleibt nicht bei dieser Feststellung stehen. Es will nicht nur zeigen, daß Jesus mit all diesen Randsiedlern unserer Gesellschaft solidarisch ist, daß Bethlehem und die Krippe bei ihnen zu finden sind.
Reding greift auch die Gestalt der Hirten auf; zweimal heißt es: »Du und ich, wir sind die Hirten.«

Was bedeutet das?

In der Weihnachtsgeschichte sind es die Hirten, die von der Geburt des Kindes erfahren, die sich auf den Weg zu diesem Kind machen, ihm die Ehre geben und die Menschwerdung Gottes bezeugen.
Dem Gedichttext nach sollen wir die Hirten sein. Wir sind es, wenn wir an den heutigen Ort der Menschwerdung Gottes gehen, wenn wir in den Abgeschobenen und Isolierten die Gegenwart Jesu erkennen, ihnen durch Anerkennung und Solidarität »die Ehre geben« und neue Lebensmöglichkeiten eröffnen.

Zur Planung (ab Klasse 5)

1 Die Gedichtinterpretation sollte von den vier Worten aus den biblischen Erzählungen ausgehen. Als Einstieg bietet sich dann das Symbol des Sterns an: Vergleich seiner Aufgabe in der Bibel und im Text.

2 Die Beschreibung der Orte, an denen Bethlehem und die Krippe heute zu finden sind, läßt sich durch Montagen augenfällig ins Bild setzen. Die Schüler suchen aus Zeitungen und Illustrierten Fotos, die den geschilderten Situationen entsprechen, und montieren eine selbstgebastelte oder aus einer Darstellung entnommene Krippe (s. u. S. 156) hinein.

3 Die Schüler diskutieren die so ins Bild gesetzte These Redings (Verknüpfung mit Mt 25,40).

4 Im nächsten Schritt wird das Hirtenmotiv aufgenommen. Zunächst sehen die Schüler sich die Aussagen der Bibel an; sodann ziehen sie Texte über die Hirten aus kirchlichem und volkstümlichem Liedgut hinzu (s. u. das Liedblatt). Schließlich ist zu fragen, wie die Aufgabe der Hirten – nach dem Gedicht: unsere Aufgabe – angesichts der oben dargestellten Situationen auszusehen hätte.

42 Texte aus Weihnachtsliedern

Des laßt uns alle fröhlich sein
und mit den Hirten gehn hinein,
zu sehn, was Gott uns hat beschert...

✻

O, beugt wie die Hirten anbetend die Knie,
erhebet die Hände und danket wie sie...

✻

Kommet, ihr Hirten, ihr Männer und Fraun,
kommet, das liebliche Kindlein zu schaun...
Lasset uns sehen in Bethlehems Stall,
was uns verheißen der himmlische Schall.
Was wir dort finden, lasset uns künden,
lasset uns preisen in frommen Weisen...

✻

Mit den Hirten will ich gehen,
meinen Heiland zu besehen...

✻

Eilte jeder, daß er's sähe,
arm in einer Krippe liegen.
Und wir spürten Gottes Nähe,
und wir beteten es an...

✻

O sehet, die Hirten eilen von den Herden
und suchen das Kind nach des Engels Wort;
gehn wir mit ihnen, Friede soll uns werden...

✻

So gehet und nehmet ein Lämmlein vom Gras
und bringet dem schönen Christkindlein was...

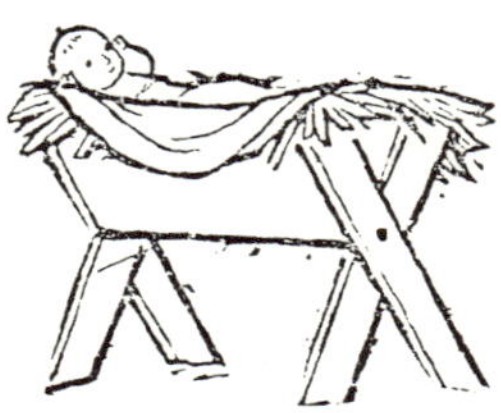
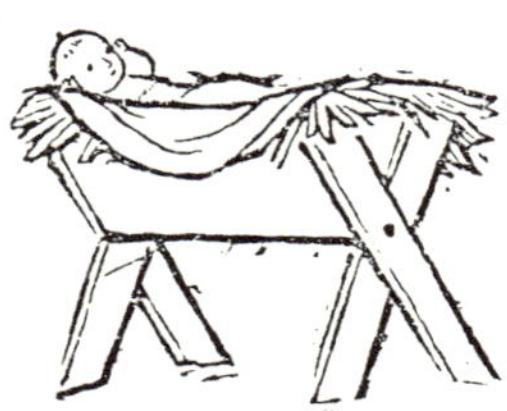
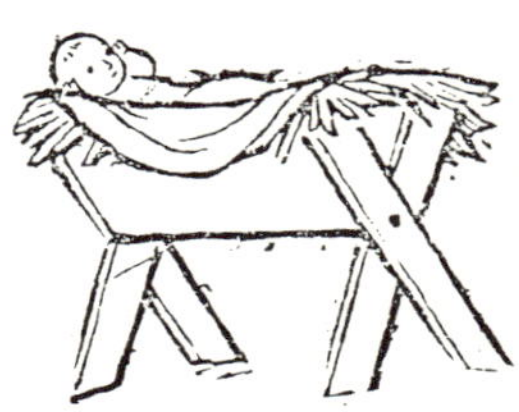

Sigrid Berg

Ein Opa für den Heiligen Abend

Szene für eine Stimme

Eine Frau sitzt an einem Schreibtisch mit Papieren, Karteikästen und einem Telefon. Das Telefon klingelt. Die Frau hebt ab und meldet sich.

Hier Baier vom Kirchengemeindebüro. Guten Tag. – Ja, guten Tag, Frau Eisele, was kann ich für Sie tun? – So, ein Problem haben Sie. Wenn wir können, helfen wir gern. Worum geht's denn? – Ach so. Ja, ja, verstehe. – Sie wollen Weihnachten also auch an andere denken, das finde ich wirklich nett. – Ja, sicher gibt's Einsame, viele sogar. – Sie meinen, es soll ein Herr sein, na gut. – Wie bitte? – So, so, also ein netter Opa wegen der Kinder. Tja, da muß ich mal sehen. Können Sie ihn abholen? – Ach so, Sie wollen zu ihm gehen. Ich dachte, Sie wollten ihn ins Haus holen. Nur besuchen also. – Ja, mit den Kindern. – Und ich soll Ihnen jemand nennen. – Wie bitte? – Aber natürlich, Frau Eisele, ich werde darüber nachdenken. – Ach so, Sie möchten es möglichst gleich wissen. Passen Sie auf, ich überleg es mir jetzt und schau auch mal in meiner Kartei nach. Dann ruf ich wieder zurück. Wie ist ihre Nummer? *(Sie schreibt.)* 58392. Gut, bis nachher, Frau Eisele.
(Vor sich hin.) Ein Opa für den Heiligen Abend! Für die Kinder! Scheint mehr für's eigene Gewissen. Aber solch einen Opa, wie die will, gibt's gar nicht. Arm und sauber, lieb und nett, soll sich auch ordentlich freuen über den Besuch. – Der Herr Peters wäre vielleicht gut. Aber der hat's nicht nötig, der ist weder arm noch einsam. – Und Herr Franz, dem geht's ziemlich dreckig, könnte eine kleine Unterstützung gut brauchen. Aber zu dem gehen die bestimmt nicht in die Wohnung. *(Schnüffeln nachahmend.)* Pfui, wie riecht es denn hier merkwürdig!! – Mal sehen, ob ich jemand in meiner Kartei finde. *(Blättert.)* Hier der Linke, der ist ein ganz armer Hund. Aber zu dem kann ich sie auch nicht schicken, vielleicht ist er Heiligabend gerade wieder betrunken. Das wäre was für die lieben Kinder. – Ruhner, auch Trinker, Buck ebenso. – Oder der Herr Krause ... *(liest:)* Frau vor 4 Monaten gestorben. Der redet seitdem fast mit keinem Menschen mehr. Sitzt und schaut in die Luft. Seine Kinder sind weit weg. Der könnte wirklich mal Besuch brauchen. *(Sie legt die Karte zur Seite.)* – Hier, der alte Herr Lehmann, wie wär's denn mit dem? Genau das Gegenteil von Krause, schimpft und jammert dauernd vor sich hin. Das können die sich ja mal anhören. Vielleicht tät's ihm gut. *(Sie legt die Karte auch zur Seite und blättert weiter.)* Hier sind noch die aus den Baracken. Aber da gehen Eiseles bestimmt nicht hin, *(leicht kichernd)* könnten sich sonst einen Floh, einen Weihnachtsfloh mitbringen. – Na, ich versuch es mal mit Herrn Krause und Herrn Lehmann.
(Sie wählt und horcht einen Augenblick.) Hier noch mal Baier. Frau Eisele, ich habe also ein bißchen in unserer Kartei gestöbert, aber das ist gar nicht so einfach. – Wie? Das wundert Sie? – Sicher gibt es eine Menge arme und einsame alte Herren. Aber die meisten stimmen wohl nicht ganz mit Ihren Vorstellungen überein. – Was das heißt? Um's deutlich zu sagen: Sie wohnen in den Baracken oder sind Trinker, verwahrlost, wunderlich oder so etwas. Liebe Opas, wie Sie sie meinen, gibt's nicht so viele, jedenfalls keine, die ihren Besuch brauchen. – Schon gut. Also, zwei könnte ich Ihnen nennen. Herrn Krause ist vor 4 Monaten die Frau gestorben. Das hat ihn sehr mitgenommen. Jetzt sitzt er ziemlich teilnahmlos herum, könnte ein bißchen Aufheiterung brauchen. Er wohnt... Wie bitte? – Ach so, das möchten Sie nicht. Zu deprimierend. Doch ja, das ist es sicher. – Der zweite ist Herr Lehmann. Er ist ein etwas grantiger Herr, schimpft auf alles und jeden und jammert immer vor sich hin. Aber Weihnachten wird er wohl friedlich sein. Soll ich Ihnen seine Anschrift sagen? – Nein, andere kann ich Ihnen nicht nennen, tut mir leid. – Ach so, ja, verstehe. Auf Wiederhören, Frau Eisele. *(Sie legt den Hörer hin, spricht vor sich hin, Frau Eisele nachahmend.)* Ich glaube, wir kommen doch besser ohne aus!

Zur Szene

Das größte Übel, das wir unsern Mitmenschen antun können, ist nicht, sie zu hassen, sondern ihnen gegenüber gleichgültig zu sein. Das ist die absolute Unmenschlichkeit.
G. B. Shaw

Weihnacht,
Weltkrieg der Wünsche,
Stichtag für Selbstmörder,
größte Einsamkeit...
W. Wondratschek

Wo Besuche Ausdruck von erneutem Zusammengehörigkeitsgefühl, von solidarischem Sichkümmern um die Alten und Jungen, Kranken und Einsamen sind – da ist wahrhaft Weihnacht.
H. Küng

Shaw spricht von der Gleichgültigkeit als dem größten Übel den Mitmenschen gegenüber. Wondratschek nennt Weihnachten den »Stichtag für Selbstmörder«, und die Statistiken bestätigen das. Gerade an diesem Tag spüren viele Menschen ihre Einsamkeit besonders stark, zum einen weil das Fest oft mit gefühlsbetonten Erinnerungen verbunden ist, zum anderen weil die meisten es im engen Kreis der Familie feiern und keinen Blick für Außenstehende haben.
Aber oft ist auch noch ein Wissen um diese Zusammenhänge vorhanden. So meint man dann, zu Weihnachten all das, was man das ganze Jahr versäumt hat, nachholen zu müssen. Oder man möchte wenigstens exemplarisch ein wenig Liebe und Zuwendung weitergeben.
Die Szene »Ein Opa für den Heiligen Abend« zeigt diese Situation leicht karikierend. Ist jedoch der passende Opa nicht zur Hand, kommt man im Notfall auch ohne diese Demonstration der Nächstenliebe aus.
Man sollte aber nicht im Negativen steckenbleiben. Wir können wohl auch davon ausgehen oder es erhoffen, daß Weihnachten etwas neu beginnen und wachsen kann – auch durch gegenseitige Besuche, wie es im Zitat von Hans Küng zum Ausdruck kommt.
Die Szene kann als Unterrichtsmedium, aber auch für Gottesdienst oder Gemeindeabend in der Adventszeit benutzt werden (ab Klasse 4).

Kinder in der 3. Welt – Kinder bei uns (ab Klasse 2)

Zur Idee

Siebenjährige Schülerin: »Meine Mutti hat gesagt, wenn wir im Lotto gewinnen, geben wir 100 Mark für ›Brot für die Welt‹.«
Achtjähriger Schüler: »Wir verschenken auch viel. Wir schicken alle Sachen, die wir nicht mehr brauchen, nach Polen.«
Im Unterricht wird eine Karikatur besprochen, in der eine mit Weihnachtseinkäufen überladene Frau nach einem Groschen für die Sammelbüchse für die 3. Welt sucht. Mehrfach geäußerte Reaktion von Schülern: »Ich finde es toll, daß sie dafür auch was gibt.«

Die geschilderten Äußerungen sind sicher – wenn auch mit graduellen Unterschieden – symptomatisch für die Einstellung der meisten Menschen zur Frage des Abgebens. Von wirklichem Teilen oder Opfern kann nicht die Rede sein; Spenden sind oft Almosen, mit denen das schlechte Gewissen beruhigt wird.
Vor allem in der Weihnachtszeit – unterstützt durch die großen Sammelaktionen von »Adveniat« und »Brot für die Welt« – gibt es einen Spendenboom. Er ist sicher berechtigt, und die Idee und der Erfolg sollen keineswegs geschmälert werden. Aber wir dürfen darüber nicht vergessen, daß es in unserem Verhältnis zur 3. Welt nicht um Barmherzigkeit geht, sondern um Gerechtigkeit; denn die reichen Völker haben ihren Wohlstand auf Kosten der 3. Welt erworben; sie haben kein Anrecht darauf, und es ist nur recht und billig, zu teilen, statt gnädig Almosen zu verteilen. Das müssen wir uns immer wieder ins Bewußtsein rufen.
Die Texte »Kinder in der 3. Welt – Kinder bei uns« möchten die Ungerechtigkeit verdeutlichen und dafür sensibilisieren. Sie können Anstoß zu einer Aktion für die 3. Welt geben. Dabei sollten jedoch die oben genannten Gedanken besprochen werden. Um sich auch von der typischen, punktuellen Weihnachtsaktion zu lösen, wäre es sinnvoll, ein Vorhaben über längere Zeit zu planen und zu versuchen, das »Almosengeben« zu überwinden.
Die abgedruckten Tagesabläufe von deutschen und Drittwelt-Kindern sind als Gegenüberstellung für Unterricht, Feier oder Gottesdienst gedacht. Sie sollten möglichst mit Dias oder Postern verknüpft werden.
In diesen Problemkreis paßt das Lied »Was schenken wir dem Jesuskind?« (Nr. 106), vor allem die 4. Strophe bezieht sich auf das Thema.
Ergänzendes Bild- und Textmaterial ist u. a. zu erhalten bei: Kirchliche Hilfswerke; Kindernothilfe e. V., Düsseldorfer Landstr. 180, 4100 Duisburg; terre des hommes Deutschland e. V., Postfach 4126, 4500 Osnabrück
Für die Textbeiträge wurden u. a. folgende empfehlenswerte Quellen benutzt: Dia-Serien von R. Jung: »Gita im Loch« und »Carlos und die Wellblechkinder« (zu beziehen bei terre des hommes) und »Wie leben Kinder anderswo?« (Hg. v. Ev. Missionswerk)

44 24. Dezember

São Paulo

»Pedro, du mußt aufstehen!« Die Mutter schüttelt den kleinen Jungen. » Los, es wird Zeit!« Er erhebt sich von der dünnen Matte, auf der er zusammen mit seinen beiden jüngeren Geschwistern geschlafen hat, und streicht Hemd und Hose glatt. Fröstelnd zieht er seine Jacke an, mit der er sich zugedeckt hatte.
Die Mutter schiebt ihm ein Schälchen Reis zu. »Beeil dich, die ersten Wagen kommen bald auf dem Müllplatz an«, drängt die Mutter. »Hoffentlich findest du Holz, sonst kann ich morgen nicht kochen.«
Mit seinem Sack macht Pedro sich auf den Weg. Aus allen Hütten strömen Kinder auf den Müllplatz. Kaum treffen die ersten Autos ein und entleeren ihren Inhalt, stürzen sie sich darauf. Jeder versucht, etwas Gutes unter dem Abfall hervorzukramen. Pedro hat Glück: Ein paar Stücke Holz hat er schon erwischt. Und da ist ein alter Topf ohne Henkel, den kann die Mutter sicher gut gebrauchen.
Immer mehr Wagen rollen heran; Staub und Schmutz werden aufgewirbelt. Und mittendrin suchen die Müllkinder nach brauchbaren Resten.
Inzwischen steht die Sonne hoch am Himmel und brennt unbarmherzig herab. Pedros Sack hat sich gefüllt. Er schleppt ihn heim und bringt der Mutter seine Herrlichkeiten: Holz und Pappe zum Feuermachen, den Topf, zwei angefaulte Äpfel und ein Stück Stoff. »Damit kann ich deine Hose flicken«, lobt ihn die Mutter. Sie reicht ihm wieder ein Schälchen Reis. Bis auf das letzte Körnchen kratzt Pedro es leer. Dann macht er sich erneut auf den Weg zum Müllplatz.

Hamburg

Axel schlägt die Augen auf und ist sofort hellwach. Heute ist ja Weihnachten, da fällt das Aufstehen nicht schwer. Schnell läuft er in die Küche, wo die Mutter schon bei der Arbeit ist. Sie hat heute wenig Zeit, ist beschäftigt mit Kochen und Backen. Aber Axel ist schon recht selbständig und kann sich selbst fertigmachen; er geht sogar noch für die Mutter einkaufen. Ist da ein Gerenne und Geschiebe in den Geschäften! Hochbepackt eilen die Leute heim. Axel hat es nicht eilig. Er kann den Abend zwar kaum erwarten, aber hier vergeht die Zeit schneller als zu Hause.
Daheim darf er von den leckeren Sachen kosten, die die Mutter vorbereitet. Er probiert so ausgiebig, daß das Mittagessen gar nicht mehr schmecken will.
Fernsehen kann Axel heute leider nicht; denn die Tür zum Weihnachtszimmer ist verschlossen. Die Eltern sind hineingegangen, und er hört ab und zu geheimnisvolles Rascheln. Die Spannung wird immer größer.
Endlich ist die Zeit zum Kirchgang da, und anschließend beginnt das Fest daheim. Die Lichter am Tannenbaum sind angezündet, und unter dem Baum liegen die Geschenke. Das ist ein Jubel! Axel weiß gar nicht, worüber er sich am meisten freuen soll.

Bogota

Rosita friert. Sie wacht auf und rückt etwas dichter an die anderen Kinder heran, um sich zu wärmen. Aber das nützt nichts. Wie sollen sie warm werden hier an der Straßenecke in der kleinen Nische? Die Zeitungen, mit denen sie sich zugedeckt hatten, hat der Wind fortgeblasen.
Die anderen sind inzwischen auch wach geworden. Sie frieren, und ihnen knurrt der Magen. Sie gehören zu den »Gamines«, den Straßenkindern, die kein Zuhause haben und als Streuner in Bogota leben.
Pepe, der Älteste, teilt sie jetzt zur »Arbeit« ein: Drei müssen die Müllkübel in einer Straße der Reichen durchwühlen; fünf machen das »Fangspiel«. So nennen sie es, wenn sie

gemeinsam Touristen bestehlen. Rosita muß mit Juanita und Maria zum Betteln gehen. Mädchen bekommen eher etwas.
So sitzt Rosita den ganzen Tag am großen Platz auf den Steinen und hält die Hand auf. Große Schätze bekommt sie nicht; zu viele Bettler sitzen überall in den Straßen. Aber am Abend bringt sie wohl ein paar Pesos mit, die werden dann unter alle geteilt. Sie kann nur hoffen, daß auch die anderen Erfolg hatten, damit es für alle zum Sattwerden reicht und sie wenigstens nicht hungrig einschlafen müssen.

Grainau
Behnkes haben eine Ferienwohnung in den Bergen gemietet; denn sie möchten dieses Jahr Weihnachten im Schnee feiern. Den Tannenbaum, Kerzen, Kugeln und Lametta haben sie mitgenommen; die Geschenke natürlich auch. Es soll an nichts fehlen.
Gisela und Ursel tollen draußen mit Bobby, dem Hund, im Schnee herum, während die Mutter noch auspackt und der Vater den Baum aufstellt. »Gisela, Ursel, kommt rein!« ruft er da. »Heute dürft ihr beim Schmücken helfen.« Die beiden sind sehr stolz, sonst hatten die Eltern das allein gemacht. Sorgfältig hängen sie alles in die Zweige, der Vater steckt die Lichter auf. Zufrieden betrachten sie ihr Werk. Aber dann werden sie aus dem Zimmer verbannt. Sie können sich denken warum: Die Geschenke werden bereitgelegt.
Anschließend geht die Familie zu einem festlichen Essen ins Hotel. Es gibt herrliche Sachen, aber Gisela und Ursel können sie kaum genießen, so aufgeregt sind sie.
Auf dem Rückweg gehen die Eltern ein bißchen voraus, und als die Kinder eintreffen, steht der Weihnachtsbaum schon in hellem Glanz. Die Mädchen sagen Gedichte auf; sie singen und erzählen. Aber nicht lange; denn sie warten auf ihre Geschenke. Sie sind schon ganz zappelig. Und dann ist die Freude riesengroß. Was liegt dort nicht alles unter dem Baum, mehr als sich die beiden gewünscht hatten.

Bombay
Gita sitzt in ihrer Gefängniszelle und schaut durch die Gitterstäbe. Ihr Essen hat sie schon bekommen. Der Magen knurrt nicht mehr, aber satt ist sie nicht.
Sie denkt an die Eltern und Geschwister. Wo mögen sie stecken? Wie hat sie nach ihnen gesucht! Den Schreck wird sie nie vergessen, als sie vom Wasserholen zurückkam und die Planierraupe die ganzen Hütten, in denen auch ihre Familie lebte, zusammengeschoben hatte. Auf einem der abfahrenden Lastwagen sah sie die Mutter, aber sie konnte nicht zu ihr kommen. Die Polizei hatte alles abgeriegelt. Und dann war sie umhergeirrt, einen Tag und eine Nacht, ohne Essen und Trinken, ohne einen Menschen. Schließlich hat sie einem Händler eine Orange weggenommen, um den größten Hunger zu stillen. »Diebin, Diebin!« hatte er geschrien und sie der Polizei übergeben.
So ist sie hier im Waisenhaus gelandet. Aber weil sie eine Diebin ist, sitzt sie in einer Zelle. Alles ist vergittert, und vor der Zelle steht ein scharfer Hund, der wird nachts losgemacht. Gita kann nicht fortlaufen. Und wo sollte sie auch hin?
Nun hockt sie in ihrer Zelle und schaut durch die Gitterstäbe – ohne Hoffnung und ohne Zukunft.

Regensburg
So schnell ist Stefan morgens selten fertig geworden, aber heute ist ja auch Heiligabend.
Vormittags scheint dann die Zeit stillzustehen, dauernd schaut Stefan auf die Uhr. Endlich ist es so weit: Er darf mit dem Vater zum Bahnhof fahren und die Großeltern abholen, die über Weihnachten zu Besuch kommen. Das gibt eine freudige Begrüßung! Von jetzt an weicht Stefan dem Großvater nicht mehr von der Seite; denn er kann so herrlich erzählen und mit ihm spielen.
Während die Großmutter sehr schnell mit der Mutter in der Küche verschwindet, trägt der

Großvater zunächst geheimnisvolle Pakete ins Weihnachtszimmer. Stefan möchte durch den Türspalt schauen, aber die Großen schicken ihn weg. Bis zum Abend muß er seine Neugier noch bezähmen.
Zum Glück hat der Opa Verständnis für ihn. Schon jetzt schenkt er ihm ein neues Puzzle, und gemeinsam vertreiben sie sich damit die Zeit, die allerdings – wie es Stefan erscheint – heute einfach nicht verstreichen will.
Endlich klingelt das Glöckchen im Weihnachtszimmer, die Tür wird geöffnet und Stefan stürzt hinein. Wie herrlich der Baum aussieht! Aber noch mehr interessieren ihn seine Geschenke. Er bewundert alles, zeigt es den Eltern und Großeltern. Bald hockt er mit dem Opa auf dem Fußboden, und sie spielen mit dem neuen Baukasten.

Benares
Noch ganz müde und verschlafen macht Lakshmi sich auf den Weg zur Zündholzfabrik. In aller Eile hat sie ihr mageres Frühstück verschlungen, nachdem die Mutter sie geweckt hatte. Lakshmi ist 8 Jahre alt, aber sie kann nicht zur Schule gehen. Zwar hat die Regierung Kinderarbeit verboten, doch die Fabrikbesitzer stellen gerne Kinder ein. Kinder bekommen noch weniger Geld als Frauen, auch können sie sich nicht wehren. Und die Familien schicken ihre Kinder bereitwillig, denn ohne ihren Verdienst müßten sie verhungern.
Lakshmi hat die Fabrik erreicht. Man hört keinen Maschinenlärm, alles wird hier von Hand hergestellt. Das Mädchen betritt eine große Halle; noch ist es einigermaßen kühl hier, aber im Lauf des Tages steigt die Temperatur auf etwa 40° im Schatten. Schnell eilt Lakshmi zu ihrem Platz. Wie alle anderen Kinder und auch die Arbeiter hockt sie sich auf den Boden, Tische und Stühle gibt es nicht. Und nun heißt es, sich beeilen. Die schweren Eisenrahmen müssen mit Tausenden von Streichhölzern gefüllt werden. Ohne aufzuschauen arbeiten viele andere Mädchen mit Lakshmi, einige sind noch jünger als sie. Die Aufseherin geht hin und her und sorgt mit ihrem Rohrstock für ein schnelles Arbeitstempo. Aber Lakshmi möchte selber viel schaffen. Sie werden nach der Zahl der fertiggestellten Stücke bezahlt, und sie möchte am Wochenende 18 Rupien (ca. 4,– DM) heimbringen. 10–12 Stunden am Tag muß sie dafür arbeiten, nur der Sonntag ist frei.
Mittags schlingt Lakshmi eilig ihr mitgebrachtes Essen hinunter, dann geht es weiter. Sie strengt sich sehr an und beklagt sich nicht; denn sie weiß, daß sie sonst entlassen wird.

Zur Karikatur (Nr. 45)

Das beherrschende Bildzeichen der Karikatur ist der Weihnachtsmann. Rund und dick, beladen mit Christbaum und Paketen thront er in einem Fahrzeug und läßt sich zu einer reichen Bescherung bringen.
Das Fahrzeug ist weder der beliebte Pferdeschlitten, noch ein – diesem Weihnachtsmann sicher angemessener – Straßenkreuzer, sondern eine Rikscha. Gezogen wird sie von einem recht kleinen, spärlich bekleideten, unterernährt aussehenden Farbigen. Das Schild neben seiner Hand identifiziert ihn zusätzlich als Vertreter der Menschen der 3. Welt. Man fürchtet, daß er fast zusammenbricht unter der Mühe, die schwerbeladene Rikscha zu ziehen, während der Weihnachtsmann behäbig dasitzt und ihn keines Blickes würdigt.
Schließlich gehört die Unterschrift »Weiße Weihnacht« zur Karikatur. Üblicherweise rufen diese Worte die idyllische Vorstellung von verschneiter Landschaft, Traulichkeit, Kerzenlicht und andächtiger Stimmung ab.

Weiße Weihnacht
Aus: Die ZEIT 52/82

Hier sind die Worte jedoch anders gebraucht. Der Zeichner will uns darauf stoßen, wie wir im Gegenüber zu den Menschen der 3. Welt das Weihnachtsfest feiern, das Fest, an dem Gott sich eindeutig auf die Seite der Armen stellte.
Unser Festsymbol ist der feiste, geschenkbeladene Weihnachtsmann, dessen Blick über den Farbigen hinweggeht und der ihn kaum wahrnimmt.
Weiße Weihnacht – und nun passen eigentlich beide Vorstellungen doch zusammen – beinhaltet den Wunsch nach ungestörter Stimmung und Idylle, gleichzeitig den ungestörten Egoismus, der die Hungernden der 3. Welt vergißt.
Doch mehr als das. Der Weihnachtsmann als Vertreter unseres Festes sieht nicht nur achtlos über den anderen hinweg, sondern er nutzt ihn aus, läßt sich von ihm ziehen. Das soll doch wohl heißen: So erwerben, genießen und erhalten auch wir unseren Wohlstand auf Kosten der Armen.
Aber man kann mit der Interpretation sicher noch einen Schritt weiter gehen. Der Weihnachtsmann setzt seinem Verhalten die Spitze auf, indem er den ausgebeuteten Menschen der 3. Welt, auf dessen Kosten er zu diesem reichen Popanz geworden ist, nun mit seiner Rikscha anheuert und ihn so – gleichsam als Almosen – einen geringen Lohn verdienen läßt. Er könnte sicher den Straßenkreuzer wählen, aber er ist ja kein Unmensch!
So sieht nach Meinung des Zeichners Murschetz unsere »Weiße Weihnacht« aus. Wir müssen uns seiner Kritik stellen und uns fragen lassen, wo wir diesem »Weihnachtsmann« gleichen und wo Wege zu finden sind, diese unwürdige und ungerechte Ausbeutung der 3. Welt zu durchbrechen.
Die Verwendung im Unterricht wird ab Klasse 5 empfohlen.

46 Frieden mit Mensch und Natur

Ilse Kibgis

Umkehr

ich möchte
für den
Frieden auf Erden
unfriedlich werden

den Krippenkindern
der Welt
ein Bett geben

und mit Geschäften
keine Geschäfte mehr
machen

ich möchte
daß die Liebe
in mir
Mensch wird

geboren in irgendeiner
heiligen Nacht
und aufwächst
ohne gekreuzigt
zu werden

Zum Text

»Frieden auf Erden«, »Krippenkind(er)«, »Mensch werden«, »heilige Nacht«, diese Wendungen wecken die Assoziation »Weihnachten«, »Geburt Jesu«. Beim genaueren Hinschauen merkt man jedoch, daß hier nicht von der Menschwerdung Gottes in Jesus die Rede ist. Es heißt:

> »ich möchte
> daß die Liebe
> in mir
> Mensch wird
> geboren in irgendeiner
> heiligen Nacht...«

Die Liebe soll »in mir Mensch werden«: Die Menschwerdung Gottes, die in Jesus ihren Anfang nahm, soll zur Menschwerdung des Menschen weitergehen, seine Liebe und sein gelungenes Menschsein sollen auch in uns beginnen. Dann geschieht eine »heilige Nacht«.
Allerdings ist dies neue Menschsein bedroht, wie Jesus bedroht, verfolgt und getötet wurde. Der Wunsch, von diesem Schicksal verschont zu bleiben, der Liebe das Wachsen zu ermöglichen, »ohne gekreuzigt zu werden«, drückt gleichzeitig Angst und Hoffnung aus.
Die ersten drei Strophen umschreiben, wie dies neue Menschsein in Liebe aussehen und Gestalt annehmen kann.
Drei Wünsche formuliert die Verfasserin, alle drei knapp skizziert, aber relativ leicht mit Daten aus unserer Welt zu konkretisieren. Sie rufen zahlreiche Assoziationen ab.

»ich möchte
für den
Frieden auf Erden
unfriedlich werden...«

Immer mehr Menschen engagieren sich für den Frieden. Wir denken an Friedensaufrufe und -demonstrationen, an Friedensarbeiter, an Gruppen wie »Aktion Sühnezeichen/Friedensdienste«. Doch viele Bemühungen sind vergeblich oder werden unterdrückt. Das führt häufig zur Resignation, aber auch zu einem Aufbäumen. Muß man die Menschen zum Frieden zwingen? Gibt es Situationen, in denen man »unfriedlich werden« muß, um aus der Liebe heraus den Frieden zu schaffen?

»ich möchte...
den Krippenkindern
der Welt
ein Bett geben...«

Wie Jesus – in Armut geboren, vor den Schergen des Herodes auf der Flucht –, so kommen viele Kinder auf die Welt – hineingeworfen in Hunger, Armut und Heimatlosigkeit. Ihnen »ein Bett geben«, sich für sie einsetzen, ein menschenwürdiges Leben für sie schaffen, das sind Aufgaben, für die sich viele Menschen engagieren, z. B. in den Gruppen »terre des hommes«, »Unicef«, »Kindernothilfe« u. a.

»ich möchte...
...mit Geschäften
keine Geschäfte mehr
machen...«

Geschäft, Verdienst, Konsum, diese Begriffe bestimmen weithin den Alltag und das Zusammenleben. Erschreckt hören wir immer wieder Nachrichten von Geschäftemachern, die auf Kosten der Armen reich werden.– Aus Geldgier zerstören andere rücksichtslos die Umwelt. – Oder wir lesen von gedankenloser Unterstützung von Unrechtssystemen wie beispielsweise dem Regime von Südafrika.

Aber können wir etwas dagegen tun? Sicher ist unser Einfluß meist nicht groß, aber es besteht die Möglichkeit, Zeichen zu setzen, wie es z. B. einige Gruppen versuchen:

- Die evangelische Frauenarbeit macht sich stark für den Boykott der südafrikanischen Wirtschaft, um die Geschäftemacher zur Änderung ihrer Praktiken zu zwingen (»Kauft keine Früchte der Apartheid«).
- Die Dritte-Welt-Läden steuern gegen die Ausbeutung der armen Länder, indem sie ihnen die Verdienste direkt zukommen lassen und den geschäftemachenden Zwischenhandel ausschalten.
- Die Organisation »Greenpeace« versucht, durch spektakuläre Aktionen die Öffentlichkeit auf die Zerstörung der Umwelt durch viele Geschäftemacher aufmerksam zu machen.

Bei der Interpretation hat das Gedicht, das von der Menschwerdung des Menschen ausgeht, eine politisch/soziale Dimension erhalten. Das zeigt deutlich, daß diese Menschwerdung nicht ohne Konsequenzen im Alltag denkbar ist. Sie erfordert eine Umorientierung; deshalb lautet der Titel des Gedichts »Umkehr«. Sie ist nicht ohne Risiko; denn wenn »die Liebe (so) Mensch wird«, ist sie immer in der Gefahr, »gekreuzigt zu werden«.

Zur Planung (ab Klasse 7)

Bei der Besprechung des Gedichts ist es wichtig, zunächst die Bedeutung der Wendung »daß die Liebe in mir Mensch wird« zu erarbeiten: zu erkennen, daß es hier um das neue Menschsein im Sinne Gottes geht.
Zu den drei genannten Wegen sollten dann Assoziationen gesammelt werden. Voraussichtlich werden dabei einzelne, Gruppen oder Organisationen genannt, die versuchen, dieses Menschsein zu realisieren. Es wäre sinnvoll, sich zur gründlichen Auseinandersetzung auf eine (oder wenige) zu einigen, ausführliche Informationen einzuholen und zu bearbeiten und so Möglichkeiten zum Engagement kennenzulernen.

Zeichen der Zeit

Ein Vorschlag zur kreativen Auseinandersetzung

Die Idee

Der Vorschlag geht auf die Bildidee des Zeichners Hans-Georg Rauch zurück, der einen Adventskalender kritisch verfremdet. Diese Idee soll in ein Unterrichtsvorhaben mit Schülern der Sekundarstufe I umgesetzt werden.
Ausgangsmaterial ist, wie gesagt, ein Adventskalender, wie er in vielen Kinderzimmern vor Weihnachten zu finden ist. In Erwartung des Festes öffnen die Kinder jeden Tag eine Tür und freuen sich über die kleinen Überraschungen, die hinter ihnen hervorkommen.
Auf dem abgebildeten Beispiel sind die Türen 1–19 bereits geöffnet, nur die restlichen fünf verraten noch nicht, was sich hinter ihnen verbirgt.
Im unteren Teil des Kalenders mit den geschlossenen Türen sieht man ein idyllisches Bild von der Geburt Jesu im Stall mit Ochs und Esel, Krippe und Stern, eine zarte, skizzenhafte Strichzeichnung.
Die geöffneten Türen im oberen Teil geben den Blick frei auf völlig unerwartete Bilder, unpassend für einen Adventskalender. Für den Unterricht wurden die Zeichnungen von Rauch in Realfotos umgesetzt. All diese Gestalten und Zeichen symbolisieren Bedrohungen, denen wir in unserer Welt ausgesetzt sind: das Atom-U-Boot, der sterbende Wald, die Giftfässer, der Panzer, der durch die Ölverschmutzung verendete Vogel, das Hakenkreuz, die geballte Faust, um nur einige aufzuzählen, eine erdrückende Fülle von Zeichen für Gewalt und die Folgen von Verantwortungslosigkeit gegenüber Mensch und Umwelt.
Die Bedrückung wirkt besonders stark, weil jedes Bild seinen Rahmen sprengt, in Bewegung ist und sich auszubreiten scheint. Man fragt sich angstvoll, was aus den restlichen Türen noch hervorbrechen wird.
Schaut man den Kalender im ganzen an, fällt sofort die Unausgeglichenheit der beiden Teile auf. Der Betrachter nimmt das Bild von der Geburt in Bethlehem in der zarten Strichzeichnung erst auf den zweiten Blick wahr, so stark dominieren die Horrorvisionen – schon durch die Intensität der Fotos – und fesseln die Aufmerksamkeit.
Die Idee des verfremdeten Adventskalenders soll dazu anregen, die oft brutale Realität unserer Welt aus der Weihnachtszeit nicht auszublenden, sondern sie bewußt wahrzunehmen und mit der christlichen Weihnachtsbotschaft zu konfrontieren.

Zum Unterricht (ab Klasse 7)

Die Schüler erhalten zunächst eine Schablone eines Adventskalenders, etwa im Format DIN A 3. In einige der Fenster sind bereits Fotos der oben beschriebenen Art montiert. Die Schüler arbeiten die Stoßrichtung dieser Montage heraus und übernehmen die Aufgabe, die übrigen Fenster mit entsprechenden Fotos zu füllen; die restlichen Fenster im unteren Teil bleiben noch frei.

47

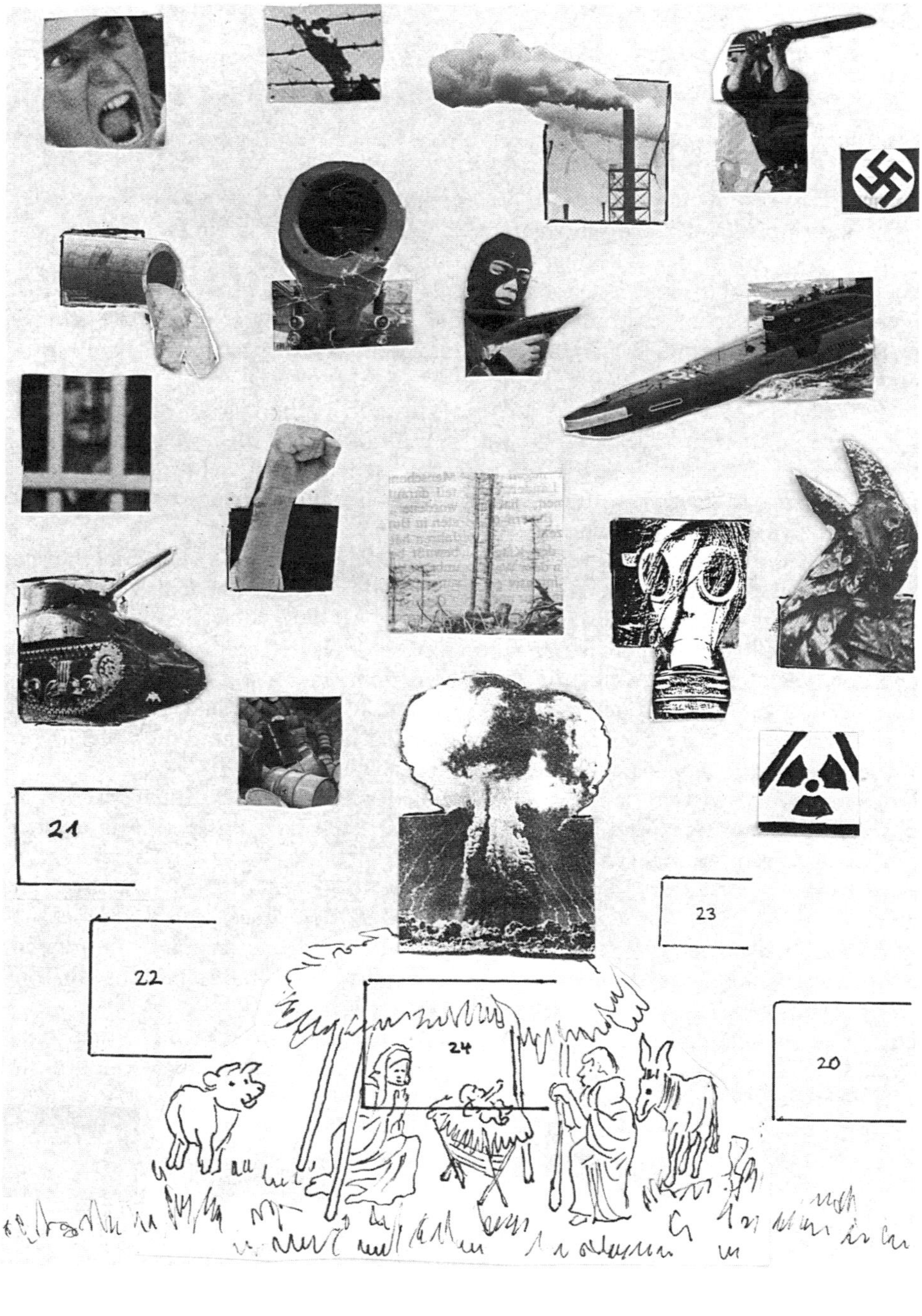

In einem zweiten Schritt wird festgestellt, daß die Zeichnung im unteren Teil die christliche Weihnachtsbotschaft symbolisieren soll. Die Schüler sprechen darüber, was mit diesem Kind an Hoffnungen, Zusagen, Veränderungen und Lebensmöglichkeiten in die Welt gekommen ist. Sie überlegen, welche Impulse für das Zusammenleben der Menschen untereinander und mit der Natur von der Menschwerdung Gottes ausgehen könnten und sollten.
In einem dritten Schritt erfolgt nun die Konfrontation dieser Botschaft mit der Realität unserer Welt, wie sie im oberen Teil des Kalenders dargestellt ist. Hält die Weihnachtsbotschaft ihr stand?
Die Antwort auf diese Frage bestimmt die Gestaltung des unteren Teils. Drei Möglichkeiten bieten sich an:

- Die Lerngruppe ist der Meinung, daß das Übergewicht der Bedrohungen so stark ist, daß das, wofür die Krippe Sinnbild ist, darunter hilflos zusammenbricht. Dann werden auch die letzten Türen Gewalt ausspeien und das Kind überschütten.
- Oder soll die zarte Zeichnung reduziert auf fünf Türen – fünf Tage – zeigen, daß wir alles, was mit Frieden, Gemeinschaft, Liebe zusammenhängt, auf diese wenigen Tage im Jahr eingeschränkt haben, daß diese wenigen Tage aber keinen Einfluß auf die übrigen haben: Weihnachten eine Beschwichtigung, ein Stück Idylle, das wir uns einmal jährlich leisten? Folgt die Gruppe diesem Verständnis, dann wird sie auf eine weitere Gestaltung verzichten oder aber die Fenster mit visuellen Beispielen der üblichen Weihnachtsidylle ausfüllen.
- Vielleicht möchten die Schüler aber auch die Erwartung und Hoffnung zum Ausdruck bringen, daß von diesen kaum wahrnehmbaren Anfängen erneuernde und verändernde Kräfte ausgehen können, denen es gelingt, die rohen Kräfte zurückzudrängen und – um im Bild zu bleiben – die Türen vor ihnen zu schließen und Platz für andere Zeichen zu schaffen. In diesem Fall würden die Schüler Symbole für diese tätige Hoffnung einsetzen, etwa eine Friedenstaube, das Zeichen von »Aktion Sühnezeichen/Friedensdienste« o. ä.

Diese kreative Arbeit kann dazu anregen, sich den Kontrast zwischen Weihnachtsbotschaft und Realität bewußt zu machen. Die Lerngruppe muß sich fragen, ob sie in Resignation verharren will, erdrückt von den »Zeichen der Zeit«, oder ob sie auf der Seite der Schwachen voll Hoffnung für Veränderung arbeiten will.

48

Zeichnung: Marie Marcks
Aus: Dies., Darf ich zwischen euch?, © 1982 by Diogenes Verlag AG Zürich

Zur Karikatur

Die Karikatur enthält eine Reihe traditioneller Bildzeichen aus dem weihnachtlichen Themenbereich.
Wir erkennen auf den ersten Blick den Verkündigungsengel, das breite schön geschwungene Schriftband mit seiner Botschaft und die Menschen, denen sie gilt.
Beim näheren Hinschauen merkt man jedoch sofort, daß die Bildelemente in keiner Weise den gewohnten Vorstellungen entsprechen. Ihre Anordnung und der Kontext stehen in einem starken Kontrast zur biblischen Vorlage. Sie ist total verfremdet; das gibt der Karikatur eine starke Dynamik.
Was sehen wir?
Zunächst fällt der Engel ins Auge. Das lange weiße Gewand und die Flügel identifizieren ihn in gewohnter Weise. Der Kopf will jedoch schon nicht mehr zum üblichen Engelbild passen. Die Haare stehen wirr vom Kopf – fast wie spitze Stacheln; der Gesichtsausdruck verrät etwas wie hämische Freude. Der Blick ist nicht den Menschen zugewandt, denen er die Botschaft bringt. Er schaut über sie hinweg; sie interessieren ihn nicht.
In der rechten Hand trägt der Engel statt des üblichen Palmenzweiges als Friedenszeichen eine Rakete. Das malerische Schriftband, das sich um seinen Arm und die

Rakete schlingt, zeigt groß und deutlich die Weihnachtsbotschaft »Frieden auf Erden«. Aber diese Botschaft ist erweitert, sie paßt sich der Rakete an: »Friedens*sicherung* auf Erden«. Nicht den Frieden ohne Vorbehalt verkündet der Engel, sondern die »Friedenssicherung« mit Hilfe von Waffen.

Wie das Erscheinen dieses »Friedensengels« wirkt, zeigt ein Blick auf die Menschen im Vordergrund des Bildes: Er verbreitet Angst und Schrecken. Einige versuchen die Augen vor der Drohung zu verschließen, andere machen Fluchtbewegungen aus dem Bild heraus oder raufen sich voller Verzweiflung die Haare. Bei vielen können wir flehend erhobene Arme ausmachen; sie scheinen um Erbarmen zu bitten.

Die Fortsetzung der biblischen Botschaft unter dem Bild »... und den Menschen ein Wohlgefallen« wirkt in diesem Zusammenhang wie Hohn.

Ein letztes Bildzeichen verschärft noch die Bedrohung, die von diesem »Friedensengel« ausgeht. Während seine rechte Hand griffbereit die riesige Rakete hält, entdecken wir bei der linken die Erdkugel.

Die Zusammenstellung von »Hand« und »Erdkugel« ruft Assoziationen ab. Wir denken an Bilder, in denen die Erdkugel in der Hand Gottes als Symbol des Vertrauens gewählt wurde.

Der Engel der Karikatur denkt aber nicht daran, die Erde sorgsam zu halten, sondern er balanciert sie auf der Fingerspitze. Sie wird zum Spielzeug, zum Spielball, dem er nicht einmal einen Blick gönnt. Vielleicht spricht sogar Freude über das Bewußtsein seiner Macht aus seinen Zügen.

Kein Wunder, daß die Menschen voller Schrecken die Augen verschließen oder zu fliehen versuchen aus Furcht, die Erde könne aus der Balance geraten und abstürzen.

Die Kritik, die die Karikatur ins Bild setzt, ist relativ leicht abzulesen:

Wo das Wort »Frieden« in Zusammenhang mit Waffengewalt gerät, wo die Erde zum Spielball derer wird, die die Waffen »griffbereit in der Hand« halten, wird der Friedensengel selbst zu einer Karikatur. Da interessieren ihn nicht die Menschen, da denkt er an Macht und Gewalt, und seine Fratze versetzt die Menschen in Angst und Schrecken. Die Weihnachtsbotschaft wird in ihr Gegenteil verkehrt.

Die Verwendung im Unterricht wird ab Klasse 6 empfohlen. Dafür ist das Arbeitsblatt vorgesehen.

49 Arbeitsblatt

Beobachtungsaufgaben

1. Woran erinnert die Situation, die auf der Karikatur von Marie Marcks dargestellt ist?

2. Betrachte den Engel! Wohin schaut er? Wie wirkt sein Gesichtsausdruck?

3. Welche Botschaft bringt er? Vergleiche mit dem Bibeltext! Wodurch wird seine Botschaft augenfällig unterstrichen?

4. Wie wirkt seine Botschaft auf die Menschen? Beschreibe!

6. Was tut der Engel mit der Erdkugel? Was empfindest du dabei?

Sigrid Berg **50**

Ein bißchen Weihnachten das ganze Jahr

Szenenfolge

1. Szene: Drei Saturnmenschen sitzen hinter einem Riesenfernrohr.

1. Saturnianer: Was sitzt du dauernd am Fernrohr und schaust? Gibt es so viel zu sehen?

2. Saturnianer: Ja und nein. Auf manchen Sternen ist wenig zu entdecken. Da sieht es fast immer gleich aus. Auf dem Mars gab es neulich einen Wirbelsturm. Und vorgestern ist der Calumba-Vulkan auf der Venus ausgebrochen. Er hat ganz hübsch Feuer gespuckt.

3. Saturnianer: Na, wenn schon. Das ist doch nichts Besonderes. So etwas sieht man immer wieder.

1. Saturnianer: Dafür brauchst du doch nicht so oft am Fernrohr zu sitzen.

3. Saturnianer: Ich dachte, du kannst mit dem neuen Telefex mal ganz was Neues sehen.

2. Saturnianer: Kann ich auch, kann ich auch! Stellt euch vor, ich habe Lebewesen entdeckt, Zweibeiner wie wir. Die beobachte ich dauernd.

1. Saturnianer: Wo? Laß sehen! Was tun sie?

2. Saturnianer: Sie leben auf dem Planeten Erde. Ich weiß auch noch nicht viel über sie, hab' sie ja gerade erst aufgespürt.

3. Saturnianer: Sind sie interessant?

2. Saturnianer: Weiß ich doch nicht. Ich bin noch dabei, sie zu studieren.

1. Saturnianer: Laß mich auch mal ran!

3. Saturnianer: Ja, laß uns auch mal sehen.

2. Saturnianer: Gar nicht nötig. Ich glaube, ich kann alles, was ich sehe, an unsere große Bildwand werfen. Paßt auf, gleich geht es los!

(Das 1. Dia erscheint allmählich auf der Bildwand: Streitende Erwachsene oder Familienstreit)

2. Saturnianer: Diese Zweibeiner wohnen meist an einem Ort zusammen, manchmal in riesigen Mengen, manchmal nur wenige. Dann bilden sich kleine Gruppen, aber sie treffen sich auch mit anderen.

1. Saturnianer: Hier sind aber nur wenige beisammen.

3. Saturnianer: Die sehen nicht gerade fröhlich aus.

1. Saturnianer: Kannst du auch Stimmen oder Töne einfangen?

2. Saturnianer: Ich versuch es gerade.

(Man hört Quietschtöne von der Kassette, allmählich streitende Stimmen.)

3. Saturnianer: Hast du das genau geortet? Sind das die Zweibeiner da unten?

2. Saturnianer: Ja, jetzt hab' ich sie. Sie streiten und beschimpfen sich. Das habe ich schon oft beobachtet. Manchmal schlagen sie sich sogar.

1. Saturnianer: Ist das bei allen so?

2. Saturnianer: Nein, nicht immer. Aber sehr oft. Sogar die Kleinen zanken und prügeln sich schon. Hier, seht nur, wie sie aufeinander losgehen!

(2. Dia: Streitende Kinder)

3. Saturnianer: Ja, hört euch das an!

(Tonband: Lauter Kinderstreit)

1. Saturnianer: Aber die werden doch nicht alle streiten? Siehst du auch noch anderes?

2. Saturnianer: Einige scheinen sehr allein zu sein, obwohl sie mittendrin wohnen. Die alte Frau hier ist immer allein.

(3. Dia: Einsame alte Frau)
1. Saturnianer: Hörst du was?
2. Saturnianer: Nein, hier ist alles still. Manchmal macht sie so komische Geräusche wie Stöhnen und Schlucken.
3. Saturnianer: Gibt es noch mehr solche auf der Erde?
2. Saturnianer: Ja, viele. Die meisten sind ziemlich alt. Oft leben sie nebeneinander in einem großen Kasten. Aber man sieht sie überall. Da, gerade habe ich noch welche entdeckt.
(4. Dia: Einsame Menschen)
1. Saturnianer: Das reicht mir! Gibt's sonst noch was?
2. Saturnianer: Ja hier, das müßt ihr euch ansehen. An einigen Stellen der Erde sieht es besonders schlimm aus. Da gibt es gewaltigen Streit.
(5.–7. Dia: Kriegsbilder)
3. Saturnianer: Riesenschlägerei, oder was ist das?
2. Saturnianer: Das nennen sie Krieg, soviel habe ich schon herausbekommen. Mit Feuer und Rauch und Donner bringen sie sich gegenseitig um. Hört nur den Krach!
(Kriegsgeräusche von der Kassette)
1.Saturnianer: Das ist ja schrecklich. Warum tun sie das?
2. Saturnianer: Ich weiß es nicht.
3. Saturnianer: Wirklich, ganz furchtbar. Schaut euch das doch nur an. Sind diese Zweibeiner denn so dumm?
2. Saturnianer: Es sieht fast so aus. Dabei halten sie sich für sehr klug. Verstehen kann man es jedenfalls nicht.
1. Saturnianer: Mach nur weiter, was anderes. Das kann man ja gar nicht mit ansehen!
2. Saturnianer: Mal sehen, was ich jetzt einfange.
(8. Dia: Hungernde Kinder in der 3. Welt)
3. Saturnianer: Die Kinder sehen aber auch nicht gerade glücklich aus. Was fehlt denen denn? Hast du das herausgebracht?
2. Saturnianer: Die haben nichts zu essen, sind fast am Verhungern.
1. Saturnianer: Gibt's denn auf der Erde nichts oder zu wenig?
2.Saturnianer: Das scheint ganz unterschiedlich zu sein.
1. Saturnianer: Die meisten, die wir bisher sahen, waren nicht so dünn. Die hatten bestimmt genug, mehr als genug. Sicher wissen sie nichts von den Hungernden.
2. Saturnianer: Kann sein, ich weiß es nicht. So, jetzt ist meine Energie für den Telefex verbraucht. Es reicht bisher erst für kurze Zeit. Bald kann ich euch mehr zeigen.

2. Szene

2. Saturnianer: Inzwischen habe ich die Erd-Zweibeiner schon Wochen und Monate beobachtet.
1. Saturnianer: Hast du noch viel Neues gefunden?
2. Saturnianer: Ja, einiges schon. Aber manchmal macht es mir keinen Spaß mehr. Zwar gibt es auch Schönes. Aber Krieg, Streit, Hunger und Einsamkeit nehmen kein Ende.
3. Saturnianer: Mich wundert, daß die nicht mal was dagegen tun.
1. Saturnianer: Sie könnten es sich doch bestimmt besser einrichten auf der Erde.
3. Saturnianer: Das meine ich aber auch!
2. Saturnianer: Ja, ich wollte meine Beobachtungen auch schon aufgeben. Lohnt nicht, dachte ich. Aber da...
1. Saturnianer (unterbricht ihn): Was war da?
2. Saturnianer: Guckt doch selber! Seit kurzer Zeit ist alles anders. Alle sind irgendwie beschäftigt und aufgeregt. Sie reden immer von einem bestimmten Tag.

3.Saturnianer: Von was für einem Tag?

2. Saturnianer: Weihnachten, oder so ähnlich. »Heiliger Abend« sagen sie auch.

1. Saturnianer: Und wann ist dieser Tag oder Abend?

2. Saturnianer: Warte mal. Wenn ich das richtig mit unserer Zeit kombiniere, müßte es heute oder morgen sein.

1. Saturnianer: Dann laß uns doch mal wieder gemeinsam gucken. Oder geht es nicht?

2. Saturnianer: Doch, doch. Alles klar. Gleich habe ich die Bilder auf der Wand.

(9.–11. Dia: Weihnachtlich stimmungsvolle Bilder mit Umarmungen usw.)

3. Saturnianer: Oh, ist das toll. Wie zufrieden sie aussehen!

1. Saturnianer: Und kein Streit. Alle sind glücklich. Ob das von diesem Weihnachten kommt?

2. Saturnianer: Ich weiß es nicht. Jetzt haben die Zweibeiner aber anscheinend kapiert, wie gut sie es haben können.

1. Saturnianer: Ist es überall so? Laß sehen!

(12. Dia: Besuch bei einer alten Frau)

3. Saturnianer: Das könnte fast die alte Frau sein, die sonst immer allein war.

2. Saturnianer: Ja, jetzt sind endlich welche bei ihr. Guckt, wie sie strahlt!

1. Saturnianer: Jetzt scheint es wirklich anders zu werden auf der Erde. Da seht, sogar der Krieg hat aufgehört.

2. Saturnianer: Man hört kein Knallen und Donnern mehr.

(13. Dia: Bekränzte Kanonen o. ä.)

1. Saturnianer: Und was machen die hungernden Kinder? Zeig sie mal. *(Guckt.)* Die kriegen auch etwas zu essen.

(14. Dia: Lebensmittelverteilung in der 3. Welt)

3. Saturnianer: Jetzt möchte ich auch fast auf der Erde leben.

2. Saturnianer: Ich hätte wirklich nicht gedacht, daß diese Zweibeiner so schnell lernen. Vielleicht kommt es wirklich von diesem Weihnachten. Ich bin gespannt, wie es dort weitergeht. Demnächst sehen wir mehr.

3. Szene

2. Saturnianer: Heute habe ich euch wieder zur Erdbetrachtung eingeladen.

1. Saturnianer: Oh ja, ich habe mich schon drauf gefreut.

3. Saturnianer: Ich bin richtig gespannt, wie es inzwischen auf der Erde aussieht.

2. Saturnianer: Wir waren alle gespannt und voller Hoffnung, und nun ...

1. Saturnianer: Was ist los? Warum schweigst du?

3. Saturnianer: Du klingst so deprimiert.

2. Saturnianer: Da soll man nicht deprimiert sein! Alles hatte so gut angefangen. Kein Krieg mehr; kein Streit, sondern Gemeinsamkeit und Liebe; Einsame kriegen Besuch und sind nicht mehr allein; Hungernde bekommen Essen.

3. Saturnianer: Ja, und?

2. Saturnianer: Alles vorbei.

1. Saturnianer: Vorbei? Wieso vorbei?

2. Saturnianer: Ich sag's doch: vorbei! Wenige Tage nach unserem letzten Treffen fing alles wieder von vorne an. Schaut doch selbst!

(Dias aus der 1. Szene)

1. Saturnianer: Schrecklich!

3. Saturnianer: Könnt ihr das verstehen? Wieder Streit und Krieg, Hunger und Einsamkeit.

1. Saturnianer: Fast als hätte es diesen Tag nie gegeben. Können sie denn nicht das ganze Jahr wenigstens ein bißchen Weihnachten haben?

Zum Inhalt

Die Szene will die punktuelle Erinnerung an Mitmenschlichkeit und Frieden zu Weihnachten ins Bewußtsein rufen und fragwürdig machen.
Gleichsam von außen betrachten drei Saturnmenschen das Leben und Treiben auf der Erde und erschrecken über Streit, Lieblosigkeit, Egoismus und Krieg. Zu Weihnachten erleben sie, wie die Menschen plötzlich anders miteinander umgehen, und das weckt fast den Wunsch, selbst auf der Erde zu leben.
Um so verständnisloser stehen sie kurz darauf dem Rückfall der Menschen in ihr »normales Leben« gegenüber. »Fast als hätte es diesen Tag nie gegeben. Können sie denn nicht das ganze Jahr wenigstens ein bißchen Weihnachten haben?«
Die Kritik vieler Jugendlicher an Weihnachten trifft genau diesen Punkt. In vielen Aktivitäten, im familiären Beisammensein, in weihnachtlichen Feuerpausen im Krieg usw. sehen sie lediglich Unehrlichkeit, das Vortäuschen falscher Gefühle und Verdrängung von Problemen. Und ihre Kritik ist sicherlich gerechtfertigt, wenn die Impulse, die von der Weihnachtsbotschaft ausgehen können, sich bei uns nur so punktuell zeigen und nicht weiter in den Alltag hineinwirken.
Vielleicht kann die Frage der Szene dazu anregen, einmal zu überlegen, wie man »ein bißchen Weihnachten das ganze Jahr« haben kann.
Das Lied »Weihnachten das ganze Jahr« (Nr. 40) paßt gut in diesen Zusammenhang.

Zur Gestaltung (ab Klasse 4)

Die Saturnianer sitzen an der Seite der Bühne und richten ein überdimensionales Fernrohr auf eine Projektionswand in der Mitte. Dort entstehen – durch allmähliche Scharfeinstellung von Dias – die Bilder, über die sie sprechen. Tonaufnahmen von Stimmen und Geräuschen werden an den entsprechenden Stellen eingespielt.
Will man die Darstellung vereinfachen, entfallen die Dias und Tonaufnahmen, einige Textstellen müssen entsprechend gekürzt werden. Die Saturnianer sitzen dann mitten auf der Bühne hinter dem Fernrohr, richten es auf die Zuschauer und wechseln sich beim Hindurchschauen ab.

Hinweis auf Vorlesetexte

Zu dieser Problematik passen folgende Vorlesetexte aus dem Buch *»Der Mann und die Frau und das Kind«* (S. Berg [Hg.], Calwer/Kösel 1988).

1. Ute Blaich, Papa, Charly hat gesagt ...

In ihrer gewohnten Art läßt Ute Blaich den Sohn mit seinem Vater diskutieren. Es geht um das Weihnachtsfest, um Sitten und Bräuche, um den Sinn des Festes, um das Liebesgebot Jesu, das allen gelten soll, wie der Vater betont. Der Sohn fragt, warum es dann nicht gilt im Blick auf den Besuch der Oma zu Weihnachten, und zeigt damit die Fragwürdigkeit der väterlichen Reden auf.

2. Margot Kreuter-Tränkel, Zwei Tage vor Weihnachten

Zwei Tage vor Weihnachten wartet ein kleiner Junge, der mit seinem Vater allein lebt, am Abend lange vergeblich darauf, daß dieser kommt. Er beginnt zu weinen, und sein Schluchzen dringt durch alle Etagen des Hauses. Schließlich geht die Serviererin aus der Milchbar im Erdgeschoß, nachdem sie ihren Laden geschlossen hat, hinauf. Sie leistet dem Kleinen Gesellschaft, bis der Vater heimkehrt. Dann lädt sie den Jungen ein, am nächsten Tag zu ihr nach unten zu kommen und mit ihr gemeinsam einen Christbaum zu schmücken. Zum ersten Mal in diesem Jahr freut sie sich auf Weihnachten.

3. Max Kruse, Auch ein Weihnachtsabend

Der kurze Text schildert den Weihnachtsabend einer alten Frau, die sich als einziges Zeichen von Zuwendung die Werbung ihres Kaufmanns mit dem Wunsch »Frohe Weihnachten« auf den Tisch stellt.

4. Tilde Michels, Ein Christbaum zuviel

Die Geschichte erzählt sehr amüsant, wie Familie Peschke versehentlich zwei Weihnachtsbäume besorgt, einen vergeblich weiterzuverkaufen sucht und ihn schließlich einem türkischen Arbeiter der Stadtreinigung schenkt. Der Türke weiß nichts damit anzufangen, nimmt ihn aus Höflichkeit aber mit. Von anderer Seite bekommt er sogar noch Christbaumschmuck hinzugeschenkt, weil alle Deutschen begeistert sind über den Türken mit Christbaum. – Am Weihnachtsabend steht der Baum unbeachtet in der Unterkunft der türkischen Arbeiter. Familie Peschke dagegen fühlt sich recht stolz über dieses sinnlose Geschenk: »Der wird froh sein ... Es war ein gutes Werk ... An Weihnachten muß man auch für die Fremden ein Herz haben.«

5. Josef Reding, Frau Töpfert verweigert den Weihnachtstarif

Die Geschichte erzählt von einer alten Fürsorgeempfängerin, die im Sozialamt um Erhöhung ihrer Zuwendung gebeten hat. Eine Frau vom Sozialamt soll den Grund für diese Bitte herausfinden. Sie vermutet, daß Frau Töpfert zur Trinkerin geworden ist.
Auf Befragen stottert die alte Frau nur etwas von »Menschen kaufen«, was die Frau vom Sozialamt nicht begreift. Frau Töpfert mag ihr den eigentlichen Grund nicht verraten:
Seit drei Jahren bezahlt sie zwei Mädchen dafür, daß sie sie regelmäßig besuchen. Von 80 Pfennig ist der Tarif inzwischen auf 2 Mark angestiegen. Heute allerdings hat sie die beiden weggeschickt, als sie den doppelten Betrag im voraus haben wollten – Weihnachtstarif. So ist sie Weihnachten wieder allein.

6. Paul Reding, Unbezahlte Schritte

Ein älterer Mann, heruntergekommen und verwahrlost, treibt sich am Heiligen Abend in der Stadt herum und sucht ein warmes Plätzchen. In Erinnerung sieht er sich als Kind mit seinem Vater, einem Bäcker, am Weihnachtsabend Gebäck vor die Türen der Armen legen.
Schließlich begegnet ihm ein Vater mit seinem Sohn, die gemeinsam Zettel in Häuser und Briefkästen verteilen. Die Situation ähnelt der seiner Kindheit. Er liest das Blatt, das man auch ihm zusteckt, einen Aufruf gegen den Kauf und das Verschenken von Kriegsspielzeug. Nach kurzer Überlegung eilt er den beiden nach. »Er sieht von weitem, daß noch viele Zettel verteilt werden müssen.«

Es müssen nicht Männer mit Flügeln sein,
die Engel.
Sie gehen leise, müssen nicht schrein,
oft sind sie alt und häßlich und klein,
die Engel.

Rudolf Otto Wiemer

Der Herr Religionslehrer
glaubt auch nicht ans Christkind.
Die Mutter
glaubt auch nicht ans Christkind.
Die größeren Kinder
glauben auch nicht ans Christkind.

Adolf Holl

Nikolaus:
Wie es so mit einem richtigen Heiligen geht:
Er hat ein dickes Fell
und verträgt starken Tobak.

Kurtmartin Magiera

Engel – Christkind – Nikolaus: Weihnachtliche Gestalten

Engel

Einleitung

Im Zusammenhang mit dem Weihnachtsfest und den biblischen Erzählungen von der Geburt Jesu kommen immer wieder die Engel ins Blickfeld, und es bietet sich an, die Engelthematik einmal etwas gründlicher aufzuarbeiten.
Die Engel gehören zu den beliebtesten Figuren der weihnachtlichen Dekorationen und Basteleien. Die Vorstellungen über ihr Aussehen sind durch die Volksfrömmigkeit, künstlerische Darstellungen und vor allem durch den Kitsch sehr fest geprägt. Zwar werden sie gelegentlich auch als Geistwesen angesehen, gezeigt werden sie jedoch meist als junge Männer mit langen weißen Gewändern und Flügeln. Seit der Barockzeit treten neben diese männlichen Gestalten zunehmend die Putten mit Pausbacken und Löckchen und andere verniedlichte »Engelein«, die auch im volkstümlichen Liedgut eifrig besungen werden.
Solche Engelvorstellungen haben sich über die biblischen Aussagen geschoben und sie verfälscht.
Welches Verständnis der Engel zeigt sich in der Bibel?
Zunächst ist festzustellen, daß es im Hebräischen und Griechischen kein Wort gibt, das unserem deutschen Wort »Engel« entspricht. Die Bibel spricht auch nicht einheitlich von »den Engeln«. Unser Wort Engel ist zu einem Oberbegriff, einem Sammelnamen, geworden, der sehr unterschiedliche Vorstellungen – auch solche aus verschiedenen altorientalischen Religionen – vereinigt. Zu dieser Verallgemeinerung gehören bei uns dann die Flügel und das weiße Gewand, die allmählich allen Engelgestalten gleichsam als »Uniform« angepaßt wurden.
Betrachtet man den biblischen Befund genauer, so kann man vor allem zweierlei Redeweise beobachten, die völlig unabhängig voneinander auftaucht. Es ist zu unterscheiden zwischen »dem Engel Gottes«, der als Bote Gottes fungiert, und »den Engeln«, den Dienern Gottes, himmlischen Wesen.

1. *Der Engel Gottes* verkörpert die Botschaft Gottes an einen Menschen oder das Handeln Gottes mit diesem Menschen. Er selbst ist nicht wichtig, sondern sein Auftrag und der Absender. Dabei ist der Engel – vor allem in den älteren Schichten des Alten Testaments – so sehr mit seinem Herrn zu identifizieren, daß in manchen biblischen Erzählungen wechselweise der Engel und Gott genannt werden (z. B. Gen 48,15 f.; Ex 3,2–4; Ri 6,11–14).
In den meisten Begegnungen tragen diese Boten Gottes menschliche Gestalt und werden von denen, welchen sie »erscheinen«, nicht als Gottes Boten erkannt. Auch zeigen sie sich nicht in besonderen kultischen Situationen oder bei religiösen Anlässen, sondern im alltäglichen Leben. »Sie begegnen Abraham, wie er in der Mittagshitze im Schatten des Zeltes steht, Gideon, wie er in der Kelter das Korn seines Vaters drischt, Josua in der Vorbereitung eines kriegerischen Unternehmens, den Hirten auf dem Felde, der bekümmerten Frau in ihrem Zimmer.« (Westermann, S. 67)*

* C. Westermann, Gottes Engel brauchen keine Flügel, München 1957

Auffallend ist, daß es dann beim Weggang des Boten häufig heißt, daß er im nachhinein erkannt wurde. »Es sind nicht dieselben Augen, die den Engel fortgehen sehen, wie die, die ihn kommen sehen. Das Entscheidende geschah dazwischen: Ihre Augen wurden aufgetan.« (Westermann, S. 84)
Die Botschaften dieser Engel sind vor allem Ankündigungen einer Geburt oder Rettung. – Außerdem haben die Engel öfter schützende Funktionen. »Der Engel ist dann einfach Gottes leibhaft nahe Hilfe.« (Westermann, S. 30) Aus dieser Aufgabe hat sich die Vorstellung des persönlichen Schutzengels entwickelt.

2. *Die Engel,* die Diener Gottes, die himmlischen Heerscharen, die den Thron Gottes umgeben, ihm dienen und ihn loben, wie sie uns immer wieder begegnen, haben mit »dem Engel Gottes«, dem Boten, nichts zu tun. Die Menschen früherer Zeiten reden von ihnen, um die Majestät Gottes darzustellen. »Herrschaftsausübung konnte sich der Mensch jahrtausendelang nicht anders vorstellen als im Bild des thronenden ... Herrn, der von Dienern umgeben ist.« (Westermann, S. 93). So redete er unbefangen vom Hofstaat Gottes, ohne daß die Engel wichtig waren. Je mehr sich jedoch die Herrschaftssysteme entwickelten und in eine differenzierte Hierarchie ausformten, desto stärker entwickelte sich auch im Alten Testament (von Ezechiel und Sacharja an) eine Engellehre mit einer »himmlischen Hierarchie«, in der dann auch Erzengel mit besonderen Aufgaben betraut wurden.
Im Neuen Testament werden diese Diener Gottes, die um seinen Thron stehen, ihm dienen und ihn loben, fast nur im Zusammenhang des Wiederkommens Christi am Ende der Welt genannt. Bei den anderen Engelerscheinungen handelt es sich um *den Engel,* den Boten Gottes.

Wenn heute in unserer Welt von Engeln die Rede ist, so spricht daraus der Glaube, daß Gott uns auch heute nahe ist und uns – wie wir es aus den alttestamentlichen Berichten lernen – im Wort und Handeln von Menschen begegnen will. Seine Botschaft kann uns sehr unterschiedlich erreichen. Rudolf Otto Wiemer zählt in seinem bekannten Gedicht »Es müssen nicht Männer mit Flügeln sein« verschiedene Wege der Begegnung auf: »Vielleicht ist es einer, der gibt dir die Hand ...«; er hat »dem Hungernden das Brot gebracht...«; »er hört, wenn du ihn rufst...«; »er steht am Weg und er sagt: Nein.« Als Tröster, als Helfer, als Mahner kann ein anderer Mensch zum Boten Gottes werden. Aber er ist nicht immer als solcher zu erkennen, er ist verwechselbar, »und du wirst nie sicher sein« (s. u. im Lied »Hände wie deine«).
Der Glaubende, der mit dem Boten Gottes im anderen Menschen rechnet, muß auch selber bereit sein, Bote zu sein. Kurt Marti umschreibt den Weihnachtsengel heute folgendermaßen – und damit schließt sich der Kreis zum Thema Weihnachten –: »Die Engel über Bethlehem sind verschwunden. Die Engel, die wir haben, sind aus Goldfolie, sind golden, tot. An uns ist es, mit unserem Leben Boten zu sein, Boten der Liebe Gottes, die in Jesus Christus Mensch geworden ist, damit wir selber menschlicher werden. An *uns* ist es, die Weihnachtsbotschaft nicht aus Festtagshimmeln einander zuzurufen, sondern sie hier, auf unserer Alltagserde, zu leben.«
Die Beschäftigung im Unterricht mit der Engelthematik müßte eine vierfache Richtung haben. Es geht zum einen darum, aufzuarbeiten, wann und wo wir im

Alltag von Engeln sprechen und welche Vorstellungen die Schüler mit ihnen verbinden.
Wichtig ist es dann vor allem, die falschen Vorstellungen anhand der biblischen Aussagen zu korrigieren.
In einem dritten Schritt wäre zu fragen: Gibt es heute Engel? Wo begegnen sie uns?
Das führt schließlich als Konsequenz zu der Aufforderung, anderen zum Engel zu werden.
Die Medien dieses Teils beschäftigen sich mit den genannten Aufgaben, jeweils anders akzentuiert. Sie auszuwählen und zu kombinieren, sollte sich nach der Zusammensetzung der Schüler- oder Arbeitsgruppe, sowie nach der Gesamtplanung richten.

Fünf Arbeitsblätter zur Auseinandersetzung mit der Thematik

Hinweise

I Arbeitsblatt 1–3: Wie stellen wir uns Engel vor? (ab Klasse 3)

Die Beschäftigung mit diesen Arbeitsblättern ist als Vorphase für eine eingehendere Auseinandersetzung mit der Engelthematik gedacht.
Die Arbeitsblätter wollen mit der 1. Frage (Blatt 1) die Vorstellungen der Schüler abrufen und ihnen anhand der Beispiele A–D klarmachen, in welchen Zusammenhängen ihnen der Begriff »Engel« begegnet:

A. Aussehen wie ein Engel. Hier steht das Bild des musizierenden Engel und der Putten im Hintergrund.
B. Der rettende Engel. Das trifft sich mit dem biblischen Begriff: Das Eingreifen Gottes durch einen Menschen, d. h. Engel.
C. Benehmen wie ein Engel. Hier ist eine moralische Forderung fälschlicherweise mit dem Begriff des Engels verknüpft worden. Diese Vorstellung ist weit verbreitet und sollte unbedingt aufgearbeitet werden.
D. Schutzengel. Diese Vorstellung kommt aus der Bibel, ist allerdings dort nicht sehr verbreitet. Hier finden wir eine verniedlichte Form.

II Arbeitsblatt: Engel (ab Klasse 4)

Hier geht es um die Gegenüberstellung von volkstümlichen Engelvorstellungen mit einem Bibeltext.

III Arbeitsblatt: Engel in der Bibel (ab Klasse 5)

1. Was fällt dir ein, wenn du das Wort »Engel« hörst?

____

____

2. Lies die folgenden Texte! Überleg dir, welche Vorstellungen jeweils mit dem Wort Engel verknüpft sind.

A. ______________________________________

____

B. ______________________________________

____

C. ______________________________________

____

D. ______________________________________

____

Text A

Herr und Frau Bremer wünschten sich jahrelang vergeblich ein Kind; schließlich beschlossen sie, eines zu adoptieren. Alle Formalitäten mit den Ämtern waren erledigt. Nun endlich sollten sie ins Waisenhaus nach Neuhaus fahren und sich dort umschauen.
Als sie im Heim herumgingen, machte die Leiterin sie mit ein paar Kindern bekannt. Herr und Frau Bremer waren unschlüssig. Sollte es ein Junge oder ein Mädchen sein? Wie sollten sie sich entscheiden?

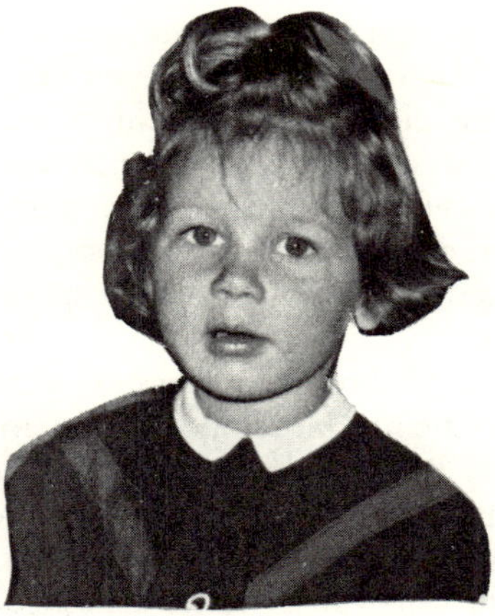

Arbeitsblatt (2)

Schon bald fiel Herrn Bremer ein Junge auf. Er guckte recht keck aus seinen braunen Augen. Die kleine Stupsnase reckte er lustig nach oben.
Frau Bremers Blick ging dagegen immer wieder zu einem kleinen Mädchen. Es hatte blaue Augen und blonde Locken und schaute sie verträumt, fast ein bißchen abwesend an. »Sieht sie nicht aus wie ein Engel?« sagte sie zu ihrem Mann. »Ich glaube, wir brauchen nicht länger zu suchen. Sie soll es sein.«

Text B

Hans und Peter sind seit einer Woche in den Bergen unterwegs, sie machen eine Hüttentour. Jeden Abend übernachten sie in einer anderen Berghütte. Alles, was sie brauchen, haben sie im Rucksack dabei. Heute müssen sie die längste Strecke überwinden, aber sie sind gut trainiert. Schon haben sie den größten Teil des Weges geschafft und sind in bester Stimmung. Plötzlich ändert sich das Wetter. Gerade haben sie den Übergang über die Scharte, den höchsten Punkt der Tour, hinter sich, da steigt dicker Nebel aus dem Tal herauf. Der Weg ist gut gekennzeichnet, sie brauchen nur den roten Punkten an den Steinen zu folgen. Aber bald können sie nur noch mit Mühe von einem bis zum nächsten sehen. Dann kommt ein breiter Grasrücken, und auf ihm verliert sich die Kennzeichnung. Wo geht es weiter? Das Gelände ist sehr unübersichtlich. Sie trauen sich nicht, den letzten roten Punkt aus den Augen zu verlieren. Sie wissen, wie gefährlich es sein kann, vom Weg abzukommen. Auch umkehren ist unmöglich; denn sie sind ja schon stundenlang unterwegs, und bald wird es dunkel. Trotz guter Ausrüstung möchten sie die Nacht aber auch nicht gern im Freien verbringen.
Plötzlich hören sie Geräusche. Sind es Schritte? Gar Stimmen?
Sie scheinen hinter ihnen aus dem Nebel zu kommen. Tatsächlich, da tauchen noch zwei Bergwanderer auf. Schnell stellt sich heraus, daß einer von ihnen den Weg sehr gut kennt und Hans und Peter sich ihnen anschließen können. Schon bald haben sie die Hütte erreicht. Glücklich bedanken sich die beiden bei ihrem Führer: »Du warst unser rettender Engel!«

Arbeitsblatt (3)

Text C

Glückstrahlend kommt Renate aus der Schule. »Mutti, Mutti«, ruft sie schon in der Haustür. »Stell dir vor, ich darf der Engel sein.« »Langsam, Renate, der Reihe nach«, bremst die Mutter sie lachend. »Was ist los? Erzähl in Ruhe!« Ganz atemlos berichtet Renate: »Frau Heine hat heute die Rollen für das Krippenspiel verteilt, und ich darf der Engel sein. Ist das nicht toll?« »Fein, Renate.« Die Mutter freut sich mit ihr; denn sie weiß, daß Renate das Auswendiglernen schwerfällt und daß sie nicht mit einer großen Rolle gerechnet hat.

In der nächsten Zeit wird eifrig gelernt, gebastelt und das Kostüm hergestellt. Renate ist zappelig und unleidlich dabei – wie so oft. Dauernd ärgert sie die große Schwester, zankt und schlägt sich mit dem kleinen Bruder und ist frech zur Mutter. Da reißt der Mutter der Geduldsfaden: »Renate, warum schlägst du Jochen jetzt schon wieder? Es ist nicht auszuhalten mit dir. Und dabei willst du einen Engel spielen. Wer ein Engel sein will, muß sich auch so benehmen. Wenn es nicht bald anders wird, muß ich mit Frau Heine reden, daß die Rolle nicht zu dir paßt und sie jemand dafür aussuchen soll, der artiger ist als du.«

Text D

Abends, wenn ich schlafen geh,
vierzehn Engel um mich stehn,
zwei zu meiner Rechten,
zwei zu meiner Linken,
zwei zu meinen Häupten,
zwei zu meinen Füßen,
zweie, die mich decken,
zweie, die mich wecken,
zweie, die mich führen
zu des Himmels Türen.

52 Arbeitsblatt: Engel

Eines Tages erschien der Engel des Herrn der Frau und sagte: »Du hast bisher keine Kinder, aber jetzt wirst du einen Sohn zur Welt bringen...« Und der Engel kam noch einmal zu der Frau, als sie auf dem Feld war. Sie lief zu ihrem Mann und sagte: »Komm schnell! Der Mann, der damals zu mir kam, ist wieder da.« Manoach ging mit ihr hinaus und sprach zu dem Mann... Er wußte nicht, daß es der Engel des Herrn war.

Aus: Richter 13,3–16

1. Aussehen der Engel
a. Wie sehen die Engel auf dem Bild aus?

___

b. Was sagt der Bibeltext über das Aussehen?

___

2. Tätigkeit der Engel
a. Was tun die Engel auf dem Bild?

___

b. Was tut der Engel im Bibeltext?

___

3. Welche Aufgabe haben Engel?
a. In dem Bild?

___

___

b. Im Bibeltext?

___

___

Lies die Bibeltexte und bearbeite sie unter den folgenden Fragestellungen:
1. Mose 18,1–9;
1. Mose 28,10–16;
Richter 6,11–23;
Richter 13,1–21;
1. Könige 19,1–8.

1. Was erfahren wir über das Aussehen der Engel?

___

___

___

2. Was steht in den Texten auch statt »Engel«?

___

___

___

3. Was ist jeweils die Aufgabe der Engel?

___

___

___

4. Bei welcher Gelegenheit treffen sie die Menschen?

___

___

___

5. Welche Wirkung hat die Begegnung auf die Menschen?

___

___

54 »Hände wie deine«
Der Engel

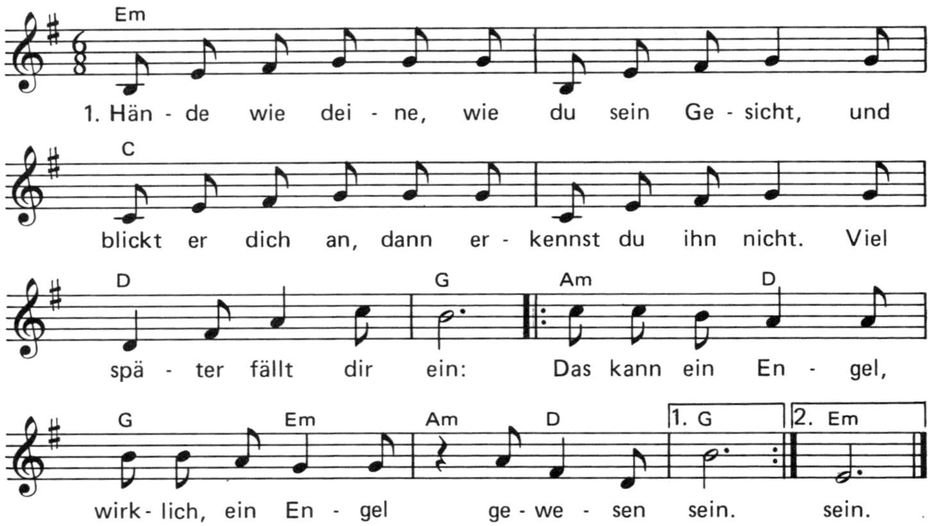

2. Hirten erschrecken
inmitten der Nacht
und haben zum Stall
auf den Weg sich gemacht.
Von Gott geschickt allein!
Das muß ein Engel,
wirklich, ein Engel
gewesen sein.

3. Frauen am Grabe.
Sie weinen vor Not.
Doch einer sagt da:
»Seht, er ist nicht mehr tot!
Und ihr dürft fröhlich sein!«
Das muß ein Engel,
wirklich, ein Engel
gewesen sein.

4. Hände wie deine.
Er tut was für dich.
Und du fragst: Warum
tut er so was für mich?
Und sagst entschieden: Nein!
Das kann kein Engel,
wirklich, kein Engel
gewesen sein.

5. Hände wie deine,
wie du sein Gesicht.
Und er kommt von Gott,
und du weißt es noch nicht
und wirst nie sicher sein.
Das kann ein Engel,
wirklich, ein Engel
gewesen sein!

Text: Rolf Krenzer
Musik: Detlev Jöcker
Aus: MC: »Weihnachten ist nicht mehr weit«

Zum Inhalt

Das Lied verknüpft biblische Geschichten, in denen Engel vorkommen, mit der Frage nach heute möglichen Engel-Erfahrungen. Und zwar setzt es in unserer Situation ein, zieht biblische Parallelen heran und kehrt zur Gegenwart zurück. Dadurch gliedert sich das Lied inhaltlich in zwei Teile: die Strophen 1, 4, 5 gehören zusammen und die Strophen 2 und 3.

In vielen Engelerscheinungen im Alten Testament wird erzählt, daß der Engel in menschlicher Gestalt erscheint, daß er nicht erkannt oder erst im Weggehen als Bote Gottes identifiziert wird. Dabei wurde in damaligen Zeiten sicher ganz anders mit dem Eingreifen Gottes in Gestalt seiner Engel gerechnet. Heute erwartet man es weniger, oder man findet andere Namen für Menschen, Ereignisse oder Worte, die starke Betroffenheit auslösen.

Das bringt auch dies Lied zum Ausdruck: Gottes Boten sind verwechselbar. Der eine sagt: »Nein! Das kann kein Engel ... gewesen sein«, wie es in der 4. Strophe heißt. Aber andere sehen in der Hilfe, die ihnen zuteil wird, in dem Wort des Zuspruchs oder der Mahnung, das sie durch andere erreicht, das Erscheinen des Gottesboten. Doch auch im nachhinein können sie es nicht beweisen: »... du ... wirst nie sicher sein ... Es *kann* ein Engel gewesen sein.«

Die Strophen 2 und 3 erzählen von zwei Engelbegegnungen aus dem Neuen Testament: Vom Engel der Verkündigung an die Hirten und von den Frauen am Grab. Gerade in diesen beiden Beispielen erscheinen die Engel eigentlich mehr »himmlisch«, weniger verwechselbar als im Alltag, und deshalb vielleicht in diesem Zusammenhang etwas befremdlich. Aber die Formulierungen des Liedes zeigen sehr gut, daß auch hier die Gestalten der Engel unwichtig sind und völlig zurücktreten. Entscheidend ist allein ihr Auftraggeber und die Botschaft, die sie bringen. So heißt es in Strophe 2: »... von Gott geschickt allein« und in Strophe 3: »... doch *einer* sagt da: Seht, er ist nicht mehr tot! Und ihr dürft fröhlich sein!«

In der Verwechselbarkeit zeigt sich die Parallele zu unserer Zeit: »Hände wie deine, wie du sein Gesicht, und blickt er dich an, dann erkennst du ihn nicht.« (Str. 1) Aber in der Begegnung, in Wort und Tat dürfen wir annehmen – wenn auch nicht sicher sein –, daß Gott durch einen anderen Menschen an uns handelt: »Und er kommt von Gott.« (Str. 5)

Die Verwendung im Unterricht wird ab Klasse 4 empfohlen.

55 Wenn Engel in Bethlehem singen

2. Wenn Männer sich nicht schlagen,
wenn Frauen zu reden wagen,
wenn Kinder nicht erschrecken,
wenn Hungernde nicht verrecken ...

3. Wenn Wege sind noch offen,
wenn Zweifelnde dürfen hoffen,
wenn Freude weitet die Herzen,
wenn Menschen lachen, scherzen ...

4. Wenn Völker sich erkennen,
wenn Feinde sich Brüder nennen,
wenn Güte uns wird regieren,
wenn keine Soldaten marschieren ...

5. Die Früchte, schwer in den Bäumen,
die Winde in weiten Räumen,
das Schwert, zur Pflugschar geschmolzen,
und Sanftmut lernen die Stolzen ...

6. Wenn Seufzen und Schreien zu Ende,
gebunden nicht mehr die Hände,
wenn keine Bomben mehr fallen,
weil Sehnsucht ist in allen ...

7. Wenn Menschen von Liebe träumen,
wenn sie es nicht versäumen,
in Liebe auch zu handeln –
sie werden die Welt verwandeln ...

Zum Inhalt

Das Lied ist sehr einfach aufgebaut. Es geht in der 1. Strophe von der Geburtsgeschichte in Lukas 2 aus; es nennt die Engel, die in Bethlehem singen, und die Menschen, die zur Krippe eilen. Im Mittelpunkt steht jedoch ein Teil der Engelbotschaft: Sie verkünden den Frieden, sie reden vom »Friedensland«.
Aber die Engel sind lange verstummt. Wie und wo kann jetzt das Friedensland anfangen?

In den Strophen 2–6 zeigt Steinwede, wie das heute aussehen kann. Er entwirft das Bild einer Welt ohne Angst und Gewalt, ohne Hunger und Stolz, voller Liebe, Hoffnung und Freude, ein »Friedensland«, das wie eine Utopie anmutet.
Die Strophe 7 spricht aus, daß es um einen Traum geht. Ohne Träume, Phantasie und Hoffnung ist es sicher nicht möglich, die Welt zu verwandeln. Allerdings, um das »Friedensland« zu schaffen, müssen die Träume auch zu Taten führen; da ist es nötig, »in Liebe auch zu handeln«.
Die Verwendung im Unterricht wird ab Klasse 5 empfohlen.

Vorschlag zu einer Wort-Meditation

Als Abschluß eines Gesprächs über Engel – Engel, die andere für mich sein können; Engel, die ich in einem Erlebnis erfahre; Engelbotschaften, die ich durch ein gehörtes oder gelesenes Wort empfange – bietet sich eine Wort-Meditation an. Man schreibt dabei verschiedene Einfälle zu einem Wort oder Begriff auf, hier also zu »Engel«.

Engel – das ist das tröstende Wort im Kummer

Engel – das ist die ausgestreckte Hand zur Versöhnung

Engel – das ist die Geistesgegenwart des Autofahrers zur Vollbremsung bei meinem Versehen

Engel – das ist ______________________________

Engel – das ist ______________________________

Engel – das ist ______________________________

Engel – das ist ______________________________

Engel – das ist ______________________________

56 Dorothee Sölle

Fürchte dich nicht

Die herrschenden können die schrift an der wand nicht mehr übersehen
die beherrschten kehren sich ab vom kopfnicken
die waffenhändler wagen nicht mehr über die am boden liegenden zu steigen
die bischöfe geben die schlüpfrigen reden auf und sagen nein
die freunde jesu blockieren die straßen des overkill
die schulkinder erfahren die wahrheit

Woran sollen wir einen engel erkennen
außer daß er mut macht wo angst war
freude wo nicht mal mehr trauer wuchs
einspruch wo sachzwang herrschte
abrüstung wo terror glaubwürdig drohte

Fürchte dich nicht der widerstand wächst

Aus: Dies., Spiel doch von Brot und Rosen, Wolfgang Fietkau Verlag, Berlin 1981, S. 10

Zum Inhalt

Die letzten Worte des Gedichts »der widerstand wächst« geben eine Interpretationshilfe in die Hand.

Wogegen sich dieser Widerstand richtet, zeigt der erste Teil auf: gegen Gewaltherrschaft, Unterdrückung, Ausbeutung, Anpassung, Rüstung, Verschleierung. D. Sölle formuliert die Anzeichen des Neuen nicht als Utopien oder Hoffnungen, sondern als bereits beginnende Veränderungen. Überall zeigen sie sich, in allen Gruppen des Volkes. Während die einen nicht mehr wagen, den Weg der rücksichtslosen Gewalt zu gehen oder sich anzupassen (»die herrschenden«, »die waffenhändler«, »die bischöfe«), fangen die anderen an, sich aktiv für Frieden und Gleichberechtigung einzusetzen (»die beherrschten«, »die freunde jesu«, »die kinder«).

Auch der zweite Teil des Gedichts spricht von Veränderungen; aber hier geht es um die Einstellungen, die den Widerstand erst ermöglichen: Wo Angst herrschte, ist Mut gewachsen; Trauer hat sich in Freude verkehrt; Sachzwänge werden nicht mehr anerkannt, sondern hinterfragt; Abrüstung kann den drohenden Terror verhindern.

In der letzten Zeile direkt vor den Worten »der widerstand wächst« heißt es »fürchte dich nicht«; die gleiche Aufforderung bildet die Überschrift – gleichsam eine Rahmung des Gedichts. Es sind die Worte, mit denen in der Bibel Engel als Boten Gottes zu den Menschen treten. Und daß diese Assoziation beabsichtigt ist, zeigt die Frage am Anfang des zweiten Teils »woran sollen wir einen engel erkennen«.

Die drei genannten Stellen verknüpfen alles, was im Gedicht ausgesagt wird, mit dem Engel, dem Boten Gottes, und das heißt mit dem Wirken Gottes. Dieses

Handeln Gottes ereignet sich im Alltag, im politischen Leben; es geschieht durch Menschen. In ihnen kann man Engel Gottes erkennen, wenn sie Angst vertreiben, Mut machen, Freude bringen, vor allem aber zum Widerstand gegen Unrecht und Gewalt aufrufen und Veränderungen in Gang setzen. Weil es sie gibt, kann die Engelbotschaft heißen: »fürchte dich nicht, der widerstand wächst«. Das schließt Trost und Ermutigung ein, aber auch Anstoß zur Tat.

Zur Planung (ab Klasse 8)

Bei der Beschäftigung mit dem Gedicht im Unterricht ist es wichtig, gerade im ersten Teil die Anzeichen des beginnenden Widerstands, die in sehr verkürzter Form angedeutet sind, ausführlich zu besprechen und auf unsere Situation zu beziehen:

1. Woher kommt die Metapher »die schrift an der wand«? Was bedeutet sie bei Belsazar? Was kann bei uns damit gemeint sein?
2. Wie können wir das »kopfnicken der beherrschten« interpretieren? Was heißt es dann, sich davon abzukehren? Stichwort: »Untertanenmentalität«.
3. Es muß über die Praktiken des Waffenhandels und neuere Versuche verstärkter Aufsicht gesprochen werden.
4. Wo hat sich in der Geschichte die Kirche (die Bischöfe hier als ihre Vertreter) nicht eindeutig auf die Seite der Armen und Entrechteten gestellt? Wo hat sie geschwiegen – oder schweigt noch gegenüber den Herrschenden – zu Praktiken, die sie als falsch erkannt hat? (s. 3. Reich; Atomrüstung) Wo zeigen sich neue eindeutige Stellungnahmen? (Südafrika)
5. Die Zahl der Friedensinitiativen und Demonstrationen wächst. Was geschieht bei uns aus christlicher Verantwortung in dieser Richtung?
6. Die letzte Formulierung richtet sich sicher gegen interessengeleitete Steuerung von Informationen in Presse und Fernsehen, Verschleierung und Verketzerung, z. B. von Friedensarbeit usw. Wo zeigen sich neue Ansätze?

Im zweiten Teil wären vielleicht beispielhaft engagierte Christen zu suchen und zu besprechen, die zu diesen Veränderungen beitragen, ermutigen und aktivieren. Von ihnen her ergäbe sich ein neues Verständnis für den Begriff »Engel«, für den Boten Gottes. Dabei ist sicher zu berücksichtigen, daß Engel Gottes im biblischen Verständnis punktuell mit einem bestimmten Auftrag auftreten. Das entlastet auch diese Menschen; sie handeln hier und dort als Engel Gottes, ohne daß man sie jetzt glorifiziert oder zu Heiligen macht. So kann jeder in einer bestimmten Situation auch zum Engel werden.
Das zweimalige »fürchte dich nicht« enthält die Zusage, daß Gott auf der Seite der Beherrschten, Armen, Bedrohten und Entrechteten steht; das kann – in einem letzten Unterrichtsschritt – aus Praxis und Geschichte Jesu belegt werden.

57 Sigrid Berg

Ehre sei Gott auf der Erde!

Anspiel für einen Gottesdienst

Vorspruch:
Wir alle kennen den Lobgesang der Engel aus der Weihnachtsgeschichte. Er ist uns sehr vertraut, klingt in vielen Weihnachtsliedern an.
Heute wollen wir davon hören, daß es um diesen Lobgesang allerlei Streit unter den Engeln gab, daß sie vielleicht ein wenig anders hätten singen sollen. Die späte Enthüllung dieser Legende kann uns sicher ein bißchen nachdenklich machen. Doch genug der Vorrede, wir wollen die Engel selber belauschen.

Engelchor singt: Gloria in excelsis deo ... oder: Ehre sei Gott in der Höhe (gut geeignet ist z. B. der Refrain des Liedes »Engel auf den Feldern singen«).

1. Engel: Das haben wir doch nun schon so oft gesungen. Es sollte auch ohne neue Proben gehen.
2. Engel: Wir haben es aber noch nie auf der Erde gesungen. Das ist eine ganz neue Situation.
3. Engel: Unser Herr hat die Aufgabe für besonders wichtig gehalten. Habt ihr gemerkt, wie aufgeregt er war, als er es uns erklärte?
1. kleiner Engel: Und wie! Es war richtig spannend!
2. Engel: Also ich fand es merkwürdig. Auf der *Erde* singen!
4. Engel: Ja, manchmal ist der Herr schon etwas unberechenbar in seinen Ideen. Was er in letzter Zeit dauernd mit den Menschen hat, verstehe ich nicht, ihr etwa?
2. kleiner Engel: Warum nicht?
3. Engel: Sei nicht so vorlaut. Es ist wirklich nicht zu verstehen. Was soll diese dauernde Beschäftigung mit den Menschen?
1. Engel: Das geht nun schon lange so.
5. Engel: Aber daß sein Sohn jetzt auf der Erde geboren werden soll, ist völlig unbegreiflich. Wo soll das hinführen?
3. Engel: Ein Glück, daß wir die Sache ein bißchen in Ordnung bringen können. Wenn wir mit himmlischer Musik aufwarten, bekommt das Ganze wenigstens einen angemessenen Rahmen.
2. Engel: Ja, und deshalb muß es auch besonders gut klappen. Also, noch einmal bitte.
(Er erhebt eine Stimmgabel und gibt einen Ton an.)
1. kleiner Engel: Aber ... aber ...
2. Engel: Was willst du kleiner Naseweis schon wieder? Ist es wichtig?
1. kleiner Engel (zögernd): Ja, ich denke schon. Der Herr hat doch gesagt, wir sollen diesmal anders singen.
3. Engel: Schnickschnack! Wir singen unseren Lobgesang wie immer.
2. kleiner Engel (trotzig): Und doch sollen wir anders singen!
5. Engel: Hört ihr zwei nicht? Wir singen unseren Lobgesang und damit Schluß –
1. kleiner Engel: Aber wir sollen ihn ändern, hat er gesagt.
4. Engel: Wieso ändern? Ich habe das nicht gehört. Schon immer haben wir das gleiche gesungen: »Ehre sei Gott in der Höhe!« Etwas dagegen einzuwenden?
2. kleiner Engel: Klar. »Ehre sei Gott auf der Erde!« hat er gesagt.
1. Engel: Ehre sei Gott auf der Erde. Auf der Erde! Habt ihr so etwas schon mal gehört? Was soll das nur heißen?
3. Engel (zögernd): Ja, gehört habe ich's schon. Aber ... das geht doch zu weit.

5. Engel: Wir in der Höhe geben ihm die Ehre und sind dafür zuständig. Aber die auf der Erde, die Menschen?

4. Engel: Erst schickt er seinen Sohn hin und nun solche Lieder. Nein, nein, das geht nicht.

1. kleiner Engel: Warum nicht?

2. kleiner Engel: Er hat es doch gesagt.

2. Engel: Wenn ihr zwei nicht sofort still seid und euch an das haltet, was wir alten erfahrenen Engel euch sagen, ist eure Karriere in der himmlischen Musikabteilung beendet, ehe sie überhaupt angefangen hat. Habt ihr verstanden?

1. Engel: Wir müssen die Launen unseres Herrn im Blick auf die Menschen schon ein bißchen abschwächen. Sonst wissen die Menschen bei der Geburt seines Sohnes gar nicht, mit wem sie es zu tun haben und denken noch, er wäre ihresgleichen.

2. kleiner Engel (leise zur Seite): Vielleicht wollte der Herr das ja.

1. kleiner Engel: Und ich singe doch »Ehre sei Gott auf der Erde«.

2. kleiner Engel: Ich auch. Und wenn es nur einige hören. Vielleicht wissen die besser, was unser Herr damit meint als unsere klugen großen Engel.

Zum Anspiel

Die Szene »Ehre sei Gott auf der Erde« greift auf eine Legende von Theodor Leonhardt zurück.
Sie ist als Anspiel für einen Gottesdienst konzipiert. Die Engel sollten nicht nach der üblichen »Engel-Mode« gekleidet sein; ein Utensil, z. B. eine breite Schärpe, wie eine breite Stola umgelegt, könnte sie charakterisieren.
Die Szene will in bildhafter Weise zeigen, daß im Sinn der weihnachtlichen Engelbotschaft die Gottesherrschaft nicht auf den »Himmel« beschränkt bleiben will, sondern hier auf der Erde sichtbar wurde und weiter wachsen will.
Der weitere Gottesdienst muß die Frage der Engel aufnehmen: Was soll das heißen: Ehre sei Gott auf der Erde?
Im »Evangelium der Bauern von Solentiname« heißt es dazu: »Gott kann im Himmel nicht gelobt werden, solange es auf der Erde keinen Frieden gibt – das heißt Gerechtigkeit, Brüderlichkeit, Gleichheit. Das alles ist Frieden.« Auf der Erde soll Gottes Reich beginnen. Es fängt da an, wo Menschen auf Gewalt verzichten, wo der Egoismus durchbrochen wird zugunsten der Gemeinschaft, wo Menschen sich in Liebe begegnen. Dort wird Gott die Ehre gegeben, dort beginnen »weihnachtliche Zustände«.
Zum Abschluß bietet sich das Lied »Ehre sei Gott in der Höhe« von Hans Jürgen Netz an. Jede Strophe dieses Liedes versucht zu zeigen, was es heißen kann, Gott auf der Erde die Ehre zu geben, und jede Strophe endet folgerichtig mit den Worten: »Ehre sei Gott auf der Erde!«
(Das Lied ist zu finden in: Lieder – Bilder – Szenen Band 7, Nr. L 3, 6)

Christkind

Einleitung

Selbst wenn in vielen Familien oder im Religionsunterricht nicht vom »Christkind« gesprochen wird, hören die Kinder doch unweigerlich davon. Bei Verwandten und Bekannten, Mitschülern oder auch in Liedern und Gedichten begegnet es ihnen immer wieder.
Welche Vorstellungen bekommen die Kinder von diesem »Christkind«?
Wenn wir die auf den Arbeitsblättern des folgenden Entwurfs abgedruckten Texte und Bilder betrachten, erhalten wir ein Bild, das sicher den gängigen Vorstellungen entspricht:
Am Heiligen Abend kommt das Christkind auf geheimnisvolle Weise vom Himmel herab. Es schwebt zur Erde und bringt für jedes Kind Geschenke. Allerdings macht es seine Arbeit so heimlich, daß man nicht einmal einen Zipfel seines Gewandes sehen kann. Und wenn das Glöckchen zur Bescherung läutet, ist das Christkind schon zu anderen Kindern unterwegs, denn auch sie warten auf ihre Geschenke.
Eine der wichtigsten Vorstellungen also, die die Kinder mit dem Christkind verbinden, betrifft die Geschenke (»... es trug einen Sack, der war gar schwer...«; »... leer deine große Tasche aus...«).
Auch über das Aussehen des Christkindes gibt es recht genaue Vorstellungen: Es kann fliegen wie ein Engel, wahrscheinlich hat es Flügel. Auf Bildern erscheint es meist mit blonden Locken, großen staunenden Kinderaugen, häufig trägt es ein kurzes weißes Hemdchen und hat nackte Füße (»... aus dem Himmelstor schaut mit großen Augen das Christkind hervor...«; »... tut sich vom Himmel dann schwingen...«).
Das Kommen des Christkindes ist fixiert auf diesen einen Tag im Jahr und wiederholt sich jedes Jahr zur Weihnacht (»Alle Jahre wieder...«; »... morgen flieg ich hinab zur Erden...«).
In einigen Liedern und Gedichten wird das Christkind nicht nur zum Transporteur der Weihnachtsgeschenke, sondern hier fällt ihm auch die Aufgabe zu, die sonst meist der Nikolaus erfüllt, nämlich über die Moral zu wachen und nur die braven Kinder zu belohnen. Auch hier ein Gedanke, der überhaupt nicht mit dem biblischen Jesuskind zu vereinen ist (»... Christkindchen, ich will artig sein...«; »... den frommen Kindern wohlbekannt, die ihren Eltern gehorsam sein...«).
Ein Gedicht geht sogar so weit, daß in ihm das Gebet zur Leistung verkommt (Kinder »die früh aufstehn und beten gern...«).
Man mag sagen, diese Darstellung sei sehr einseitig und etwas boshaft entstellend. Das Christkind gehöre nun einmal zu den volkstümlichen Vorstellungen der Weihnachtszeit, ja es sei der Mittelpunkt, und man solle die kleinen Verzerrungen nicht so ernst nehmen.
Wie problematisch der Christkind-Komplex aber im Blick auf ein christliches Verständnis der Geburt Jesu ist, zeigen Untersuchungen in mehreren ersten und zweiten Klassen (sowohl katholischen wie evangelischen). Die Kinder haben das Christkind gemalt und von ihm erzählt. Dabei zeigte es sich, daß ca. 80% von

ihnen es sich genau so vorstellen, wie es oben beschrieben wurde: Ein kleines Engelchen, das zu Weihnachten mit Geschenken vom Himmel herabfliegt.
Der Versuch, die Vorstellung durch eine Frage nach dem Geschlecht (Junge oder Mädchen?) zu präzisieren oder eventuell eine Beziehung zu Jesus herzustellen, brachte viele Kinder in Verwirrung. Häufig tendierten sie, vor allem in den ersten Klassen, eher zum Mädchen. Nur ein ganz geringer Prozentsatz verknüpfte das Christkind mit dem Jesuskind in der Krippe. Es kam sogar vor, daß beide nebeneinander auf dem gleichen Bild erschienen.
Vor allem in den zweiten Klassen trat ein neues Moment hinzu. Die Zeichnungen zeigten zwar weiterhin vielfach das übliche Engelwesen, aber als Erklärung tauchte häufig auf: Das Christkind sind die Eltern, Mutter oder Vater. Hier ist also die Vorstellung vom Christkind zum Teil schon abgebaut; es gibt gar keines, die Eltern bringen die Geschenke.
Diese Erfahrungen entsprechen etwa der Empfehlung für Eltern aus der Weihnachtsnummer einer Kundenzeitschrift:

Vorschlag für Eltern **58**

»Zu den immer wieder problematischen Weihnachtsüberlegungen gehört die Frage, wie lange Eltern ihre Kinder an das Christkind glauben lassen wollen. Am einleuchtendsten ist es, den Kindern die wahre Herkunft der Geschenke zu erklären, indem man sie fragt: ›Was ist denn schöner: Geschenke von einem Christkind, das keiner kennt und das dem reichen Nachbarkind viel mehr bringt als deinem Freund im Hinterhaus, oder zu wissen, daß all die Geschenke von zwei Menschen kommen, die du kennst, von denen du weißt, daß sie dich lieb haben?‹«

Sicher ist es richtig, die Kinder nicht im unklaren über die Geschenke zu lassen. Hier geht es jedoch um die Aussagen über das Christkind. Sie zeigen deutlich, daß es zu einer Märchenfigur verkommen ist, die beliebig benutzbar oder austauschbar geworden ist. Es wird bezeichnenderweise ein Christkind, »das keiner kennt«, genannt. Hier ist also keine Beziehung zu Jesus mehr vorhanden. Aber die Ablehnung dieser märchenhaften Gestalt wirkt sich bei älteren Kindern gleichzeitig auch als Ablehnung all dessen aus, was mit dem Sinn des Weihnachtsfestes verknüpft ist. Das Christkind und damit auch Jesus werden als Märchenfiguren abgelegt; jedenfalls ist die Gefahr dazu groß, wie auch die Befragungen verdeutlichen.

Zusammenfassend läßt sich sagen:

Die Betrachtung der volkstümlichen Texte und Bilder und die durchgeführten Befragungen zeigten, daß die übliche Redeweise zu Weihnachten vom Christkind einige Gefahren in sich birgt.

1. Die größte Gefahr ist, daß die Gestalt des Christkindes von seinem Ursprung, nämlich Jesus Christus, gelöst wird.
2. Mit der Abwendung von der märchenhaften Gestalt werden dann auch alle christlichen Aussagen über Jesus als Märchen abgetan. Das wird noch dadurch verstärkt, daß die sogenannte Weihnachtsgeschichte aus Lukas 2 vielfach zu einer märchenhaften Idylle verkommen ist.
3. Doch auch, wo die Beziehung Christkind – Jesus noch vage erhalten bleibt, zeigt sich eine Gefahr: Wenn es Weihnachten nur um das Christkind oder Jesuskind geht, das *alle Jahre einmal* erscheint, so wird diese Gestalt völlig unhistorisch, abgelöst von dem Mann Jesus von Nazareth.
4. Jedoch nicht nur seine Gestalt wird ungeschichtlich, auch seine Bedeutung bleibt auf dieses Fest beschränkt und hat nur sehr punktuell etwas mit unserem Leben zu tun.

Im Unterricht wird es mit jüngeren Kindern nicht darum gehen können, die Rede vom Christkind völlig abzubauen. Aber die Kinder sollten erfahren, welche Bedeutung das »Christkind« hat; von daher wird auch eine behutsame Korrektur der besprochenen Vorstellungen möglich sein.

Mit älteren Schülern wird sich eine gründlichere Auseinandersetzung mit den problematischen Vorstellungen anbieten.

Auseinandersetzung mit Christkind-Vorstellungen

Unterrichtsvorschlag für die 5./6. Klasse

Planung

1. Brainstorming
   Sammeln ungeordneter Assoziationen zum Stichwort »Christkind« (Abruf eigener Vorstellungen und Erfahrungen)
2. Stillarbeit
   Beschäftigung mit den beiden Arbeitsblättern
3. Austausch der Ergebnisse
4. Unterrichtsgespräch:
   Welche problematischen Konsequenzen ergeben sich aus der besprochenen Redeweise vom Christkind? (Vgl. die Einleitung zu diesem Kapitel)
5. Auseinandersetzung mit dem »Vorschlag für Eltern« aus der Einleitung (Nr. 58)

Als Fortführung wäre eine Beschäftigung mit dem Text von Josef Reding (Nr. 29) möglich oder die Erarbeitung eines Liedes, das die Verknüpfung von Geburt und Leben Jesu zum Ausdruck bringt (z. B. Nr. 9).

»Christkind«

Arbeitsblatt (1)

Auf den Arbeitsblättern findest du Auszüge aus Gedichten und Liedern und zwei Bilder vom Christkind. Lies die Texte, und sieh dir die Bilder genau an. Beantworte dann die Fragen am Ende des zweiten Blattes!

Christkindchen, komm in unser Haus,
Leer' deine große Tasche aus...

Von drauß vom Walde komm ich her;
ich muß euch sagen, es weihnachtet sehr!
Allüberall auf den Tannenspitzen
sah ich goldne Lichtlein blitzen.
Und droben aus dem Himmelstor
sah mit großen Augen das Christkind hervor.
Und wie ich so strolcht durch den finsteren Tann,
da rief's mich mit heller Stimme an:...
...Das Himmelstor ist aufgetan...
Und morgen flieg ich hinab zur Erden;
Denn es soll wieder Weihnachten werden.

Alle Jahre wieder
kommt das Christuskind
auf die Erde nieder,
wo wir Menschen sind.

Denkt euch – ich habe das Christkind gesehn!
Es kam aus dem Wald, das Mützchen voll Schnee.
Mit rot gefrorenem Näschen.
Die kleinen Händchen taten ihm weh;
Denn es trug einen Sack, der war gar schwer,
Schleppte und polterte hinter ihm her...

Arbeitsblatt (2)

Oh, wenn die Glocken erklingen,
schnell sie das Christkindchen hört,
tut sich vom Himmel dann schwingen,
eilet hernieder zur Erd'...

Das Christkindlein bin ich genannt,
Den frommen Kindern wohlbekannt,
Die ihren Eltern gehorsam sein,
Die früh aufstehn und beten gern,
Denen will ich alles beschern...

Christkindchen, ich will artig sein
Bescher mir was in mein Schüsselein...

Fragen:

1. Was erfahren wir über das Aussehen des Christkinds?

____

____

____

2. Wo befindet es sich meist? Wo ist es zu Weihnachten?

____

3. Was tut es?

____

____

4. Warum kommt es zu Weihnachten?

____

____

5. Kannst du direkt aus den Texten entnehmen, wer es ist?

____

Christkind

Hinweise zu einer Unterrichtseinheit in Klasse 1

Zur Planung

1. Bald ist Weihnachten!
   Wir erzählen oder malen von Weihnachten (Vorbereitungen, Wünsche usw.).
2. Erzählung »Bald ist Weihnachten« (Nr. 60)
   Vorlesen einer Geschichte, die von der Vorweihnachtszeit erzählt und darauf hinführt, daß wir Weihnachten Geburtstag feiern.
3. Unterrichtsgespräch: Wer hat Weihnachten Geburtstag?
   Erfahrungsgemäß gibt es hier zwei Antworten: »das Christkind« oder »Jesus«.
4. Wer ist das Christkind?
   Bewußtmachen der eigenen Vorstellungen (zeichnen und verbalisieren).
5. Zusammenfassung und Fortführung durch den Lehrer (Christkind = Christuskind; das Christkind ist Jesus Christus; er hat Weihnachten Geburtstag).
6. Gestaltung eines Arbeitsblattes
   Das Ergebnis wird in einem Arbeitsblatt festgehalten. Die Schüler tragen den Namen »Jesus« ein und verzieren das Blatt.

   > Weihnachten
   > feiern wir
   > Geburtstag.
   >
   > ______
   > hat
   > Geburtstag.

7. Erlernen eines Liedes
   Das Lied »Weihnachten, Weihnachten« (Nr. 61) wird gelernt. Es läßt sich in einen kleinen Reigentanz umsetzen.

Dieser Entwurf kann weitergeführt werden zur Thematik »Schenken«. Im Teil »Weihnachten ist mehr« (S. 293 ff.) wird ein entsprechender Entwurf angeboten. Es wäre jedoch auch folgende Fortführung möglich:

8. Schülerberichte
   Wir erzählen von unserem Geburtstag: Wie feiern wir? Wer ist die Hauptperson? Wer bekommt Geschenke?
   Unter Rückbezug auf den Geburtstag Jesu bieten sich zwei Alternativen für die Weiterführung an:
   a) Warum bekommen wir zu Weihnachten Geschenke?
   b) Was können wir Jesus, dem Geburtstagskind, schenken?
   Vgl. dazu auch das Lied »Was schenken wir dem Jesuskind?« im oben genannten Entwurf (Nr. 106).

60 Sigrid Berg

Bald ist Weihnachten

Erzählung

»Heidi, kommst du noch mit zu mir zum Spielen?« fragt Tina nach der Schule, »es ist doch noch so früh.« Aber Heidi wehrt ab: »Ich habe keine Zeit. Meine Mutti backt heute wieder, und ich darf ihr noch helfen, hat sie gesagt.«
Sie nimmt schnell ihren Schulranzen. »Bis morgen«, ruft sie noch und rennt los.
So eilig hat Heidi es sonst nicht nach der Schule, aber kurz vor Weihnachten gibt es dauernd etwas Neues und Aufregendes daheim.
Mit dem 1. Advent hat es angefangen. Überall hat die Mutter Tannensträuße und Kerzen aufgestellt; das sieht schön aus. Und dann der lustige Adventskalender mit den 24 Säckchen an einer langen Schnur. Jeden Morgen schneidet Heidi ein Säckchen ab und freut sich über die kleinen Dinge, die herauspurzeln.
Jetzt sind schon 14 Säckchen leer; bald ist Weihnachten.
Während Heidi an all das denkt, ist sie zu Hause angekommen. Wie versprochen, hat die Mutti den Teig schon zugerichtet und die Ausstecherei kann losgehen. Ist das ein Spaß! Heidi macht Monde, Sterne, Herzen und vieles mehr. Am besten gefallen ihr die Tannenbäume. Allmählich ist sie überall mit Mehl bestäubt, sogar auf der Nase sitzt ein Tupfer.
Bis zum Mittag sind alle Plätzchen fertig. Heidi hat so viel gekostet, daß das Essen gar nicht mehr recht schmecken will. »Wenn du so weiternaschst«, sagt die Mutter, »reicht es gar nicht bis Weihnachten.« »Du hast doch vorige Woche auch schon gebacken. Brauchen wir denn so viele Kekse?« fragt Heidi. »Aber sicher«, lautet die Antwort, »wir bekommen doch viel Besuch.« »Toll, ich freu mich ja schon so«, jubelt Heidi.
Nach dem Mittagessen schreibt sie ihren Wunschzettel. Oh, sie hat viele Wünsche! Immer wieder fällt ihr etwas ein. »Ob ich das wohl alles bekomme?« fragt sie die Mutter.
»Das mußt du wohl abwarten«, ist die lachende Antwort.
Heidi wird ganz zappelig vor Spannung.
»Ach, Mutti«, sagt sie, »Weihnachten ist ganz toll. Alles ist so aufregend. Fast wie Geburtstag. – Eigentlich noch schöner.«
»Aber es ist doch Geburtstag.«
»Was? Geburtstag?« staunt Heidi. »Wer hat denn Geburtstag?«
»Hast du das über all den Vorbereitungen ganz vergessen, mein Herz?« fragt die Mutter.
»Denk mal schnell ein bißchen nach, dann fällt es dir bestimmt wieder ein.«

61

2. Groß und klein, kommt herein!
Jesus hat Geburtstag,
drum feiern wir ein Fest.

3. Kommet her, singt noch mehr!
Jesus hat Geburtstag,
drum feiern wir ein Fest.

4. Weihnachten, Weihnachten!
Jesus hat Geburtstag,
drum feiern wir ein Fest.

Text und Melodie: Sigrid Berg

Nikolaus

Einleitung

Die Gestalt des Nikolaus geht auf den Bischof von Myra zurück; seine Lebensdaten sind angereichert und aufgefüllt durch sehr viele legendarische Züge. Außerdem ist er heute nur noch mit Mühe von Weihnachtsmann und Knecht Ruprecht abzuheben. Zum Teil existieren die drei Gestalten nebeneinander, teilweise verfließen sie ineinander. Jedenfalls ist die Figur des Nikolaus im Volksbrauch vielfach ihrer ursprünglichen Züge beraubt oder gar pervertiert worden. Heute bestehen seine Hauptaufgaben oft nur noch darin, als Dekoration für die Kinder, als Überbringer der Geschenke und als Moralapostel zu fungieren.
Die Entwicklung ist nicht neu, wie der folgende Text aus »Des Knaben Wunderhorn« (1806) stellvertretend für viele aufzeigen will.

Sankt Niklas

Vater: Es wird aus den Zeitungen vernommen,
Daß der heilige Sankt Niklaus
werde kommen

Aus Moskau, wo er gehalten wert
Und als ein Heiliger wird geehrt;
Er ist bereits schon auf der Fahrt,

Zu besuchen die Schuljugend zart,
Zu sehn, was die kleinen Mägdlein und
  Knaben
In diesem Jahr gelernet haben
In Beten, Schreiben, Singen und Lesen,
Auch ob sie sind hübsch fromm gewesen.
Er hat auch in seinen Sack verschlossen
Schöne Puppen, aus Zucker gegossen,
Den Kindern, welche hübsch fromm wären,
Will er solche schöne Sachen verehren.

Kind: Ich bitte dich, St. Niklaus, sehr,
In meinem Hause auch einkehr,
Bring Bücher, Kleider und auch Schuh
Und noch viel schöne gute Sachen dazu,
So will ich lernen wohl
Und fromm sein, wie ich soll.

Niklas: Gott grüß euch, lieben Kinderlein,
Ihr sollt Vater und Mutter gehorsam sein,
So soll euch was Schönes bescheret sein.
Wenn ihr aber das nicht tut,
So bringe ich euch den Stecken und die Rut.

In den letzten Jahren ist – gerade im Kindergartenbereich, wo der Nikolaus (in katholischen Gegenden) am 6. Dezember regelmäßig erscheint – die Tendenz deutlich geworden, ein besseres Verständnis anzubahnen, das der ursprünglichen Gestalt gerechter wird.
Zu den mit dem 6. Dezember verknüpften Bräuchen und Legenden – dem typischen Nikolaus für die Kinder – gibt es eine Unzahl von Materialien: Geschichten, Spiele, Lieder, Gedichte usw. Sie werden hier nicht berücksichtigt. Die wenigen in diesem Buch abgedruckten Medien möchten helfen, Impulse, die vom Leben des heiligen Nikolaus ausgehen können, aufzugreifen und zu verdeutlichen.

62 Kurtmartin Magiera

Den Nikolaus von Staniol und Flitter befreien

Jetzt reihen sie sich wieder: an Ladentheken, in Kaufhäusern, zu Tausenden nebeneinander, untereinander, übereinander. In Schokoladengeschäften, Bäckereien und Supermärkten. Liturgisch nicht völlig unterentwickelte Fabrikanten lassen den halbbitteren Schokoladenheiligen sogar als Bischof antanzen, mit Hirtenstab und Mitra. Allergische Christen rümpfen die Nase darüber; Geschäftsleute reiben sich die Hände: Schlichtere Gemüter aber wie unsereiner fragen sich: Was muß dieser Nikolaus für einer gewesen sein, daß noch sechzehnhundert Jahre nach seinem um 350 vermuteten Tode alle Länder des Abendlandes nicht um sein Bild herumkommen?

Fest steht: Sohn reicher Eltern. Ihren Reichtum »verschwendete« der Sohn nach ihrem Tode großzügig unter die armen Leute.
Das heißt schon was, oder?
Er wurde Priester durch die Hand seines Onkels, der Bischof von Myra war (in der heutigen Türkei). Er lebte einfach, half Armen, wo er konnte, und als man ihn deshalb öffentlich zu preisen begann, verzog er sich bescheiden in ein Kloster. Später wurde er zum Bischof von Myra gewählt. Dann aber muß dieser Bischof Nikolaus so überzeugend gelebt haben, daß nach seinem Tode massenweise Legendenstoff anfiel. Die Leute erzählten sein Leben in hundert und aberhundert Geschichten weiter: Wie er verarmten Mädchen, die der nicht gerade zimperliche Papa ins Freudenhaus verhökern wollte, nachts ihre Mitgift durchs Fenster warf (goldene Äpfel, Goldstücke im Beutel), um sie vor Unglück und Sünde zu bewahren; wie er in Myra den nach Rom auslaufenden Schiffen während der großen Hungersnot je hundert Scheffel Getreide abschwatzte: Sie werden euch in Rom nicht fehlen! – und so die ganze Stadt über den ärgsten Hunger brachte. Wie er den Kaiser anging und mahnte, verleumdeten Offizieren das Todesurteil zu ersparen. Nikolaus freilich hat alles überstanden. Auch die gutgemeinten Übertreibungen. Geblieben ist er einer der großen Heiligen der östlichen und westlichen Kirche. Weit oben im Rang. Fromm, sozial aufgeschlossen, fest im Glauben, persönlich engagiert bei jeder Not, die ihm in die Quere kommt. Handfest und mit sicherem Auge für das Notwendige. Das muß es gewesen sein, was die Leute faszinierte. Daß sie sich nach seinem Tode noch um den Leichnam stritten und ihn nach Bari entführten.
Die Nachwelt hat ihn zum großen Beschenker gemacht für alle Welt, die großen und kleinen Kinder. Nur die Moralpauker machten ihn zum »Amtsrichter« über gute und böse Kinder, der Zeit hat für Buchführung über schlechtes Aufstehen und vorlaute Widerworte. Gaben ihm den Ruprecht bei mit Rute und Sack, mit Peitsche und Zuckerbrot. Nicht gerade die beste Methode, um zu einem Heiligen zu ermuntern!
Aber wie es so mit einem richtigen Heiligen geht: Er hat ein dickes Fell und verträgt harten Tobak. Unterzukriegen ist er nicht. Auch nicht nach 1600 Jahren. Wer will, kann ihn mit ein paar Handgriffen von allem Staniol und Flitter befreien. Heraus kommt ein Mensch, der glaubte und diesen Glauben umsetzte in einem langen Leben. Sowas darf gefeiert werden.

Gekürzt aus: Ders., Was der Juli kocht, kann der September nicht braten, Verlag Josef Knecht, Frankfurt 1975

Zur Unterrichtsplanung (ab Klasse 6)

Der Text von Magiera möchte hinter »Staniol und Flitter« und legendarischen Überhöhungen den Mann sichtbar machen, der als engagierter Christ ein glaubwürdiges Leben geführt hat und deshalb als eine »weihnachtliche Gestalt« Impulse für ein gutes und sinnvolles Weihnachtsfest geben kann.
Im Unterricht könnte der Text als Kontrast- oder Ergänzungsmaterial zu geläufigen Nikolaustexten und -vorstellungen dienen.
Ein Dreischritt bietet sich an:

1. Sammelphase

Die Schüler sammeln zunächst Material zur Figur des Nikolaus/Weihnachtsmann (Geschichten, Gedichte, Lieder, Bilder, Werbung usw.).

2. Auswertung des Materials

Fragen zur Auswertung:
a) Wo und in welchen Zusammenhängen tauchen Bilder vom Nikolaus auf? Wie wird er dargestellt?
b) Welche Geschichten, Gedichte usw. kreisen um die Gestalt des heutigen Nikolaus? (Vorlesen, Inhaltsangabe)
c) Welche Aufgaben werden ihm meist zugewiesen?
d) Welche Geschichten usw. berichten von der historischen Gestalt? (Vorlesen, Inhaltsangabe)
e) Was erfährt man über sein Leben und Verhalten?
f) Wie paßt das mit den ihm heute zugedachten Aufgaben zusammen?

3. Beschäftigung mit dem Text von K. Magiera

a) Die Aussagen des Magiera-Textes können mit den eigenen Untersuchungen verglichen werden, sie bestätigen oder widerlegen.
b) Sodann wäre zu fragen, welche Impulse – gerade im Blick auf das Weihnachtsfest – von der Gestalt des Nikolaus ausgehen können.

63 Uwe Wandrey

Ein feiner Zug

Ein Zug von rund tausend Weihnachtsmännern
durch die Innenstadt
das wäre nicht nur ein hübsches Bild
wie sie die Flugblätter
aus den Säcken ziehen
und sie unter die Leute verteilen
das wäre nicht nur ein schöner Ton
wenn sie riefen
»Alle Macht den Weihnachtsmännern!«
Das wäre sogar sehr nützlich für alle Kinder
die sonst leer ausgingen
wenn so ein Zug durch die Kaufhäuser
Sack für Sack huckepack
das wäre ein feiner Zug
von den Weihnachtsmännern
durch die Kinderzimmer
Altersheime
und Krankenhäuser und Gefängnisse
das wäre beinahe Weihnachten.

Zum Inhalt

Uwe Wandrey spricht in seinem Gedicht von »Weihnachtsmännern« und nicht vom Nikolaus, und doch scheint mir inhaltlich das Bild des Nikolaus im Hintergrund zu stehen. Zu ihm würde jedenfalls eine ähnliche Aktion passen, wie sie das Gedicht beschreibt.
Was geschieht dort?
»Ein Zug von rund tausend Weihnachtsmännern« zieht »durch die Innenstadt«. »Ein hübsches Bild«, ein nicht ungewohntes Bild. Auf Schritt und Tritt begegnen Weihnachtsmänner – wenn auch in weitaus geringerer Zahl – im weihnachtlichen Rummel auf der Straße, in Kaufhäusern oder in Dekorationen. Es gibt eine sehr boshafte Karikatur von Hanel, in der einige mit Ruten und Fangnetzen bewaffnete Weihnachtsmänner die Menschen in Scharen in die Kaufhäuser treiben: die Weihnachtsmänner als Konjunkturspritze.
Im Gedicht von Wandrey haben sie allerdings andere Aufgaben. Zunächst wird berichtet, daß sie Flugblätter an die Leute verteilen. Was auf diesen Flugblättern steht, bleibt offen. Auch ihr Ruf: »Alle Macht den Weihnachtsmännern!« ist nicht eindeutig.
Dann jedoch zeigt sich, für wen die Weihnachtsmänner diesen Aufstand inszenieren: für die Außenseiter, die Benachteiligten und Vergessenen. Statt für die Satten und Reichen als Festdekoration zu dienen, setzen sie sich über alles, »was man tut« und »was erlaubt ist«, hinweg, nehmen vom Überfluß und verteilen an die, die sonst leer ausgingen. Und dann – meint der Text – »wäre beinahe Weihnachten«.
Als Leser des Gedichts müssen wir uns fragen lassen, was dieser »feine Zug« uns sagen will. Im allgemeinen sind wir es, die vor Weihnachten »Sack für Sack huckepack« aus den Kaufhäusern heimtragen, was uns das Fest verschönen soll. Wir entrüsten uns vielleicht sogar, weil die Weihnachtsmänner sich auf unrechtmäßige Weise aneignen, was sie verschenken. Unser anerzogenes Rechtsdenken sträubt sich gegen diese Praktiken. Aber verschließt uns nicht gerade diese Einstellung den Zugang zu dem, worauf es wirklich ankommt: Gerechtigkeitsdenken? Gerechtigkeitsdenken ist herausgefordert gegenüber allen Armen und Außenseitern, vor allem gegenüber den Menschen in der 3. Welt, auf deren Kosten wir weithin unseren Wohlstand erworben haben und auch heute noch behaupten.
Dieses Gerechtigkeitsdenken blitzt in dem Gedicht von U. Wandrey auf, wenn auch in einer Form, die nicht ohne weiteres zur Nachahmung empfohlen werden kann. Sie fordert uns jedoch heraus, unsere eigenen Maßstäbe und Verhaltensweisen kritisch zu überdenken.
Weihnachten gestattet uns nicht, im Gewohnten stehenzubleiben, sondern will uns – im Bild des Gedichts – ermuntern, uns diesem »feinen Zug« anzuschließen.

Zur Planung (ab Klasse 7)

Um den Kontrast zwischen den allgemeinen Vorstellungen über die Aufgaben des Weihnachtsmannes und der Aussage des Gedichts bewußtzumachen, sollten die Schüler zunächst eigene Ideen verbalisieren. Dazu bietet es sich an, nur den ersten Teil des Gedichts (bis: »sie unter die Leute verteilen«) vorzustellen. Die Schüler

I. *Uwe Wandrey*
Ein feiner Zug

Ein Zug von rund tausend Weihnachtsmännern
durch die Innenstadt
das wäre nicht nur ein hübsches Bild
wie sie die Flugblätter
aus den Säcken ziehen
und sie unter die Leute verteilen...

Überlege, was auf den Flugblättern stehen könnte.

a) ______________________________

b) ______________________________

c) ______________________________

II. ... das wäre nicht nur ein schöner Ton wenn sie riefen
»Alle Macht den Weihnachtsmännern!«

1. Wofür ist der Weihnachtsmann Sinnbild?

a) ______________________________

b) ______________________________

2. Was hieße dann: »Alle Macht den Weihnachtsmännern«?

a) ______________________________

____

b) ______________________________

____

____

erhalten die Aufgabe, die Flugblätter der Weihnachtsmänner zu beschriften und ihre vorgeschlagenen Texte zu diskutieren.
In einem zweiten Schritt werden die nächsten drei Zeilen des Gedichts gelesen. Die Fragestellung lautet jetzt: Was würde die Parole »Alle Macht den Weihnachtsmännern« bedeuten? Die Antworten hängen natürlich davon ab, welche symbolische Bedeutung der Weihnachtsmann für die Schüler hat.
Das Arbeitsblatt unterstützt die schrittweise Arbeit am Gedicht und bietet jeweils Platz für unterschiedliche Stellungnahmen.
Erst nach diesen beiden Schritten lernen die Schüler das ganze Gedicht kennen, klären die dargestellte Situation und bringen sie mit ihren eigenen Gedanken in Zusammenhang.
Schließlich versuchen sie, die im Gedicht enthaltene Kritik herauszufinden. Sie diskutieren diese unter den oben entwickelten Gedanken über »Rechtsdenken« und »Gerechtigkeitsdenken«.

Hinweis auf einen Vorlesetext

Im Zusammenhang mit dem Gedicht von Uwe Wandrey bietet sich aus dem Buch *»Der Mann und die Frau und das Kind«* (S. Berg [Hg.], Calwer/Kösel 1988) folgender Vorlesetext an:

Robert Gernhardt, Die Falle

Die Geschichte setzt sich in amüsanter, leicht satirischer Weise mit der Verharmlosung des Weihnachtsmanns/Nikolaus als Dekorationselement auseinander.
Ein reicher Geschäftsmann bestellt für den Abend des 24. Dezember beim Studentenwerk einen Weihnachtsmann für die Bescherung der Kinder; anschließend soll eine Feier mit Geschäftsfreunden stattfinden. Der »Weihnachtsmann« trifft ein, entspricht in seinem Verhalten jedoch nicht ganz den Vorstellungen der Eltern (Examination der Eltern statt der Kinder usw.). Im Laufe der Bescherung tauchen noch Knecht Ruprecht, der Nikolaus und der Erzengel Gabriel auf, Freunde des »Weihnachtsmanns«. Gemeinsam verunsichern sie die Eltern, lassen sich mit Getränken und Speisen, die für die Gäste vorbereitet waren, versorgen und schließlich sogar dafür bezahlen, daß sie endlich verschwinden. Die vier »weihnachtlichen Gestalten« beraten, welchem guten Zweck – außer einer Lokalrunde in der nächsten Wirtschaft – sie das erhaltene Geld zuführen wollen. So kommt der reiche Kaufmann – unfreiwillig – zu einer »weihnachtlichen Tat«.

65

Weihnacht der Menschen Aus: Die ZEIT 53/80

Zur Karikatur

Die Karikatur ist aus zwei Bildzeichen zusammengefügt: aus dem Tannenbaum und den darin verteilten Weihnachtsmännern. Der Tannenbaum ist weihnachtlich mit Kerzen und Kugeln geschmückt, und zumindest der eine Weihnachtsmann ist als Dekorationselement hineingehängt.
Gerade dieser ist jedoch dabei, die Schnur, die ihn am Baum hält, durchzuschneiden; die anderen hantieren mit Säge oder Beil und sind im Begriff, Zweige des Baumes abzusägen oder abzuhacken. Das Erstaunliche ist, daß sie nicht einfach den Baum demontieren, sondern eben die Äste kappen, auf denen sie selber sitzen.
Die Deutung der Karikatur ist offen; die Unterschrift »Weihnacht der Menschen« leistet wenig Hilfestellung zum Verständnis.
Es bieten sich unterschiedliche Interpretationsmöglichkeiten an:

- □ Der Weihnachtsmann/Nikolaus ist als Dekorationselement in den Baum gehängt worden, ein Symbol für die gedankenlose Praxis des üblichen Weihnachtsfestes. Er befreit sich aus dieser entwürdigenden Situation und sucht das Weite. Damit beschneidet er die noch vorhandenen Gestaltungsmöglichkeiten und macht das Fest immer mehr zum Torso. Die »Weihnacht der Menschen« treibt den Nikolaus in die Flucht.
- □ Oder: Der Weihnachtsbaum symbolisiert den positiven Inhalt des Festes. Wir haben jedoch die weihnachtlichen Gestalten – hier den Nikolaus – und die mit ihnen verbundene Sinngebung so weit für eine schlechte Festpraxis vereinnahmt, daß wir das Fest demontieren, obwohl wir auf die Impulse und Zusagen, die von ihm ausgehen, angewiesen sind. Im Bild gesprochen: Wir sägen den Ast ab, auf dem wir sitzen. Wenn man bedenkt, daß umgangssprachlich »Weihnachtsmann« auch als Schimpfwort für »Trottel« benutzt wird, paßt das gut ins Bild. Wir selbst sind die »Weihnachtsmänner«, die sich um die Chance dieses Festes bringen.
- □ Vielleicht zielt die Karikatur aber auch darauf, daß die »Weihnacht der Menschen« so überdeckt ist von Glanz und Flitter, daß eine ganze Invasion von »Weihnachtsmännern« nötig ist, um alles Überflüssige »abzuhacken« und den eigentlichen Sinn des Festes wieder zum Vorschein zu bringen.

Die Verwendung im Unterricht wird ab Klasse 8 empfohlen.

Wir haben einen Stern gesehen.
Mt 2,2

Und da die Engel von ihnen gen Himmel fuhren,
sprachen die Hirten untereinander:
Laßt uns nun gehen nach Bethlehem
und die Geschichte sehen, die da geschehen ist,
die uns der Herr kundgetan hat.
Lk 2,15

Und wir sahen seine Herrlichkeit.
Joh 1,14

In Bildern die Botschaft der Menschwerdung entdecken

In Bildern die Botschaft der Menschwerdung entdecken

Unterrichtsplanung für Klasse 7–9

Von Horst Klaus Berg in Zusammenarbeit mit Ulrike Weber

Zum Ansatz: Sehen lernen

Der Unterrichtsvorschlag will Schüler an Beispiele der bildenden Kunst zum Thema »Weihnachten« heranführen und sie zur bewußten Auseinandersetzung anregen.
Dieser Plan ist aber nicht leicht zu realisieren; denn bei vielen Schülern ist die Wahrnehmungsfähigkeit stark verkümmert. Sie müssen erst wieder »sehen« lernen.

Gründe für eine Einübung ins Sehen

Die vielfach beklagte Verkümmerung der Wahrnehmungsfähigkeit wirkt sich beim Umgang mit Bildern besonders fatal aus:

- □ Die allgemeine Überflutung mit Bildern u. a. durch die Massenmedien verleitet zum *flüchtigen, oberflächlichen Sehen.* Beim Thema »Weihnachten« verstärkt sich diese Tendenz noch: Jeder meint zu wissen, was es mit Weihnachten auf sich hat und wie ein Weihnachtsbild aussehen muß. Die übergroße Vertrautheit mit dem Gegenstand lähmt die Wahrnehmung; der Betrachter registriert nur noch das Gewohnte und ordnet es in feste Muster ein.
- □ Für den Umgang mit Kunst recht hinderlich ist auch die *eindimensionale Wahrnehmung:* Wir haben uns angewöhnt, nur das als wirklich gelten zu lassen, was empirisch überprüfbar und quantifizierbar ist. Damit aber verkümmert die Fähigkeit, symbolische Ausdrucksformen von Erfahrungen und Mitteilungen aufzunehmen und in ihrer Bedeutung einzuschätzen.
  Dies ist besonders hinderlich beim Thema »Weihnachten«: Wer Weihnachtsbilder vorwiegend oder ausschließlich unter dem Kriterium sachlicher »Richtigkeit« betrachtet, dem entgeht viel von ihrer eigentlichen Tiefe.

Einübung in bewußtes Sehen

Wie können nun Schüler befähigt werden, bewußter zu sehen und damit die eigentliche Aussage von Weihnachtsbildern besser aufzunehmen?
Drei Übungs-Elemente bieten sich an:

1 Genau sehen!

Die erste Voraussetzung für genaues Sehen ist eigentlich selbstverständlich: Der Betrachter braucht Zeit, um sich in Ruhe auf das Bild einzustellen. Auf gar keinen

Fall sollten Kunstwerke im Unterricht »in Serie« vorgeführt werden. Es empfiehlt sich, jeweils *ein* Bild gründlich anzusehen und zu besprechen. Der Abschnitt »Hinweise zur Analyse von Bildern« am Schluß dieses Beitrags bietet dazu einige Vorschläge an.
Diese Hinweise verfolgen keineswegs das Interesse, die Bilder zu zerreden oder begrifflich zu zergliedern, sondern möchten dabei unterstützen, sie ihre Botschaft selbst sagen zu lassen und sie damit in ihrem Reichtum zu erschließen.

2 Erfahrungsbezogen sehen!

Jedes Bild schließt Erfahrungen ein und stößt neue Erfahrungen an. Dies soll im Verstehensvorgang bewußt wahrgenommen werden.
Zunächst einmal geht es darum, die Erfahrungen zu erschließen, die wohl bei der Entstehung des Bildes im Spiel waren. Kunst ist ja weder eine dokumentarische Schilderung gegenwärtiger oder vergangener Ereignisse, noch die Illustration vorgegebener Wahrheiten, sondern erwächst aus einer eigenständigen Auseinandersetzung des Künstlers mit seinem Thema. Die Analyse eines Kunstwerks sollte darum auf folgende Fragen eingehen:

- □ Welche Grunderfahrungen, Probleme, Fragen bestimmen die Zeit, in der das Kunstwerk entstand?
- □ Welche Erfahrungen und Konflikte lassen sich beim Künstler erkennen?
- □ Was ist dem Künstler bei der Auseinandersetzung mit seinem Thema wohl wichtig? Welche besondere Perspektive läßt sich erkennen?
- □ Welche Formensprache wählt der Künstler für seine Auseinandersetzung?

Wir orientieren uns also für die Bildinterpretation an einem historischen Ansatz; von Interesse ist aber nicht die kunstgeschichtliche Einordnung der Bilder, sondern der Versuch, den Prozeß der Entstehung eines Kunstwerks ein Stück weit aufzuhellen, um seine spezifische Aussage und Bedeutung für uns deutlicher zu erfassen; dies bezeichnen wir als »ursprungsgeschichtlichen Deutungsansatz«.
Es versteht sich fast von selbst, daß es nicht möglich ist, ein Kunstwerk aus den Umständen seiner Entstehung »abzuleiten« oder vollständig zu erklären; aber es kann doch gelingen, den Erfahrungen nachzuspüren, die wahrscheinlich im Spiel waren, und damit den Bezug zur eigenen Erfahrung des Betrachters anzubahnen.
Unter geschichtlichem Aspekt ist anzumerken, daß bei den mittelalterlichen Bildern die individuelle Auseinandersetzung des Künstlers oft nicht deutlich zu erkennen ist; vielfach kennen wir nicht einmal die Namen und können allenfalls eine bestimmte Schule bestimmen. Hier werden wir dann stärker den Zusammenhängen zwischen Grunderfahrungen der Zeit und der Gestalt des Kunstwerks nachgehen.
Erfahrungsbezogen sollte auch die *gegenwärtige Auseinandersetzung* mit den Bildern erfolgen. Wir gehen davon aus, daß es nicht *die* richtige oder falsche Interpretation eines Kunstwerks gibt; der Betrachter sollte seinen eigenen, auf persönlicher Erfahrung basierenden Zugang finden und auch andere Deutungsmöglichkeiten anerkennen. Dies kann einen lebendigen Austausch fördern, der das Verständnis vertieft. Bedingung ist nur, daß alle Beobachtungen, Assoziationen und Deutungsansätze *am Bildbestand* belegbar sind.

DIESE BILDER SIND z.B. SYMBOLE FÜR:

Gemeinschaft

Geborgenheit

Trauer, Tod

Beständigkeit

Freiheit, Abenteuer

Ruhe, Entspannung

Einsamkeit

Angst, Bedrohung

Wachstum

3 Symbolbezogen sehen!

Bilder schildern, wie gesagt, keine Realität ab, sie verschlüsseln ihre Botschaft in Symbole. Vor allem die mittelalterliche bildende Kunst verwendet eine festgeprägte Symbolsprache. Sie kann mit Hilfe von Symbollexika entschlüsselt werden; z. B. ist das Dreieck Sinnbild der Dreifaltigkeit; die Palme symbolisiert Fruchtbarkeit bzw. Sieg. Auch die Farben haben oft eine bestimmte Bedeutung. Grün ist beispielsweise die Farbe der Hoffnung, aber auch Symbol des Geistes und der Auserwählten. Doch darf man sich nicht verleiten lassen, solche Symbole wie Rätsel zu lösen, die nur *eine* richtige Antwort zulassen – die Entschlüsselung der zeitgebundenen Bedeutung eines Symbols ist nur *der erste Schritt* zu seinem Verständnis. Denn Symbole sind nicht einfach Zeichen für etwas anderes, sondern intensive Verdichtungen von Erfahrungen, die eine Sinndimension erschließen. Wir sagen beispielsweise: »Wenn du bei mir bist, geht die Sonne auf«; damit wollen wir keine Aussage über meßbare Wetterverhältnisse machen, sondern ausdrücken, daß wir in der Begegnung mit dem oder der Geliebten Wärme, Freude, Glück empfinden. Dies kann nicht einfach in Begriffe umgesetzt werden, sondern ist auf die Erfahrungsdimension des Symbols angewiesen; das Symbol ist ein »Wirkwort«, das die mit ihm verbundenen Erfahrungen, Gefühle und Sinngebungen repräsentiert. Dabei sind Symbole durchaus nicht immer eindeutig, sondern können unterschiedliche Erfahrungen und Emotionen abrufen und stimulieren.
Eine erfahrungsbezogene Bildinterpretation wird versuchen, ein Kunstwerk symbolisch zu verstehen, um die in ihm verschlossenen fundamentalen Erfahrungen und Sinngebungen zugänglich zu machen.
In Konsequenz dieses Ansatzes ergeben sich zwei didaktische Grundentscheidungen, die sich auch bei den praktischen Unterrichtsversuchen gut bewährt haben:

- Planung eines Kurses zum Symbolverständnis, der der Beschäftigung mit den Weihnachtsbildern vorausgeht;
- Wahl einer ursprungsgeschichtlichen Interpretationsmethode.
  Dabei erhebt die Auswahl der Bilder durchaus nicht den Anspruch auf repräsentative Darstellung kunstgeschichtlicher Epochen oder Vollständigkeit der Motive aus dem Umfeld der Weihnachtsthematik. Leitend war vielmehr das Interesse, solche Bilder anzubieten, an denen sich der erfahrungsbezogene Ansatz einleuchtend bewährt und für das eigene Verstehen fruchtbar wird.

Kurs zum Verständnis von Symbolen: Die Sprache der Bilder

1. Schritt: Erarbeitung erster Merkmale anhand von Werbegrafik

Die Schüler erhalten eine Anzeige (Zigarettenwerbung: Marlboro) und bearbeiten sie unter folgenden Fragestellungen:

- Welche Gefühle ruft das Bild wach? (Ungebundenheit, Abenteuer, Freiheit)
- Wie wird das erreicht? (Durch erzählende Darstellung von Erfahrungen, die jeder kennt und die ihn positiv ansprechen; der Betrachter wird in die dargestellte Situation hineingezogen; seine Gefühle werden stimuliert.)

Die Schüler legen ein Projektheft an, das die wichtigsten Materialien und Ergebnisse festhält. Im Unterrichtsversuch wurde außerdem eine wachsende Lerntapete gestaltet, die die Arbeitsfortschritte augenfällig dokumentierte. Die Anzeige wird ins Projektheft geklebt. Als zusammenfassender Satz kann notiert werden: Werbung spricht Gefühle an, die alle kennen und die den meisten wichtig sind. Dazu benutzt sie Bilder.

2. Schritt: Identifikation einiger Grundgefühle, mit denen Werbung arbeitet

Die Schüler bearbeiten weiteres Bildmaterial aus der Werbung, das nach solchen Grundgefühlen vorstrukturiert ist. Nach Möglichkeit sollten sie selbst Bilder in den Unterricht mitbringen, die sie ansprechen. Als weitere »Grundgefühle« bieten sich an:

- □ Beziehung, Zärtlichkeit
- □ mal jemand anderes sein
- □ Gruppe, Zusammengehörigkeit
- □ Schutz, Geborgenheit
- □ Ruhe, Entspannung.

Die Schüler bestimmen die Bildzeichen, durch die die Gefühle stimuliert werden; dabei ist auch die Wirkung von Farben einzubeziehen. – Bei der Auswertung sollte darauf hingewiesen werden, daß Bilder die Betrachter unterschiedlich ansprechen – ein Effekt, den etwa die Werbung in zielgruppenorientierter Präsentation ausnutzt.

Die Materialien werden mit den entsprechenden Stichworten ins Projektheft geklebt. Zusammenfassung etwa:

Wir haben herausgefunden: Bilder muß man doppelt lesen:
- □ das, was man gleich sieht (z. B. Landschaft, Wildpferde)
- □ das, was dahintersteckt (Abenteuer, Freiheit).

3. Schritt: Einführung des Symbolbegriffs

Zunächst wird mit einer Werbegrafik gearbeitet, die nur *ein* Bildzeichen verwendet und damit ihre Botschaft übermittelt; der »Tiger im Tank« beispielsweise signalisiert: Kraft, Macht. Er wird als Symbol gekennzeichnet; als wichtiges Merkmal können die Schüler ablesen: Ein Symbol verdichtet und repräsentiert Erfahrungen. (Der Tiger ist als gefährlich kraftvolles Tier bekannt; das Bildsymbol ruft dies wach.) Im Unterrichtsgespräch trägt die Lerngruppe weitere Beispiele zusammen und differenziert nach:
- Bildsymbolen (z. B. Tiger)
- Wortsymbolen (z. B. ein Stichwort, durch das die Gruppe ein gemeinsames Erlebnis abruft und aktiviert)
- Gegenstandssymbolen (z. B. Kreuz)
- Handlungssymbolen (z. B. Taufe).

Im Unterrichtsversuch wurden die Ergebnisse weitergeführt und vertieft durch einen aus dem Jugendprogramm des Fernsehens übernommenen Videofilm über eine Rockergruppe. Die Schüler konnten alle bisher erkannten Merkmale und Erscheinungsformen von Symbolen noch einmal erkennen und sich mit ihnen auseinandersetzen: u. a. Namen der Gruppe; Embleme auf der Kleidung; die Motorräder; die Aufnahme eines neues Mitglieds (Initiationsritus!). Dies Beispiel zeigte auch, daß Symbole und ihr Verständnis von der Situation und der Gruppe abhängen, in der sie entstanden sind und als relevante Mittel der Selbstvergewisserung und Verständigung benutzt werden. Die Ergebnisse werden durch visuelle Beispiele und ein Übersichtsblatt festgehalten.

4. Schritt: Symbolische Deutung von Fotos

Die Lerngruppe erhält eine größere Anzahl großformatiger Fotos (z. B. aus den »Exemplarischen Bildern« oder anderen Sammlungen). Sie versucht eine symbolische Deutung, indem sie den Fotos bestimmte Grunderfahrungen und Gefühle zuordnet (z. B. Tod, Trauer; Angst, Bedrohung; Wachstum, Erwachsenwerden; Liebe). Im Austausch über die Zuordnungen lernen die Schüler, daß symbolische Deutungen nicht immer eindeutig sind, weil Bilder beim Betrachter unterschiedliche Assoziationen abrufen. Im Gespräch werden darum keine Bewertungen wie »richtig« oder »falsch« zugelassen; wichtig ist nur, daß die jeweiligen Deutungen am Bildbestand belegt werden können und der Betrachter versucht, zu klären, warum ihn ein Bild besonders anzieht oder auch abstößt. Dabei können Schüler gut üben, andere Sichtweisen gelten zu lassen und diese auch als Bereicherung der eigenen Perspektive anzunehmen.

5. Schritt: Eigene Gestaltungsversuche

Zum Abschluß des Symbol-Kurses sollen die Einsichten und Entdeckungen in eigenständiger kreativer Auseinandersetzung eingeübt und vertieft werden.
Den Schülern wird als Gestaltungsaufgabe vorgeschlagen, einmal wie die Produzenten der bisher besprochenen Bilder ihr eigenes momentan bestimmendes Gefühl oder – falls die Lerngruppe sich nicht besonders gut kennt – eins der besprochenen Grundgefühle mit Hilfe visueller Symbole darzustellen. Darstellungsform (gegenständlich, nicht-gegenständlich) und Technik werden ganz freigestellt (z. B. Malen mit Wachskreiden, Stiften oder Fingerfarben, Herstellen von Collagen, Anwendung von Mischtechniken).
Damit die Schüler nicht den Eindruck gewinnen, daß ihre Gefühle und Gedanken ans Licht gezogen werden sollen, ist es wichtig, daß der Unterrichtende sich aktiv mit einem eigenen Gestaltungsversuch beteiligt.
Die Schüler (Lehrer), die dazu bereit sind, könnten über ihre Bilder sprechen.
Wenn die eigene Gestaltungsaufgabe in einer Lerngruppe nicht realisiert werden kann, sollten die Schüler jedenfalls selbstgesammelte Bilder mitbringen, die sie im Blick auf ihnen wichtige Erfahrungen und Gefühle deuten.

Zur Anlage des Unterrichts

Das gesamte Unterrichtsvorhaben macht auf den ersten Blick einen recht zeitaufwendigen Eindruck; es ist aber keineswegs als Programm gedacht, das im ganzen zu absolvieren ist. So könnte beispielsweise der Einführungskurs entfallen, wo Schüler bereits im symbolischen Verständnis von Bildern geübt sind; oder er wird einige Wochen vorher gehalten. Und auch die Teileinheiten zu den Weihnachtsbildern können durchaus in Auswahl unterrichtet werden, wobei es sich empfiehlt, Bilder mit deutlich unterschiedlichen oder gegensätzlichen Aussagen in Beziehung zu setzen, z. B. Solentiname und L. Richter, oder frühromanische und barocke Kunst.
Die einzelnen Einheiten sind so aufgebaut, daß zu Beginn eine Interpretation der Bilder angeboten wird. Sie hat die Funktion, den Unterrichtenden bei seiner Auslegung der Kunstwerke zu unterstützen und sollte keineswegs im Unterricht vorgelesen werden! Die Schüler sollten gemeinsam mit dem Unterrichtenden eine eigene Deutung erarbeiten.
Die Unterrichtsvorschläge geben Hinweise auf die benötigten Bilder und Materialien. Bei den Bildern wird durchgehend auf die Dia-Serie verwiesen: *Horst Klaus Berg, Weihnachten sehen. Bilder der Kunst, Calwer Verlag/Kösel-Verlag Stuttgart/München 1988.* – Doch werden immer wieder Hinweise auf andere Fundorte für die Bilder oder auch andere Realisierungsmöglichkeiten gegeben.

Weihnachtsbilder – Erste Einheit: Bilder aus Solentiname

Bild 1: Julia Schvania, <Kindermord>
Öl auf Leinwand, 1981
Bild 2: Carlos García, <Geburt>
Öl auf Leinwand, 1981

Zunächst einmal geht es darum, die Schüler in das erfahrungsbezogene, ursprungsgeschichtliche Verständnis von Bildern einzuführen. Für den Anfang empfiehlt sich ein Beispiel, das den Schülern kein Umdenken in eine ferne geschichtliche Vergangenheit abfordert, das sich mit gesicherten Informationen gut darstellen läßt und an dem die Schüler deutlich den Zusammenhang von Weihnachtsbild und Erfahrung einsehen können.
Dafür bieten sich die Bilder an, die die Bauern von Solentiname zu biblischen Geschichten gemalt haben. Zwar müssen sich die Schüler auch hier in eine ihnen fremde Lebenssituation hineinversetzen, aber man kann davon ausgehen, daß sie in verschiedenen Unterrichtsthemen mit Problemen der »Dritten Welt« konfrontiert wurden. Eine günstige Voraussetzung ist auch, daß der Stil der »naiven Malerei« den Sehgewohnheiten der Schüler entgegenkommen dürfte.
Die für diese Einheit notwendigen Materialien, Interpretationen und Unterrichtsvorschläge sind ausführlich im Teil *»Voneinander lernen – Weihnachten in aller Welt«* dargestellt (s. u. S. 265ff.) und können in kürzerer Form in das Kunst-Projekt einbezogen werden.
Hier nur einige zusammenfassende Bemerkungen:

- Die Bilder (und die zugeordneten Texte aus dem »Evangelium der Bauern von Solentiname«) sind geprägt durch eine intensive Verschränkung von gegenwärtiger Erfahrung und biblischer Geschichte. Die Campesinos erkennen ihre eigene Leidensgeschichte im Evangelium und erhalten aus ihm Impulse für eine befreiende Praxis.
- Die Menschwerdung Gottes bedeutet dann für sie das Kommen des Messias, dessen Befreiungshandeln in biblischer Zeit beginnt und sich in ihrer Gegenwart fortsetzt: Als Erfahrung brüderlicher Solidarität, als Teilnahme am Befreiungskampf, als Beginn einer erneuerten gesellschaftlichen Praxis.

Weihnachtsbilder – Zweite Einheit: Mittelalterliche Kunst

Bild 3: Anbetung der Könige
Stuttgarter Psalter, zwischen 820 und 830 (zu Ps 72,10–11)

In der rechten Bildhälfte ist alles in Bewegung. Die drei Könige sind vornüber geneigt, wie in vollem Lauf, den linken Fuß zum nächsten Schritt abstoßend. Die stürmische Unruhe ihrer Gewänder erweckt den Eindruck, als ob sie eben in diesem Augenblick ihre Geschenke in die Höhe recken, um sie alsbald zu überrei-

66

chen. Der stakkatohaft erregte Rhythmus wird noch verstärkt durch die Spannung von ähnlichen Formen und kontrastierenden Farben vor dem ruhigen grünen Hintergrund.

Von der linken Bildhälfte geht eine gelassene Ruhe aus. Ein palastartiger Raum, in massiver Stabilität erbaut, nimmt die Mutter und das Kind auf; nach vorn hin ist der Raum geöffnet. Maria und Jesus sitzen auf einer thronförmigen Bank; sie hat das Aussehen einer Kirche. Maria ist als Himmelskönigin gekennzeichnet; sie trägt eine Krone im Nimbus und neigt sich in hoheitsvoller Geste den Ankommenden zu; ihr Gesichtsausdruck ist streng, fast männlich. Schützend umfaßt sie das Kind.

Die Gottesmutter ist selbst wieder Thron für das Kind. Es sitzt aufrecht in herrscherlichem Gestus – kein neugeborener Säugling, sondern ein Erwachsener. Die übergroßen Hände zeigen deutlich die Beziehung zu den Königen: Die linke Hand ist zu einer Segensgebärde erhoben, die rechte hält das Szepter, das Symbol der Herrschaft. – Menschwerdung Gottes bedeutet hier: Mit Christus kommt der von Gott gesandte Messias-König, von dem Segen und Macht ausgehen.

In den Nimbus des Kindes ist das Kreuz eingezeichnet – ein Hinweis auf das Leiden und Sterben, das diesem Kind bestimmt ist.

Man könnte die beiden Bildhälften als irdische und himmlische Sphäre verstehen; sie sind deutlich voneinander unterschieden: die irdische Sphäre voller Unruhe, die himmlische als Ort der Ruhe, Stabilität und Geborgenheit. Sie sind aber auch aufeinander bezogen: Die Repräsentanten der »Welt« sind auf dem Weg zum Himmelskönig, um ihm zu huldigen; der göttliche Herrscher geht auf sie ein. Wichtig ist auch, daß der grüne Hintergrund beide Sphären miteinander verbindet:

Grün symbolisiert das Leben und ist zugleich die Farbe des Heiligen Geistes und der Auserwählten.
Das Bild entstammt dem sogenannten Stuttgarter Psalter; er wurde zwischen 820 und 830 im französischen Kloster St. Germain des Prés geschrieben und gemalt. Es führt uns in die Zeit Karls des Großen und seiner ersten Nachfolger, die in Westeuropa eine Zeit der Neuorientierung war. Im 4. und 5. Jahrhundert war das Römische Reich als europäischer Machtfaktor unter dem Ansturm asiatischer und germanischer Völker zerfallen. Unsicherheit und Chaos waren die Folgen. Erst vom 6. Jahrhundert an entstand allmählich das Frankenreich als neue Ordnungsmacht. Der erste Herrscher von universaler Geltung war Karl, den der Papst im Jahr 800 zum »Kaiser der Römer« krönte. Die Menschen in der Karolingerzeit haben wohl diese neue Macht als etwas empfunden, was ihnen Sicherheit und Geborgenheit ermöglichte. Solche Erfahrungen spiegeln sich augenscheinlich in dem Bild des Stuttgarter Psalters: die Heilsgaben Gottes, die mit Christus in die Welt kommen, sind machtvoller Schutz und Segen. Sie werden in der Gegenwart konkret erfahren in der Geborgenheit guter weltlicher Herrschaft, die sich auf die göttliche Autorität stützt (die Kirche als Thron!). So liegen in diesem Weihnachtsbild erfahrene Lebenswirklichkeit und Deutung des Geschehens der Menschwerdung ganz eng beieinander. Die biblische Botschaft korrespondiert mit Erfahrungen und Hoffnungen der Menschen.

Zum Unterricht

Verlaufsskizze zu Bild 3

□ Zeitgeschichtliche Orientierung durch eine Überblickserzählung. Diese kann u. a. unterstützt werden durch:
- Geschichtsbuch
- Arbeitsblatt (vgl. das Beispiel)
- Dias (Karl der Große; Gottesgnadentum des Kaisers: Dia Nr. 91 aus: Bildwerk zur Kirchengeschichte Band 1; Abbildung einer Wehrkirche und einer romanischen Kirche: z. B. Dia Nr. 96 aus Bildwerk zur Kirchengeschichte)

□ Erarbeitung des Bildes anhand des Interpretationsvorschlags und der Erschließungsfragen.
Das besprochene Bild ist zugänglich in:
»Weihnachten sehen« (Dia 1) oder: J. Zink, DiaBücherei Christliche Kunst Band 18, Nr. 20
Es können auch ähnliche Motive eingesetzt werden; Beispiele sind in Dia-Serien zu weihnachtlicher Kunst leicht zugänglich (z. B. E. J. Heck, Ochs und Esel an der Krippe des Herrn, av-edition; oder: W. Nyssen, Zwischen Ankunft und Wiederkunft, av-edition)

Arbeitsblatt

67 Die neue Ordnung

1. Das römische Reich wurde im 4. und 5. Jahrhundert von verschiedenen Völkern erobert und zerstört (Karte im Geschichtsbuch).
Es fanden viele Auseinandersetzungen und Kämpfe statt; eine einheitliche Regierung gab es nicht.
Überlege, wie das Leben der damaligen Einwohner aussah, welche Erfahrungen sie machten und welche Gefühle wohl bei ihnen vorherrschten.

____

____

____

2. Die meisten Germanen waren Christen geworden. Die Kirchen waren in dieser Zeit für viele ein Ort der Zuflucht; sie sahen oft wie eine Burg aus.
Wir beobachten:

____

____

____

____

Überlege bitte, was die Menschen, die in dieser Zeit lebten, wohl von Gott erwarteten.

____

____

____

____

____

____

3. Vom 6. Jahrhundert an entstand allmählich das Reich der Franken (Karte im Geschichtsbuch). Der erste mächtige Herrscher war Karl der Große. Er regierte von 768 bis 814. Im Jahr 800 krönte ihn der Papst in Rom zum »Kaiser der Römer«.
Überlege, wie das Leben der Bewohner in seinem Reich wohl aussah; vergleiche es mit der Zeit vorher (Frage 1).

4. Einer der Nachfolger Karls des Großen wurde auf seinem Thron sitzend gemalt. Beobachte bitte, welche Rolle Gott darin spielt!

5. Kannst du dir denken, welche Vorstellung von Gott die Menschen damals wohl hatten? Überlege bitte, wie ein Maler aus der Zeit Karl des Großen ein Weihnachtsbild gestaltet haben könnte.

68

© Musée d'Unterlinden, Colmar

Weihnachtsbilder – Dritte Einheit: Kunst der Gotik

Bild 4: Matthias Grünewald: Menschwerdung Gottes
Weihnachtsbild des Isenheimer Altars, 1513–14
Tafelmalerei (Tempera auf Alabastergipsgrund), 365 × 304 cm

Das Bild zeigt den Mittelteil der zweiten Schauseite des Isenheimer Altars; es besteht aus zwei Tafeln, die völlig unterschiedlich gestaltet sind.
Auf der linken Tafel ist ein kleiner Tempel zu sehen. Der Blick fällt auf die musizierenden Engel, die den weihnachtlichen Jubel anstimmen. Der Maler hat die Schönheit der himmlischen Musik in die Bewegtheit der Formen und Farben gefaßt. Aber die Tafel setzt viel mehr ins Bild, als die übliche Bezeichnung »Engelkonzert« verrät. Im Rankenwerk des Tempels erkennen wir einzelne Gestalten, wahrscheinlich Propheten des Alten Testaments. Darin erscheint ein wichtiger Hinweis auf das Verständnis der ganzen Tafel: Sie zeigt uns den Tempel des Alten Bundes. In der Tiefe des Tempelraums ist ein intensives dunkles Blau zu sehen, Sterne leuchten, in einer Aura schimmert eine Gestalt mit einer Federkrone, umgeben von weiteren geflügelten Wesen. Es ist wohl Eva, die Mutter der Menschen, die hier vor dem Himmel der Schöpfungsnacht aufscheint. Diese Gestalten strecken ihre Hände zur rechten Seite des Tempels aus, wo er sich zur

Seite öffnet. Dort erscheint, eingehüllt in einen Nimbus überirdisch strahlenden Lichts, eine gekrönte Frau. Man vermutet, daß der Maler Maria zeigt, die von Beginn der Welt an auserwählt sei.
Sie verklammert die linke Tafel mit der rechten, die das Geschehen der Geburt des Christus zeigt. Ein zweites Bindeglied zwischen den Bildhälften stellt das Engelkonzert dar, das ja in das weihnachtliche Geschehen und damit eigentlich in die rechte Tafel gehört. Wenn der Maler es in die linke Tafel stellt, unterstreicht er die Einheit des *ganzen* Geschehens. So richtet sich der ganze Alte Bund, den der Tempel mit seinen vielfältigen Symbolgestalten verkörpert, auf das wunderbare Geschehen der Menschwerdung Gottes aus.
In der rechten Tafel öffnet sich eine weite Landschaft – die klare Luft läßt den Blick in eine unendliche Ferne ausgreifen, bis zu den hell leuchtenden Bergen. Wir schauen in ein paradiesisches Land, fruchtbar grün und voller Blüten. Den Vordergrund nimmt Maria mit dem Kind ein; ihre wunderbaren Gewänder in den traditionellen Farben der Madonna greifen die Pracht der Natur auf. Die Mutter ist dem Kind innig zugewandt; es ist kein neugeborener Säugling, sondern ein Kind, das eine bewußte Beziehung zu seiner Mutter hat.
Im Hintergrund erkennen wir über der kleinen Kirche im Gebirge die Verkündigung an die Hirten.
Aus der Höhe bricht Licht in die Landschaft; es geht von einer mächtigen Gloriole aus, in der Gott thront, umgeben von unzähligen Engeln. Die Lichtfülle zeigt, daß in diesem Kind der Himmel, die Welt Gottes, der Menschenwelt nahe kommt, sie erleuchtet und erneuert. Das soll wohl die Herrlichkeit der Natur verdeutlichen; und in der Mitte des Bildes, zwischen den beiden Tafeln, läßt der Maler einen Granatapfelbaum aufsteigen, das Symbol des Paradieses.

DER HERBST DES MITTELALTERS

69

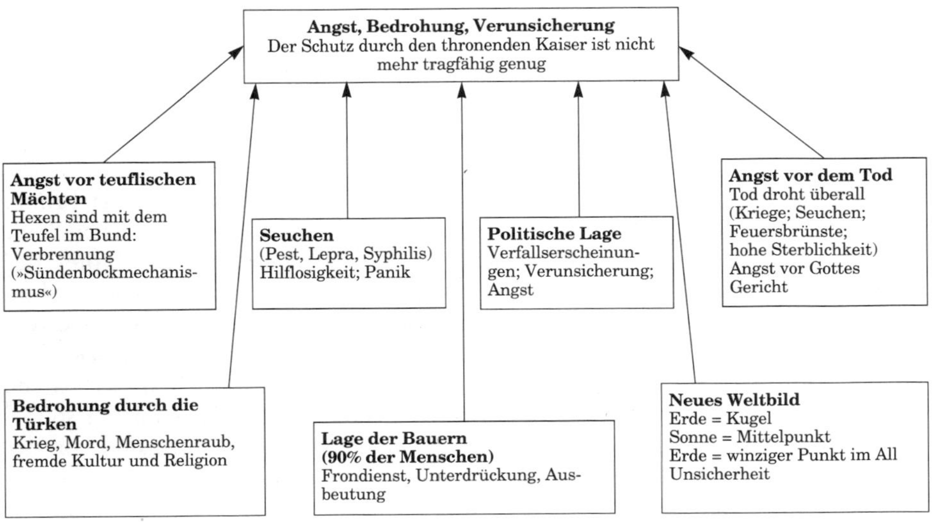

So stark und leuchtend sind die Bilder der Herrlichkeit Gottes, daß der Betrachter leicht die Zeichen übersieht, die eigentlich nicht zu all der Pracht passen wollen. Da sind einmal am Himmel die massiven dunklen Wolkenschichten zu sehen, die sich dem Licht in den Weg stellen und es eigenartig brechen. Ist es ein Zufall, daß sich Licht und Wolkenschichten zu einer übermächtigen Kreuz-Form verbinden? Aber auch andere Bildzeichen lassen stutzen: Merkwürdig deplaziert wirken im Vordergrund Waschzuber und Nachttopf, die banalen Gegenstände der Säuglingspflege; sie zeigen an, daß Gott den Menschen in ihrer Alltagswirklichkeit nahekommen will. Die Badewanne verklammert auch noch einmal die beiden Tafeln miteinander: Himmelsklänge und Säuglingsgeschrei, Gottes Welt und Menschenwelt sind einander nun ganz nahe. – Und schließlich: die Windeln des Kindes sind völlig zerfetzt – der Maler nimmt auch in die Herrlichkeit der Menschwerdung das Zeichen der Erniedrigung des Menschensohns mit hinein.
Der Isenheimer Altar ist zwischen 1513 und 1515 entstanden – in einer Zeit, die wir als »Herbst des Mittelalters« bezeichnen. Die meisten damals lebenden Menschen haben ihre Gegenwart wohl als eine Zeit der Verunsicherung und Angst erfahren. Sie erlebten, wie die schützende staatliche Ordnung unter dem Ansturm der Türken ins Wanken geriet; sie sahen sich hilflos dem Würgegriff der tödlichen Seuchen wie Pest und Syphilis ausgesetzt; sie hatten Angst vor dem Eindringen dunkler Mächte in Gestalt vermeintlicher Hexen und brachten sie um; sie erlebten Unterdrückung und Ausbeutung, jedenfalls die Bauern – und das war die Masse der Bevölkerung. Diese Bedrückungen und Ängste verschärften sich noch, weil die Menschen ihre Leiden als Strafen Gottes verstanden, die auf das Jüngste Gericht hinwiesen und dies teilweise auch vorwegnahmen.
Es zeigte sich: um mit diesen Ängsten fertigzuwerden, konnten sich die Menschen nicht mehr auf die gewohnten Lebenshilfen stützen; vor allem der machterfüllte Herrscher bot keinen tragenden Schutz mehr. Damit kam auch das Gottesbild in die Krise, das diesem schützenden und segnenden Herrscher entsprach. So fingen die Menschen an, Trost bei einem Gott zu suchen, der ihnen ganz persönlich hilfreich nahe war. Sie fanden diesen nahen Gott vor allem im leidenden Christus, ihnen in brüderlicher Solidarität verbunden; es entwickelten sich reiche Formen einer individuellen, persönlichen Frömmigkeit. Vielleicht machen wir heute eine ähnliche Entwicklung durch: Viele Menschen finden wenig Lebensorientierung und Rückhalt beim dogmatischen Christus der kirchlichen Lehre, aber sie suchen den »Bruder Jesus«, der ihnen in den vielfältigen Leidenserfahrungen unserer Zeit nahe ist.
Mit dem Isenheimer Altar verbindet sich nun noch eine ganz besondere Erfahrung. Der Maler schuf ihn für das Kloster des Antoniterordens in der elsässischen Stadt Isenheim. Dieser Orden hatte es sich zur Aufgabe gemacht, die Opfer der herrschenden Epidemien, die meistens ausgestoßen waren, aufzunehmen und zu pflegen, vor allem solche, die vom sogenannten Antoniusfeuer befallen waren, einer entsetzlichen Seuche, die zum qualvollen Tod führte. Diese Unglücklichen fanden Aufnahme im Spital des Klosters. Es war im hinteren Teil der Kirche untergebracht. Die Kranken konnten den Altar sehen, in den der Künstler so viel von den Leiden der Zeit, von ihren ganz persönlichen Erfahrungen und von der neuen Christusbeziehung hineingemalt hatte. Sie fanden Trost im Anblick des Gemarterten, dessen Leib so aussah wie ihre zerfallenden Körper; sie suchten Hilfe

bei dem Gott, der den Menschen im Kind von Bethlehem ganz nah gekommen war; sie schöpften Hoffnung an den Bildern der wunderbar erneuerten und geheilten Welt im Weihnachtsbild. Die Altarbilder luden aber nicht zur Flucht in die Traumwelt eines Paradieses ein: Unübersehbar hat der Maler die Zeichen der Bedrohung in den schwarzen Wolkenbänken festgehalten – und auch in der Schönheit des Bildes von der Menschwerdung war der Gekreuzigte immer gegenwärtig; denn in der weihnachtlichen Festzeit bleibt in der Predella (Unterbau) das Bild der Grablegung des geschundenen Leichnams Jesu sichtbar. – Die Kranken von Isenheim erfuhren Hilfe nicht nur durch den tröstenden Anblick des Altars, sondern auch ganz praktisch, eben in der Fürsorge der Mönche, die für die Elenden da waren und nach Kräften für sie sorgten. Nicht zufällig hat Matthias Grünewald in eins der Bilder des Altars alle damals bekannten Heilkräuter gegen das Antoniusfeuer gemalt – auch das ist ein Zeichen für die Menschenfreundlichkeit Gottes, die in unserer Welt zur Geltung kommen will.

 **70**

Bild 5: Hieronymus Bosch, Triptychon von der Anbetung der Heiligen Drei Könige (»Die Epiphanie«)
1510, Tafelmalerei (Öl auf Holz), 138 x 138 cm (Mitteltafel: 72 x 138 cm)

Im Vordergrund seines Bildes hat der Maler eine Anbetungsszene geschildert: Maria mit dem Kind, die drei Könige mit ihren Geschenken. Die Anbetung setzt sich in die beiden Seitenflügel hinein fort: Dort knien die Stifterfiguren des Altars, begleitet von ihren Namenspatronen Petrus und Agnes. Ganz im Hintergrund der linken Tafel ist auch noch Josef zu sehen. Er hockt an einem Feuer und ist mit den Windeln des Kindes beschäftigt.

Die am Anbetungsgeschehen beteiligten Personen sind fast auf einer Linie aufgereiht, nur Maria ist ein wenig in den Hintergrund gerückt und sitzt in einem Raum, der durch die baufälligen Stallwände und eine schiefe Stütze abgeteilt wird. – Die Szene ist eigentlich recht konventionell geschildert: Die Könige entsprechen der üblichen zeitgenössischen Darstellungsweise, die Madonna wirkt in ihrer würdevollen Haltung fast ein wenig starr – eher zu den Bildern der Romanik passend, auf denen sie als Thron für das herrscherliche Kind erscheint. Tatsächlich thront auch hier Jesus auf dem Schoß der Mutter; trotz seiner Winzigkeit und Nacktheit ist er nicht als hilfloses neugeborenes Kind dargestellt, sondern erscheint fast als selbstbewußter Regent.

Die Anbetungsszene wirkt in ihrer unmittelbaren Umgebung seltsam deplaziert, als wären die Figuren in einen nicht passenden Hintergrund hineinmontiert. Da ist zunächst die ganz und gar baufällige Hütte mit dem zerrupften Strohstern am Giebel. Vor allem aber stellen die übrigen Personen das Weihnachtsgeschehen in einen seltsamen Zusammenhang. Da gibt es keine jubilierenden Engel, keine andächtig knieenden Hirten. Dafür hocken auf dem Dach zwei Gestalten, an ihrer Kleidung und dem Dudelsack als Hirten kenntlich, die neugierig herunterschauen. Am rechten Bildrand lugen zwei Gesichter hervor, sie scheinen die Anbetungsgruppe eher zu belauern. Und dann die Gestalt, die aus der verfallenden Hütte heraustritt: halbnackt, mit einem scharlachroten Mantel geschmückt, eine Krone auf dem Kopf. Der Mann und seine Begleiter richten ihre Blicke mit gespannter Aufmerksamkeit auf die Madonna mit dem Kind. – Dem Bild ist nicht zu entnehmen, wen der Maler mit dieser rätselhaften Gestalt gemeint haben könnte – breitgefächert sind die Meinungen und Deutungsversuche. Ein vierter König sei es – oder ein Bote des Herodes –, ein eben bekehrter Heide oder Adam, der Vater der Menschheit. Die ganze, bedrohlich wirkende Szenerie, die Gestik und Mimik deuten darauf hin, daß der geheimnisvolle Mann die Gegenmacht zu der Liebe Gottes symbolisiert, die in Christus zur Welt kommt.

Im oberen Teil des Bildes wird der Blick in die helle Weite der Landschaft geführt, am Horizont ist eine Stadt hingelagert. Aber auch in diese scheinbar heiter-friedliche Welt hat Bosch Zeichen von Bedrohung und Gewalt eingezeichnet: Reiterscharen gehen aufeinander los, ein Flüchtling versucht, zu entkommen – eine Frau flieht vor dem Wolf, ein Bär fällt einen Mann an, Galgen und Rad drohen Folter und Tod an (rechte Tafel).

Auch ins Bild von Hieronymus Bosch hat der »Herbst des Mittelalters« mit seinen Schrecken tiefe Spuren gezogen. Da zeigen sich tödliche Bedrohung und zügellose Gewalt, Verfall des Lebenshauses und Zusammenbruch des Vertrauten, unheimliche Erfahrungen und ungreifbare Ängste. Wie wir wissen, ist Bosch für die Schrecken seiner Zeit unglaublich sensibel gewesen und hat dafür eine oft bedrükkende und grauenerregende Bildsprache gefunden.

In dies Leben wird der Christus geboren – von wenigen erkannt und angenommen, von den meisten begafft und belauert –, ein Fremdkörper in einer Welt, die von Gewalt und Angst beherrscht wird. Und doch geht von diesem winzigen Kind eine geheimnisvolle Macht aus, weil in ihm Gott selbst in die Welt kommen will. Er hat es von Urzeiten an verheißen und wahrgemacht. Das zeigt der Maler an vielen

Details des Bildes, die man leicht übersieht. So weisen zahlreiche Symbole auf die alttestamentlichen Wurzeln der Messias-Erwartung hin, z. B. die Darstellung der Opferung Isaaks auf dem goldenen Geschenk des alten Königs; oder auf Balthasars Mantel ist der Besuch der Königin von Saba bei Salomo abgebildet: Christus ist der neue Salomo, der die Huldigung der Völker entgegennimmt.
So hält Bosch in seinem Weihnachtsbild die Schrecken seiner Zeit aus, und er hält – gegen allen Augenschein! – an der Hoffnung fest, daß sie von der Liebe überwunden werden. Durch seine realistische Ehrlichkeit kann uns das Bild vielleicht in unserer Zeit, die manche Beziehungen zum ausgehenden Mittelalter aufweist, das Weihnachtsevangelium neu eröffnen.

Zum Unterricht

1. Verlaufsskizze zu Bild 4

- □ Erarbeitung wichtiger Merkmale des ausgehenden Mittelalters; Unterstüzung durch:
  - Geschichtsbuch
  - Arbeitsblatt; vgl. das Beispiel S. 225
  - Dias (sehr gutes Material in: Bildwerk zur Kirchengeschichte Band 2, Dia 216–223; 243–261)
- □ Erarbeitung des Bildes
  Das Bild ist zugänglich in:
  »Weihnachten sehen« (Dia 3) oder: W. Nyssen, Choral des Glaubens. Meditationen zum Isenheimer Altar, Christophorus-Verlag, Freiburg 1984.
  Besonders günstig kann ein Modell des Isenheimer Altars eingesetzt werden, bei dem man die verschiedenen Schauseiten aufklappen kann (zu haben im Unterlinden-Museum Colmar).

2. Verlaufsskizze zu Bild 5

- □ Erarbeitung des zeitgeschichtlichen Hintergrunds wie bei Bild 4
- □ Erschließung des Bildes
  Das Bild ist zugänglich in:
  »Weihnachten sehen« (Dia 4);
  J. Zink, DiaBücherei Christliche Kunst Band 17, Dia 44–54.
- □ Versuch, einen Gegenwartsbezug herzustellen: Wo zeigen sich Beziehungen zwischen dem ausgehenden Mittelalter und unserer Zeit? (Unsicherheit, ungreifbare Ängste; Dominanz der Gewalt ...). Können wir die Botschaft des Bildes aufnehmen?

71

Weihnachtsbilder – Vierte Einheit: Kunst des Barock

Bild 6: Gottfried Bernhard Goez, Maria als Königin des Himmels
1749–1750, Fresko in der Wallfahrtskirche Birnau am Bodensee (Ausschnitt)

Das Bild zeigt uns die Madonna mit dem Kind in einer ganz neuen Umgebung: Sie thronen in der Mitte des Bildes auf einer Wolke. Maria ist die Königin des Himmels. Das Kind auf ihrem Schoß unterscheidet sich kaum von den Engeln und Putten. Es hat keine erkennbare eigene Bedeutung; es scheint nur auf dem Schoß Marias zu sitzen, um ihre Würde als Mutter Gottes zu unterstreichen. Einige Herrschaftssymbole steigern die majestätische Pose der Madonna noch: das Zepter in ihrer rechten Hand, der gleißend helle Stern über ihr. Die Spruchbänder, die die schwebenden Engel in den Händen tragen, erinnern an die Größe und Ehre der Judit (Judit 15,9); sie ist das alttestamentliche Vorbild der Himmelskönigin.
Die Madonna ist von mehreren Personen wie von einem Kranz umgeben; alle stehen auf dem Sims, das den Himmelsraum abschließt. Es handelt sich um weltliche und geistliche Würdenträger. – Und überall die Engel; sie erscheinen kaum als selbständige Wesen mit einer bestimmten Botschaft und Aufgabe, sondern wirken eher als Teil der himmlischen Kulisse.
Das Bild ist der Stilepoche des Barock zuzuordnen. Wir erkennen typische Elemente dieses Stils: den dramatisch-bewegten Gestus der Malerei, das Interesse an theatralischer Wirkung, die effektvolle Lichtführung. Auch die Auffassung des Raumes paßt gut dazu: Die Decke der barocken Kirche ist zumeist als Himmel ausgestaltet. Ein Prediger sagte bei der Einweihung einer Kirche in dieser Zeit: »Ein Kirchen bauen ist soviel wie einen neuen Himmel erschaffen … Erhebe deine Augen, siehe an diesen neuen Himmel.« Der Himmel in der barocken Kirche dient als Raum für die bildhafte Inszenierung von Ereignissen aus der biblischen Geschichte oder dem Leben der Heiligen. Und der Himmel ist der Thronsaal für die Repräsentation der göttlichen Majestät.

1. Im Zeitalter des Absolutismus (17. und 18. Jahrhundert) übten die Fürsten unbeschränkte Macht aus. Sie allein waren nach ihrer Überzeugung wichtig für Staat und Gesellschaft. Der französische König Ludwig XIV. sagte: »Der Staat – das bin ich!«
Die Lebensweise der Fürsten entsprach diesem Verständnis: Sie bauten prachtvolle Schlösser und lebten in verschwenderischem Luxus.

2. Die Fürsten verstanden sich als Herrscher »von Gottes Gnaden«, die von Gott selbst eingesetzt und autorisiert waren. Ludwig der XIV. sagte: »Gott, der die Könige über die Menschen gesetzt hat, hat gewollt, daß man sie als seine Stellvertreter achte; sein Wille ist, daß, wer als Untertan geboren ist, willenlos zu gehorchen hat.« Dies kommt auch in dem Bild zum Ausdruck, das als Huldigung für einen Fürstbischof gedacht ist. Beobachte!

3. In vielen Weihnachtsbildern, die in dieser Zeit entstanden, spiegelt sich das Macht-Denken wider. Vergleiche das Deckengemälde aus der Wallfahrtskirche Birnau mit dem Huldigungsbild für den Fürsten!

4. Die »Untertanen« führten zu dieser Zeit kein gutes Leben. Sie waren der Macht der Fürsten ausgeliefert und mußten für deren verschwenderischen Lebenswandel bezahlen. Sie erlebten die staatliche Macht als bedrückend und erniedrigend. Überlege, wie das Birnauer Bild wohl auf sie gewirkt hat!

Hier berührt sich nun das kirchliche Bildprogramm eng mit dem weltlichen: auch die Decke im Thronsaal des barocken Fürsten ist häufig als Himmel ausgemalt. Der Maler versetzt den Herrscher gemeinsam mit Zeus und Aphrodite, Herakles und Athene in den Himmel der griechischen Götter.
Das paßt gut in das Herrscherbild der Zeit. Das Bild gehört ja in die Zeit des Absolutismus: Der Fürst herrscht »von Gottes Gnaden« mit absoluter Gewalt. Am deutlichsten zeigte sich diese Selbsteinschätzung beim französischen König Ludwig XIV., dem »Sonnenkönig«. Er sah sich selbst als Mittelpunkt des staatlichen Lebens und baute das prunkvolle Schloß Versailles. Die meisten europäischen Fürsten nahmen sich den Sonnenkönig zum Vorbild und ahmten seine prunkvolle Lebensweise nach.
So waren kirchliches und weltliches Leben stark auf Macht und Herrschaft ausgerichtet. Gott selbst wurde als gewaltiger Regent ehrfurchtsvoll angebetet, seine Kirchen waren ein Ort der Machtdemonstration. Und der weltliche Fürst sonnte sich im Glanz der göttlichen Allgewalt und fühlte sich als ihr Teilhaber.
Für die Untertanen sah das alles ganz anders aus. Sie mußten für die herrschaftliche Lebensweise bezahlen. Sie hatten oft unermeßlich hohe Abgaben zu leisten, wurden zu Frondiensten gepreßt, manche auch als Soldaten ins Ausland verschachert. Sie erlebten die staatliche Herrschaft als unterdrückend und entwürdigend. Und sie erfuhren, wie Gott selbst in dies Herrschaftssystem eingespannt wurde: als der Weltregent, der die Macht des Fürsten garantiert. Wenn selbst das Kind von Bethlehem an dieser allgegenwärtigen Macht teilhat, dann geht für die Menschen von Jesus nichts Tröstliches mehr aus – jedenfalls nicht für die Untertanen! *Diesem* Christus können sie nicht nahekommen – denn sie haben im Himmel der Herrscher nichts zu suchen; ihre Welt kommt hier nicht vor! Für sie verbindet sich auch das Bild der Menschwerdung Gottes mit bedrückenden Erfahrungen – die Weihnachtsbotschaft ist für sie verstummt.

Bild 7: Gerard van Honthorst, Die Anbetung der Hirten
1622, Öl auf Leinwand, 150 x 191 cm (Ausschnitt)

Dies Bild ist im gleichen Zeitraum entstanden wie das vorangegangene und führt uns doch in eine ganz andere Welt.
Statt der Weite und Pracht des himmlischen Thronsaales mit den Herrschergestalten begegnen wir hier der Intimität des geschlossenen Raumes, in der eine bürgerliche Kleinfamilie zu sehen ist. Außerhalb der kleinen Gruppe ist alles dunkel; das Licht grenzt gerade so viel Platz aus, wie sie brauchen. Im Mittelpunkt: Das Kind. Es scheint ein Licht widerzuspiegeln, das von außen hereinfällt; ein wenig von diesem Strahlen geht auch auf die Eltern über, vor allem auf Maria. Sie ist hier als einfache junge Frau geschildert, die sich um ihr Kind kümmert – wie jede Mutter. Josef, auf das Horn des Ochsen gestützt, stellt sich eher als andächtiger Zuschauer dar. Maria ist dem Kind mit einer beschützenden Geste zugewendet; es sieht so aus, als hätte sie einen Augenblick das Tuch zurückgeschlagen, damit der Betrachter das Kind sehen kann – aber gleich wird sie es wieder zudecken.
Eine sehr private, beinahe alltägliche Familienszene, der wir da zuschauen. Nur verhalten hat der Maler angedeutet, daß hier etwas Einzigartiges geschieht: das

Licht, das von dem Kind ausgeht und im Widerschein auch die Gesichter der Eltern hell macht; und die innige Zuwendung von Maria und Josef zum Kind, in der Staunen, ja Anbetung mit anklingen.

Die beiden Weihnachtsbilder aus der Zeit des Barock lassen zwei Weisen erkennen, mit der Geburt des Kindes umzugehen. Im ersten Bild wird Weihnachten in ein Bild von Gott eingebunden, das mit Macht und Unterdrückung zu tun hat; das Kind ist eigentlich nur dazu da, die königliche Madonna als Gottesmutter kenntlich zu machen; diesen Bildtyp könnte man als »Herrscherbild« bezeichnen. Als zweite Möglichkeit bietet sich an, das Geschehen der Menschwerdung in die Intimität der bürgerlichen Familie zu verlegen; diesen Bildtyp könnten wir »Kleine-Leute-Bild« nennen.

Sicher haben die kleinen Leute in der Zeit des Absolutismus sich von diesem Bildtyp angesprochen gefühlt: Das waren ja Menschen wie sie selbst, und das göttliche Kind kam in ihre Welt. Vor der Übermacht der Obrigkeit konnten sie sich in den privaten Bereich zurückziehen, sich ein wenig vom Druck der Macht entlasten. Vielleicht stellen viele Weihnachtsbilder dieses Typs darum den Raum der Geburt und Anbetung so abgeschlossen dar ... als wollten sie die um das Kind versammelten Menschen abschirmen und beschützen.

Damit ist allerdings auch die Gefahr verbunden, daß die Menschwerdung Gottes als Idylle erlebt wird, die mit der Wirklichkeit nicht mehr viel zu tun hat und damit ihre Kraft zur Gestaltung und Veränderung verliert.

Zum Unterricht

1. Verlaufsskizze zu Bild 6

- □ Zusammentragen charakteristischer Prinzipien und Erscheinungsformen des Absolutismus. Hierfür bietet sich das »Gottesgnadentum« Ludwigs XIV. an. Informationen bieten die Geschichtsbücher. (Besonders wichtig: Fürst ist absoluter Herrscher, Bevölkerung sind »Untertanen«; Fürst verfügt über Leib und Leben und bestimmt u. a. auch die Religion. Allein seine Person und die Repräsentation seiner Macht sind wichtig.)
- □ Dias und Informationen in: Bildwerk zur Kirchengeschichte Band 4, Dia 375 ff
- □ Erarbeitung des »Gottesgnadentums« der Fürsten:
  - Zitate: »Der Staat – das bin ich.« – »Gott, der die Könige über die Menschen gesetzt hat, hat gewollt, daß man sie als seine Stellvertreter achte ... Es ist sein Wille, daß, wer als Untertan geboren ist, willenlos zu gehorchen hat.« (Ludwig XIV.)
  - Besprechung eines Dias, das den Hochaltar der Schloßkirche in Brühl zeigt. (Bildwerk zur Kirchengeschichte, Nr. 385). Durch das Symbol des Auges Gottes kann der unsichtbar hinter dem Altar sitzende Fürst Priester und Kirchenvolk beobachten.
  - Besprechung eines Musikbeispiels, z. B. des Eingangschors aus Bachs »Weihnachtsoratorium«. Erkennen des höfisch-militanten Charakters der Musik; Hinweis, daß sie (mit anderem Text) auch Teil einer Geburtstagskantate für den Hof war. (Göttliche und weltliche Macht sind austauschbar!)
  - Besprechung eines Gemäldes von Tiepolo im Treppenhaus der Würzburger Residenz, das die Huldigung für den Fürstbischof von Greifenklau zeigt (vgl. das Arbeitsblatt).
    Fragestellung: Wie wird der Fürst hier gesehen? In welcher Beziehung steht er zu den anderen Menschen?
- □ Information, daß auch die Kirche auf Ausübung und Repräsentation von Macht aus war. Veranschaulichung möglichst durch Architekturbeispiele aus der Umgebung; sonst Dias einsetzen (Beispiel: Kloster Melk [Bildwerk zur Kirchengeschichte Nr. 384]).
- □ Konsequenzen für Gottesbild und -beziehung erarbeiten
- □ Schilderung der Lage der Untertanen (Geschichtsbuch!)
  Wichtig: Sie sind der Willkür des Potentaten ausgeliefert – sie können nicht über ihr eigenes Leben verfügen (Leibeigenschaft, Verkauf von Soldaten ...) – Unterdrückung durch oft unermeßliche Steuern – religiöse Unterdrückung, dadurch u. U. Flüchtlingsschicksal (Hugenotten ...).
- □ Erarbeitung des Bildes anhand des Interpretationsvorschlags. Entdecken, daß Bild Gottes (bzw. der Muttergottes) und des Fürsten nahezu identisch sind. (Dazu noch einmal das Huldigungsbild zum Vergleich heranziehen!) – Überlegen, was »Weihnachten« in diesem Zusammenhang für die Untertanen bedeutet.
- □ Vgl. auch das Beispiel eines Arbeitsblatts (Nr. 72).
- □ Das Bild ist zugänglich in: »Weihnachten sehen« (Dia 5).

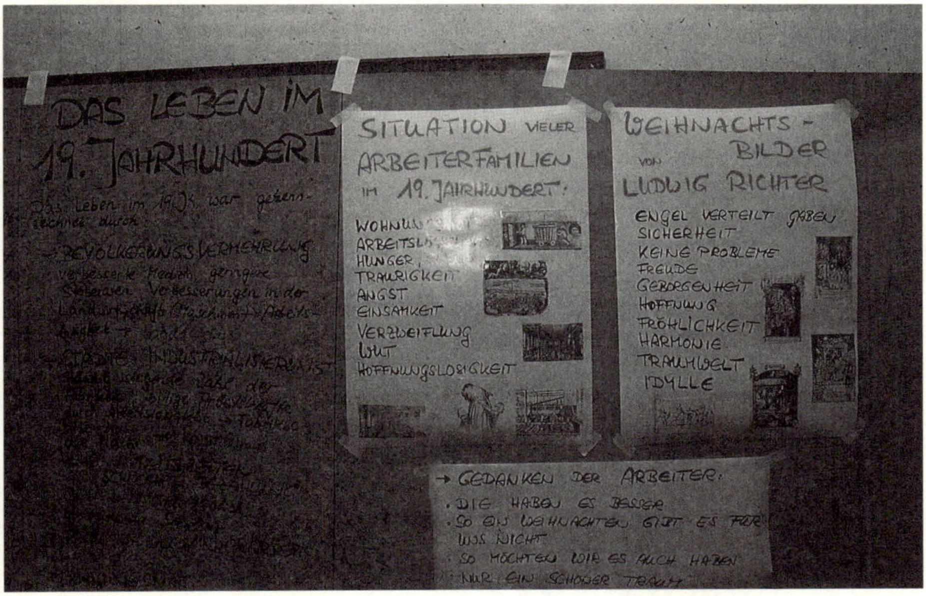

(zu S. 236f.)

2. Verlaufsskizze zu Bild 7

- □ Anknüpfen an die Situation der Untertanen im Zeitalter des Absolutismus (s. o.).
- □ Überlegen, welche Möglichkeit sie hatten, sich dem Druck der Fürsten zu entziehen, der durch das »Gottesgnadentum« religiös überhöht und verstärkt wurde. Als Ausweg bot sich der Rückzug in die Sphäre des Privaten, der Innerlichkeit an.
- □ Besprechung des Bildes unter dem Aspekt, daß sich darin die Verlagerung des Weihnachtsgeschehens in die Intimität des Privaten zeigt; den Zusammenhang zwischen Bildtyp und Bedürfnis nach Entlastung von obrigkeitlicher Bedrükkung erkennen und beschreiben.
- □ Gefahr der beginnenden Idyllisierung des Weihnachtsbildes und damit des Weihnachtsgeschehens erkennen und diskutieren; evtl. Parallelen zu typischen Kitsch-Weihnachtsbildern der Gegenwart mit ihrer Tendenz zur Wirklichkeitsflucht und Idyllisierung ziehen.
- □ Das Bild ist zugänglich in: »Weihnachten sehen« (Dia 6). Geeignet sind auch andere Beispiele des gleichen Bildtyps, z. B. die meisten Weihnachtsbilder Rembrandts, die leicht erreichbar sind.

74

Weihnachtsbilder – Fünfte Einheit: Kunst des 19. Jahrhunderts

Bild 8: Ludwig Richter, Weihnachten

Das Weihnachtsbild von Ludwig Richter strahlt Ruhe und Harmonie aus. Dazu trägt vor allem die Ausgewogenheit der Komposition bei. In der Horizontalen sind alle Bildzeichen symmetrisch um die zentrale Gruppe der heiligen Familie herum angeordnet: die Kinder, die Bäume, die Engel. In der Vertikalen sind mehrere Gruppen übereinander gestellt: über dem Stall die musizierenden Engel, darüber eine Verkündigungsszene an die Hirten; das Ganze wird von einem Engel und einem Stern gekrönt. Hier herrscht ebenfalls das Prinzip der Ausgewogenheit: Unterer und oberer Bereich sind nach der Regel des Goldenen Schnitts angeordnet.

Die Rahmung, der ruhige Hintergrund und die Größe der Gestalten lenken den Blick des Betrachters auf den Zentralraum des Stalles. Er wirkt wie ein dekoriertes Schaufenster.

Auch die inhaltliche Gestaltung des Bildes zielt auf Harmonie und friedliches Behagen. Da ist zunächst die Familie. Das Kind ruht auf einem Strohbündel, wie ein Schaustück ausgestellt. Vor dem Kind Maria, eine mädchenhafte Frau; sie kniet in andächtiger Gebärde. Etwas dahinter Josef, der fürsorgliche Familienvater. Die übrigen Elemente sind um die zentrale Gruppe herum angeordnet. Überlegt man einmal, welche Bedeutung sie für die Auffassung des Weihnachtsbildes haben, erkennt man bald: Der Maler wählte lauter Elemente aus, die einen hohen Gefühlswert haben und mischt sie nach einem wirkungsvollen Rezept zusammen –

die herzigen Kinder (augenscheinlich hat das beliebte Lied »Ihr Kinderlein kommet« Pate gestanden), die Täubchen, die jubilierenden Engel. Am deutlichsten zeigt sich das Prinzip an den Bäumen. Sie vereinigen drei populäre Motive in sich: die deutsche Eiche, den aufgeputzten Weihnachtsbaum und den Rosenstock. Das Ganze ist mit dekorativen Elementen stilisiert; überall sind Blümchen verteilt, winden sich Ranken.
Beachten wir jetzt noch die Wolken, auf denen die Szene schwebt, dann wird klar, daß es sich um eine märchenhafte Traumwelt handelt, in die wir hineinschauen.
Dem Maler geht es offenbar nicht darum, Wirklichkeit zu schildern, sondern er lädt den Betrachter ein, sich einmal eine idyllische weihnachtliche Szene in einem Märchenland anzuschauen, um angenehme Gefühle in ihm zu wecken. Die revolutionäre Botschaft von der Menschwerdung Gottes ist zu einem wirklichkeitsfremden Märchen geworden.
Ludwig Richter hat eine Unzahl solcher Bilder hergestellt, Illustrationen zu religiösen Themen, aber auch zu Sagen und Märchen. Er war im 19. Jahrhundert äußerst populär und beeinflußt wohl bis heute bei vielen ihr Bild von Weihnachten. Der Grund für die Beliebtheit ist leicht zu erkennen: er malte eine heile Welt, die den Menschen erlaubte, ihre Wirklichkeit zu vergessen. Und die war im 19. Jahrhundert für die meisten Menschen bedrückend genug. Das Zeitalter der industriellen Revolution bedeutete für die Mehrheit der Einwohner Ausbeutung und Elend. Man muß einmal ein Bild jener Zeit, das den Alltag ungeschminkt darstellt, neben ein Bild von Ludwig Richter halten, um die Unwirklichkeit jener »heilen Welt«, die Flucht aus der Wirklichkeit, zu durchschauen.
Die Gefahr, die von solchen Weihnachtsbildern ausgeht, liegt auf der Hand. Sie erlauben dem Betrachter, die Menschwerdung Gottes als Zuschauer zu genießen und sich an den eigenen friedvollen Gefühlen zu ergötzen. Aber Folgen im Sinne des »Frieden auf Erden« hat das alles nicht.
Hält dies Bild uns nicht einen Spiegel vor, der unsere Art, Weihnachten zu feiern, schonungslos entlarvt?

75 Arbeitsblatt

Wohnraum einer armen Handwerkerfamilie

Beschreibe das linke Bild.
Überlege, wie die Leute sich fühlen.

Beschreibe das Weihnachtsbild.
Vergleiche es mit dem linken Bild.

Überlege, was die Menschen auf dem linken Bild wohl denken, wenn sie das Weihnachtsbild sehen.

Zum Unterricht

- Information über einige wichtige Grundzüge der Sozialgeschichte des 19. Jahrhunderts (Industrialisierung; Entstehung eines Massenproletariats; Ausbeutung im Frühkapitalismus; Verelendung; Frauen- und Kinderarbeit; Wohnungsnot ...)
- Erarbeitung des Bildes in Gegenüberstellung mit einem Bild, das die reale Notsituation schildert (s. Arbeitsblatt): Das Blatt wird als Tageslichtfolie aufgelegt; die Schüler erarbeiten zunächst das linke Bild als Zusammenfassung der Informationen zur sozialen Lage. Sodann wird das rechte Bild aufgedeckt und anhand der Erschließungsfragen besprochen; es folgt der Vergleich. Die Fragen sind bewußt auf die Erfahrung der Menschen im 19. Jahrhundert ausgerichtet, um die Schüler zur Identifikation anzuregen.
- Erarbeitung weiterer Gegensatzpaare nach der gleichen Methode. Material: Bilder von Richter in Weihnachtsbüchern; Material zur Sozialgeschichte in Geschichtsbüchern.
- Transfer: Die Schüler werden gebeten, mit Material aus der Gegenwart ein ähnliches Blatt zu entwerfen, z. B. Weihnachtspostkarten mit beliebten Motiven in Kontrast zu Realfotos mit gegenwärtigen Notsituationen.
- Besprechung unter der Fragestellung: Welche Auffassung von Weihnachten liegt der Gestaltung zugrunde? Ist diese auch heute noch wirksam? Gesichtspunkte zur kritischen Auseinandersetzung.
- Man könnte kritisch fragen, ob die Beschäftigung mit Bildern von Ludwig Richter noch sinnvoll ist und den Aufwand rechtfertigt. Da aber Darstellungen mit dieser wirklichkeitsflüchtigen, illusionistischen Sicht immer noch stark die Erwartungen an Weihnachtsbilder beeinflussen, bieten sich die relativ leicht zu analysierenden Arbeiten von Richter an, um daran die Intentionen und Mittel einer solchen Sicht von Weihnachten zu erarbeiten.
- Das besprochene Bild ist zugänglich in: »Weihnachten sehen« (Dia 6). Bilder von Ludwig Richter finden sich auch in zahlreichen noch heute angebotenen Weihnachtsbüchern.

Weihnachtsbilder – Sechste Einheit: Kunst des 20. Jahrhunderts

Bild 9: Oskar Kokoschka, Verkündigung
um 1911, Öl auf Leinwand, 122 x 82 cm

Die fast übermächtig große Gestalt beherrscht das Bild: Eine unbekleidete Frau steigt aus der Erde herauf. Sie breitet die Arme aus. Die intensive Farbgebung läßt den Körper wie reines Licht aufscheinen. Das Gesicht drückt gesammelte Konzentration aus, der Blick richtet sich auf einen Gegenstand, der außerhalb des Bildes liegt.
Hinter der Frau leuchtet eine helle, heitere Küstenlandschaft. Die Farbgebung und die klaren Formen vermitteln entspannte Ruhe, wohltuenden Frieden.
Ganz anders die rechte Bildhälfte. Hier herrschen dunkle Farben und kleinteilige, unruhige Formen vor.
Eine zweite Frau, halb liegend, halb sitzend, füllt die rechte Bildhälfte fast völlig aus. Ihre linke Hand tastet nach dem gewölbten Leib, die rechte Hand streckt sich in verkrampfter Gebärde nach vorn – sie erweckt den Eindruck einer Gebärenden.
Der Gesichtsausdruck der Frau ist in sich gekehrt, fast entrückt.
Zwischen den beiden Gestalten erkennt man im Hintergrund brennende Häuser, Flammen schlagen heraus, dunkle Rauchschwaden steigen auf.
Das Bild trägt den Titel »Verkündigung«; es bezieht sich augenscheinlich auf die biblische Erzählung von der Begegnung des Engels mit Maria.
Aber wie geschieht diese Verkündigung?
Offensichtlich nicht als sprachliche Mitteilung, sondern durch Annäherung.
Der Engel symbolisiert das Licht, das mit der Geburt Jesu in die Welt kommt: »Das wahre Licht, das die Menschen erleuchtet, kam in die Welt«, heißt es im Johannesevangelium (Joh 1,9). Die Nacktheit der Engelgestalt läßt das Licht noch klarer aufscheinen.
Licht erkennen wir nicht nur in der Person des Engels, sondern in der Landschaft, die sich hinter ihm erstreckt. Sie dient gewiß nicht nur als dekorativer Hintergrund für das Geschehen, sondern ist selbst Symbol; wir schauen eine Welt des Lichts und des Friedens, die das Neue Testament »Himmelreich« oder »Gottesherrschaft« nennt. Diese Welt liegt nicht in unerreichbar ferner Zukunft, sondern hat mit Jesus angefangen: Wo er in Wort und Tat Menschen heilt und befreit, da ist »das Reich Gottes schon gekommen« (vgl. Lk 11,20). Die ganze Praxis und Geschichte Jesu ist nichts anderes als die Geburt einer neuen Welt.
Davon ist auch etwas auf dem Weihnachtsbild von Oskar Kokoschka zu entdekken. Es sieht so aus, als ob die Lichtwelt sich durch die Gestalt des Engels hindurch auf Maria ausbreitet – vielleicht sollen die ausgebreiteten Arme das noch unterstreichen.
Die Gestalten berühren sich nicht, aber ihre Hände kommen sich so nahe, daß sich eine beinahe elektrisierende Spannung aufbaut. Marias Hände sind schon erleuchtet, auch ihr Gesicht, ihre Brust.
Während wir auf der linken Bildhälfte die Welt des Lichts und des Friedens erkennen, zeigt sich rechts ein Bereich der Dunkelheit, der hektischen Unruhe, der

Zerstörung. Er symbolisiert wohl die Welt, in der wir leben. Menschen sind nicht zu sehen, wohl aber, was sie in ihrer Welt anrichten: Vernichtung und Tod. – Wir wissen nicht, ob der Maler bestimmte Ereignisse seiner Zeit ansprechen wollte. Vielleicht ahnte er am Vorabend des 1. Weltkriegs Mord und Zerstörung voraus? Oder dachte er daran, daß Jesus selbst Opfer der Gewalt werden sollte? Jedenfalls kann jeder Betrachter hier seine eigenen Erfahrungen und Gedanken wiederfinden und einbringen.

Weihnachten bedeutet in diesem Bild, daß diese Welt erleuchtet und verwandelt werden soll. Das geschieht nicht als einmaliges Wunder, das alles Leid und Unrecht beseitigt, sondern als eine Geschichte der Veränderung. Die Geburt der neuen Welt fängt mit der Geburt des Kindes an; Maria ist »Gefäß« für die Neuschöpfung – das deutet wohl auch der leere Krug an, der neben ihr liegt. Die Geschichte der Erleuchtung und Verwandlung entfaltet sich in der Geschichte Jesu, und sie will heute mit uns und durch uns weitergehen. – Daß die Veränderung nicht als einmaliger Vorgang »von oben« gedacht ist, sondern als ein Prozeß hier auf der Erde, deutet sich auch dadurch an, daß der Engel nicht aus der Höhe herunterschwebt, sondern fest in der Tiefe verwurzelt ist, ja vielleicht aus ihr aufsteigt.

Eine solche Sicht muß nicht in eine heile Traumwelt flüchten und muß nicht Wirklichkeit ausblenden, sondern hält ihr stand. Kokoschka verschweigt nicht, wie es in unserer Welt aussieht. Möglicherweise ist der linke Arm des Engels so seltsam verdreht, weil der Maler den Blick auf die brennende Stadt ausdrücklich einbeziehen wollte ... als möchte er sagen: Gerade Gewalt und Zerstörung brauchen die Veränderung zum Frieden durch das ankommende Licht.

Wir sollten das Bild als Anstoß begreifen, unseren Beitrag zu einer Veränderung der Welt zu geben, damit das weihnachtliche Licht mehr Raum in ihr gewinnt.

Vielleicht gibt die spannungsvolle Beziehung der beiden Frauen noch einen Fingerzeig, wie diese Veränderung geschehen kann: nicht durch Gewalt – das ist wohl eher die zerstörende Macht der Männer –, sondern mit sanfter Kraft und liebender Fähigkeit zur Durchsetzung.

Zum Unterricht

- □ Erarbeitung der Bildstruktur: Hell-Dunkel; ruhige und unruhige Formen; Charakterisierung der beiden Bildhälften. Vielleicht durch Anlegen einer Skizze den grundlegenden Gestaltungsmerkmalen des Bildes nachspüren.
- □ Beschreibung der Inhalte: die beiden Frauen; die beiden Landschaften; die Beziehungen herausarbeiten.
- □ Den Titel des Bildes besprechen; Rückgriff auf die biblische Erzählung; evtl. durch Vergleich mit anderen Bildern traditionelle Merkmale von Verkündigungsbildern erkennen und dadurch die spezifische Sicht Kokoschkas verstehen. Herausarbeiten der Lichtsymbolik (Engel; Lichtwelt).
- □ Inhaltliche Klärung des Begriffs »Lichtwelt« durch die neutestamentliche Rede vom »Himmelreich« bzw. der »Gottesherrschaft«. Das Licht kommt befreiend und heilend in der Praxis und Geschichte Jesu zur Welt (Schalom). Beispiele zusammentragen. – Ergebnis: Das Reich Gottes ist ein Prozeß, der mit der Geburt Jesu angefangen hat und heute in der Nachfolge weitergehen will.
- □ Diesen Prozeß der Erleuchtung und Veränderung im Bild erkennen. Wo Kokoschka die Notwendigkeit der Veränderung sieht, hat er in der Zerstörungssymbolik angedeutet. Versuch, zu bestimmen, an welche »Brennpunkte« der Maler gedacht haben könnte (etwa durch Nachschlagen bei den Jahren 1910/1911 in der »Chronik des 20. Jahrhunderts«). Hinweis, daß sich damals schon Anzeichen für eine krisenhafte Zuspitzung der weltpolitischen Lage häuften; bei vielen Künstlern und Schriftstellern verstärken sich in dieser Zeit Motive von Gewalt und Tod.
- □ Transfer: Wo könnten solche »Brennpunkte« in der Gegenwart liegen? Welche Aufgaben und Chancen für eine »weihnachtliche Friedensarbeit« erkennen wir?
- □ Das Bild ist zugänglich in: »Weihnachten sehen« (Dia 9) und: J. Zink, DiaBücherei Christliche Kunst Band 9, Nr. 27.

Bild 10: Bernhard Kretzschmar, Flucht nach Ägypten
1917, Öl auf Leinwand, 90 x 100 cm

Das Bild baut sich aus wenigen Farben auf: Blau – Gelb – Rot kommen in vielfältigen Abstufungen und Schattierungen vor. In der Struktur herrschen die eckig-spitzen Formen vor. Sie sind meist in Umriß und Farbgebung scharf gegeneinander gesetzt.
Inhaltlich erkennt man drei menschliche Gestalten und zwei Tiere; der Titel des Bildes klärt, wer gemeint ist: Maria, Josef und das Kind auf der Flucht nach Ägypten. – Josef geht voran, er führt den Esel. Links vor ihm scheint sich ein

Abgrund aufzutun, bedrohlich tief – wie eine Gletscherspalte. Seine Miene drückt Besorgnis aus, die Augen auch Schrecken, Entsetzen.
Überhaupt die Augen – sie ziehen den Blick des Betrachters immer wieder intensiv an. Auch Maria und das Kind haben diese weit aufgerissenen Augen.
Maria sitzt auf dem Esel, zusammengekauert, die Schultern hochgezogen, wie vor Kälte erstarrt. Kummer und Resignation drückt ihr Gesicht aus.
Nur das Kind lächelt, strahlt Lebendigkeit und Freude aus, obwohl sein Gesicht mumienhaft weiß gemalt ist.
Die Landschaft wirkt zerklüftet, wie zerrissen. Da gibt es vor allem viele spitze und scharfkantige Formen, hart gegeneinander gesetzt. Nichts kann sich entfalten und Raum gewinnen. Die Flüchtlinge sind von diesen Spitzen und Kanten bedrohlich umstellt. Und dann die weiß-grauen, verwischten Flächen, wo die Formen sich auflösen wie im Schleier eines Schnee- oder Sandsturms.
Man könnte an eine öde Hochgebirgsgegend denken oder an eine Gletscherwüste. – Auch die Sonne hat nichts Tröstliches oder Wärmendes. Die riesige Scheibe ist teilweise von Rauchschwaden verdeckt, als ob es irgendwo brennt. Die Sonne sendet gelb-grüne Strahlen aus, sie treffen den Mann wie Giftpfeile. Eine solche Landschaft gibt es in Wirklichkeit nicht – der Maler drückt mit seinen gestalterischen Mitteln symbolisch die tödliche Bedrohtheit eines Flüchtlingsschicksals aus, die eisige Angst, die die Vertriebenen umstellt, die blitzartige Erkenntnis: Du stehst vor dem Abgrund. Das Bild greift über die Illustration einer biblischen Geschichte hinaus, es verdichtet Erfahrungen von Verfolgung und Angst, die Menschen zu allen Zeiten gemacht haben, und verbindet sie mit dem Schicksal Jesu. Sicher hat Kretzschmar auch die Eindrücke von Mord und Vertreibung im 1. Weltkrieg verarbeitet, der bei der Entstehung des Bildes auf einem Höhepunkt wütete.
Ist die Situation ganz und gar hoffnungslos, ohne Trost?
Jetzt achten wir einmal auf den Teil des Bildes, über den wir noch nicht gesprochen

haben. In der oberen linken Randzone kommen die hektischen und harten Bildzeichen zur Ruhe. Dorthin wird der Blick des Betrachters geführt, wenn er den Rot-Tönen folgt: Vom Kleid der Maria über den Fuß des Esels und Josefs Jacke bis zur Gestalt dort oben ... und über ihr erscheint noch einmal ein roter Fleck. Dieser Weg, den unser Auge geführt wird, tut sich auch als Weg vor den Flüchtlingen auf ... beinahe wie eine Brücke über den Abgrund sieht das aus und läuft in eine Art Hohlweg hinein.
Vielleicht kann man dort im Rhythmus der ruhigen, runden Formen eine Schafherde erkennen, die unter der sicheren Leitung ihres Hirten den Weg durch die Öde findet, so, wie es der 23. Psalm beschreibt: »Und ob ich schon wanderte im finsteren Tal, fürchte ich kein Unglück, denn du bist bei mir, dein Stecken und Stab trösten mich« (V. 4). Jedenfalls scheint die rotgekleidete Gestalt ein Führer und Helfer zu sein, der den Weg zur Sicherheit und Ruhe weiß.
So hat der Maler in diesem Weihnachtsbild nicht nur das Elend von Verfolgung und Flucht, das Menschen immer wieder erleiden, mit dem Schicksal des Kindes aus Bethlehem verbunden – er will wohl auch zeigen, wo gute Orientierung und hilfreiches Geleit zu suchen sind.
Ein nicht sehr weihnachtlich-besinnliches, aber ein notwendiges Bild; denn es erinnert uns daran, daß Weihnachten unvollständig bleibt, wenn es nur den Engeljubel und die Anbetung in den Blick nimmt; Tod und Verfolgung gehören bei Jesus von Anfang an dazu – und wir dürfen gerade an Weihnachten aus dieser Wirklichkeit nicht flüchten, sondern müssen ihr ins Gesicht sehen und fragen, ob wir helfen können, sie zum Besseren zu verändern.

Zum Unterricht

Das Bild, das typische Gestaltungsmerkmale expressionistischer Malweise erkennen läßt, eignet sich besonders gut, um die symbolorientierte Betrachtung von Weihnachtsbildern zu praktizieren. Folgende Arbeitsschritte bieten sich an:

- □ Beschreibung von Flüchtlingsschicksalen. Zusammentragen von Bildern und Berichten. Einfühlen in die Situation der Betroffenen. – Versuch, diese Erfahrungen und Gefühle in selbstgestalteten Symbolen auszudrücken.
- □ Verknüpfung mit dem Bild. Auf dem Hintergrund der bisherigen Überlegungen die Grundsymbole des Bildes interpretieren:
  - Spitze, harte Formen
  - Auflösung der Formen
  - Tiefe, Abgrund
  - Sonne
  - Wolken, Rauch
  - Gestik und Mimik der Personen
- □ Erarbeiten der »Trost-Dimension« des Bildes. Beschreibung des oberen linken Bildrandes; Eigenart der Formen und Farben bestimmen. Versuch einer Deutung. Vielleicht Verknüpfung mit Ps 23.
- □ Das Bild ist als Dia zugänglich in: »Weihnachten sehen« (Dia 11).

Bild 11: Mark Tobey, Weiß, das ankommt (Oncoming White)
1972, Öl auf Leinwand, 205 x 240 cm

Das Bild von Mark Tobey muß man erst einmal eine ganze Weile ruhig aufnehmen.
Das Auge kann sich nirgends festmachen, gewinnt keinen Standpunkt.
Zuletzt bleibt der Blick im oberen linken Teil des Bildes hängen; hier scheint das Licht ins Bild zu strömen. Überhaupt ist das Bild im oberen Bereich heller als im unteren.
Die Dunkelung wird durch die Strukturierung des Weiß bewirkt: Erst wird es durch feine Linien in winzige Partikel gebrochen, dann werden die Formen immer großteiliger, deutlicher, die Linien fester. Wie Eisschollen sieht das aus oder wie zersprungenes Glas.
Aber auch andere Eindrücke stellen sich ein. Schaut man längere Zeit ins Zentrum des Bildes, so entsteht ein Sog – als wenn man bei Schneetreiben in das vom Scheinwerfer durchschnittene Gewirbel der Flocken blickt.
Das Auge kommt in dem Bild nie an ein Ziel, es bleibt immer in Bewegung ... vom einfallenden Weiß folgt es dem Spiel der wechselnden Formen, läßt sich in die Tiefe des Bildes führen, die sich immer mehr öffnet. Trotz der unaufhörlichen Bewegung ist keine Hektik im Bild, sondern eine große Ruhe, die zur Meditation über das Licht einlädt und zur Konzentration auf die eigene Mitte. Vielleicht ist es gerade auch der streng gefaßte, in Blautönen fein abgestufte, aber niemals beengende Rahmen, der diese Konzentration fördert.
Die Art, in der Mark Tobey dies Bild gemalt hat, wurzelt in seinem persönlichen und künstlerischen Lebensweg. Er begann als Mode- und Portraitzeichner. Durch

Freunde kommt er mit fernöstlicher Geistigkeit und Religiosität in Berührung; er bekennt sich zur Lehre des Baha'i, einem religiösen Universalismus. Er orientiert sich an der fernöstlichen Kalligraphie, der freischwingenden Linie, die auf die Fixierung von Inhalt und Raum verzichtet. Immer mehr versucht er, den Weg zu seiner eigenen Mitte zu finden, unter anderem durch »concentration and consecration«, Konzentration und Heiligung, die er in einem japanischen Zen-Kloster übt.

Diese Erfahrungen und Wege können wir auch dem Bild »Oncoming White« abspüren.

Kann man darin ein Weihnachtsbild erkennen?

Sicher hat Tobey diesen thematischen Bezug nicht im Auge gehabt – aber sein Werk kann uns noch einmal neue Aspekte der Menschwerdung Gottes erschließen, wenn wir es in diesem Zusammenhang betrachten und deuten.

Im Symbol des Lichts, das in die Dunkelheit dringt, hat schon das Neue Testament das Kommen Gottes in die Welt gefaßt; vor allem der Prolog des Johannesevangeliums:

In ihm war das Leben, und das Leben war das Licht der Menschen. Und das Licht scheint in der Finsternis; und die Finsternis hat es nicht begriffen.
(Joh 1,4f)

Viele Weihnachtsbilder haben diese Symbolik aufgegriffen, vor allem im Zeichen des Sterns oder des hereinbrechenden himmlischen Glanzes. Bei Oskar Kokoschka hatten wir gesehen, daß er das ganze Geschehen, das sich mit Weihnachten verbindet, im Prozeß des kommenden Lichts erfaßt, das die Welt erleuchten und verändern will.

Der Blick auf die Weihnachtsbilder zeigt aber auch, daß die Schilderung und Ausmalung des *weihnachtlichen Geschehens* uns leicht vom Blick auf das Zentrum der *weihnachtlichen Botschaft* ablenken kann. Allzuleicht läßt uns die Faszination eines schönen Weihnachtsbildes vergessen, nach der Bedeutung von Weihnachten für uns zu fragen. Oder aber wir stoßen uns an dem allzu deutlichen Realismus der Bilder und bleiben womöglich an Fragen hängen wie: Gibt es eigentlich Engel? oder: Wie war das eigentlich mit den Drei Königen?

Der Verzicht auf Gegenständlichkeit, wie ihn Mark Tobey in asketischer Strenge übt, kann eine heilsame Konzentration fördern.

Machen wir einmal die Probe aufs Exempel und versuchen, »Oncoming White« als Weihnachtsbild zu deuten.

Da fängt etwas Neues, Unerwartetes an – Licht dringt in die Dunkelheit. Es ist kein Licht, das wir selbst erzeugen können, es kommt von außen.

Das Licht will immer mehr Form gewinnen, Gestalt annehmen. Es gibt ganz unterschiedliche Gestaltungen: kleine und große Formen, deutliche und undeutliche, feste und unbeständige.

Das zeigte sich in der Praxis Jesu: Den Levi beispielsweise erreichte das Licht als heller, klarer Ruf in die Nachfolge, den Zachäus als blendende Erkenntnis – dein bisheriges Leben war vertan –, den Nikodemus als zögernde Ahnung, daß von diesem Jesus erneuernde Kräfte ausgingen ... Und so geht es immer weiter: Den einen trifft das Licht als neue Einsicht, die sich ausbreitet und konkretisiert, den anderen als erhellende Begegnung mit einem anderen Menschen, den dritten als

blitzartige Erleuchtung über etwas, was sich ändern muß, wieder einen anderen als wärmende, heilende Erfahrung ... da ist nichts fertig, ein für alle Mal festgelegt oder abgeschlossen ... genau wie im Bild. Jedenfalls kommt Bewegung in ein Leben, in dem das Licht immer mehr Raum und Form gewinnen will.
Noch ein letzter Gedanke: Der Verzicht auf Gegenständlichkeit könnte auch das Eingeständnis ausdrücken, daß das Geheimnis Gottes sich nicht in Gegenständen und Bildern festlegen und verfügbar machen läßt. Das haben die Juden stets sehr ernst genommen, indem sie das Bilderverbot streng eingehalten haben – und auch die Mystiker haben etwas davon festgehalten, wenn sie die Welt der faßbaren Dinge hinter sich ließen und in schweigender Ehrfurcht das Einswerden mit Gott gesucht haben.
Vielleicht kann uns das reine Lichtsymbol in Mark Tobeys »Oncoming White« wieder für eine solche Haltung der Ehrfurcht sensibilisieren und uns helfen, für das Licht offen zu bleiben, das auch in uns und durch uns Gestalt annehmen will.
So legt es uns der Epheserbrief nahe, den wir als Weihnachtsbotschaft zu uns sprechen lassen:

Einst wart ihr Finsternis,
jetzt aber seid ihr durch den Herrn Licht geworden.
Lebt als Kinder des Lichts.
Das Licht bringt lauter Güte,
Gerechtigkeit und Wahrheit hervor.
(Eph 5,8–9)

Zum Unterricht

Sicher kann das Bild von Mark Tobey nicht in jeder Klasse eingesetzt werden. Die Schüler sollten jedenfalls im symbolischen Verständnis von Weihnachtsbildern einige Übung mitbringen; dafür boten sich (als Vorstufe) gerade die zuletzt besprochenen Bilder von Kokoschka und Kretzschmar an. – Und die Lerngruppe sollte eine gewisse Bereitschaft mitbringen, sich ruhig betrachtend und meditierend auf ein solches Bild einzulassen.
Unter diesen Vorbehalten wird folgende Planung vorgeschlagen:

- Den Prolog des Johannesevangeliums lesen, vor allem die Abschnitte über das ankommende Licht. – Im Vergleich mit den »Kindheitsevangelien« in Mt und Lk 1 und 2 herausarbeiten, daß der Text das, was die Synoptiker erzählend entfalten, ins Symbol des Lichts verdichtet.
- Den biblischen Erfahrungshintergrund des Lichtsymbols durch eine kurze Wiederholung einiger Jesus-Geschichten klären: Was bedeutet »Licht« etwa für Levi, für einen von Jesus Geheilten, für Zachäus, für die Gegner Jesu?
- Das Bild anschauen. Vielleicht bietet es sich sogar an, den Text des Interpretationsvorschlags langsam vorzulesen, unter Begleitung von meditativer Musik (?).
- Gespräch über »Licht, das von Gott kommt« unter Rückgriff auf die in der Bibel berichteten Erfahrungen: Welche Bedeutung könnte das ankommende Licht für mich haben? Wo könnte ich zum Licht für andere werden?

- Das Bild ist zugänglich in: »Weihnachten sehen« (Dia 14); Zink, DiaBücherei Christliche Kunst Band 3, Nr. 60 (dort im thematischen Zusammenhang »Auferstehung« besprochen). Die Interpretation bei Zink (Text: Gabriele Heidecker) bietet wichtige Hinweise, die für unseren Vorschlag gern aufgegriffen wurden. Vgl. auch: Wieland Schmied (Hg.), Zeichen des Glaubens. Geist der Moderne, Stuttgart 1980.

Vorschläge zur Analyse von Bildern

1. Daten, Werkangaben

Entstehungszeit – Format – Technik – Biographie des Malers

2. Gegenständliche Bildzeichen

- Figuren: Haltung – Bewegung – Mimik, Gestik – Stellung (im Raum; zueinander) – Kleidung
- Landschaft: »Stimmung« – Jahreszeit – Wetter – Realwelt/Fantasiewelt?

3. Blickführung

- Was zieht das Auge an (Blickfang)? – Wie wird das Auge weitergeführt?

4. Linien, Richtungen, Punkte

- Umrisse (Linien; linear verlaufende Abgrenzungen: nachfahren; Skizze zeichnen)
- gedachte Linien (Achsen; Mitteilungen von Flächen und Körpern)
- Verlauf von Linien (senkrecht: steigend; aufwärts strebend; starr? – waagerecht: hingelagert; Basis; Ruhe? – schräg: aufwärts oder abwärts führend?)
- Ballungen, Wiederholungen

5. Flächen (Formen)

- Ausmaße (groß – mittel – klein)
- Form: richtungsbetont – regelmäßig, unregelmäßig – eckig, rund ...

6. Hell-Dunkel

- Wie sind Hell und Dunkel verteilt? Gewichtung?
- Sind Lichtquellen erkennbar?
- Wie sind Hell und Dunkel dargestellt?
- Gesamteindruck?

7. Farben

- □ Welche Farben kommen vor, welche fehlen?
- □ Welches Gewicht haben sie (Intensität; Fläche)?
- □ Werden »Lokalfarben« (natürliche Farben der Gegenstände) verwendet?
- □ Gesamteindruck?

8. Komposition

- □ Welche Gliederung (großzügige Formen und Farben – kleinteilige Gliederungen...)?
- □ Wodurch wird Zusammengehörigkeit erreicht (Linien; Form- oder Farbanalogien)?
- □ Welchen Ort hat der Hauptgegenstand? Wie hervorgehoben?
- □ Ist Gleichgewicht erkennbar? Wie ist es ausbalanciert?
- □ Ist eine Rhythmisierung zu erkennen?
- □ Bewußte »Dekomposition« (Bild hat keine Schwerpunkte und Grenzen)?

9. Deutungsansätze

a) Werkbezogen

- □ Sind äußere und/oder innere Anlässe für die Entstehung des Bildes bekannt?
- □ Wie ist der Gegenstand aufgefaßt (Vergleich mit anderen Darstellungen)? – Mögliche Gründe dafür?
- □ Welche zentralen Symbole zeigen sich?

b) Rezeptionsbezogen

- □ Welche Assoziationen ruft das Bild ab?
- □ Welche Vorkenntnisse bzw. -einstellungen bestätigt das Bild? – Welche werden in Frage gestellt?
- □ Welche Empfindungen löst das Bild aus?
- □ Welche Impulse zur Veränderung gehen von ihm aus?

Weihnachten heißt:
Mit Hoffnung leben.
Aus Haiti

So ist eine neue Welt im Kommen,
eine Welt von Brüdern, Schwestern.
Aus Brasilien

Arme gibt es überall.
Jesus kam, um das Schicksal
der Armen zu teilen.
Die Botschaft kennen wir schon lange.
Aber jetzt müssen wir daran arbeiten.
Aus Solentiname

Voneinander lernen: Texte, Lieder und Bilder zu Weihnachten aus aller Welt

Einleitung

Dieser Teil des Buches will nicht zeigen, wie unterschiedlich in aller Welt Weihnachten gefeiert wird. Dazu gibt es in einer Unzahl von Büchern Berichte und Erzählungen. In jedem Land existieren andere Bräuche und Sitten, mehr oder weniger stark mit dem eigentlichen Sinn des Christfestes verbunden. Hier geht es im wesentlichen um drei Fragestellungen, die sich aus dem Thema »Voneinander lernen. Weihnachten in aller Welt« ergeben.

1. Zum ersten müssen wir europäischen Christen uns fragen lassen, ob wir das ganze Christentum – und damit auch Jesus – nicht zu stark für uns in Anspruch genommen haben. Wir verkünden es ganz selbstverständlich als *unsere* Religion, *unseren* Glauben, meist eng verknüpft mit *unserer* Kultur. Die Missionare haben es in dieser Ausformung zu fremden Völkern gebracht und deren Religion und Kultur zerstört, ohne nach der Eigenart dieser Völker zu fragen und das Evangelium auf ihre Situation zu übertragen.

Vor wenigen Tagen ist mir ein Weihnachtsfoto aus einer älteren Missionszeitung in die Hände gefallen, das diese Situation sehr typisch darstellt: Ein spärlich bekleideter Schwarzer steht vor einem Altar und liest aus der Bibel vor; den größten Teil des Bildes aber beherrscht ein riesiger, typisch deutscher Weihnachtsbaum mit brennenden Kerzen.

Die Weihnachtstexte und -bilder aus aller Welt können darauf aufmerksam machen, daß Jesus für alle Völker und Kulturen Mensch geworden ist. So zeigen die Afrikaner ihn als Afrikaner, die Asiaten als Asiaten, die Lateinamerikaner als einen der ihren. Der Text »Jesus – ein Asiate« (Nr. 79) wirft diese Frage sehr provokativ auf und trifft u. U. manchen Europäer empfindlich in seinem Hochmut.

Im Unterricht sollte man sich ehrlich fragen: Rufen diese Aussagen Verwunderung hervor, vielleicht Empörung? Ist die Hautfarbe Jesu wichtig?

Die Betrachtung der Weihnachtsbilder aus verschiedenen Völkern kann ebenso dabei helfen, die Vereinnahmung Jesu als Europäer abzubauen. Damit sollte ein anderes Verhältnis zu Christen anderer Rassen einhergehen. Die früheren Fehler bei der Missionierung gingen von einem Mißverständnis des sogenannten Missionsbefehls aus. »Geht und lehrt alle Völker«, hieß es, statt »geht und macht zu Jüngern«, was die Bereitschaft einschließt, miteinander und voneinander zu lernen.

2. Die zweite Problemstellung kreist um die Frage der Adressaten der Weihnachtsbotschaft.

Weihnachten ist bei uns ein sehr reiches und aufwendiges Fest; das läßt sich an der Festgestaltung ablesen, aber auch an vielen Liedern und Texten. An Darstellungen der Weihnachtsgeschichte zeigt es sich oft besonders deutlich: Da sind weder Ärmlichkeit noch Stallgeruch, weder Not noch einfache Hirten zu finden. Auf vielen Bildern ist Maria in kostbare Gewänder gekleidet; die Armut ist durch göttlichen Glanz überstrahlt; die Geburt wird idyllisch und mit himmlischer Herrlichkeit ausgestaltet.

Vielleicht können wir uns nur so als die Adressaten der Botschaft fühlen; denn die wirklich Armen, Außenseiter oder Verfolgten sind wir nicht.

Jesus – ein Asiate

79

Weihnachten in irgendeinem Dorf in Indonesien, auf der Insel Java. In diesem Dorfe wohnt nur eine Christenfamilie, aber sie hat Hunderte von Gästen zur Weihnachtsfeier eingeladen. Die Geladenen kommen in Scharen, bis schließlich alle Plätze besetzt sind. In diesem Haus ist zufällig auch ein europäischer Pfarrer zu Gast, der schon vorher angekommen war. Die anderen Gäste betrachten den Europäer mit Verwunderung. Der javanische Pfarrer eröffnet die Feier. Er heißt die Gäste willkommen und erklärt ihnen, weshalb sie eingeladen worden seien: um sich miteinander zu freuen! Weihnachten ist ein Tag der Freude, weil an diesem Tage der Retter der Welt geboren ist. Dann spricht der Pfarrer weiter: »Vielleicht fragt ihr euch, weshalb ich einen Europäer hierhergebracht habe. Ich will euch das erklären. Dieser Europäer möchte Weihnachten mit uns zusammen feiern, mit uns Indonesiern, uns Asiaten; denn der Retter der Welt, dessen Geburt wir heute gedenken, war auch ein Asiate. Die Leute in Europa sind wirklich zu bedauern! Sie besitzen gar keine Religion. Sie müssen von uns Asiaten eine Religion borgen. Betrachtet einmal die großen Religionen: Islam, Hinduismus, Buddhismus, alle stammen aus Asien. So ist es auch mit der christlichen Religion. Der Herr Jesus Christus wurde auch von einer asiatischen Mutter geboren...« Danach erzählt der javanische Pfarrer die Geschichte von der Geburt des Sohnes Gottes und erklärt seine Bedeutung für alle Menschen. Voller Aufmerksamkeit hören ihm die Gäste zu.

Hugo Röthlisberger, in: Günter Bezzenberger und Wolfgang Erk, Christus hat viele Farben. Ein missionarisches Lesebuch, J. F. Steinkopf Verlag GmbH, Stuttgart 1974

Die Menschen in der 3. Welt haben einen ganz anderen, direkteren Zugang zur Geburt Jesu. Sie *sind* die Armen, in deren Mitte Jesus als einer der ihren zur Welt kam. Und so ist er nicht nur äußerlich den Schwarzen ein Schwarzer, den Indios ein Indio. Sie identifizieren sich, ihre Situation, ihren Alltag mit derjenigen, in die Jesus hineingeboren wurde: Er kam in eben solche Welt der Unterdrückung und der Ausbeutung der Armen; und er wandte sich vor allem den Armen und Randexistenzen der damaligen Zeit zu; deshalb sind auch sie heute die eigentlichen Adressaten seiner Botschaft.

3. Schließlich können wir anhand von Texten und Bildern aus aller Welt die bewußte, starke Inanspruchnahme der erneuernden Hoffnung und verändernden Kraft wieder entdecken, die mit diesem Kind in die Welt gekommen ist. Die Texte sind geprägt von einer großen Zuversicht auf Veränderung, die – ausgehend von Jesus – durch die Christen in der Welt geschaffen werden soll. Und diese Veränderungen erwarten die Menschen ganz real und politisch und treten dafür mit Wort und Tat ein.
So verstanden z. B. lateinamerikanische Gemeinden Jesusnachfolge als das Sicheinlassen auf die Welt der Armut und der Armen, aber auch als Einsatz zur Überwindung von Unterdrückung, Ungerechtigkeit und Diskriminierung. Oscar Romero, der ermordete Erzbischof von San Salvador, hat gesagt: »Echte christliche Umkehr hat heute auch die gesellschaftlichen Mechanismen aufzudecken, die Industriear-

beiter, Kleinbauern und Landarbeiter zu Randexistenzen entwürdigen.« Für die lateinamerikanischen Gemeinden ist dabei der Gedanke der Gemeinschaft unabdingbar geworden – auch etwas, was wir von ihnen lernen können. Die Solidarität in der Gruppe ist der tragende Grund für das Zusammenleben in ihren Gemeinden.

Texte

All diese Gedanken spiegeln sich besonders in den folgenden Weihnachtstexten.

80 Weihnachten heißt,
mit Hoffnung leben,
sich die Hände zur Versöhnung reichen,
Fremde aufnehmen,
einander helfen, das Gute zu tun,
die Tränen trocknen.

Jedesmal, wenn einer dem anderen Liebe schenkt,
wenn die Not des Unglücklichen gemildert wird,
wenn Herzen zufrieden und glücklich sind,
steigt Gott herab vom Himmel
und bringt das Licht:
Dann ist Weihnachten.

Aus Haiti

Das Lied aus Haiti kreist um die Frage: »Was heißt Weihnachten?« oder »Wann ist Weihnachten?« Alle Antworten erzählen von sichtbaren Zeichen der Menschwerdung des Menschen im Zusammenleben. Sie reden von Hoffnung, Versöhnung, Freundschaft, Trost, Hilfe, Liebe und Freude. Wo diese Menschwerdung des Menschen geschieht, da »steigt Gott herab vom Himmel«, da ereignet sich das Fest der Menschwerdung Gottes.
Der Text aus Guatemala (Nr. 81) bezieht die Weihnachtsbotschaft noch direkter auf das alltägliche Leben und verbindet sie mit den alten Schriften des Volkes. »Popol Vuh« ist das heilige Buch der Quiché, eines großen Maya-Stammes in Guatemala. Es ist ursprünglich eine Bilderhandschrift, die jedoch verlorengegangen ist; heute existiert nur noch eine lateinisch geschriebene Kopie. Das Wort »Alaxibal« (gesprochen: Alaschibal) stammt aus der Sprache der Quiché und bedeutet Brüderlichkeit.
Der Indio-Priester verknüpft hier also alte religiöse Vorstellungen mit Weihnachten. Auch er sagt – wie das Lied aus Haiti –: Weihnachten ist nicht ein einmaliges Ereignis, sondern wo Menschen zu Brüdern werden, wie Jesus zum Bruder wurde, ist Alaxibal, ist Weihnachten. (Man beachte das achtmal wiederholte Wort »jedesmal«.) Weihnachten hat also Konsequenzen im Alltag, wo die Brüderlichkeit erfahrbar wird. Davon erzählen die Strophen des Gedichts; die letzte spricht dann

den Traum und die Hoffnung auf eine gleichberechtigte Gemeinschaft aller Menschen aus. »... dann ist Alaxibal« ... oder: dann ist Weihnachten.
Wenn man das Gedicht in der Schule bespricht, ist es nötig, Informationen über die Situation der Indios in Guatemala hinzuzuziehen, über ihre Unterdrückung, die Massaker, aber auch über den Alltag. – Dann kann das Gedicht die Frage beantworten, was für die Indios Weihnachten bedeutet. Auf diesem Hintergrund könnten die Schüler sich fragen, welche Verhaltensweisen sie mit Weihnachten assoziieren und ob wir von den Indios lernen können.

Weihnachten bedeutet Alaxibal 81

Gedanken eines Indio-Priesters aus Guatemala

Wenn wir an Weihnachten denken,
denken wir an die Geburt Christi,
des menschgewordenen Gottessohnes.
Er hat unter uns geweilt, wie ein Bruder.
All das sagt uns das Wort Alaxibal!

Jedesmal, wenn wir in Gemeinschaft
Maisfladen und schwarze Bohnen essen
und dazu etwas Erfrischendes trinken;
jedesmal, wenn sich einer entschließt,
die Rechte eines anderen zu verteidigen;
jedesmal, wenn wir Indios vereint
für die gemeinsame Sache kämpfen:
immer dann ist Alaxibal!

Jedesmal, wenn ein armer Campesino
sich trotz aller Mühsal zufrieden fühlt;
jedesmal, wenn Leute aus der Stadt
den Landbewohnern ohne Vorurteil begegnen;
jedesmal, wenn Menschen aus Elendsvierteln,
aus Plantagen und entlegenen Dörfern
wirklich als Brüder behandelt werden:
immer dann ist Alaxibal!

Jedesmal, wenn Titel, Diplome und das
Wissen der Elite nicht dazu dienen, sich
Privilegien zu sichern, sondern den anderen
zu dienen: immer dann ist Alaxibal!

Jedesmal, wenn sich die folgenden Worte
aus dem Popol Vuh erfüllen: »Alle mögen
sich zusammenfinden, keiner darf fehlen,
nicht einmal zwei, und keiner soll
zurückbleiben«, dann ist Alaxibal!

Padre Santos G. Tomas Garcia

82 König Baltasar

Wieviel Wege ist er wohl gegangen,
schwarzer König Baltasar?

Einen weißen Stern er sah
hell am Himmel strahlen.
Welche Nachricht er wohl brächte,
sinnt er für sich hin.

Etwas Neues muß es sein,
das bisher noch niemand sah:
einen neugebor'nen König,
der gerade erst das Licht der Welt erblickte.

So ist eine neue Welt im Kommen,
eine Welt von Brüdern, Schwestern.
Trug und Falsch, sie haben bald ein Ende,
Ungerechtigkeit wird überwunden.

Jüngst ein Kindlein wurde uns geboren,
arm in Betlehem im Stall,
Bruder aller Armen,
Kleinen und Bedrückten.

Läuten sollen alle Glocken,
um das Volk nun aufzuwecken.
Brennen sollen helle Kerzen,
um die Welt ganz auszuleuchten.

Menschen schließen sich zusammen,
Einsamkeit wird nicht mehr sein.
Alle, die einst Sklaven waren,
bilden jetzt ein starkes Volk.

Wenn der große Tag dann ist gekommen,
laßt uns jubeln an den Straßen!
In den Armen werden wir uns liegen,
»Freiheit« schallt es dann aus aller Munde.

Wenn der große Tag dann ist gekommen,
wird die Arbeit Geltung finden.
Kinder brauchen fortan nicht zu hungern,
Freude wird ihr täglich Umgang sein.

Wenn der große Tag dann ist gekommen,
wird der Jubel endlos sein.
Alle wollen an dem Fest teilnehmen.
Zärtlichkeit wird nunmehr alle trösten.

Wenn der große Tag dann ist gekommen,
Betlehem wird sein an allen Orten,
Baltasar hat alle hingeleitet
in des großen Königs Festpalast.

Lied aus den
brasilianischen Basisgemeinden

Aus: Horst Goldstein (Hg.), Tag zwischen Tod und Auferstehung, Patmos Verlag, Düsseldorf 1984, S. 71 f.

Das Gedicht aus den brasilianischen Basisgemeinden ist besonders durch den dritten der oben genannten Aspekte geprägt, durch die Hoffnung auf Veränderung. Es entwirft gleichsam die Utopie eines Landes, in dem Weihnachten überall wirksam ist. Die Gestalt des einen Weisen aus dem Matthäusevangelium – der Legende nach der schwarze König Balthasar – wird zum Führer zu »des großen Königs Festpalast«. Aber dieser König ist das »Kindlein ... im Stall«, der »Bruder aller Armen, Kleinen und Bedrückten«. Von seiner Geburt gehen die großen Hoffnungen aus, die »alle Glocken« verkünden sollen, die Hoffnung auf den »großen Tag«, der Licht (Str. 5), Freiheit (Str. 7), Anerkennung, Freude (Str. 8) und Zärtlichkeit (Str. 9) bringt, der Tag, an dem »Betlehem wird sein an allen Orten«.

Ergänzende Texte vgl.: Berg/Berg, Biblische Texte verfremdet, Calwer/Kösel 1986, Band 2, Nr. 2.7; 2.12; 2.19 (Bild); 2.29; 2.49

Lieder

In den abgedruckten Liedern ist vor allem die Verknüpfung der Geburt mit dem Leben Jesu ablesbar.
Besonders zeigt sich das im Lied »See the baby lying in a manger«.
Aber auch das Lied aus Ostafrika spricht vom Kind und gleichzeitig vom »Arzt der Kranken«, der »heilt und segnet«, dessen Hilfe gesucht wird. Der Blick vom Kind in der Krippe führt sofort zum Mann aus Nazareth, der sich den Kranken und Außenseitern zugewandt hat und deshalb Vertrauen und Hoffnung weckt.
Das indische Lied greift die Lichtsymbolik auf, die auch bei uns häufig in Liedern zu finden ist. Durch das Kommen Jesu wird die Dunkelheit weichen, »in die Nacht wird dein Sonnenaufgang scheinen«. Das Licht Jesu aber zeigt sich darin, daß er mit den Armen sein Leben teilt, Trauernde tröstet und Kranke heilt.
Der Kanon aus Israel spricht Weihnachten und die Geburt Jesu nicht direkt an; aber die Metaphern, die er benutzt, sind ähnlich wie im vorigen Lied und gehören in den Weihnachtskreis: das »Licht in der Nacht«, der »Stern in der Dunkelheit«. Mit ihm sind »Hoffnung und Zukunft«, »Trost« und »Halt« in die Welt gekommen. Hier kommt der oben genannte Hoffnungsaspekt wieder sehr stark zum Ausdruck.

83

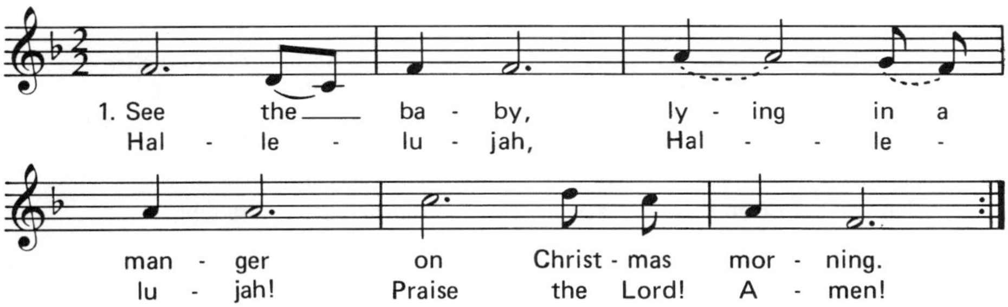

2. See him in the temple,
talking to the Elders,
how they marvelled at his wisdom.

3. See him at the seaside,
preaching and healing
to the blind and the feeble.

4. See him in the garden,
praying to his father
in deepest sorrow.

5. Yes, he is my savior,
Jesus died to help us
and he rose on Easter.

1. Sieh dort das Kind
in der Krippe liegen
am Weihnachtsmorgen.

2. Und im Tempel
redend mit den Alten.
Oh, welche Weisheit!

3. Dort an dem See
heilt er die Kranken
und predigt allen.

4. Sieh an, im Garten
betet er zum Vater
in tiefem Kummer.

5. Er ist der Retter.
Jesus starb für alle,
und er lebt für uns.

Text und Melodie: Traditional
Übersetzung: Sigrid Berg

84 Ostafrika

2. Nehmt ihn an, unsern Herrn,
nehmt ihn an, unsern Herrn.
Sei uns willkommen, Jesus Christ,
weil du der Arzt der Kranken bist.
Nehmt ihn auf, unsern Herrn,
denn er heilt und segnet gern.

3. Gottes Sohn, Lob sei dir,
Gottes Sohn, Lob sei dir.
Die Herzen sollen dir offen sein,
wir bitten dich: kehr bei uns ein.
Gottes Sohn, Lob sei dir,
deine Hilfe suchen wir.

Aus: F. Walz (Hg.), Die ganze Welt hat sich gefreut, Verlag der Ev.-Luth. Mission, Erlangen 1980, S. 51

Indien-Tamil 85

2. Bei den Hirten, da wirst du uns begegnen
und mit allen Armen dein Leben teilen
und in Kana den Wein des Festes segnen
und in Galiläa die Kranken heilen.
Gottes Sohn, du bist herzlich hier willkommen …

Aus: F. Walz, a. a. O., S. 33

86 Gottes Wort ist wie Licht

Text und Musik: aus Israel

Bilder

Der balinesische Maler hat in seinem Bild das Geschehen der Menschwerdung Gottes ganz intensiv in seiner Heimat angesiedelt.
Im Hintergrund öffnet sich eine weite Landschaft mit terrassenförmig gestaffelten Reisfeldern. Sie werden von Bergen begrenzt, nach dem Glauben der Menschen ist dort der Wohnsitz der Ahnen und Ort des Segens.
Im Vordergrund weist die Dattelpalme auf ein nahes Gehöft hin. Aber Christus kommt nicht bei den Wohlhabenden zur Welt, sondern in einem Viehschuppen. Auch die Menschen sind einfache balinesische Landarbeiter in ihrer Lebenswelt. Einer hat sein Werkzeug dabei, und auch die anderen drei, die anbetend knieen, bringen nicht die auf europäischen Bildern üblichen Gaben mit – als wollte der Maler unterstreichen, daß sie wirklich nichts haben.
Die ganze Szene strahlt Ruhe und Harmonie aus. Wo der Messias zur Welt kommt, da beginnt der weihnachtliche Schalom.

87

Ketut Lasia, Christgeburt in Bali
Dia bei: Evang. Missionswerk in Südwestdeutschland, Stuttgart

88

Azaria Mbatha, Die drei Weisen (© Vereinigte Evangelische Mission, Wuppertal)
(Das Bild ist ein Beispiel aus der Diaserie: H. K. Berg, Weihnachten sehen, Calwer/Kösel 1988. Dort wird eine ausführlichere Interpretation angeboten.)

Auch der südafrikanische Künstler hat die Geburt des Messias ganz unmittelbar in seine Lebenswelt hineingenommen. Aber er zeichnet nicht Frieden und Harmonie, sondern Not und Verfolgung – das Schicksal der Schwarzen im Apartheidsregime der Weißen. Hier kommt der zweite der oben skizzierten Aspekte ins Bild: Die Armen der Dritten Welt verbinden ihr Schicksal mit dem des Christus; er teilt ihr Leben und spricht gerade ihnen das Heil zu.
Die Weißen erscheinen im Bild als die mörderischen Schergen des Herodes; wie ein scharfer Keil schieben sich die Schwerbewaffneten ins Bild. Links unten zeichnet der Künstler das Geburtsgeschehen: Christus kommt im elenden Massenquartier der Arbeitervorstadt zur Welt, die Mienen der Eltern drücken Kummer und Sorge aus. Im rechten Teil sind sie schon auf der Flucht. So bedrängend sind sie von Soldaten und Waffen umstellt, daß offen bleibt, ob der eben geborene Messias schon jetzt der tödlichen Macht zum Opfer fällt oder ob er sein Schalom-Werk vollenden kann.

John Muafangejo, Birth of Christ (© Museum für Völkerkunde, Frankfurt)
(Das Bild ist ein Beispiel aus der Diaserie: H. K. Berg, Weihnachten sehen, Calwer/Kösel 1988. Dort wird eine ausführlichere Interpretation angeboten.)

Auch dieser afrikanische Künstler gibt dem weihnachtlichen Geschehen Heimat in seiner Lebenswelt. Das bringt er nicht nur in der Zeichnung der Personen als schwarze Afrikaner zum Ausdruck, sondern auch in der spezifischen Formsprache und Symbolik. Im Zentrum des Bildes die Mutter mit dem Kind. Sie verschmelzen in inniger Zuwendung zur Urform des Eis, dem Grundsymbol des Lebens und der Fruchtbarkeit; für den afrikanischen Menschen erscheint das Heil immer als Lebensfülle. Die drei Gestalten außerhalb der Ur-Form schauen nach oben, als wenn sie etwas erwarten; sie symbolisieren offenbar Menschen in Hoffnung.
Es sieht so aus, als bilde der innere Kreis noch einmal einen Mutterschoß, der Mutter und Kind umschließt – als müßte das Kind noch einmal geboren werden.
Es muß ja heraus aus der Geborgenheit der Mutter und der Familie, muß noch einmal zur Welt kommen, als Freund und Bruder derer, die von ihm das Heil erhoffen.

»Weihnachten in aller Welt«

Bericht über die Herstellung eines Heftes für die Hand der Schüler (Klasse 4)

Um das Thema »Weihnachten« einmal anders und neu zu behandeln, wurde der gesamte Religionsunterricht in den letzten Wochen vor dem Fest unter die Thematik »Weihnachten in aller Welt« gestellt.

Wir betrachteten Weihnachtsbilder aus verschiedenen Völkern, sangen ihre Lieder und besprachen ihre Texte. Der Rückbezug auf die eigenen Bilder, Lieder und Texte gab Anlaß zu Fragen, brachte neue Erkenntnisse und warf überraschendes Licht auf das Weihnachtsfest.

Um dem Ganzen ein wenig Bestand zu verleihen, vielleicht auch, um daheim etwas weiterzugeben, fertigten wir ein Heft an, in das wir Bilder, Lieder und Texte einklebten und auch den einen oder anderen erarbeiteten Gedanken eintrugen.

Zur Gestaltung des Heftes wählten wir das Format DIN A 5. Die Schüler bekamen ein DIN A 4 Blatt Tonpapier (Farbe nach Wahl); es wurde als Heftumschlag einmal gefaltet und der Deckel gestaltet. Die Schüler erhielten dazu Darstellungen von Menschen verschiedener Rassen, die sie ausmalten und aufklebten. In die Mitte schrieben wir: Weihnachten in aller Welt (s. Abb.).

In dieses Deckblatt konnten – nach Wunsch und Zeit – beliebig viele DIN A 4 Blätter hineingelegt und mit den behandelten Medien ausgestaltet werden. Erst zum Schluß wurde das Ganze geheftet; so daß man bis dahin austauschen oder ergänzen konnte.

Die in diesem Teil abgedruckten Medien eignen sich zur Heftgestaltung. Außerdem ist Material bei den Missionsstellen der Kirchen zu erhalten; z.B. zeigt das Plakat »Gottes Weg zu den Menschen« (Ev. Missionswerk, Mittelweg 143, 2000 Hamburg 13) Weihnachtsbilder aus aller Welt.

Wie die Bauern von Solentiname die Geburt Jesu erleben

Unterrichtsvorhaben für Klasse 7–9

(Der Entwurf ist in verkürzter Form gleichzeitig Bestandteil der Unterrichtsplanung »In Bildern die Botschaft der Menschwerdung entdecken«.)

Übersicht

I. Informationen (als Arbeitsmaterial zu verwenden, Blatt 1–3)
1. Aus der Geschichte Nicaraguas
2. Ernesto Cardenal
3. Die Gemeinschaft von Solentiname
II. »Die Bauern von Solentiname malen das Evangelium« – »Das Evangelium der Bauern von Solentiname« (Arbeitsmaterial)
1. Zwei Bilder von Bauern aus Solentiname
2. Auszüge aus dem »Evangelium der Bauern von Solentiname«
III. Erläuterungen zu den Bildern und den Texten
IV. Unterrichtsverlauf

Die Bauern von Solentiname malen das Evangelium
Foto: C. Contzen
Aus: U. Schulz, Dein Friede sei mein Friede, Jugenddienst-Verlag 1982

Informationen (1)

Aus der Geschichte Nicaraguas

1522 Eroberung durch die Spanier

1823 Nicaragua wird ein Teil der Vereinigten Provinzen von Zentralamerika.

1839 Nicaragua wird unabhängig.

1911 US-Truppen greifen in innere Unruhen ein und besetzen das Land.

1927 Der erste Befreiungskampf gegen die US-Truppen, die freie Wahlen verhindern wollen, beginnt. Anführer: Augusto Cesar Sandino.

1933 Die US-Truppen sind trotz militärischer Überlegenheit zum Abzug gezwungen. Vorher haben sie die Guardia Nacional gegründet und bewaffnet, ein Heer aus Nicaraguanern, an deren Spitze Anastasio Somoza steht.

1934 Somoza täuscht Friedensabsichten vor, lockt Sandino in einen Hinterhalt und läßt ihn ermorden.

1954 Der Diktator Somoza wird erschossen. Seine Söhne Luis und Anastasio nehmen an der gesamten Bevölkerung Rache; dabei dient ihnen die Guardia Nacional als brutales Instrument.

1967 Nach dem Tod von Luis Somoza übernimmt Anastasio die Macht. Durch rigorose Bereicherungspolitik gelingt es ihm, fast alle Reichtümer des Landes an sich zu bringen.

1972 Die Hauptstadt wird durch ein Erdbeben zerstört. Somoza bereichert sich an den Hilfsgütern aus aller Welt; dadurch wird das Ausland auf die Zustände in Nicaragua aufmerksam. Auch der Widerstand im Land wächst, angeführt durch die Sandinistische Befreiungsfront FSLN.

1974 Der bürgerliche Widerstand organisiert sich unter Pedro Joachim Chamorra.

1978 Chamorra wird im Auftrag Somozas ermordet. Das führt zum Generalstreik, der durch die Guardia Nacional blutig niedergeschlagen wird. Dem erneuten Generalstreik folgt der Volksaufstand. Durch Bombardierung aller größeren Städte, bei der mehr als 12000 Menschen umkommen, schlägt Somoza ihn nieder.

1979 Im Juni beginnt die FSLN mit Unterstützung der Bevölkerung die Offensive gegen das Somoza-Regime. Trotz Unterstützung (Waffenlieferungen) durch einige Staaten (USA, Argentinien, Israel) muß Somoza im Juli das Land mit seinem Anhang verlassen. – Die FSLN setzt die neue Regierung des Nationalen Aufbaus in Managua ein. Sie schafft die Todesstrafe ab und verzichtet auf Racheakte an früheren Gegnern. Beginn einer umfassenden Alphabetisierungskampagne.

Ernesto Cardenal

© dpa Bildarchiv Stuttgart

1925 wurde Cardenal als Sohn reicher Eltern geboren.
Zunächst studierte er Literatur in Nicaragua, Mexiko und New York. Er unternahm mehrere Europareisen.
Im Jahre 1950 kehrte er nach Nicaragua zurück. Er schloß sich dem Widerstand gegen das Somoza-Regime an und beteiligte sich 1954 an einer Rebellion, die vorzeitig verraten wurde und viele seiner Freunde das Leben kostete.
1957 entschloß Cardenal sich, Priester zu werden. Er ging in ein amerikanisches Kloster, später in Mexiko und Kolumbien. Während dieser Zeit studierte er Theologie.
Im April 1965 wurde er in Managua zum Priester geweiht.
Ein halbes Jahr später gründete er eine kleine christliche Kommune auf der Insel Mancarron, die zur Solentiname-Gruppe im großen See von Nicaragua gehörte. Ziel der Kommune war es, gemeinsam mit den Bauern und Fischern von Solentiname inmitten einer brutalen Diktatur, die die Menschen bewußt in Unwissenheit, Armut und Abhängigkeit hielt, neue Formen menschlichen Zusammenlebens im Geist des Evangeliums zu finden.
1977 ließ Somoza die dort von Cardenal gegründeten Schulen, Werkstätten, sein Haus und seine Bibliothek durch die Guardia Nacional zerstören. Cardenal konnte fliehen.
Bald nach diesem Ereignis schloß Cardenal sich der »Sandinistischen Front der Nationalen Befreiung« an, der es 1979 gelang, das Somoza-Regime abzulösen.
Cardenal wurde »Kultusminister« in der neuen Regierung. Er initiierte eine Alphabetisierungskampagne; es gelang, innerhalb eines Jahres die Zahl der Analphabeten von 50% (20% in den Städten, 80% auf dem Land) auf 14% zu reduzieren.

Die Gemeinschaft von Solentiname

Die Inselgruppe Solentiname liegt im Großen See von Nicaragua. Zu ihr gehören 38 Inseln, von denen jedoch nur die größeren bewohnt sind. Die bäuerliche Bevölkerung umfaßt etwa 90 Familien mit ungefähr 1000 Menschen. Sie leben oft weit voneinander entfernt, verstreut an den Ufern der Inseln in einfachen strohgedeckten Hütten.
Die kleine Gemeinschaft um Ernesto Cardenal wohnte an der Südspitze der größten Insel. Er bezeichnete sie als eine Art »Laienkloster« und gab ihr den Namen »Unsere liebe Frau von Solentiname«. Er führte mit indianischen Bauern, Fischern und gleichgesinnten Gefährten ein einfaches Leben und setzte sich für die Bildung der Einwohner ein (Bau von Schulen und Werkstätten).
Sonntags trafen sich viele der Inselbewohner zur Messe. Sie hörten dort jedoch keine Predigt, sondern unterhielten sich über das Evangelium. Im Gottesdienst wurden zuerst Stücke aus dem Neuen Testament gelesen, anschließend versweise darüber gesprochen. Diese Gespräche zeichnete Cardenal auf und veröffentlichte sie in dem Buch »Das Evangelium der Bauern von Solentiname«. Er selbst sagt zu dem Buch: »Die Auslegungen der Bauern sind oft von größerer Tiefe als die vieler Theologen, aber gleichzeitig von so großer Einfachheit wie das Evangelium selbst. Das darf uns nicht verwundern, denn das *Evangelium,* die »gute Nachricht für die Armen«, wurde für sie geschrieben, für Menschen wie sie.«
1977 konnte und wollte Cardenal nicht verhindern, daß junge Männer und Frauen eine bewaffnete Aktion gegen die Nationalgarde durchführten. Als Gegenreaktion wurden die Häuser der Kommune zerstört; Cardenal konnte fliehen.
Nach der Regierungsübernahme der Sandinistischen Befreiungsfront wurde die christliche Kommune wieder aufgebaut. Das Buch »Die Bauern von Solentiname malen das Evangelium« ist dort entstanden.

Auszüge aus:

93 Das Evangelium der Bauern von Solentiname

Zu Lukas 2,1–20
... Arme gibt es überall. Jesus kam, um das Schicksal der Armen zu teilen ...
Jesus wollte die Welt von solchen Ungerechtigkeiten, die heute noch immer weiter bestehen, befreien. Und er kam auch, um uns zu vereinen, damit wir gemeinsam gegen diese Ungerechtigkeiten kämpfen ...
– Ich meine, mit diesem Weihnachtsevangelium darf sich kein Armer mehr selbst geringschätzen. Ich glaube, ein Armer ist viel wichtiger als ein Reicher. Christus hält zu uns, zu den Armen ...

Felipe: – Der Engel kam zu ihnen, weil sie arbeiten, und ich finde, das ist eine große Sache für uns. Denn sie waren arm und mußten nachts arbeiten, sie hüteten die Schafe, so wie wir hier die Kühe versorgen. Es waren Arbeiter, arme Leute. Der Engel hätte auch zum König gehen können und sagen: »Der Retter ist geboren.« Aber er ging nicht zum König, sondern zu den Arbeitern. Das heißt, diese Botschaft ist nicht für die großen Typen, sondern für die Masse, das heißt, für alle Armen und Unterdrückten...
Oscar: – Die Hirten waren genau wie wir, sie brauchten dringend einen Befreier. Denn die Tiere wurden von ihnen gehütet, aber sie selbst waren allein, von aller Welt verlassen. So werden wir auch von den Reichen gedemütigt und sind von aller Welt verlassen. Aber wenn dann einer kommt und uns sagt, so könne es nicht weitergehen, wir könnten nicht immer weiter Sklaven der Reichen sein, es müsse eine Revolution kommen oder so, dann begreifen wir, daß auch wir um unsere Freiheit kämpfen können.
Julio: – Mir kommt es so vor, als wären wir die Hirten der Reichen, weil wir für sie arbeiten und sie mit unserer Arbeit unterhalten. Für uns muß auch ein Befreier kommen. Wir sind Bauern und Macheteros, aber ich glaube, zu uns braucht kein Engel persönlich zu kommen, um uns darauf aufmerksam zu machen ...; oder vielleicht ist er schon gekommen.
Felipe: – Der Engel, das ist irgendeine gute Idee, irgendeine Erleuchtung, die man plötzlich im Wald hat, wenn man mit der Machete arbeitet, wie Félix sagt ..., irgendeine Idee, was man für die andern tun könnte oder für die Gemeinschaft. Eben der Heilige Geist, denn das ist der Geist der Liebe zum Nächsten, nicht wahr?
Julio: – Ja, darum sagte ich vorhin, dieser Engel sei vielleicht schon zu uns gekommen, und wir brauchten nicht darauf zu warten, daß er uns persönlich erscheint, wie eine Vision... Während wir diese Worte lesen und darüber sprechen, ist er vielleicht gerade dabei, uns zu erscheinen und uns diese Botschaft zu bringen.
Ich: – So ist es. In diesem Augenblick empfangen wir die gleiche Botschaft wie die Hirten damals in Bethlehem.
Laureano: – Die Botschaft kennen wir schon lange. Aber jetzt müssen wir daran arbeiten...
– Wir müssen sie ausstreuen – unterbricht ihn sein Vetter Julio.
Laureano spricht weiter: – Und zusehen, wie wir uns befreien. Denn die Befreiung geschieht durch den Menschen.

Zu Matthäus 2,1–12
... Diese Worte des Matthäus »zur Zeit des Königs Herodes« zeigen uns, daß Jesus unter einer Diktatur geboren wurde. Es gab drei Herodes, genau wie es in Nicaragua drei Somozas gab...
Jesus wird also in eine Zeit der Unterdrückung und des Terrors hineingeboren. Man wußte, daß der versprochene Messias ein König sein würde, darum fragten die Weisen nach dem König der Juden, womit sie den Messias meinten...
Und alle diese Leute in Jerusalem bekamen es auch mit der Angst, als sie von einem Messias reden hörten. Genau wie die Leute in Nicaragua es mit der Angst bekommen, sobald sie etwas von Befreiung hören: Kaum hören sie davon, daß es welche gibt, die die Ausgebeuteten befreien wollen, fangen sie an zu zittern. Wenn sie hören, diese Regierung müßte gestürzt werden, fangen sie vor Angst an zu zittern...
Oscar:– Als Herodes von der Geburt dieses neuen Königs hörte, wurde er wütend, weil er die Macht nicht aus den Händen geben wollte. Er überlegte sicher schon, wie er ihn beseitigen könnte, genau wie er viele andere auch schon beseitigt hatte.
Pablo: – Er spürte Haß und Neid. Die Diktatoren fühlen sich immer wie Götter. Sie glauben, sie wären die einzigen, und können sich nicht vorstellen, daß es noch einen Höheren als sie geben könnte.
Ein anderer der jungen Männer: – Weiter heißt es, die Leute von Jerusalem erschraken

mit ihm. Damit sind sicher seine Anhänger gemeint, die großen Tiere, die Somozisten, wie wir hier sagen würden. Für die war die Nachricht von einem Befreier natürlich schlecht. Aber für die Armen war sie gut. Die Mächtigen wußten von vornherein, daß der Messias gegen sie sein würde...
Tomás: – Die Weisen kehrten auf einem anderen Weg zurück. Jesus erleuchtete sie, damit sie Herodes nichts von ihm sagten. Schon als Kind war er ein Verfolgter...
Alejandro: – Der Befreier wurde in einem Regime voller Unterdrückung und Verfolgung geboren, und alle, die ihn sehen, werden automatisch auch zu Verfolgten.
Olivia, Alejandros Mutter: – Schon im Leib seiner Mutter hatte er die Reichen gegen sich. Als Maria in anderen Umständen war, sagte sie, ihr Sohn würde die Mächtigen vom Thron stoßen und die Armen mit Gütern füllen. Sobald er dann geboren war, wurde er verfolgt, und sie mußte mit ihm fliehen, und der Vater auch...
Gloria: – Diese Leute aus dem Volk schöpften endlich Hoffnung. Als er gerade erst geboren war, da freuten sie sich schon.
Chael: – Diese Weisen fanden etwas, womit sie nicht gerechnet hatten: der Befreier war ein armes Kind, das außerdem noch von den Mächtigen verfolgt wurde.
Laureano: – Die es verfolgten, das waren die, die an der Macht saßen. Und weil dieser Typ alles verändern wollte, alles gleichmachen, die Armen befreien und den Mächtigen ihre Privilegien wegnehmen ... also da war es logisch, daß sie ihn verfolgten und töten wollten.

Aus: Ernesto Cardenal, Das Evangelium der Bauern von Solentiname, Peter Hammer Verlag, Wuppertal ^{2}1981

Erläuterungen zu den Bildern und Texten

1. Zu den Bildern

a) Carlos García, <Geburt>, 1981 (Nr. 94)

Das Bild strahlt Ruhe und Harmonie aus. Dieser Eindruck kommt vor allem durch den stark symmetrisch gestalteten Bildaufbau zustande: Die Zweizahl des Paares in der Bildmitte setzt sich überallhin fort; in den Tieren, den Blumen. Nichts stört den Frieden der Eltern mit dem Kind in ihrer paradiesischen kleinen Welt. Selbst der Himmel trägt sein Teil bei: Die Wolken versprechen den lebenspendenden Regen.
Zugleich hat diese Welt merkwürdig unwirkliche Züge: Wie Kulissen wirken das Gebäude und die Landschaft, wie in ein Bühnenbild hineingestellt die Pflanzen und die Tiere.
Auf den ersten Blick sieht der Betrachter nichts als eine harmlose Idylle – eben eins jener zahllosen beschaulichen Weihnachtsbilder, die mit der Wirklichkeit nichts zu tun haben.
Aber man darf nicht übersehen, wer dies Bild gemalt hat: einer der Campesinos von Solentiname, die die Unterdrückung und den Schrecken der Gewaltherrschaft erlitten, die die brüderliche Zuwendung von Ernesto Cardenal und seinen Freunden erfuhren, die den Kampf um die Freiheit, den Sieg und die neue Ordnung

94

miterlebten. Und wenn sie ihre Geschichte mit der biblischen Geschichte eng verflochten, dann ist auch die Geburt Jesu ein Teil dieser Befreiungsgeschichte. »Christus hält zu uns, zu den Armen … Jesus wollte die Welt von solchen Ungerechtigkeiten, die heute noch immer weiter bestehen, befreien«, heißt es im Evangelium der Bauern. Die Befreiungsgeschichte, die mit der Geburt Jesu begann, setzt sich in Nicaragua fort. Die Solidarität des Messias mit den Armen erfuhren sie durch die brüderliche Gemeinschaft mit Ernesto Cardenal und seinen Freunden, und die Befreiung von Unwissenheit und Unterdrückung erfahren sie als Werk des Christus. Auf diesem Hintergrund wird man im Weihnachtsbild von Carlos García hinter der Idylle die Sehnsucht nach Frieden erkennen, in der Harmonie die Sehnsucht nach Ruhe … und vielleicht schwingt in dem Bild auch die Hoffnung mit, daß mit dem Neuanfang das Reich Gottes, das Friedensreich, auch für sie ein Stück weit Wirklichkeit wird.

b) Julia Schvania, <Kindermord>, 1981 (Nr. 95)

Das Gemälde führt uns in eine bäuerliche Siedlung im Urwald. Die großen, massiven Dächer und die stabilen Holzwände der nahe beieinanderstehenden Hütten versprechen Geborgenheit und Gemeinschaft; auch die großen grünen Flächen der Vegetation strahlen Ruhe aus. Der Blick in die Küche und der gedeckte Tisch signalisieren friedliche Alltäglichkeit.

95

Umso brutaler wirkt der Einbruch der tödlichen Gewalt in diese Welt. Die grellen Farben, das Gewimmel der vielen Körper zeigt Hektik und panische Angst. Soldaten haben das Dorf überfallen; sie foltern, morden, vergewaltigen; einer scheint nach neuen Opfern Ausschau zu halten. In der Mitte die Kinder auf einem Fleck, als hätte man sie hier zusammengetrieben, um sie zu töten. Jetzt liegen sie da, wie achtlos weggeworfene Puppen; die Frauen klagen um ihre Kinder, zwei versuchen noch die Flucht in den Urwald.
Das Bild schildert in ungeschminkter Deutlichkeit die Brutalität einer diktatorischen Willkürherrschaft. Das wird noch unterstrichen durch die ungelenke Handschrift der »naiven« Malweise: Hier hat eine von diesem Schicksal betroffene oder bedrohte Frau ins Bild gesetzt, was sie erfuhr. Die Menschen, die unter einem Gewaltregime leben müssen, machen immer die Erfahrung, daß zerstört wird, was bisher sicher und verläßlich schien.
Das Bild von Julia Schvania zeichnet die eigene Erfahrung in die biblische Geschichte ein: Somoza ist Herodes, und überall, wo Menschen gefoltert und gemordet werden, ist auch Christus das Opfer. Gerade in der tödlichen Bedrohung fühlen sich die unterdrückten Campesinos eng mit Christus verbunden.

2. Zu den Texten

Die Ausschnitte aus dem »Evangelium der Bauern von Solentiname« müssen auf dem Hintergrund der neuen Beschäftigung mit der Bibel in den lateinamerikanischen Basisgemeinden gesehen werden. Drei charakteristische Merkmale dieser »Relectura«, des Neulesens der Schrift, seien hier skizziert und am Text aufgezeigt.

1. Das Evangelium wird in enger Beziehung zur heutigen Erfahrung gesehen und auf die eigene Situation übertragen. Durch die Gleichsetzung der eigenen Geschichte und Erfahrung mit der biblischen Geschichte kommt es zu einer intensiven Auseinandersetzung.

Beispiele aus dem Text:
»Der Engel kam zu ihnen, weil sie arbeiten, und ich finde, das ist eine große Sache für uns ... sie hüteten die Schafe, so wie wir hier die Kühe versorgen ... So werden auch wir von den Reichen gedemütigt ... Es gab drei Herodes, genau wie es in Nicaragua drei Somozas gab ... Seine Anhänger ..., die großen Tiere, die Somozisten, wie wir hier sagen würden ...«

Überall in Nicaragua erlebten die Campesinos Verfolgungen und Massaker durch das Somoza-Regime – wie unter einem neuen Herodes. Der Text aus dem Matthäusevangelium über den Kindermord hätte für sie damals etwa so geheißen: »Als die Militärjunta sah, daß sie nichts erreichen konnte, da packte sie die Wut, und sie setzte die Nationalgarde in Marsch und ließ am Rio Lempa und im ganzen Gebiet von Morazan die Bevölkerung töten, auch die noch nicht einmal Zweijährigen, sogar die Ungeborenen ...« (Aus dem Begleittext zu den Bildern)

2. Die armen Campesinos fühlen sich als die eigentlichen Adressaten des Evangeliums. Für die Armen und Unterdrückten ist Jesus als der Retter und Befreier gekommen. So gehören sie in seine Nachfolge.

Beispiele aus dem Text:
»Jesus kam, um das Schicksal der Armen zu teilen ... Christus hält zu uns, zu den Armen ... diese Botschaft ist nicht für die großen Typen, sondern für die Massen, das heißt, für alle Armen und Unterdrückten ... für die (Anhänger des Herodes) war die Nachricht von einem Befreier natürlich schlecht. Aber für die Armen war sie gut ...«

3. Gleichzeitig entdecken die lateinamerikanischen Basisgemeinden die befreiende Dynamik, die von der biblischen Botschaft ausgeht, und sehen ihre Situation der Unterdrückung als krassen Gegensatz dazu. Von der Bibel empfangen sie im Gegenüber zu ihrer Lage Impulse zu einer befreienden Praxis.

Beispiele aus dem Text:
»Jesus wollte die Welt von solchen Ungerechtigkeiten, die heute immer noch weiter bestehen, befreien. Und er kam auch, um uns zu vereinen, damit wir gemeinsam gegen diese Ungerechtigkeiten kämpfen ... Aber wenn dann einer kommt und uns sagt, so könne es nicht weitergehen ..., es müsse eine Revolution kommen ..., dann begreifen wir, daß auch wir um unsere Freiheit kämpfen können ...«

Ein Stück weit haben die Campesinos die Befreiungsgeschichte, die mit der Geburt Jesu begann, auch an sich selber erlebt. Die Solidarität des Messias der Armen erfuhren sie durch die brüderliche Gemeinschaft mit Ernesto Cardenal und seinen

Freunden, und die Befreiung von Unwissenheit und Unterdrückung und die Hoffnung auf einen Neuanfang sehen sie als Werk des Christus, an dem sie mitarbeiten sollen.

Beispiele aus dem Text:
»Für uns muß auch ein Befreier kommen ... zu uns braucht kein Engel persönlich zu kommen, um uns darauf aufmerksam zu machen ..., oder vielleicht ist er schon gekommen ... irgendeine Idee, was man für die anderen tun könnte oder für die Gemeinschaft... Die Botschaft kennen wir schon lange. Aber jetzt müssen wir daran arbeiten.«

Unterrichtsverlauf

1. Bildbetrachtung

Den Schülern wird das Bild »Geburt« aus der Folge »Die Bauern von Solentiname malen das Evangelium« gezeigt (vgl. Diaserie: »Weihnachten sehen«, Dia 16). Sie tragen Beobachtungen und Assoziationen zusammen. Frage: Welche Erfahrungen hat der Maler wohl in das Bild hineingemalt? Was ist ihm an Weihnachten wichtig? (Diese Phase wird relativ kurz gehalten; das Bild wird später noch einmal aufgegriffen.)

2. Informationen zur Ursprungssituation

Die Schüler erhalten Informationstexte 1–3 über
- Nicaragua
- Ernesto Cardenal
- Solentiname

Sie bearbeiten sie in drei Gruppen.

3. Auswertung der Gruppenarbeit

Die Schüler berichten über die Arbeit an ihrem Text. Die Ergebnisse werden in Stichworten an der Tafel und im Heft festgehalten.

Nicaragua	Cardenal	Solentiname

4. Beschäftigung mit den Textausschnitten aus dem »Evangelium der Bauern von Solentiname«

Bearbeitung der Texte im Hinblick auf die drei Merkmale der »Relectura« (s. o. die Erläuterungen zu den Texten):

- □ Verknüpfung von biblischer Geschichte und eigener Geschichte
- □ die Armen als Adressaten des Evangeliums
- □ Impulse für die eigene Praxis, die von der biblischen Botschaft ausgehen

5. Besprechung des Bildes »Kindermord«
(vgl. die Dia-Serie: »Weihnachten sehen«, Dia 15)

Beobachtungen am Bild (s. o. bei den Erläuterungen zu den Bildern)

6. Vergleich von Bild und Textausschnitten

- □ Beobachten der Gleichsetzung der äußeren Situation zur Zeit Jesu und in der Gegenwart in Bild und Text (Unterdrückung, Terror, Mord usw.)
- □ Herausarbeiten, daß die Texte weiterführen, indem sie auch Praxis und Geschichte Jesu in die Gegenwart einbeziehen und von daher Hoffnungsperspektiven und Impulse zum befreienden Handeln gewinnen

7. Zusammenfassung in einem Tafelbild

Jesus-Zeit
Kindermord von Bethlehem
HERODES ← [Verfolgung, Mord Unterdrückung] → **Solentiname**
Ausbeutung, Mord
SOMOZA (neuer Herodes)

↓

Jesus wird geboren ← [Befreiung und Hoffnung] → Ernesto Cardenal und seine Freunde

Jesus wird geboren - - - gleiche Ideen - - → Ernesto Cardenal und seine Freunde

↓ **Befreiung**
Die Armen werden anerkannt; Jesus kümmert sich um die Ausgestoßenen (z. B. Zöllner). Neue Praxis: z. B. Teilen in der Urgemeinde.

↓ **Befreiung**
Ernesto Cardenal kümmert sich um die unterdrückten Bauern. Er gründet die Gemeinschaft von Solentiname. Neue Praxis: Alphabetisierung; Verzicht auf Rache nach der Revolution; Zusammengehörigkeit.

8. Erneute Betrachtung des Bildes »Geburt«

Aufgrund des neuen Wissens Interpretation des Bildes als Ausdruck von Geborgenheit und Frieden, die für die Campesinos in der Gemeinschaft von Solentiname angefangen haben und die sie in Zukunft erhoffen.

Wenn doch das ganze Jahr Weihnachten wäre
und die Vorurteile und Leidenschaften,
die unsere bessere Natur entstellen,
nie zwischen Menschen wachgerufen würden.
Charles Dickens

Könnte Weihnachten nicht neuen Sinn gewinnen
als Tag des Konsumverzichts und der Solidarität
mit den Armen und Entrechteten?
Wäre es nicht angebracht, auf die Weihnachtsgans
oder das gesamte Festessen zu verzichten:
Statt dessen könnte man die Mahlzeit dazu benutzen,
über die Lage der Menschheit nachzudenken.
Ossip K. Flechtheim

Wir erwarten, beschenkt zu werden,
obwohl wir schon gelernt haben,
daß das Schenken nicht mit Dingen abzumachen ist,
sondern nur mit dem Leben selber,
das man verteilen oder horten kann.
Dorothee Sölle

Weihnachten ist mehr

Einleitung

Das Motto »Weihnachten ist mehr« hat einen doppelten Klang. Zum einen enthält es eine Abwertung: Wir machen zu wenig aus Weihnachten; wir denken nur an Teile des Ganzen. Aber gleichzeitig hat es einen verheißenden, ermunternden Akzent: Wir können mehr aus Weihnachten machen, wenn wir nicht grundlegende Chancen des Festes vergessen.
Entsprechend möchte sich dieser Teil des Buches mit den beiden Aspekten auseinandersetzen. Zum einen geht es darum, daß wir das Fest zum Teil degradieren; wir machen aus ihm ein Fest des Konsums, der Hektik und Geschäftigkeit. Übermäßiges und gedankenloses Wünschen und Schenken und die Vermarktung stehen im Feuer der Kritik.
Das ist jedoch nicht das Wichtige. Es geht vor allem darum zu erkennen, daß eben diese Festbräuche und Feiern mehr sind und sein wollen als Betriebsamkeit und Konsum.
Zunächst sollte man sich fragen, woher eigentlich der Brauch kommt, sich gegenseitig zu Weihnachten zu beschenken. Das ist meines Wissens nicht mehr eindeutig zu klären. Es hat ursprünglich damit begonnen, daß nur Kinder und Bedienstete mit Gaben bedacht wurden. Jedoch scheint das Schenken bereits sehr bald übertrieben worden zu sein; denn schon im Mittelalter gibt es ein behördliches Verbot des übermäßigen Schenkens.
Im Zusammenhang mit der Botschaft von Weihnachten und den Weihnachtsevangelien lassen sich zwei Grundzüge im Blick auf das Schenken feststellen:

1. Geschenke an Jesus
a) In Matthäus 2 beschenken die Weisen das Jesuskind.
b) In Krippendarstellungen und -spielen sind seit alters her auch die Hirten mit Geschenken auf dem Weg zur Krippe.
c) In Liedern und Gedichten wurde aufgefordert oder bekannt: »Schenk ihm dein Herz ...«, »Mein Herz will ich dir schenken ...«.

2. Gottes Geschenk
Die Geburt Jesu wird als Gottes Geschenk an die Menschen bezeichnet. »So hat Gott die Welt geliebt, daß er seinen eingeborenen Sohn *gab* ...«
Ursprünglich wird der Brauch, sich zu Weihnachten zu beschenken, wohl ein symbolischer Hinweis auf das Geschenk Gottes gewesen sein. Diese Verknüpfung ist jedoch vielfach verlorengegangen. Vor allem durch die Lösung des Festes von seiner ursprünglichen Bedeutung hat sich für viele das Wünschen und Schenken verselbständigt und ist zum Hauptzweck des Festes geworden. Und ehrlicherweise muß man wohl sagen, daß dieser Aspekt vielfach auch bei denen überwiegt, die Weihnachten als Geburt Christi feiern wollen. Der Sog ist groß.
Aber ich meine, man muß das Schenken auch nicht nur negativ sehen. Vom Ansatz her sind die Weihnachtsgeschenke doch eine gute und sinnvolle Sache: Freude weitergeben, Zeichen von Liebe und Zuneigung setzen. Hans Küng hat einmal gesagt: »Wo Geschenke Ausdruck des Sich-Schenkens werden – da ist wirklich Weihnachten.«

Es ist deshalb nicht sehr produktiv, nur gegen das Schenken zu wettern, sondern wir sollten vielmehr fragen: Wie schenke ich so, daß der Sinn des Festes gewahrt bleibt? Dabei geht es weniger um die materielle Seite als um die Absicht. Oft ist doch das, was nicht mit Geld zu kaufen ist, viel mehr erwünscht und wichtiger, weil »... das Schenken nicht mit Dingen abzumachen ist, sondern nur mit dem Leben selber, das man verteilen oder horten kann« (D. Sölle).

Damit hängt eng die Frage zusammen: Wie sollten unsere Gaben aussehen und wem sollten sie gelten, wenn wir das Geschenk Gottes in seinem Sinne weitergeben. Mit jüngeren Kindern fragen wir im Lied sehr einfach: »Was schenken wir dem Jesuskind?... Es will nichts für sich selber, es will was für die andern.« In diesen Formulierungen kommt viel konkreter zur Sprache, was Jesus von uns erwartet (Mt 25), als in den oben zitierten wie »Schenk ihm dein Herz!«.

Bisher wurde pauschal von Wünschen und Schenken gesprochen. Aber ich meine, das Wünschen sollte auch noch besonders thematisiert werden. Wünsche, Hoffnungen, Erwartungen gehören unabdingbar zum menschlichen Leben dazu. Ohne sie ist das Leben trostlos und ohne Spannung. Andererseits können Wünsche – unerfüllte oder unerfüllbare – ein Leben oder Zusammensein auch belasten oder sogar zerstören.

Gerade für Kinder und Jugendliche ist die Auseinandersetzung mit ihren Wünschen deshalb wichtig und sollte in diesem Zusammenhang aufgegriffen werden.

Sie sollten

- die Freude am Wünschen erfahren, aber auch Gespür für die Wünsche anderer entwickeln
- darauf vorbereitet werden, daß nicht alle Wünsche erfüllt werden oder werden können
- lernen, Wünsche – nicht kaufbare – im Blick auf das Zusammenleben bei sich und anderen zu erkennen und auszusprechen.

Dieser Gedanke sollte gerade im Blick auf die Festgestaltung besonders hervorgehoben werden. Ist nicht Zeit füreinander wichtiger als das Festmenü, Verständnis wichtiger als teure Geschenke? Die Materialien und Entwürfe dieses Teils zielen deshalb vorwiegend in diese Richtung.

96 Ursula Adam

Hosianna

Streue Salz und Pfeffer auf die Engel,
sie sind knusprig aus dem eignen Saft gebraten:
Locken aus pikanter Mayonnaise,
Kaviaraugen, Mund aus Paprika –

Kinder essen süße Weihnachtsmänner,
Sterne, Glocken, Monde auf der Zunge –
danach waschen artig sie die Hände
mit dem kleinen Christuskind aus Seife.

Kauf Maria jetzt als Dauerkerze
und probiere die gebratnen Engel –
Joseph kannst du dir als Pfeife stopfen,
Jesus gibt es auch als Rauchverzehrer –

Schenke praktisch und modern,
es empfiehlt sich Gott dem Herrn
diese Welt der Fleischernährer.

Aus: W. Fietkau (Hg.), Thema Weihnachten,
Jugenddienst-Verlag, Wuppertal ^{3}1970, S. 35

Zum Inhalt

Ursula Adams Gedicht gehört in eine große Gruppe von Medien (Geschichten, Gedichte, Karikaturen), die von einem konsumkritischen Ansatz ausgehen. Sie wollen den Mißbrauch aufdecken, der mit den Gestalten und Inhalten des christlichen Weihnachtsfestes getrieben wird. In alle Gebiete des Konsums sind sie hineingezogen worden und zur Dekoration degradiert. Sie werden rücksichtslos vermarktet.
Ursula Adam wählt in ihrem Gedicht die Methode der Überspitzung der gewohnten Praxis in der Art von Werbesprüchen, um eine Sensibilisierung anzubahnen. Dabei wird durch die Aufzählung, Beschreibung und fast marktschreierische Anpreisung der Waren ihr Kitsch besonders verdeutlicht.
Der folgende Abdruck aus einer Zeitung vom 6. September 1986, der von dem Plan berichtet, die Krippenfiguren als Gummibärchen auf den Markt zu bringen, paßt genau in das Bild.

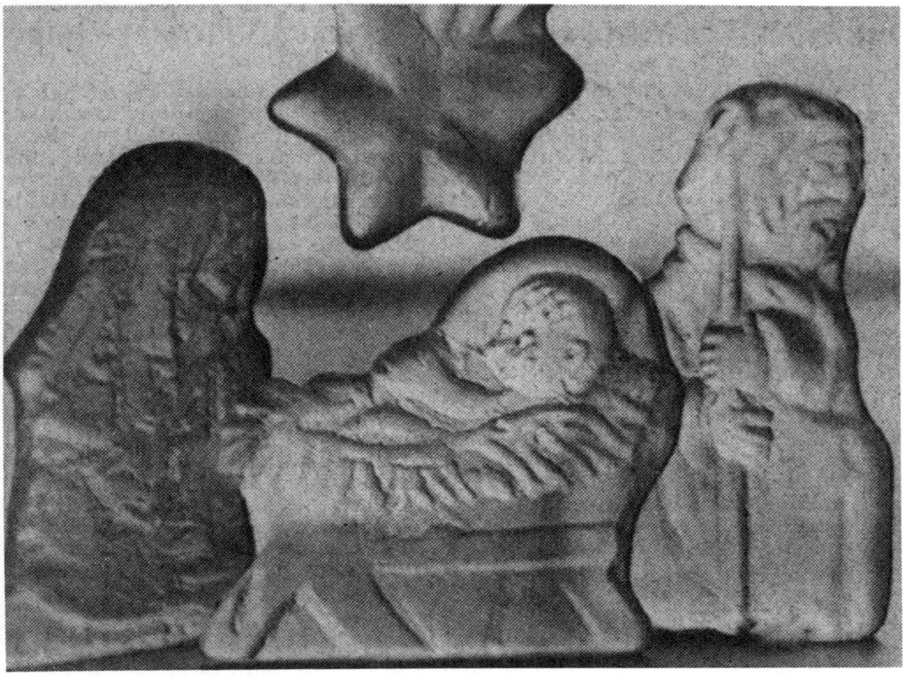

Weihnachtskrippe zum Naschen

Unterm Weihnachtsbaum sollen sich Bundesbürger die Heilige Familie nach dem Willen eines Bonner Süßwarenherstellers auf der Zunge zergehen lassen können: Er bringt rechtzeitig zum Weihnachtsgeschäft Jesus, Maria und Josef als Gummibärchen auf den Markt. Ein Unternehmenssprecher sagte am Freitag in Bonn: »Wir betrachten die Weihnachtskrippe als einen ganz normalen Saisonartikel.« Der Sprecher der Deutschen Bischofskonferenz, Rudolf Hammerschmidt, zeigte sich empört über die bereits seit langem angelaufene Produktion. Die grünen, roten oder gelben Gummis in Form von Engelchen, Stern oder dem Kind in der Krippe seien »jenseits des guten Geschmacks«. Einen neuen Stern am weihnachtlichen Fruchtgummihimmel sieht dagegen der Handel. Getreu der Parole des Herstellers – »Wir geben der Weihnachtssaison neue Impulse« – orderten die Händler bei der Bonner Süßwarenmesse kräftig die Packungen mit dem Aufdruck »Weihnachtskrippe«.

(ap)

Der Plan wurde nicht verwirklicht; anscheinend waren die Proteste hier doch so stark, daß man von der weiteren Herstellung Abstand nahm. Aber an anderer Stelle werden ähnliche Dinge unkritisiert angeboten als »normale Saisonartikel«, »neue Impulse für die Weihnachtssaison«. Als Beispiel diene der kleine Ausschnitt aus einem weihnachtlichen Einwickelpapier.

Zur Praxis (ab Klasse 6)

Der Unterricht geht von einer Besprechung des Gedichts aus. Es werden Symbole und Gestalten der christlichen Weihnachtsgeschichte identifiziert, ihre ursprüngliche Bedeutung erarbeitet und die Perversion im Gedicht herausgestellt. Es ist nötig, das Stilmittel der Überspitzung anzusprechen, da der übliche dekorative Gebrauch sicherlich nur teilweise als Merkantilisierung und Degradierung empfunden werden. Aber gerade dafür sollen die Schüler ja sensibilisiert werden.
Der zweite Teil des Unterrichts soll die eigenen Erfahrungen bewußtmachen. Die Schüler werden aufgefordert, Material zu sammeln, in dem die biblischen Gestalten und Symbole zu Werbezwecken mißbraucht werden. Sodann stellen sie aus dem Material eine Collage her. Um auch die Überfremdung augenfällig zu machen, werden zu den verschiedenen Figuren mitten in die Collage Zettel geklebt, die über ihre ursprüngliche Bedeutung Auskunft geben.

Sigrid Berg

98 Der Weihnachtsabend

Anspiel für Elternabend oder Gottesdienst

Man sieht in ein Wohnzimmer; an einer Seite steht ein brennender Weihnachtsbaum. Zwei Kinder sitzen daneben und spielen. In der Sitzecke sind die Eltern und ein Ausländer, Herr Mundhu. Er sollte durch Aussehen und leichten Akzent (kein Kauderwelsch) als solcher zu erkennen sein.

Herr Mundhu: Liebe Frau Müller, lieber Herr Müller, ich möchte mich jetzt verabschieden.
Frau Müller: Wollen Sie nicht noch ein bißchen bleiben? Es ist doch noch so früh.
Herr Mundhu: Nein, ich war lange genug da. Sie wollen sicher noch ein wenig unter sich sein.

Herr Müller: Das können wir doch noch die ganzen Feiertage.

Herr Mundhu: Aber heute ist Heiliger Abend, Ihr großer Feiertag. Ich fand es wirklich sehr nett, daß Sie mich gerade heute eingeladen haben. Für mich war alles neu und interessant. So konnte ich einmal sehen, wie Sie Weihnachten feiern.

Herr Müller: Deshalb hatten wir Sie ja auch eingeladen.

Frau Müller: Wir freuen uns, daß es Ihnen gefallen hat.

Herr Mundhu: Doch, sehr gut. Jetzt kann ich auch ein bißchen mehr von Ihrem Weihnachtsfest verstehen, warum Sie feiern und was das alles bedeutet. Vor allem die Lieder haben mir sehr gefallen. – Wirklich, es war sehr schön. Aber nun werde ich gehen.

Herr Müller: Renate, Dieter, kommt, verabschiedet Euch von Herrn Mundhu!

(Die Kinder kommen.)

Dieter: Oh, wollen Sie schon gehen? Schade!

Renate: Das finde ich auch. Ich wollte gern noch etwas mehr hören von Ihren Festen und so.

Dieter: Wenn Sie wiederkommen, müssen Sie weitererzählen.

Herr Mundhu: Ja, gern. Auf Wiedersehen, Renate! Auf Wiedersehen, Dieter!

(Die Kinder verabschieden sich von ihm; die Eltern gehen mit ihm hinaus; nach kurzer Zeit kehren sie zurück.)

Herr Müller (läßt sich in einen Sessel fallen und streckt die Beine lang aus): Puh! Das wäre geschafft!

Frau Müller: Ja, endlich!

Herr Müller: Renate, mach die Glotze an! Und du, Dieter, lösch die Kerzen aus. – Genug mit dem feierlichen Schmus!

Renate (erstaunt): Willst du jetzt fernsehen?

Herr Müller: Na klar, was dachtest du?

Dieter: Ich dachte, wir feiern noch ein bißchen weiter. Die Kerzen können doch anbleiben.

Herr Müller: Habt ihr noch nicht genug? Mir reicht's!

Frau Müller: Ich war froh, daß die Kinder so viele Lieder in der Schule gelernt haben. So konnten sie gut vorsingen. Was hätten wir sonst wohl gemacht? Wir hätten uns jedenfalls ganz schön blamiert.

Herr Müller: Deine Blockflötenblaserei hat auch Eindruck auf Herrn Mundhu gemacht, Renate.

Renate: Ich fand es viel besser, als wir alle gesungen haben; vor allem das Lied von Herrn Mundhu war toll. Wie fing es noch an? Wetha karumakara ... oder so ähnlich.

Herr Müller: Wo war die Geschichte eigentlich her, die du vorgelesen hast, Dieter? Die war ja noch ganz erträglich. Wo war die eigentlich her?

Dieter: Wir haben sie in der Schule gelesen. Ich hab euch doch neulich schon davon erzählt.

Herr Müller: Hab' gar nicht drauf geachtet.

Frau Müller (etwas süffisant): Herr Mundhu war jedenfalls richtig beeindruckt von unserem Weihnachtsfest!

Dieter: Vati, das Beste war, wie du von früher erzählt hast. Ich hab' gar nicht gewußt, wie es bei euch Weihnachten war.

Renate: Und bei euch auch, Mutti. Ihr müßt uns noch mehr davon erzählen, ja?

Herr Müller: Nun mach schon den Fernseher an, Renate. Ich hab' genug von allem.

Dieter: Ach, Vati, laß uns noch erzählen – oder spielen.

Herr Müller: Hörst du nicht? Mir reicht's!

Frau Müller: Ja, wir wollen jetzt endlich unsere Ruhe haben und uns normal benehmen können.

(Renate drückt auf den Fernsehknopf. Die Erwachsenen schauen auf die Mattscheibe.)

Renate (leise zu Dieter): Schade! Ich find', das war mal ein richtig schöner Weihnachtsabend!

Neue Lieder lernen und singen

Überall in Kaufhäusern und auf den Straßen ertönen vor dem Fest Weihnachtslieder. Allerdings ist die Auswahl nicht sehr groß, einige erfreuen sich besonderer Beliebtheit und plärren uns aus jedem Lautsprecher entgegen. Mit der christlichen Substanz des Festes hat diese Dudelei jedoch wenig zu tun.
Aber auch viele alte Weihnachtslieder, die von Stall und Krippe, Engeln und Hirten singen, können heute oft nicht helfen, den Zugang zur Weihnachtsbotschaft zu eröffnen. Im Gegenteil, sie versperren ihn häufig. Wir sind unfähig, die »Krippenfrömmigkeit« vieler alter weihnachtlicher Volkslieder nachzuvollziehen. So dienen sie lediglich der »Weihnachtspoesie« und der Pflege der Tradition. Sie schreiben die legendarischen Bilder der Weihnachtserzählungen fest und verinnerlichen sie, ohne nach der Bedeutung der Menschwerdung Gottes zu fragen. Hubertus Halbfas sagt dazu: »Wer die Parole von Gottes Menschwerdung ernst nimmt, darf diesen Gott nicht mehr ›über‹ sich, außerhalb von Raum und Zeit suchen, sondern in der Geschichte, konkret: hier und heute ... die Weihnachtsbotschaft wird verdreht, wo man ›Gott‹ besingt, ohne daß Menschen von Menschen Zuwendung erfahren. In diesem Fall wird die Menschwerdung Gottes verhindert, und Gott wird wieder zur menschenfremden Himmelsgottheit verfälscht.«
Wir brauchen also Lieder, die die alte Botschaft so in unsere Zeit übersetzen, daß wir die Zusage der Erneuerung und den Anstoß zum neuen Leben wieder hören.
Wo finden Eltern und Familien neue Lieder?
Es gibt gute Bücher, die in Kirche, Schule und Kindergarten benutzt werden. Auch im Unterricht werden oft neue Lieder besprochen, und die Schüler singen sie meist recht gern. Aber im häuslichen Kreis fehlt es oft an passenden Texten und Büchern; auch nicht jeder hat die Absicht oder Möglichkeit, neue Lieder von Noten zu erlernen.
Der folgende Bericht über die Herstellung eigener Liedhefte zeigt den Versuch, die in der Schule erlernten Lieder besser zu behalten und sie jederzeit zur Hand zu haben; gleichzeitig bietet er die Chance, sie in die Familien hineinzutragen.

Das »wachsende Liederbuch«

Die Herstellung eines Heftes im DIN A 5-Format, wie es sich auch für die Lieder eignet, ist auf S. 264 beschrieben. Die erlernten Lieder werden als Kopien hineingeklebt, Zwischenseiten oder auch die Liedseiten passend ausgestaltet, ebenso das Deckblatt.
Den Schülern (3. Klasse) machte die Anfertigung und Ausgestaltung des Liederheftes sehr viel Freude, sie kostete aber auch viel Zeit. Deshalb wurde der gesamte Religionsunterricht vor Weihnachten darauf ausgerichtet: Wir wiederholten Lieder aus den vergangenen Jahren; sie ergaben den Grundstock für unser Heft. Neue Lieder wurden besprochen, gelernt, gesungen, eingeklebt und gestaltet. Die letzten Seiten blieben leer als Impuls, das Heft aufzubewahren, um es im nächsten Jahr erneut zu benutzen, aufzufüllen und so ein »wachsendes Liederbuch« zu bekommen.

Die Idee der Liederhefte hatte ich zuvor in anderer Weise ausprobiert. Für eine 5./6. Klasse stellte ich sie selbst in vereinfachter Form her. Matrizen wurden im Querformat mit je zwei Liedern beschrieben, die Abzüge gefaltet und in einem farbigen Umschlag geheftet. So blieb jede zweite Seite für die eigene Gestaltung oder zur Ergänzung frei. Die Hefte enthielten die Lieder, die wir im Laufe der vorangegangenen Jahre gelernt hatten. In der letzten Stunde vor dem Fest erhielten die Schüler sie als kleines Geschenk. Das Echo war sehr positiv; hier und da wurde auch zu Hause aus den Heften gesungen, und im nächsten Jahr brachten viele sie wieder mit in die Schule.
Ebenso wie für den Unterricht ist dieser Vorschlag auch für Jugendgruppe oder Kindergottesdienst geeignet.

Schenken – das Fest gestalten

Unterrichtsentwurf für Klasse 5/6

Dem Entwurf liegen eine Karikatur von Cork und ein Gedicht von Roswitha Hamadani zugrunde. Ausgangspunkt für beide ist die Überschüttung der Kinder zu Weihnachten mit Geschenken; der ungehemmte Konsum.

99

Zur Karikatur

Die Karikatur setzt sich aus drei Bildzeichen zusammen: den Eltern auf der einen Seite, den Geschenken auf der anderen und dem Jungen vor bzw. zwischen den Geschenken. Wenn man diese genauer betrachtet, entdeckt man Spielsachen und Sportartikel der unterschiedlichsten Art. Alles, was gut und teuer ist, scheint aufgehäuft zu sein, ohne Alter oder Interessen eines Kindes zu berücksichtigen. Der Junge verschwindet fast in diesem Geschenkeberg. Seine herabhängenden Arme signalisieren Hilflosigkeit, und er weint herzerweichend.
Ihm gegenüber stehen die Eltern, steif, im adretten Sonntagsstaat. Sie starren ihn verständnislos an. Der Vater schüttelt – vermutlich über soviel Undankbarkeit – den Kopf und kann offenbar gar nicht verstehen, woran sein Sohn leidet. Er hat doch alles für ihn und zum Gelingen des Festes getan.

100 Edgars Weihnachtsfest

Seine Eltern sind jung
und fast schon arriviert,
der Vater Akademiker,
die Mutter studiert.

Sie wäscht nicht gern
Geschirr ab.
Er hat einen Job
mit Verantwortung
und gute Chancen
auf Karriere.

Sie reden viel davon,
was Lebensqualität wäre.
Sie streiten um
Geld. Sie sind modern
und genieren sich nicht
beim Konsum.

Sie schlagen
ihre Materialschlacht
alljährlich unter dem Baum
im großen und ganzen
ohne Vorurteil.

Aber ihr vierjähriger Sohn
hat letztes Jahr kaum
ein Wort zu sagen
gewußt unter der Pracht
zu vieler Geschenke.

Roswitha Hamadani
Aus: Zeitbomben, Verlag G. Grasl

Zum Gedicht

Die Bildzeichen der Karikatur tauchen auch im Gedicht auf: die Geschenke, die Eltern, das Kind; jedoch die Darstellung verschiebt sich. Die Geschenke werden lediglich erwähnt als »Pracht zu vieler Geschenke«. Der Junge, Edgar, ist gleichsam erschlagen von ihrer Fülle. Er ist zu keiner Reaktion mehr fähig, die Freude ist im wahrsten Sinne des Wortes erdrückt, und es reicht nicht einmal mehr zum Weinen als Zeichen des Unglücklichseins und des Protests.
Der größte Teil des Gedichts charakterisiert die Eltern, ihre Einstellung zum Leben: Karrierestreben, Prestigedenken, Anpassung, Konsumverhalten. Lebensqualität scheint mehr ein verbales Problem zu sein und keinerlei Einfluß auf ihre Lebensgestaltung zu haben. So beteiligen sie sich an der jährlichen »Materialschlacht unter dem Baum im großen und ganzen ohne Vorurteil«. Man meint sein Bestes getan zu haben und kann sich das Verhalten des Kindes nicht erklären, registriert es aus mangelnder Sensibilität wahrscheinlich gar nicht.

Zur Praxis

Der Unterricht sollte zunächst die kritische Anfrage des Zeichners bewußtmachen. Die Schüler denken darüber nach, warum der Junge weint, warum der Vater ihm verständnislos gegenübersteht. Das Arbeitsblatt 1 mit Fragen zur Interpretation der Karikatur leistet Hilfestellung. Das Gedicht wird zur Unterstützung und Vertiefung herangezogen (s. Arbeitsblatt 2).

Im nächsten Schritt geht es darum, die Erkenntnis zu verbalisieren, d.h. die Schüler sollen die Vorstellungen der Eltern und die Erwartungen/Enttäuschungen des Jungen in ein Gespräch umsetzen.
Der letzte Schritt will die Schüler dazu anleiten, Alternativen zu finden: Wie könnte/sollte ein Weihnachtsabend aussehen, bei dem Eltern und Junge sich nicht verständnislos gegenüberstehen, sondern zur Gemeinsamkeit finden? Die Aufgabe, Alternativen zu entwickeln (zeichnerisch oder verbal lösbar), wird auf die Karikatur bzw. das Gedicht bezogen. Dabei können die Schüler eigene Wünsche und Vorstellungen artikulieren und einbringen, können sich aber distanzierter und offener mit dem Problem auseinandersetzen, als wenn sie von der eigenfamiliären Praxis ausgehen.

101 Arbeitsblatt 1

Beschreibe die Karikatur

1. Zähle die Geschenke auf ______________________________

____

2. Wie sieht der Junge aus? Was tut er?

____

____

3. Kannst du sein Verhalten erklären?

____

____

4. Wie sehen die Eltern aus? Was tut der Vater?

____

____

5. Kannst du sein Verhalten erklären? ______________________________

____

6. Was möchte der Zeichner wohl zum Ausdruck bringen? ______________________________

____

Lies bitte das Gedicht

1. Was wird über Edgars Eltern berichtet?

____

____

____

____

____

2. Wie wird ihr Verhalten am Weihnachtsfest beschrieben?

____

____

____

____

____

3. Wie erlebt Edgar das Weihnachtsfest?

____

____

4. Was will die Verfasserin des Gedichts wohl zum Ausdruck bringen?

____

____

5. Vergleiche Karikatur und Gedicht ______________________________

____

Edgars Weihnachtsfest **102**

Seine Eltern sind jung
und fast schon arriviert,
der Vater Akademiker,
die Mutter studiert.

Sie wäscht nicht gern
Geschirr ab.
Er hat einen Job
mit Verantwortung
und gute Chancen
auf Karriere.

Sie reden viel davon,
was Lebensqualität wäre.
Sie streiten um
Geld. Sie sind modern
und genieren sich nicht
beim Konsum.

Sie schlagen
ihre Materialschlacht
alljährlich unter dem Baum
im großen und ganzen
ohne Vorurteil.

Aber ihr vierjähriger Sohn
hat letztes Jahr kaum
ein Wort zu sagen
gewußt unter der Pracht
zu vieler Geschenke.

Roswitha Hamadani

Richtig schenken

Unterrichtseinheit für Klasse 3/4

Dieser Unterrichtsvorschlag nimmt die Gedanken über das Schenken aus der Einleitung auf. Die Schüler sollen angeregt werden, die unterschiedlichen Motive und Gewohnheiten bei der Auswahl von Geschenken zu beobachten, zu reflektieren und dabei zu lernen, worauf es beim Schenken ankommt.
Als Vorgabe erhalten die Schüler vier kleine Fallbeispiele, die sie lesen und mit denen sie sich anhand eines Fragebogens auseinandersetzen.
Folgende Konstellationen liegen den Beispielen zugrunde:

1. Aus Prestigegründen wird ein anderes, teureres Spielzeug gekauft statt des erwünschten.
2. Ein Mädchen macht sich lange Gedanken, womit sie jeden einzelnen am meisten erfreuen kann.
3. Es wird ohne Mühe und Nachdenken eingekauft; denn »man kann ja umtauschen«.
4. Die Schenkende geht nur von den eigenen Vorstellungen und Wünschen aus, ohne die der anderen zu berücksichtigen.

Für die Auseinandersetzung mit den Fällen gibt es zwei Möglichkeiten:

a) Jeder Schüler bearbeitet *alle* Beispiele anhand der Fragen I und II des Fragebogens, und die Ergebnisse werden anschließend diskutiert.
b) Die Arbeit wird gruppenteilig vorgenommen. Jede Gruppe beschäftigt sich mit einem Beispiel (Frage I und II), formuliert ein Ergebnis und berichtet anschließend im Plenum. Die Gruppenergebnisse werden diskutiert und von allen ins Arbeitsblatt eingetragen.

Die dritte Aufgabe des Arbeitsblattes ist für die abschließende Gesprächsrunde vorgesehen.
Dieses kleine Vorhaben zum Thema Schenken läßt sich gut abrunden mit der Erzählung »Müllgeschenke« von Gudrun Pausewang (VR III, S. 249ff). In der Geschichte wird erzählt, wie zwei kleine Jungen aus der 3. Welt auf dem Müllplatz mit großer Liebe und Geduld für Mutter und Geschwister Geschenke suchen, um alle am Weihnachtsabend überraschen zu können.
Die Erzählung ist zum einen ein guter Kontrast zu unserem Reichtum, den großen Wünschen und den teuren Geschenken. Vor allem zeigt sie aber auch sehr gut den Sinn und das Glück des Schenkens.
Sehr schön ist der Gedanke, daß die Jungen auch für sich etwas suchen; denn keiner soll leer ausgehen und dadurch die Freude der anderen schmälern.
Eine andere Stelle der Geschichte könnte dazu anregen, einmal nicht nur übers Schenken, sondern über das Sich-Beschenken-Lassen nachzudenken: Wie reagiere ich, wenn das Geschenk trotz bester Bemühungen nicht den Erwartungen entspricht? Die beiden Jungen schenken der Mutter in der Erzählung nämlich ganz stolz ein Bügeleisen, mit dem sie – auch wenn es funktionieren sollte – nichts anfangen kann, da sie in ihrer Hütte keinen elektrischen Strom haben. Sie schweigt, weil sie ihnen die Freude nicht verderben will.

I. In den vier Geschichten geht es um das Schenken. Lies sie durch und schreibe auf, wonach sich die Leute jeweils bei ihrer Auswahl richten!

1. Tante Eva: ______________________________

2. Renate: ______________________________

3. Herr Müller: ______________________________

4. Petra: ______________________________

II. Stelle dir die Gedanken der Beschenkten am Weihnachtsabend vor. Schreibe sie auf!

1. Gabi: ______________________________

____

2. Renates Freunde: ______________________________

____

3. Frau Müller: ______________________________

____

4. Oma: ______________________________

____

Fallbeispiele

1. Tante Eva macht Weihnachtseinkäufe. Gabi hat ihr neulich ihren größten Wunsch anvertraut: Schon lange wünscht sie sich den kleinen rosa Teddy, der jetzt dort oben im Bord vor der Tante steht.

Aber Tante Eva kann sich nicht recht entschließen, ihn zu kaufen. Er sieht wirklich zu klein und armselig aus! Damit kann sie doch am Weihnachtsabend nicht ankommen! Was sollen die anderen von ihr denken? Der Teddy daneben ist viel größer und schöner. Er kostet zwar auch mehr, aber das ist Tante Eva nur recht. Gabi soll den schönsten Teddy bekommen, und den kauft sie ihr.

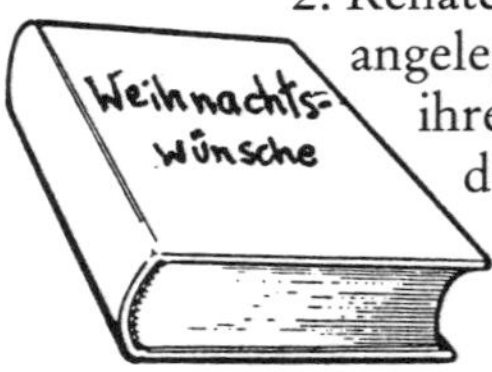

2. Renate hat schon lange vor Weihnachten ein kleines Büchlein angelegt. Auf dem Deckel steht »Weihnachtswünsche«. Aber nicht ihre eigenen Wünsche sind in dem Buch aufgeschrieben, sondern die Namen aller Leute, die sie beschenken möchte. In den letzten Wochen hat sie hier und dort heimliche Wünsche ausfindig gemacht und Kleinigkeiten entdeckt, mit denen sie dem einen oder anderen eine Freude machen kann. Allmählich füllen sich alle Leerstellen hinter den Namen in ihrem Buch, und bald hat sie für jeden ein passendes Geschenk gefunden.

3. Herr Müller möchte seiner Frau eine Handtasche zu Weihnachten schenken. Irgendwann hat sie einmal diesen Wunsch geäußert. – Einen Tag vor dem Fest geht Herr Müller in ein Lederwarengeschäft und verlangt eine Handtasche. Die Verkäuferin fragt nach der Farbe, der Größe, der Form. Da ist Herr Müller ziemlich ratlos; denn darüber hat er nicht nachgedacht. Er hat auch vergessen, ob seine Frau etwas davon gesagt hat. »Ach«, sagt er zu der Verkäuferin, »suchen Sie irgendeine ziemlich teure aus. Meine Frau kann sie dann ja umtauschen.«

4. »Was kann ich Oma schenken«, fragt Petra die Mutter. Sie verdient seit kurzer Zeit selbst ein wenig und möchte diesmal für alle etwas Schönes aussuchen. »Ich glaube, Oma hat sich neulich den Stärkungstrank aus der Apotheke gewünscht. Sie leistet sich ihn selten; denn er ist ihr zu teuer. Vielleicht wäre das etwas. Ich habe nämlich schon etwas für sie«, sagt die Mutter. »Puh!« schüttelt sich Petra, »der Trank ist scheußlich. Dann schenke ich ihr lieber für dasselbe Geld Pralinen.« »Aber die Oma kann doch das Süße nicht mehr so recht vertragen«, wendet die Mutter ein, »der Trank würde sie sicher mehr freuen.« Doch Petra erklärt: »Nein, den finde ich einfach zu doof! Ich verschenke nur, was ich mag. Ich kaufe ihr doch Pralinen.«

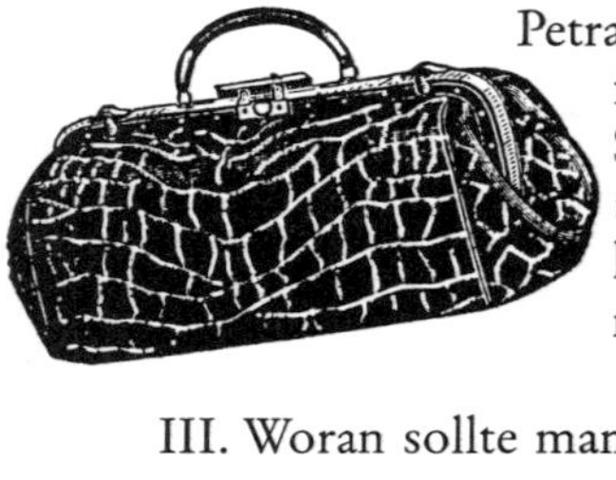

III. Woran sollte man beim Herstellen oder Kaufen von Geschenken denken?

»Was schenken wir dem Jesuskind?«

Unterrichtseinheit für Klasse 1/2

Zur Planung

Der Entwurf knüpft an die Unterrichtseinheit »Christkind« an. Er greift die dort nur angedeutete Möglichkeit der Weiterführung auf, nämlich den Gedanken: Weihnachten hat Jesus Geburtstag – wir wollen überlegen, was er sich von uns wünscht.
Der Entwurf kann aber auch ganz unabhängig von der Christkind-Thematik benutzt werden. Er geht von den Wünschen der Schüler aus; die sich anschließende Szene zielt auf die Frage nach dem »Wunschzettel des Jesuskindes«. Sie sollte nicht im Sinne einer Alternative mißverstanden werden: statt Geschenke für uns – Geschenke für Jesus. Die Schüler sollten jedoch erkennen, daß all unser Feiern und Schenken zur Verschönerung des Geburtstagsfestes Jesu dienen. Darum sollte der Anlaß des Festes nicht in Vergessenheit geraten, und damit auch nicht die Frage: Was erwartet Jesus von uns?
Die häufigste und ganz spontane Antwort auf die Frage nach den Wünschen Jesu lautet: Bravsein. Darüber muß unbedingt ausführlich gesprochen werden. Geht es um Bravsein als Norm, die elterlichen Erwartungen entspricht und oft nur um Verhaltensweisen wie Sauberkeit, Ordnung, Anpassung usw. kreist? Oder geht es um das gute Zusammenleben in der Familie und mit Freunden?
Nach Mt 25 liegen die Wünsche Jesu an uns klar zutage: Was wir dem Nächsten Gutes tun, tun wir für ihn. Das muß erarbeitet werden (auch im Blick auf »Bravsein« in der Familie).
Die Geschichte »Die Suche nach dem Weihnachtsgeschenk« will dies exemplarisch zeigen. Sie kann die im Unterrichtsgespräch aufgeworfenen Fragen beantworten helfen oder als Vertiefung herangezogen werden, wenn das Gespräch über den »Wunschzettel des Jesuskindes« schon Ergebnisse erbracht hat. Das Lied »Was schenken wir dem Jesuskind?« bietet sich als Zusammenfassung der Einheit an.
Die 4. Strophe des Liedes zieht die Linie zum Teilen mit den Hungernden, d. h. zu den Aktionen von »Adveniat« oder »Brot für die Welt«. Will man sie nicht verfolgen, sollte diese Strophe entfallen.

Zum Verlauf

1. Schülerberichte: Wir erzählen von unseren Weihnachtswünschen.
2. Szene »Der Wunschzettel«
(Die Szene sollte entweder von etwas älteren Schülern auf Kassette gesprochen oder vom Unterrichtenden in eine Erzählung umgeformt werden.)
3. Unterrichtsgespräch
Der Wunschzettel des Jesuskindes an uns – wie sieht er wohl aus?
4. Geschichte »Die Suche nach dem Weihnachtsgeschenk«
5. Unterrichtsgespräch zur Geschichte: Wünsche Jesu an uns formulieren
6. Lied: »Was schenken wir dem Jesuskind?« (Nr. 106, Str. 1–3)

104 Sigrid Berg

Der Wunschzettel

Szene

Hans: Du, Peter, was wollen wir machen? Wollen wir Lego spielen?
Peter: Keine Lust. Weißt du was Besseres, Ute?
Ute: Nein. Aber Lego ist langweilig.
Hans: Dann sag was anderes!
Peter: Oh, ich weiß. Wir schreiben einen Wunschzettel für Weihnachten.
Ute: Kann ich noch nicht.
Hans: Kannst du denn das schon, Peter?
Peter: Na klar! Ich bin doch in der 2. Klasse.
Ute: Aber wir können das noch nicht.
Peter: Macht nichts. Ihr malt eben, was ihr euch wünscht. Hier habt ihr Papier und Filzstifte. – Oh, ich weiß, was ich mir wünsche. Als erstes ein Fahrrad. Ein ganz tolles in Silber.
Hans: Das wünsch ich mir auch. Aber ich will ein grünes. Gib mal Grün her, Ute!
Ute: Hier. Guck mal, kannst du sehen, was ich haben will?
Peter: Klar, eine Puppe.
Ute: Ja, eine mit richtigen Haaren. Ganz weich sollen sie sein.
Peter: Ein Tele-Spiel möchte ich auch noch haben, das habe ich bei Klaus gesehen.
Hans: Und ich wünsch mir noch einen Fußball. Der geht leicht zu malen.
Peter: Neue Ski brauch ich auch noch.
Hans: Ich wünsch mir lieber Rollschuhe.
Ute: Und ich viele, viele Stofftiere.
Hans: Und natürlich Süßes, Schokolade.
Peter: Das brauchst du nicht zu malen, das gibt es sowieso.
Ute: Seht mal hier, ein Puppenherd. Einen, auf dem man richtig kochen kann, will ich haben. Ob man ihn wohl erkennt?
Hans: Frag doch Oma, da kommt sie gerade.
Peter: Ich wünsch mir noch …
Großmutter: Na, Peter, was wünschst du dir?
Peter: Wir schreiben und malen gerade unsere Wunschzettel. Guck mal!
Großmutter: Deiner ist aber schon ganz schön lang, Peter.
Peter: Och, zu Weihnachten kann man sich doch alles wünschen. Oder?
Ute: Klar, Weihnachten ist wie Geburtstag und zum Schenken da.
Großmutter: Du hast ganz recht, Ute. Weihnachten ist wirklich Geburtstag. Der Geburtstag von Jesus.
Peter: Siehste, Oma, deshalb gibt es auch Geschenke.
Großmutter: Meinst du, Peter? – Sag mal, wer bekommt denn Geschenke, wenn du Geburtstag hast?
Peter: Ich natürlich!
Großmutter: Und wenn Ute Geburtstag hat?
Peter: Na, Ute!
Großmutter: Und wenn Jesus Geburtstag hat, bekommen alle was, weil wir uns über seinen Geburtstag freuen. Ihr schreibt sogar lange Wunschzettel. Aber vielleicht solltet ihr das Geburtstagskind nicht ganz vergessen. Vielleicht hat es auch Wünsche an uns?

Sigrid Berg

Die Suche nach dem Weihnachtsgeschenk

Erzählung

»Mutti, Mutti«, rief Petra, als sie aus der Schule kam, schon in der Haustür. »Kannst du mir sagen, was sich das Jesuskind zu Weihnachten von uns wünscht?« »Wie kommst du denn darauf?« fragte die Mutter verwundert. »Wir sollen es uns bis morgen überlegen, hat Frau Schulz gesagt«, war die Antwort. »So, so«, meinte die Mutter, »das sollt ihr euch überlegen. Na, dann denk mal darüber nach.« »Ach, bitte, Mutti, sag du es mir doch!« drängte Petra. Aber die Mutter meinte: »Sonst fällt es dir doch auch nicht so schwer, Wünsche zu nennen, oder? Für dich weißt du immer welche.« »Das ist ja auch was ganz anderes und viel leichter. Jesus wünscht sich doch kein Fahrrad und auch keinen Wellensittich.« »Allerdings nicht«, gab die Mutter lachend zu. »Aber denk doch mal nach, was du von Jesus weißt und was wohl zu ihm paßt. Du findest es sicher heraus, hast ja den ganzen Nachmittag Zeit zu suchen.« Petra ärgerte sich zuerst, daß die Mutter nicht mehr sagen wollte, aber dann fiel ihr die Großmutter ein. Sie würde ihr sicher bei der Beantwortung der schweren Frage helfen. »Ich geh' heute noch zu Oma«, sagte sie.
Nach dem Mittagessen zog Petra sich an und machte sich auf den Weg. »Aber sei vor dem Dunkelwerden wieder daheim«, rief ihr die Mutter nach.
Kaum war Petra um die Ecke gebogen, da traf sie Ute, ein Mädchen aus ihrer Klasse. Ute war längere Zeit krank gewesen und erst seit ein paar Tagen wieder in der Schule. »Oh, Petra«, rief sie, »wie gut, daß ich dich treffe. Ich kann die Matheaufgaben nicht, und meine Mutter kommt erst heute abend. Kannst du mir die Aufgaben erklären?« Auch das noch! Petra wollte doch ganz eilig zur Oma. Aber Ute sah sie so bittend an, daß sie nicht nein sagen mochte. So lief sie mit ihr und half ihr bei den Aufgaben. Zuletzt war sie ganz stolz, daß Ute alles begriffen hatte, und sie machte sich wieder auf den Weg.
Kurz vor dem Haus der Großmutter kam Petra am Spielplatz vorbei. Was war denn da für ein Geschrei?
Mehrere Kinder standen um die Wippe herum und lachten aus vollem Hals. Und oben auf der Wippe sah Petra den kleinen Achan sitzen. Sie erkannte ihn gleich; Achans Schwester ging in Petras Klasse. Aber Achan lachte nicht mit, im Gegenteil, er weinte. Die anderen wippten ihn immer rauf und runter und schrien dabei: »Angsthase! Angsthase!« War denn Fatma gar nicht da, um ihm zu helfen? Petra konnte sie nirgends entdecken. Wie gemein sie zu Achan waren!
Schnell lief Petra auf den Spielplatz. »Achan!« rief sie schon von weitem. Die anderen drehten sich um und ließen die Wippe los. Flink kletterte Achan herunter. Petra eilte auf ihn zu und nahm ihn an die Hand. »Komm schnell weg hier!« sagte sie. »Ich bring dich nach Hause, sonst lassen die dich nicht in Ruhe.«
Achan zeigte ihr, wo er wohnte. Es war gar nicht weit, und Fatma kam ihnen schon entgegen, um Achan zu suchen. Petra erklärte ihr alles, und dann setzte sie ihren Weg zur Großmutter fort.
Bald hatte sie das richtige Haus erreicht, sprang die Treppen hinauf und klingelte. Erst nach einem Weilchen öffnete die Oma. »Ach, wie gut, daß du kommst, Petra«, sagte sie. »Du mußt schnell für mich zur Apotheke laufen. Sieh nur, ich habe mich eben ganz stark verbrannt. Hol mir bitte Brandsalbe.« Petra bekam einen furchtbaren Schreck. Die Hand sah sehr schlimm aus. Die Großmutter gab ihr Geld, und schnell holte Petra die benötigte Salbe. Dann half sie, so gut sie es konnte, beim Verbinden.
»Jetzt ist es aber spät geworden«, sagte die Großmutter schließlich, »du mußt schnell nach Hause laufen; es wird langsam dunkel.« Vorsichtig streichelte Petra noch einmal über den dicken Verband, zog sich an und machte sich auf den Heimweg.

Erst als sie zu Hause ankam, fiel ihr ein, daß sie über allen Aufregungen vergessen hatte, die Großmutter nach den Wünschen des Jesuskindes zu fragen.
»Nun«, empfing sie die Mutter, »hast du denn die Antwort auf deine Frage gefunden?«
»Ach, Mutti«, sprudelte Petra los. »Ich hab gar keine Zeit zum Suchen gehabt. Erst habe ich Ute die Matheaufgaben erklärt, und Achan habe ich . .« »Mal langsam«, unterbrach die Mutter, »wer ist Achan?« »Das ist Fatmas kleiner Bruder. Den haben sie auf dem Spielplatz geärgert und ausgelacht. Ich habe ihn nach Hause gebracht. Und als ich zu Oma kam, hatte sie sich die Hand verbrannt, und ich mußte ihr Salbe holen und sie verbinden. Ach, Mutti, eigentlich war es ein richtig schöner Nachmittag. Ich habe nun nur nicht herausgefunden, was Jesus sich von uns wünscht.«
Da nahm die Mutter sie in den Arm und sagte: »Doch, mein Mädchen, du hast es gefunden. Du hast es ihm sogar schon geschenkt. Überall, wo du zu anderen lieb warst, hast du Jesus etwas geschenkt. Das wünscht er sich nämlich von uns. – Und jetzt will ich schnell bei Oma anrufen und fragen, wie es ihr geht.«

Was schenken wir dem Jesuskind?

2. Wenn wir miteinander lachen,
wenn wir andern Freude machen,
ja, dann machen wir sie Jesus,
ja, dann machen wir sie Jesus.

3. Wenn wir auch mal bei dem Kind sind,
das so selten einen Freund find't,
ja, dann sind wir auch bei Jesus,
ja, dann sind wir auch bei Jesus.

4. Wenn wir miteinander teilen,
wenn wir großen Hunger heilen,
ja, dann teilen wir mit Jesus,
ja, dann teilen wir mit Jesus.

Text und Melodie: Sigrid Berg

107 Sigrid Berg

Die Spazierfahrt

Anspiel für einen Kinder- oder Familiengottesdienst

In der Kirche oder im Gemeindehaus ist eine typische Stallkulisse mit Krippe und Strohballen für ein Krippenspiel vor dem Altar aufgebaut. Vom Seiteneingang kommen zwei Erwachsene/Jugendliche und mehrere Kinder als Maria, Josef und Hirten verkleidet. Sie gehen auf den Altarraum zu.
Einige Hirten laufen voraus. Sie tragen Holz und Reisig und schichten es auf.

1. Hirte: So, hier kommt unser Feuer her. Und wir sitzen dann so und wärmen uns.
2. Hirte: Guckt mal, ich habe mein Stofflämmchen mitgebracht. Das schenke ich dem Jesuskind.
3. Hirte: Zeig mal! Oh, das ist süß!
4. Hirte: Wie gefällt euch mein Hut? Der ist von meinem Opa.
(Die anderen sind inzwischen herangekommen.)
1. Erwachsener: He, ihr Hirten! Ihr müßt mit eurem Feuer noch ein bißchen nach rechts rücken, sonst haben nicht alle Platz.
(Sie bauen um.)
2. Erwachsener: Kerstin und Peter, kommt her. Laßt euch noch einmal anschauen. *(Er betrachtet Maria und Josef.)* Du mußt das Tuch noch ein bißchen weiter in die Stirn ziehen, Kerstin. – Ja, so ist es gut. Du bist in Ordnung, Peter. – Ihr kommt also ganz von rechts und geht hier entlang.
1. Erwachsener: Vergiß nicht, deine Maria gut zu stützen, wenn ihr auf dem Weg seid.
Peter/Josef (zeigt mit der Hand): Und so im Bogen gehen wir dann zum Stall, ja?
(Er zieht Maria mit zum Stall, rückt ein Strohbündel nahe an die Krippe und macht eine einladende Geste zu Maria.)
Kerstin/Maria (will sich gerade hinsetzen, bleibt aber mit dem Blick zur Krippe stehen): Es ist weg! Das Kind ist weg!
1. Erwachsener (während er mit den Hirten beschäftigt ist): Welches Kind? Es sind doch alle da, oder?
Kerstin: Das Jesuskind ist weg.
2. Erwachsener: Das Jesuskind? Das kann nicht sein. Vorhin lag es doch noch in der Krippe.
Peter: Aber jetzt ist es weg, wirklich. *(Er guckt im Stall umher.)* Es ist nirgends.
(Die anderen kommen alle herbei und gucken in die Krippe.)
1. Hirte: Die Krippe ist leer.
2. Hirte: Ganz leer.
3. Hirte: Aber wo kann es sein?
2. Erwachsener: Es kann nicht so einfach verschwinden. Das gibt's doch nicht.
1. Erwachsener: Vielleicht hat es einer mit in die Sakristei genommen. Ich guck mal nach. *(Ab.)*
2. Erwachsener: Und wir suchen hier noch einmal alles ab.
(Alle suchen durcheinander.)
1. Erwachsener (kommt zurück): Da ist es auch nicht.
Kerstin (halb schluchzend): Ohne Jesuskind können wir doch nicht spielen.
Peter: Und dabei geht es bald los.
2. Erwachsener: Aber es stiehlt doch keiner ein Jesuskind aus der Krippe! – Im Notfall müssen wir ohne es spielen.

2. Hirte: Nein, das geht nicht. Wem soll ich dann mein Lämmchen schenken?
1. Hirte: Und ich mein warmes Fell?
3. Hirte: Und ich meinen Kuchen?
Kerstin (schluchzend): Jetzt ist alles aus!
(Ratlose Stille. Plötzlich hört man trippelnde Kinderschritte den Mittelgang heraufkommen. Ein kleines Mädchen erscheint mit einem Puppenwagen. Es schiebt ihn nach vorn, während alle ihm still und erstaunt entgegenschauen. Das Mädchen nimmt vorsichtig etwas aus dem Puppenwagen und geht auf die Krippe zu.)
Peter (zeigt mit dem Finger): Da ist das Jesuskind!
2. Hirte: Birgit hat es gestohlen.
Kerstin (stürzt auf Birgit zu und will es ihr aus dem Arm reißen): Gib her!
Birgit (dreht sich weg und hält es fest): Vorsichtig! Ich leg es wieder in die Krippe.
1. Erwachsener: Aber Birgit, wie kommst du denn zu dem Jesuskind? Warum hast du es weggenommen?
Birgit: Ich habe es doch nicht weggenommen.
3. Hirte: Doch, du hast es geklaut.
(Alle Kinder rücken drohend auf sie zu.)
Birgit (ängstlich): Nein ... nein, hab ich nicht.
1. Erwachsener: Nun laßt Birgit erst mal in Ruhe. – So, und nun erzählst du uns, was du mit dem Jesuskind gemacht hast.
Birgit (noch etwas ängstlich): Ich ... ich hab es doch nur spazierengefahren.
Mehrere (teils erstaunt, teils kichernd): Spazierengefahren ... spazierengefahren ...
2. Erwachsener: So, du hast es also in deinem Puppenwagen ausgefahren. Aber warum denn nur?
Birgit (stockend, verlegen): Weil ... weil ... der Hans darf dem Jesuskind sein Lämmchen schenken ... und der Axel das Fell ... und ich ... ich hab nichts.
2. Erwachsener: Du bist ja auch kein Hirte im Spiel. Du brauchst doch nichts, Birgit.
Birgit: Ich wollte dem Jesuskind aber trotzdem etwas zu Weihnachten schenken. Und ... weil ich nichts wußte, hab ich es spazierengefahren. Darüber hat es sich bestimmt auch gefreut, oder?
1. Erwachsener: Ja, Birgit, das glaube ich auch. – Und nun kann unser Spiel wohl bald beginnen.

Zum Anspiel

Die kleine Szene ist als Anspiel für einen Kinder- oder Familiengottesdienst gedacht. Sie zeigt den Wunsch eines kleinen Mädchens, Jesus etwas zu Weihnachten zu schenken. Es realisiert ihn in ganz naiver Weise und ruft durch diese Naivität zunächst ein nachsichtiges Lächeln hervor.
Es wäre Aufgabe des weiteren Gottesdienstes, aufzuzeigen, daß das Mädchen einen wichtigen Gedanken gehabt hat, daß wir seinen Wunsch aufgreifen und uns überlegen sollten, wie ein solches Geschenk sinnvoll aussehen könnte. Vgl. dazu den Entwurf »Was schenken wir dem Jesuskind?«. Das dort abgedruckte gleichlautende Lied kann im weiteren Verlauf des Gottesdienstes gesungen oder gelernt werden.

Das Fest feiern

Unterrichtsvorschlag für Klasse 7–9

Dieser Unterrichtsvorschlag möchte zunächst das Unbehagen und die Kritik verbalisieren, die vielfach mit der Festpraxis verbunden sind.
Statt Zeit zu finden für Begegnungen, Gespräche usw., die sich sicher viele zu Weihnachten erhoffen und wünschen, verdrängen wir diese durch das Fest eröffneten Chancen durch Rummel, Konsumgewohnheiten und Geschäftigkeit.
Es entsteht die Frage nach den Ursachen für diese Verkehrung. Ist der allgemeine Verhaltensdruck so groß? Oder handelt es sich vielleicht um absichtliches Ausweichen? Will man echten Begegnungen aus dem Weg gehen, da sie Engagement, Rücksicht, eventuell auch unangenehme Aussprachen und Lernprozesse einschließen?
Ausgangspunkt im Unterricht sind die folgenden Zeilen von Kai Ehlers:

108 Na so was

Ich wollte Menschen treffen
und traf die Weihnachtsgans.

Der Text charakterisiert in äußerster Verknappung Fragen und Probleme, die mit dem Weihnachtsfest zusammenhängen. Er erreicht das durch die Gegenüberstellung der Ausdrücke »Menschen« und »Weihnachtsgans«. Dabei steht das Wort »Menschen« für Mitmenschlichkeit, Gemeinsamkeit und Zuwendung, während die »Weihnachtsgans« Konsum und Betriebsamkeit symbolisiert.
Die Kritik an der Weihnachtspraxis ist jedoch sehr allgemein ausgedrückt. Vielleicht sollte man – vor allem im Unterricht – situationsbezogen interpretieren.
Man denke an die Weihnachtsfeiertage in einer Familie oder mit Freunden. Die Erwartungen, mit denen der Sprecher zu dem Fest geht, faßt er in folgende Worte: »Ich wollte Menschen treffen.« Sie bringen zum Ausdruck, daß er Zeit für Gemeinsamkeit, Gespräche, Freude, Spiel, Zuwendung erwartet hat.
Doch seine Hoffnungen werden enttäuscht, er trifft »die Weihnachtsgans«. Das bedeutet, daß all die Möglichkeiten und Angebote, die im Fest verborgen liegen, überdeckt und unmöglich gemacht werden von Rummel und Betriebsamkeit. Man kann sich die Situationen leicht ausmalen: Große Geschenkorgie – alle sind mit Auspacken, Anschauen und Ausprobieren beschäftigt –, ausgedehnte Vorbereitungen für das Festmenü – eine nervöse und erschöpfte Mutter in der Küche – abgeschlaffte Gestalten nach zu reichlichem Zuspruch bei gutem Essen und Getränken – Ruhebedürfnis.
Nun lassen sich auch die oben angedeuteten Fragen nach den Ursachen für diese Festpraxis noch einmal präzisieren:

- Sollen die teuren Geschenke verdecken, daß Zuneigung und der Wunsch, Freude zu bereiten, verkümmert sind?

□ Sollen die großen Festessen die Risse in der Gemeinsamkeit verschleiern, statt neu zu vereinen?
□ Will die andauernde Geschäftigkeit Gespräche verhindern?
□ Oder sind Gewöhnung und der Sog von Werbung und Prestigedenken so groß, daß die »Weihnachtsgans« statt der »Menschen« bestimmend ist, obwohl viele es sich anders wünschen?

Der Unterricht sollte jedoch nicht bei der Kritik stehenbleiben, sondern zum Entwurf alternativer Vorschläge für die Festgestaltung führen. Einen Weg zeigt das angeführte Beispiel des Zettelbaumes (Nr. 109). Eine andere Möglichkeit wäre es z. B., gemeinsam 10 (An-)Gebote für Weihnachten zu entwerfen (Nr. 110). Auch das Material »Advent« (Nr. 111) und der Vorschlag »Wünsche, die nicht mit Geld zu erfüllen sind« (Nr. 112) können Anregungen geben.

Zum Verlauf

1. Freie Assoziationen zum Text
   Die Schüler sollten zunächst mit dem Text konfrontiert werden und sich spontan dazu äußern.
2. Unterrichtsgespräch zur Frage: Was symbolisiert das Wort »Weihnachtsgans« im vorliegenden Text?
3. Herstellung von Collagen
   Die Pointe des Textes läßt sich anhand einer Collage augenfällig ins Bild setzen, indem man z. B. in einer Festrunde die menschlichen Köpfe durch Konsumsymbole ersetzt.
4. Unterrichtsgespräch

□ Konkretisierung der Situation: Stell dir den Verlauf des genannten Treffens/Festes vor!
□ Wie würde das Fest verlaufen, wenn der Sprecher wirklich »Menschen« anträfe?
□ Was sind vermutlich die Ursachen dafür, daß der Sprecher jedoch die »Weihnachtsgans« antrifft?

5. Alternativen zur Festgestaltung entwickeln (s. o.)

Vier Ideen zur alternativen Festpraxis

109 »Zettelbaum«

Nicht jeder mag Wünsche, Dank, Vorschläge oder Kritik in der Familie oder Gruppe frei und offen äußern, auch nicht solche, die die gemeinsame Festgestaltung betreffen.
Der »Zettelbaum« kann in der Weihnachtszeit zu Austausch und Gespräch helfen.
Zwei bis drei Wochen vor Weihnachten wird ein großer Tannenbaum auf ein Poster oder eine Tapetenrolle gemalt und an die Wand gehängt. Jedem Familien- bzw. Gruppenmitglied werden 1–2 Zweige zugeordnet. Neben dem Baum steht eine Schachtel mit Zetteln und Stecknadeln.
Jeder kann nun beliebig viele Zettel mit Wünschen, Erwartungen, Dank oder Kritik – gefaltet natürlich – an die Zweige heften.
Am Heiligen Abend – oder eventuell 1–2 Tage vorher, um besser reagieren zu können – holt sich jeder die für ihn bestimmten Zettel. Sie können zum Austausch gegenseitiger – vielleicht auch allgemeiner – Wünsche anregen, Gespräche in Gang setzen. Jedoch bleibt es im Ermessen jedes einzelnen, ob er in größerer Runde über den Inhalt seiner Zettel reden möchte. Es gibt auch Dinge, die man nur unter vier Augen besprechen kann. Und nicht alles muß beredet, manches auch allein bedacht werden.
Als Variante könnte man vom 1. Advent an nur Zettel mit Wünschen und Vorschlägen anheften lassen, die die Festgestaltung betreffen. Dann wäre es nützlich, sich einige Tage vor dem Fest gemeinsam an die Lektüre zu machen und vielleicht ein ganz neues Fest zu feiern.
(Nach einem Bericht aus einer Gemeindezeitung)

10 (An-)Gebote für Weihnachten

Wenn man die übliche Festgestaltung bedenkt, fällt einem sehr schnell alles mögliche ein, was nicht zu Weihnachten paßt und das Fest verunstaltet. So könnte man sicher sehr leicht einige »*Verbote* für Weihnachten« aufstellen, z. B.: Du sollst nicht auf der Konsumwelle schwimmen.
Der folgende Vorschlag hat eine andere Zielrichtung. Er möchte dazu anregen, Angebote zu entdecken, die mit dem Fest verbunden sind; er möchte die Chance aufgreifen, die Weihnachten in sich schließt.
Wenn für die gemeinsame Erstellung der (An-)Gebote dann doch die Form der 10 Gebote vorgeschlagen wird, so sollen sie damit keineswegs zu starren Vorschriften geraten. Drei Gründe sprechen für diesen Weg:
- Die festgeprägte Form kann als Formulierungshilfe gute Dienste leisten.
- Ein gemeinsam beschlossenes »Gebot« kann auch entlasten (z. B. Du sollst kein »Super-Fest« gestalten).
- Das »Gebot« kann eine gewisse Selbstverpflichtung der Beteiligten ausdrükken.

Welche (An-)Gebote eine Gruppe für sich entwirft, wird stark von der Zusammensetzung abhängen; jedenfalls sollten die Formulierungen in einem intensiven Gespräch erarbeitet werden.

110

Du sollst nicht versuchen, um jeden Preis ein »Super-Fest« zu gestalten.
Du sollst nicht denken, daß du Weihnachten »machen« kannst.
Du sollst Improvisation und Kreativität Spielraum geben.
Du sollst nicht denken, daß das Fest jedes Jahr gleich ablaufen muß.
Du sollst nicht andere zwingen, sich deiner Art, Weihnachten zu feiern, anzupassen.
Du sollst deine Kinder nicht zu bestimmten Familienaktivitäten verpflichten, sondern ihnen Freiheit geben.
Du sollst mit einem Menschen, mit dem du Schwierigkeiten hast (oder er mit dir), einen neuen Anfang versuchen.
Du sollst den Weihnachtsabend so gestalten, daß jeder – wenn er will – etwas Persönliches beitragen kann, z. B. erzählen, was ihm im vergangenen Jahr besonders wichtig war.
Du sollst nicht zu viel von dem einmaligen Fest erwarten.
Du sollst lieber überlegen, ob sich kleine Veränderungen im Zusammenleben anbahnen lassen, die über den einen Tag hinausgehen.

Zum Text (Nr. 111)

Der Text »Advent« schildert auf der linken Seite die unterschiedlichen Möglichkeiten, wie Menschen aufeinander zugehen – mit Hoffnungen und Erwartungen, aber auch mit Angeboten. Die rechte Seite zeigt Reaktionen auf dies »Kommen«, die die darin enthaltenen Chancen zunichte machen und eine Begegnung verhindern. Es lassen sich unterschiedliche Motive erkennen: Angst, Bequemlichkeit, Egoismus, Zerstreutheit usw.
Die letzte Zeile drückt aus, daß Jesus im »Advent« der Menschen gegenwärtig ist und immer wieder kommt. Jeder neue Advent gibt dann die Möglichkeit, das gewohnte Verhalten zu revidieren, sich zu verändern und dem anderen offen zu begegnen.
Der Text kann eine Hilfe sein, das eigene Tun zu reflektieren, seine Motive zu ergründen und neue Wege zueinander zu suchen und zu probieren.
Das Material könnte im Unterricht ab Klasse 7 eingesetzt werden. Es wird vorgeschlagen, die im Text angesprochenen Situationen durch eigene Erfahrungen, kleine Situationsschilderungen oder Fallstudien zu konkretisieren.

111

Advent

Da kommt Einer – und Du übersiehst ihn!
Da geht Einer auf Dich zu – und Du bist verschlossen!
Da klopft Einer bei Dir an – und Du verschläfst ihn!
Da tritt Einer bei Dir ein – und Du bist außer Haus!
Da wohnt Einer bei Dir – und Du wirfst ihn raus!
Da will Einer sich mitteilen – und Du schneidest ihm das Wort ab!
Da wartet Einer auf Dich – und Du zeigst ihm den Rücken!
Da fragt Einer um Hilfe – und Du verhärtest Dein Herz!
Da läßt Einer Geschenke zurück – und Du vergräbst sie!
Da hat Einer unendlich Zeit – und Du bist nie zu sprechen!
Da bringt Einer Ruhe – und Du bist zerstreut!
Da kommt Einer – und Du siehst nur Dich!
Solange Er immer noch kommt – kannst Du Dich ändern!

Aus: Publik-Forum extra, »Barmherzigkeit«, o. J., S. 36

Wünsche, die nicht mit Geld zu erfüllen sind

Das Wünschen und Wunschzettel-Schreiben gehört zur Weihnachtszeit. Sich etwas wünschen dürfen ist schön und spannend; Wünsche anderer zu erforschen und zu erfüllen, macht glücklich. Menschen, die keine Wünsche haben, sind zu bedauern; denn Wünschen gehört zum menschlichen Leben.

Wünsche können jedoch sehr unterschiedlich sein.

Es gibt Wünsche, die nicht mit Geld zu erfüllen sind, und solche, die gar nicht erfüllt werden können. Kinder äußern ihre Wünsche im allgemeinen ganz offen und ungehemmt. Sie lernen erst allmählich, daß bei der Erfüllbarkeit Grenzen gesetzt sind. Das sollte im Unterricht ausdrücklich thematisiert werden.

Hier geht es jedoch nicht um diese unerfüllbaren Wünsche, sondern um die Dinge, die nicht mit Geld zu kaufen sind. Gerade im Zusammenhang mit Weihnachten erscheint es mir wichtig, über sie nachzudenken. Meist betreffen sie das Zusammenleben in der Familie: Wieviel wichtiger ist u. U. die Zeit zum gemeinsamen Spielen als das neueste Spiel, das auf den Markt gekommen ist? Oder da ist die Bitte um mehr Geduld beim Lernen und Helfen. Vielleicht wünscht sich auch ein Kind, daß es öfter Freunde mit nach Hause bringen darf; oder es geht um spezielle Wünsche beim Essen (nicht immer aufessen müssen?). Die Liste läßt sich leicht verlängern; jedes Kind wird sie wohl aufgrund der häuslichen Situation ausfüllen können.

Aber nicht nur die Kinder haben Wünsche für das Zusammenleben in der Familie. Sie sollten lernen, daß die Erwachsenen ebenso Bedürfnisse haben, diese jedoch häufig nicht äußern. Zwar können die Kinder keine großen Geschenke machen, aber hier könnten sie sicher manche Erwartung erfüllen und kleine Freuden machen.

Der folgende Vorschlag will Eltern und Kinder dazu ermutigen, sich einmal gegenseitig einen ungewohnten Wunschzettel zu schreiben, der nur solche Wünsche enthält, die nicht mit Geld zu erfüllen sind. Das folgende Arbeitsblatt enthält dafür zwei Spalten: eine für die Wünsche der Kinder an die Eltern, die andere für die der Eltern an die Kinder.

Im Unterricht sollte ein Gespräch über das Wünschen vorausgehen, daran anschließend werden die Schüler aufgefordert, ihre Seite des Wunschzettels auszufüllen. Besser ist es allerdings, das als Hausaufgabe aufzugeben, damit sich die Schüler nicht gehemmt und kontrolliert fühlen. Es geht hier ja nicht um eine abrufbare Leistung, sondern um ein Angebot für Eltern und Kinder, miteinander ins Gespräch zu kommen und geheime Wünsche zu erfahren.

Die andere Seite auszufüllen wäre Aufgabe der Eltern. Und hier gilt noch stärker, was bereits gesagt wurde. Die Wünsche der Eltern an die Kinder sind auch etwas, was nur die beiden Teile etwas angeht; man muß darauf verzichten – und es wohl auch vorher ausdrücklich besprechen –, die Ergebnisse im Unterricht vorlegen zu lassen. Höchstens ein allgemeines Gespräch bietet sich an, vor allem auch als Ermunterung für die Schüler, die ihre Eltern noch nicht zum Wünschen animieren konnten.

Der vorliegende Vorschlag läßt sich mit dem Entwurf »Schenken – das Fest gestalten« (s. S. 285 ff.) verknüpfen; ebenso mit dem Gedicht »Wunschzettel« von Christa Peikert-Flaspöhler (Nr. 113).

112 Wunschzettel

Wünsche, die nicht mit Geld zu erfüllen sind

Meine Wünsche an meine Eltern (und Geschwister)	Wünsche der Eltern (und Geschwister) an mich

Christa Peikert-Flaspöhler

Wunschzettel

Schenk mir
dein Einverständnis
so zu schenken,
daß Betlehem wieder
unberechenbar
wird.

Schenk mir
deine Nähe, dein Freuen,
dein Gutsein
in Zeichen,
die uns befreien
zum Ungewohnten.

Schenk mir
den Aufbruch zur Krippe
mit ungebundenen Händen,
ich möchte versuchen
zu teilen
auch
mit dir.

Aus: Dies.,
Füße hast du und Flügel,
Lahn-Verlag, Limburg ²1986

Zum Inhalt

Die Überschrift des Gedichts ruft zunächst die Assoziation von Geschenken und Konsum ab. So beginnt auch jede Strophe erwartungsgemäß mit den Worten: »Schenk mir...« Diese Worte sind jedoch die einzigen, die zu den Konsum-Erwartungen passen; es zeigt sich dann, daß diese gerade durchbrochen werden.
In jeder der drei Strophen taucht eine Redewendung auf, die das in besonderer Weise signalisiert:
»... wieder u n berechenbar...«
»... befreien zum U n gewohnten...«
und »... mit u n gebundenen Händen...«.
Drei Negationen, die sich gegen die übliche Festpraxis wenden.
Bethlehem – und dieses Wort steht hier für alles, was mit Weihnachten zusammenhängt – ist bei uns berechenbar geworden. Das soll doch wohl heißen, daß wir mit unserer Art, das Fest zu feiern, mit Weihnachtsrummel, Geschenken, Konsum und Festgestaltung eingefahren sind in feste Geleise. Jedes Jahr laufen die gleichen Gewohnheiten ab, alles ist vorprogrammiert, verplant. Es bleibt kein Raum für Überraschendes und Kreativität.
Und das gilt nicht nur für die Festgestaltung, sondern sicher auch für die Einstellung zum Inhalt des Festes – worauf die Wahl des Wortes »Betlehem« wohl hinweisen will. Auch die Weihnachtsbotschaft ist für uns zum Gewohnten geworden, das Geltung hat für ein paar Stunden oder auch Tage im Jahr, verplant, berechnet, das aber kaum befreiend und erneuernd erlebt wird.
Aber das Gedicht benützt die Negationen nicht nur zur Kritik. Die Wünsche, die mit ihnen verbunden sind, enthalten Hoffnung und Neuansätze: Aus der Berechenbarkeit herauskommen, die Zwänge durchbrechen und Zeit für Nähe, Zuwendung und Liebe gewinnen. Da heißt es mit Phantasie, Kreativität und Mut Zeichen zu setzen für eine neue Gemeinsamkeit.

Gleichzeitig sprechen diese Wünsche die Erwartung aus, frei und ungebunden – nicht eingeengt durch Verpflichtungen und Konventionen – »zur Krippe« gehen zu können und den Sinn von Weihnachten neu zu erfragen.
Sprachliches Symbol dieses Neuansatzes ist der Begriff »teilen« als Gegensatz zum Habenwollen und ängstlichen Festhalten. Er bleibt im Text völlig offen und umfaßt sicher alle Bereiche des Lebens, sowohl den der materiellen Güter, den der neuen Erfahrungen wie den der Zukunftserwartungen.
Die Verwendung im Unterricht wird ab Klasse 9 empfohlen.

114

Peter Frey

Österliche Weihnacht

er war da
und hat gelebt
und hat gezeigt
was Leben bedeutet
er hat den Tod überwunden
in immerwährender Auferstehung

er ist also auferstanden
und ersteht auf

Advent
warum eigentlich noch warten
wir können anfangen
auferstehen lassen
auferstehen lassen
Liebe Gottes auferstehen lassen
vielleicht lassen wir
die Geschenke in den Geschäften
vielleicht verschenken wir uns selbst
mit Haut und Haaren
auferstehen lassen
auferstehen lassen

sage keiner
ein solcher Aufstand
sei keine Neugeburt
kein Grund zum Fest

fröhliche Weihnacht
schöne Auferstehung

Aus: Publik-Forum 25/26, 1976

Zum Inhalt

Während wir uns beim Bedenken des Weihnachtsfestes häufig auf die Geburtsgeschichten beschränken, Praxis und Geschichte Jesu vergessen und vor allem Leiden, Tod und Auferstehung in diesem Zusammenhang verdrängen, stellt Peter Frey schon in der Überschrift eine programmatische Beziehung her. Er verknüpft Weihnachten mit Ostern.

Indem er gleichsam Anfang und Ende zusammenfaßt, zeigt er, daß die Christengeschichte nur als Einheit zu sehen ist, die ihr Ziel in der Auferstehung hat. Dabei geht es hier jedoch nicht um die Auferstehung als Endpunkt, als einmaliges Ereignis. Leben und Tod sind nicht als Zeitbegriffe aufgefaßt, sondern Auferstehung ist gedeutet als die Ermöglichung neuer Lebensqualität, die von Christus bewirkt wird. »... er hat den Tod überwunden in immerwährender Auferstehung ...«, und als knappe Zusammenfassung seiner Lebenspraxis heißt es: »Er hat gelebt und hat gezeigt, was Leben bedeutet.« Wenn dann etwas weiter unten von der »Liebe Gottes« die Rede ist, so soll das doch wohl bedeuten, daß Jesus die Liebe Gottes gelebt und verkündet hat, daß sie mit ihm auferstanden ist, lebendig ist und immer neu aufersteht: »... er ist also auferstanden und ersteht auf.«

Die folgende Gedichtstrophe knüpft die Beziehung zum Weihnachtsfest; d. h. es wird der Advent, die Zeit der Erwartung, angesprochen. Doch Frey stellt die Notwendigkeit dieser Erwartung in Frage. Wir erwarten ja nicht mehr die Ankunft des Messias, sondern kommen von Ostern her. Also »warum eigentlich noch warten?« Weihnachten feiern kann nicht mehr bedeuten, auf die Geburt des Retters zu warten, sondern es gilt, seine Auferstehung wahrzumachen.

Von der mehrfachen Aufforderung »auferstehen lassen« geht eine starke Dynamik aus, die mitreißen will. Sie möchte dazu führen, im Sinne und in der Nachfolge Jesu die Liebe Gottes zu leben und zu verschenken – auch an Weihnachten.

Dabei wendet sich das Gedicht gegen den wohltemperierten Austausch von Geschenken, die vom eigenen Leben nur ein kleines Stückchen hergeben. »Vielleicht verschenken wir uns selbst mit Haut und Haaren.« Solch ein Verschenken hält nichts zurück, es macht sich verletzbar und angreifbar, liefert sich aus in liebevoller Zuwendung. Aber es gibt gleichzeitig die Chance, daß Neues beginnen kann: Liebe, Vertrauen, Gemeinsamkeit.

Dieser Neuanfang, »ein solcher Aufstand« – so sagt das Gedicht –, sei wirkliche »Neugeburt«, sei ein Grund, das Fest zu feiern. Und so verbinden sich die beiden großen christlichen Feste zu einer »österlichen Weihnacht«.

Die Verwendung im Unterricht wird ab Klasse 9 empfohlen.

Hinweis auf Vorlesetexte

Aus dem Geschichtenband *»Der Mann und die Frau und das Kind«* (S. Berg [Hg.], Calwer/Kösel 1988) eignen sich mehrere Texte als Ergänzung für die verschiedenen Aspekte dieses Themenbereiches.

1. Eva Bakos, Alternativer Advent

Eine Arztfamilie lebt ein recht zurückgezogenes Leben, in dem Spontaneität und Offenheit rar geworden sind. Markus, der Sohn, empfindet dies Defizit und meint, es sei schwer, »im vollklimatisierten Establishment glücklich zu sein«. Die Mutter Fanny arbeitet in einer Werbeagentur und hat Weihnachten eigentlich schon lange satt; sie möchte nur noch die Ruhe vor dem Fest genießen. – Da überfallen Markus und seine »alternativen Freunde« sie mit Weihnachtsbäumen, die sie auf dem Balkon lagern und von dort verkaufen wollen. Die Bäume sind »biologisch gezüchtet«, aber recht ruppig. – Es wird dann sehr amüsant erzählt, wie sich der Verkauf in der Wohnung gestaltet, wie die – bisher sehr distanzierte – Familie in Gespräche und Kontakte hineingezogen wird und der ganze Advent ein neues ungewohntes Gesicht bekommt. Offenheit untereinander und gegen andere beginnt zu wachsen.

2. Die kleinen Leute von Swabedoo. Ein amerikanisches Märchen

Das Märchen erzählt von Menschen, deren größte Freude es war, einander kleine warme Pelzchen zu schenken. Sie gaben und nahmen und waren sehr glücklich in ihrem Zusammenleben. – Ein böser Kobold redet ihnen dann ein, daß ihnen die Pelze eines Tages ausgehen könnten, wenn sie zu freigiebig damit umgehen. Allmählich denkt jeder der kleinen Leute nur noch an sich und ans Horten seiner Pelze; Mißtrauen und Krankheiten breiten sich aus. Als Ersatz versuchen sie, harte spitze Steine zu verschenken, doch diese bereiten niemand Freude. Einige Leute kehren zum alten Brauch zurück, aber selten erleben sie das alte Glück dabei, fragt man doch zu oft mißtrauisch nach den Gründen für das Geschenk oder überlegt, ob der andere es auch verdient habe.

3. P. Feicht, Der Weihnachtsabend

Alle Schüler des Internats sind in die Weihnachtsferien gefahren, nur Rainer kann nicht nach Hause. Die Eltern verreisen und haben ihn zum Trost mit reichlichen Geschenken überschüttet. – Am liebsten würde Rainer sich mit seinem Kummer ins Bett verkriechen. Da taucht der Direktor der Schule in seinem Zimmer auf und bittet Rainer, den Weihnachtsabend mit ihm zu verbringen, da er sonst ganz allein sei. Es wird ein anregender Abend. Als der alte Herr sich beim Weggehen bedankt, ist Rainer glücklich, ihm über die Einsamkeit hinweggeholfen zu haben. – Der Direktor aber eilt – ebenso glücklich – ins Haus seiner Tochter, wo man bereits den ganzen Abend auf ihn gewartet hat.

4. Heinz Rein, Dann kam der Zeitungsverkäufer

Die Erzählung führt kurz vor Weihnachten in ein Café. Ganz unterschiedliche Menschen sitzen an den Tischen. Sie sprechen oder grübeln über Probleme, die sie mit anderen Menschen haben und die im Blick auf Weihnachten nach einer Lösung verlangen. Viel Mißtrauen, Gleichgültigkeit und auch Angst sind zu spüren. – Da taucht ein Zeitungsverkäufer auf, und der Kellner macht deutlich, daß der Junge diese Arbeit übernommen hat, um seiner Mutter »einen elektrischen Heizofen zu schenken, weil sie eine sehr kalte Wohnung haben«. Das Beispiel des Jungen wirkt ansteckend. Viele kaufen ihm etwas ab, vor allem aber gewinnen sie eine neue Einstellung zu ihren eigenen Problemen, die getragen ist von Vertrauen und Hoffnung.

5. Joachim Schöne, Der Stern

Der Text erzählt von einem kleinen Jungen, der einen leuchtenden Reklamestern entdeckt und ihm nachläuft im Glauben, dem Weihnachtsstern zu folgen. Erwachsene halten ihn an und fragen nach seinem Ziel. Aber ehe sie ihm erklären können, daß eine Reklame ihn täuscht, läuft Michael weiter. Und wirklich findet er im Schaufenster, über dem der Stern leuchtet, die Krippe mit dem Jesuskind. Glücklich grüßt er es im Vertrauen, daß es ihm extra den Stern geschickt hat. Unter allem Flitter konnte er den Weg zur Krippe finden, nur er, »denn die meisten Menschen können lesen«.

6. Monika Sperr, Kein Wort von Weihnachten

Am Weihnachtsabend suchen drei Leute, die wegen eines Kuraufenthaltes nicht daheim feiern können, in einer Großstadt ein Restaurant, stehen jedoch überall vor verschlossenen Türen. Schließlich finden sie ein etwas schäbiges, aber gemütliches Lokal, in dem sie freundlich bedient werden und mit einem anderen Gast in ein angeregtes Gespräch kommen. Sie genießen das Beisammensein als einen schönen Weihnachtsabend, obwohl »kein Wort von Weihnachten« fällt. Der Gedanke »an die vielen, die sich jetzt über Geschenke freuen mußten, die sie nicht freuten«, erweckt in ihnen nur Mitleid.

Liste der Medien

Texte

Nr.	Seite	Autor/Inhalt
2	50	S. Berg, Warten auf den Retter (Szene)
12	70	S. Berg, Gespräch mit Lukas (Szene)
16	88	S. Berg, Die Stallmusikanten von Bethlehem (Szene)
17	97	Gottesdienstfolge mit einem Text von K. Rommel
18	103	P. Reding, Fürchtet euch nicht (Gedicht)
21	111	S. Berg, Asyl am Nil (Szene)
26	114	D. Sölle, 19 C + M + B 62 (Gedicht)
28	120	P. Schütt, Bethlehem (Gedicht)
29	121	J. Reding, Lebte Christus nur ein paar Stunden? (Text)
31	127	Texte für einen Gottesdienst
32	135	J. Klepper, Weihnachtslied (Gedicht)
34	140	S. Berg, Ihr seid das Licht der Welt (Sprechszene für einen Gottesdienst)
37	146	U. Kolkmann, Tragt in die Welt nun ein Licht (Erzählung)
39	150	S. Berg, Weihnachtslichter (Erzählung)
41	153	P. Reding, Weihnachten (Gedicht)
43	157	S. Berg, Ein Opa für den Heiligen Abend (Szene)
44	160	24. Dezember (Erzähltexte)
46	164	I. Kibgis, Umkehr (Gedicht)
50	173	S. Berg, Ein bißchen Weihnachten das ganze Jahr (Szene)
56	192	D. Sölle, Fürchte dich nicht (Gedicht)
57	194	S. Berg, Ehre sei Gott auf der Erde (Szene)
58	197	Vorschlag für Eltern (Zeitungstext)
60	202	S. Berg, Bald ist Weihnachten (Erzählung)
62	204	K. Magiera, Den Nikolaus von Staniol und Flitter befreien (Text)
63	206	U. Wandrey, Ein feiner Zug (Gedicht)
79	253	H. Röthlisberger, Jesus – ein Asiate (Text)
80	254	Gedicht aus Haiti
81	255	Gedicht aus Guatemala
82	256	Gedicht aus Brasilien
96	280	U. Adam, Hosianna (Gedicht)
97	281	Weihnachtskrippe zum Naschen (Zeitungstext)
98	282	S. Berg, Der Weihnachtsabend (Szene)
100	286	R. Hamadani, Edgars Weihnachtsfest (Gedicht)
104	294	S. Berg, Der Wunschzettel (Szene)
105	295	S. Berg, Die Suche nach dem Weihnachtsgeschenk (Erzählung)
107	298	S. Berg, Die Spazierfahrt (Szene)
108	300	K. Ehlers, Na so was (Gedicht)
109	302	Zettelbaum (Text)
110	303	10 (An-)Gebote für Weihnachten (Text)

Nr.	Seite	Autor/Inhalt
111	304	Advent (Text)
113	307	Chr. Peikert-Flaspöhler, Wunschzettel (Gedicht)
114	308	P. Frey, Österliche Weihnacht (Gedicht)

Lieder

Nr.	Seite	Titel
9	61	Jesus ist geboren
11	69	Womit hat es angefangen?
19	106	Unser Lied soll nun erklingen
35	142	Laßt euch anstiften zur Freude
40	152	Weihnachten das ganze Jahr
54	188	»Hände wie deine«. Der Engel
55	190	Wenn Engel in Bethlehem singen
61	203	Weihnachten, Weihnachten
83	257	See the Baby
84	258	Kommt herbei, groß und klein
85	259	Gottes Sohn, du bist herzlich hier willkommen
86	260	Gottes Wort ist wie Licht in der Nacht
106	297	Was schenken wir dem Jesuskind?

Bilder

Nr.	Seite	Titel
22	112	Bildmontage
23	112	Bildmontage
24	113	Bildmontage
25	113	Bildmontage
27	118	L. Murschetz, Karikatur
45	163	L. Murschetz, Karikatur
47	168	Bildmontage
48	170	M. Marcks, Karikatur
65	210	L. Murschetz, Karikatur
66	220	Stuttgarter Psalter, Anbetung
68	224	M. Grünewald, Isenheimer Altar (Teilabbildung)
70	227	H. Bosch, Anbetung
71	230	G. B. Goez, Maria als Königin des Himmels
73	233	G. van Honthorst, Die Anbetung der Hirten
74	236	L. Richter, Weihnachten
76	241	O. Kokoschka, Verkündigung
77	243	B. Kretzschmar, Flucht nach Ägypten
78	245	M. Tobey, Oncoming White

Nr.	Seite	Titel
87	261	K. Lasia, Christgeburt in Bali
88	262	A. Mbatha, Flucht nach Ägypten
89	263	J. Muafangejo, Birth of Christ
94	271	C. García, <Geburt>
95	272	J. Schvania, <Kindermord>
99	285	Cork, Karikatur

Arbeits- und Informationsblätter

Nr.	Seite	Inhalt
1	49	Heilserwartungen der Römer
3	52	Heilserwartungen der Juden
4	56	Namen Jesu
5–7	57	Ausschneidebögen
8	60	Arbeitsblätter zu: Namen Jesu
10	68	Lese- und Entstehungsrichtung der Evangelien
13	78	Gestaltungsvorschläge zu: Gespräch mit Lukas
14	84	Arbeitsblätter zu: Lobgesang der Maria
15	87	Quellentexte zu: Jesus, der neue Mose
20	110	Texte zu: Flucht
30	124	Fragen zur Texterschließung
33	138	Fragen zur Texterschließung
36	145	Arbeitsblatt zu: Thema Licht
38	148	Gestaltungsvorschlag
42	156	Textblatt zu: Hirten
49	172	Fragen zur Bilderschließung
51	183	3 Arbeitsblätter zu: Wie stellen wir uns Engel vor?
52	186	Engel
53	187	Engel in der Bibel
59	199	2 Arbeitsblätter zu: Christkind
64	208	Fragen zur Texterschließung
67	222	Die neue Ordnung (Karolingerzeit)
69	225	Der Herbst des Mittelalters
72	231	»Göttliche Herrschaft« (Absolutismus)
75	238	Zur sozialen Lage im 19. Jahrhundert
90	266	Informationen zur Geschichte Nicaraguas
91	267	Informationen zu Ernesto Cardenal
92	268	Informationen zu Solentiname
93	268	Textblatt: Das Evangelium der Bauern von Solentiname
101	288	Fragen zur Bilderschließung
102	289	Fragen zur Texterschließung
103	291	2 Arbeitsblätter zu: Richtig schenken
112	306	Wünsche, die nicht mit Geld zu erfüllen sind

Sigrid Berg (Hg.)

Der Mann und die Frau und das Kind

Weihnachtsgeschichten

Ein Buch für alle, denen Weihnachten noch nicht gleichgültig geworden ist. Auch werden immer wieder Geschichten und Anregungen gebraucht, um in Gruppen- und Gemeindeveranstaltungen das Thema Weihnachten neu zu begreifen.
Die 29 Geschichten dieses Sammelbandes vereinen unter verschiedenen Gesichtspunkten moderne Texte, die Weihnachten neue und ungeahnte Aspekte unterlegen.
Thematische Leitgedanken dieser Sammlung sind: Auf der Suche nach Weihnachten · In Bethlehem und anderswo · Sie sehen den Stern nicht · Sie bringen die Gaben.
Es sind häufig Alltagsgeschichten und skurrile Begebenheiten, durch die uns die biblische Weihnachtsbotschaft entgegenscheint oder brennglasartig auf einen Punkt zusammengefaßt wird.
Ein außergewöhnliches und schön gestaltetes Geschenkbuch.
Autoren des Bandes sind u. a.: Günter Kunert, Reiner Kunze, Kurt Marti, Christine Brückner, Josef Reding, Ernst Klee, Max Kruse, Rudolf Otto Wiemer.

156 Seiten

Warten, daß er kommt

Advent und Weihnachten

Gerade die wichtigsten biblischen Texte leiden darunter, daß wir sie schon zu oft gehört haben. Sie klingen glatt und abgegriffen und lösen kaum noch Staunen, Jubel oder Erschrecken aus wie bei den ersten Hörern der Botschaft. Die Verfremdung der biblischen Texte zu Advent und Weihnachten, der Mensch-Werdung Gottes, nimmt ihnen die scheinbare Vertrautheit, gibt ihnen Frische, Aktualität und Schärfe.
Wer neue Impulse sucht, wird hier eine Fülle von Anregungen finden.
Der Band enthält Texte u. a. von Bertolt Brecht, Christine Busta, Ernst Eggimann, Armin Juhre, Christa Peikert-Flaspöhler, Josef Reding, Uwe Seidel, Dorothee Sölle, Wilhelm Willms, Kurt Wolff, Lothar Zenetti.

»Biblische Texte verfremdet« Band 2, herausgegeben und eingeleitet von Sigrid und Horst Klaus Berg. 9 Grafiken und Zeichnungen, 96 Seiten

Horst Klaus Berg

Weihnachten sehen. Bilder der Kunst

Eine Diaserie

Weihnachtsbilder können den Blick auf das Geheimnis der Menschwerdung verstellen, wenn sie überkommene Seh-Gewohnheiten festigen. Die Bilder der Serie sind so ausgewählt, daß sie immer wieder überraschende Perspektiven und Sehweisen eröffnen. Sie stammen aus diesem und vergangenen Jahrhunderten und umfassen den abendländischen Kulturkreis sowie die Dritte Welt. Welche Erfahrungen und Konflikte verbanden die Menschen mit Weihnachten? Wie drückt ihre Zeit sich in den Bildern aus? Welche Impulse lösen sie aus? Das Begleitheft führt behutsam an die moderne Malerei heran. Es bietet anspruchsvolle Interpretationen der einzelnen Bilder und Informationen zu den Künstlern. Vertreten sind: Käthe Kollwitz, Oskar Kokoschka, Otto Pankok, Bernhard Kretzschmar, Sighard Gille, Herbert Falken, Mark Tobey u.a.
Die Diaserie eignet sich für Schule, Gemeinde- und Erwachsenenbildung.
Sie nimmt die Thematik des Kapitels »In Bildern die Botschaft der Menschwerdung entdecken« im vorliegenden »Arbeitsbuch Weihnachten« auf und stellt die Bilder des Kapitels für den praktischen Einsatz zur Verfügung.
18 Dias, Begleitheft, in Kassette